미술치료학개론

김소울

교육과학사

머리말

미술치료에 대한 기대감을 안고 미국으로 떠나 박사학위를 받은 지 10년이 됐다. 당시에는 아직 미국에서 한국인 미술치료학 박사가 배출되지 않은 상황이었고, 그렇기에 미국으로 떠나는 길에 설렘도 있었지만 불안감도 존재했다. 혹자는 미국에서 돌아왔는데 우리나라에서 미술치료가 없어졌으면 어떡할 것이냐는 우려의 목소리를 낼 정도였지만 미술치료에 대한 믿음 하나로 비행기에 올랐던 기억이 난다.

처음부터 미술치료에 대한 강한 확신이 있었던 것은 아니다. 손에 잡힐 듯 잡히지 않기도 했고, 순간순간 뜬구름 잡는 이야기처럼 느껴지기도 했고, 어떤 부분은 무슨 말을 하고 있는지 모르겠다는 생각이 들었던 분야였다. 물론 지금도 미술치료는 어렵고, 배워야 할 것이 무궁무진하다. 처음 미술치료 공부를 시작했을 때 번역된 개론서가 있었지만, 이것이 어떻게 현장에서 사용된다는 것인지를 이해하기 어려웠고, 석사과정에 개설된 미술치료전공 과목들도 난해했다. 지금 생각해 보건대, 당시에 국내 미술치료학 박사학위를 가진 교수진도 거의 없었던 것 같다. 어렵게 공부한 만큼 시행착오도 많았기에, 지금 새롭게 공부를 시작하는 사람들은 불필요한 시간과 에너지의 낭비를 최소화하고 이 분야의 매력을 더 쉽게 알았으면 좋겠다는 생각이 든다.

미술치료 대학원에 진학하는 사람들의 비율을 살펴보면 미대 출신이 50% 이상이다. 미술 전공자가 아니더라도 모두 미술을 좋아하고, 또 미술에 관심이 많다. 미술치료의 핵심인 미술이 가지는 힘의 크기에 대부분 동의하고 있지만, 그에 비해 국내 미술치료 개론서 중 미술적 관점으로 서술한 도서가 없다는 아쉬움도 있었다. 플로리다 주립대학교 미술치료 박사과정에서 매 학기 중요하게 다루어졌던 미술교육 철학자 존 듀이의 이론은 이 도서의 전반에 큰 영향을 미치고 있고, 예술이 문화의 산물이 아닌 선천적이고 생물학적인 진화의 증거라고 설명한 엘렌 디사나야케의 목소리도 자주 등장한다. 예술은 영혼을 만나는 행위라 설명한 루돌프 아른하임은 시지각과 상징을 설명하기 위해, 서양미술사의 대부 존슨의 목소리는 미술의 치유적 구성요소를 설명하기 위해 빌려왔다.

아버지께서 독일에서 유학을 하시면서 필연적으로 독일에서 태어났다. 그리고 기호학이라는 아버지의 세부전공으로 인해 다양한 미학과 기호학에 일찍이 노출되었다. 대학에서 미술을 전공하는 딸에게 교수였던 아버지는 미술을 시각적 언어로 어떻게 바라볼지에 대해 자주 설명했고, 이 시간을 통해 서로의 세계를 확장시켜나갔던 기억이 있다. 미술치료에서의 작품을 기호학적으로 바라보는 관점에 대해 본 도서에서는 하나의 챕터를 할애하여 서술했다.

〈미술치료학 개론〉은 크게 4부로 구성되어 있다. 1부는 미술치료와 만나는 시간이다. 미술치료를 다른 분야와 비교해 가며 개념을 구축해 나가고, 미술치료의 역사는 큰 관점으로 인류의 첫 미술작품부터 미술치료의 시작까지를 서술했다.

2부는 미술치료의 뿌리인 미술과 소통하는 시간이다. 미술을 구성하는 요소들이 미술치료에서 어떻게 적용될 수 있는지, 이미지를 어떻게 바라보고 다룰 수 있는지에 대해 설명한다. 기호학적 관점에서 미술치료의 작품을 바라봄과 동시에 상징 다룸에서의 유의점도 서술했다. 매체를 바라보는 관점에서는 행동지각심리학자 제임스 깁슨의 어포던스 개념을 도입하여 내담자에게 매체를 제공할 때의 유의사항을 함께 기술하고 있으며, 서비스를 이용하는 사용자 경험적 접근으로 미술치료 서비스의 내담자 경험을 바라보았다. 그리고 존 듀이의 중요 개념인 '하나의 경험'을 미술치료의 목소리로 서술하였다.

3부는 미술치료를 시작하는 시간이다. 여러 상담이론과 함께 미술치료에서 적용된 예시들을 소개하고, 계획과 구조화 과정에서 데스크 리서치부터 마지막 평가 분석까지 일련의 과정을 다루었다. 미술치료 프로그램 디렉션은 별도의 챕터로 기술했는데, 미술치료 프로그램에서 디렉션은 내담자가 작업을 마치기까지의 전부를 의미하기에 50% 이상의 중요성을 지닌다. 그 다음으로는 좋은 디렉션을 주었지만 작업을 시작하지 못하거나 표현이 어려운 내담자를 어떻게 다룰 수 있는지를 기술하고 있다. 초보 미술치료사 뿐 아니라 현장에 투입된 미술치료사들도 이 챕터를 통해 내담자의 표현을 좀 더 쉽게 다루었으면 하는 바람이다. 3부의 마지막에는 미술치료가 시작하고 끝나는 과정 안에서 일어나는 반영–질문–피드백에 대해 상세히 설명했다.

4부는 미술치료를 더 알아가는 시간이다. 공부를 마치고 현장에 투입된 미술치료사가 전문성을 가지고 직업적 윤리에 어긋나지 않게 잘 미술치료를 수행하기 위해 노력해야 할 부분과 도움받을 수 있는 부분을 언급하고 있다. 열정이 식고 소진되는 상황은 모든 미술치료사들이 피해갈 수 없이 마주치겠지만, 이 과정들을 좀 더 현명하게 이겨나갈 수 있기를 바라는 마음에서 기술했다. 무엇보다도 미술치료사들이 창작활동의 힘을 스스로 경험하며 꾸준히 작품활동을 했으면 하는 바람이 있다. 필자 역시 개인 작품활동과 전시회를 꾸준히 지속하고 있는데, 바쁜 스케줄 틈에 잡아놓은 전시 일정 때문에 그림을 그리는 날이면 어김없이 미술을 통해 표현하는 방식에 매료된다. 명화는 미술치료에 있어서 필수는 아니기에 처음에는 2부에 넣으려다가 4부로 이동했다. 필자는 미술치료 현장에 명화나 다른 작가의 작품을 자주 사용하는 편이고, 전시회도 꾸준히 다니며 과거의 작품부터 현대 작가의 작품들과도 두루 친해지려 노력하고 있다. 본 도서에 수록된 작품뿐만 아니라 자신에게 더 익숙하고 잘 아는 작품들을 자신의 현장에 맞추어 잘 사용하면 좋겠다. 마지막으로 장애아동부터 치매노인까지, 언어상담의 영역에서는 주요 내담자가 아닌 특수대상과의 미술치료를 다룬다.

교과서로 쓰이는 도서에 학자들의 이름이 원어로만 표기될 때, 어떻게 읽어야 할지 어려워 하는 학생들을 종종 만났다. 그래서 이 책에서 언급되는 학자들의 이름은 모두 한글발음으로 표기했다. 대신 대부분 바로 참고문헌을 제시하여 학자들의 원어 이름을 괄호 안에 표기했다.

필자는 과거 심리상담을 꾸준히 받으며 미술치료에 관심을 가지게 되었고, 또 좋은 상담선생님을 만난 경험을 통해, 다른 사람들에게 선한 영향력을 끼치고 싶다는 생각을 하게 되었다. 이런 생각이 미술치료를 지속하게 만들었고 〈미술치료학 개론〉 도서 집필에 큰 힘이 되었다. 미술치료사를 꿈꾸는 많은 분들이 목표하는 곳에 한 걸음 가까워지는 과정에 이 책이 그런 작은 역할을 하기를 기대해본다.

2024년 3월.

저자 김소울

차 례

PART 1_ 미술치료 만나기

Chapter 1. 미술치료의 이해

미술치료라는 단어를 처음 접한 사람들은 단어 자체에서 혼란을 겪는다. 용어도 미술치료, 미술심리치료, 미술재활치료, 미술심리상담 등 다양하게 사용되고 있을 뿐 아니라, 학문명 자체에서 무엇을 하는 것인지 분명히 알기 어렵기 때문이다. 이 단어를 처음 접한 사람들 중 "미술을 보면서 치료하는 건가요?"라는 질문이 가장 많았고, "미술치료사가 그림을 그리는 것을 사람들이 보고 힐링하는 건가요?"와 같은 질문도 꽤 많았다. 그런데 그런 혼란이 있을 법도 한 것이, 필자 역시 음악치료 전문가와 만났을 때 "음악을 들으면서 치료하는 건가요?"라는 질문을 한 적이 있다.

미술치료를 어느 정도 알고 있는 사람들이야 내담자가 미술작업을 하는 과정이라는 것을 알고 있지만, 여전히 "미대를 나오지 않아도 미술치료사가 될 수 있나요?"라는 질문을 하는 것은 미술치료사가 어떤 일을 하는 사람인지에 대해 잘 알려져 있지 않기 때문이라는 생각도 든다.

Art Therapy와 Art Therapist가 한국어로 번역되면서 미술치료와 미술치료사가 되었으나, 현재 자격증에서는 운동치료사, 언어치료사, 작업치료사와 같은 치료 분야를 제외하고는 의학적 개입이 없는 심리치료 분야에서 치료사의 명칭을 사용하는 것이 금지되어있다.

그도 그럴 것이 Therapy라는 단어가 의미하는 것과 한국에서 통상적으로 사용하는 치료라는 단어가 의미하는 바는 서로 다르다. Therapy는 치료, 요법, 치유 등 다양한 범주를 포괄하는 단어로, 병이나 상처를 잘 다스려 낫게 한다는 의미의 치료보다 더 넓은 범주를 포함한다. 차라리 원문 그대로 들여왔으면 좀 더 오해의 소지가 없었을 것이라는 아쉬움이 있다.

미술치료는 융합학문이다. 미술치료 학문을 보고 '이도 저도 아니다', 혹은 '짬뽕 학문이다'라는 표현을 쓰는 사람들이 있는데 이는 미술치료가 융합학문의 정체성에 기반하기 때문일 것이다. 미술치료를 바라보는 이론과 임상적 관점은 다양한 학자와 학문을 통해 다각도로 서술되어 왔다. 의학적 기준과 인문학적 기준, 그리고 교육과 심리적 관점으로 발전되어온 미술치료는 여러 분야의 특징이 담겨있는 분야이기도 하다.

<미술치료와 공집합을 가지는 분야들>

미술치료에서 심리치료 매개체는 미술이 되기에 미술이 없는 미술치료는 존재하지 않는다. 또한 이러한 미술사용의 근본은 미술교육의 뿌리를 공유하며, 행위의 목표와 과정은 심리치료와 그 결을 함께한다. 그리고 다른 분야에 비해 상대적으로 짧은 역사를 가지고 있는 코칭의 쌍방향 소통은 미술치료를 이끌어가는 소통의 양상과도 닮아있다.

미술치료를 공부하면서 어려움을 겪는 이유는 분야의 정체성이 혼란스럽기 때문일 것이다. 필자가 처음 미술치료 분야에 관심을 가졌던 것은 대학교 1학년 때 서울 강남구 소재 자폐스펙트럼 전문 특수학교 밀알학교에 도예 강사로 봉사활동을 갔을 때였다. 입시미술을 하고 미대에 입학했을 때만 해도 '미술은 작업을 해서 결과물을 보여주는 것'이라고만 생각했는데, 언어적 의사소통이 어려운 아이들과 작업하면서 미술 그 자체로 소통이 된다는 경험을 처음 한 것이다. 그런데 그것이 미술치료였냐고 묻는다면 그것은 그저 도예 활동이었다.

미술치료에 관심을 가지고 미술치료사(당시에는 미술치료사라는 자격증 명칭을 사용했다) 2급 자격증을 취득했는데, 그 뒤로 바로 한 요양병원에서 인턴십을 하게 되었다. 언어적 의사소통이 거의 되지 않는 내담자들과 지식도 경험도 없는 초보가 미술치료라는 이름이 붙은 프로그램에 함께한 것이다. 당시 미술치료를 공부한 지 한 달 정도 지난 상황이었다. 심지어 해당 요양병원은 그동안 미술치료 프로그램이 없었기에 필자에게 미술치료실 재료를 주문하고 공간을 구성하는 역할까지 모두 맡겼다.

매주 준비한 재료와 프로그램으로 진행을 하면서 드는 생각은 '이게 무슨 미술치료지? 내담자와 함께 하는 미술 활동 아닌가?'였다. 프로그램 진행이 끝나고 나오면서는 참여자들이 즐거운 시간을 보냈음에 대한 보람은 있었지만, 미술치료를 했다고 말하기엔 애매하기만 했다.

이후 미취학 아동 내담자들을 대상으로 첫 유급 미술치료를 진행했었는데 '내가 지금 아동 미술 강사인지 뭔지 모르겠다'라는 생각도 들었다. 아마 이 책을 읽는 많은 분들께서 비슷한 경험을 하지 않을까 하는 생각이 든다.

필자가 이러한 혼란을 겪은 것은 미술치료가 대상이나 목적에 따라 다양한 분류가 있고, 또 발달장애 아동이나 치매 노인 등 인지적 기능이 제한적인 내담자를 대상으로 하는 미술치료의 경우 그 목적이 인지적 기능이 높은 내담자들과는 다를 수 있다는 것에 대한 이해가 없었기 때문이다.

미술치료가 심리치료와 어느 부분과 공통된 이론 및 분야를 함께하고 있고, 또 미술치료만이 다룰 수 있는 분야가 무엇인지에 대한 이해가 수반되어야 내적 혼란을 덜 경험할 수 있을 것이라 생각된다.

1. 미술치료의 정의

미술치료는 미술의 창조적 과정과 심리치료의 기본 원리를 결합해 인간의 정서적 안녕과 심신의 건강을 추구한다. 그렇기에 이론적 바탕에는 심리치료가 있고 그 매체는 미술이다. 미술을 다루는 과정 그 자체가 치유적이기에 심리상담 이론은 중요하지 않다고 설명하는 미술치료사들도 있다. 물론 내담자들이 아무것도 안 하는 것보다 미술 활동을 통해 어떠한 자극이라도 주어지는 것이 낫겠지만 이런 입장은 더 좋은 치료적 접근의 가능성을 차단할 수 있다.

미술치료에서 결코 생략될 수 없는 것은 미술 작업을 통한 예술적 자기표현이다. 이 과정을 통해 내담자들은 감정과 생각, 욕구와 갈등을 시각적으로 드러내고, 대상화된 내면의 이야기들을 통합하며, 최종적으로 자아 기능을 강화한다. 미술 창작 과정에서 드러난 이슈들을 통해 미술치료사는 내담자의 심리적 갈등과 문제를 함께 다루고, 내담자-미술치료사, 혹은 집단 미술치료 내에서의 대인관계 기술을 다루기도 한다. 현대의 미술치료 분야는 상당히 확장되었다. 치료적 장면뿐만 아니라 도서관, 학교, 복지관, 예술회관 등에서의 미술치료는 스트레스의 감소, 내적 균형의 유지, 자존감 증진 등의 목표로 단기적으로 진행되기도 한다.

그러나 여전히 매체 등에서 자주 다루어진 이미지 때문인지 미술치료를 떠올렸을 때 많은 사람들이 진단적 역할을 쉽게 떠올리는 것 같다. 필자가 미술치료사라는 이야기를 하면, 아이가 있는 어머님들은 주섬주섬 핸드폰을 꺼내고 아이의 그림을 보여주면서 "우리 아이 심리는 어때 보여요?"라고 묻는다. 이때 "과정 없이 아무 그림을 보고 '이 아이는 이런 성향이네요.'라고 말하기는 어려워요."라고 대답하면 어머님들의 얼굴에는 실망한 낯빛이 가득하다.

우리나라 미술치료는 미국의 미술치료를 많은 부분 받아들여 한국의 문화에 적용된 형태로 변화시켜 가고 있는 중이다. 그렇기에 미술치료의 정의는 미국미술치료학회(AATA: American Art Therapy Association)의 목소리를 빌려 소개하고자 한다.

> 정신적인 아픔, 트라우마, 인생에서의 고비를 겪는 사람, 혹은 개인적 발전을 추구하는 사람들이 미술창작작업을 함으로써 만들어지는 치유적 방식이다. 미술을 창작하고 미술작품에 자신을 투영하는 과정을 통해 내담자들은 자아인식을 명확히 할 수 있으며, 자신의 증상, 스트레스, 정신적 외상의 경험에 대한 대처기술을 발전시킬 수 있다. 또한 인지적 능력을 강화하고 미술작품을 만듦으로써 긍정적으로 삶을 즐길 수 있을 것이다.
>
> 미술치료는 전 연령의 내담자가 신체적, 정신적, 감정적 행복을 강화하고 증대하기 위해 미술 제작의 창조적 과정을 이용하는 정신건강 전문분야이다. 미술치료는 예술적인 자아표현을 수반하는 창조적 과정이 내담자가 갈등문제를 해결하고, 대인관계 기술을 발전시키고, 행동을 조절하고, 스트레스를 줄이고, 자존감과 자아인식을 강화하고, 통찰력을 얻게 한다는 믿음을 전제로 하고 있다. 미술심리치료는 인간발달, 시각미술(드로잉, 페인팅, 조각 등), 그리고 상담과 심리치료의 모델과 함께 창조적 과정을 통합한 분야이다.

2. 미술교육과 미술치료

표준국어대사전에 따르면 미술교육은 '조형적인 미의 표현 및 감상력 따위를 기르는 교육'이라 정의 내릴 수 있다. 미술치료와 미술교육이 진행되는 현장의 사진만을 본다면(어쩌면 동영상의 일부를 보아도), 이 둘의 차이는 거의 보이지 않는다. 진행자가 있고, 참여자가 있으며, 미술 재료를 사용한다는 점에서 같기 때문이다. 또한 예술적 표현과 창의성을 기반으로 한다는 점에서도 공통점을 가진다. 활동의 측면에서 다른 분야 중 가장 많은 교집합을 가지는 것도 미술교육이다. 어린이나 성인의 미술 강사를 했던 분들이 미술치료 분야에 많이 도전하는 것도 그 양상이 익숙하기 때문일 것이다.

미술교육과 미술치료의 차이

미술교육과 치료의 가장 큰 차이는 둘의 목적이다. 미술교육은 미술이론의 교육, 그리고 실기능력의 향상을 목적으로 한다. 학교가 되었든 학원이 되었든 그 목적은 동일하다.

또한 학생의 수행은 '평가'된다. 학교에서는 수행평가 점수가 나갈 것이고, 학원 같은 교육기관에서는 기술을 익히고 더 나은 표현이 가능하여 잘 그리도록 교육자가 돕는다. 학생이 발달연령에 맞지 않는 표현을 할 경우, 가르침을 통해 개선하려는 개입도 가능하다. 미술사의 학습과 미술감상법, 미술의 조형적 구성요소와 매체사용법을 체계적으로 학습하는 것도 미술교육의 목표다.

반면에 미술치료는 내담자의 심리적 현상을 보다 적응적으로 변화시키는 데에 그 목적이 있다. 미술 작업은 목적에 도달하기 위해 도움을 주는 과정이다. 개인 미술치료에서는 짜인 커리큘럼에 참여하는 것이 아니라 내담자의 주 호소증상과 목표에 따라 내담자 1인을 위한 미술치료 프로그램이 구성되고 진행된다. 집단의 경우, 미술교육은 대상 학급이 달라져도 학교에서는 같은 커리큘럼을 진행하고, 기타 교육기관에서는 짜인 커리큘럼에 학생이 신청하여 들어가는 데에 반해, 미술치료는 각 집단이 가지고 있는 주요한 이슈에 따라 프로그램의 구성이 달라진다.

미술교육과 미술치료의 미술 감상의 목적도 다르다. 미술치료에서 명화가 사용되는 대부분의 목표는 작가의 고민과 이야기를 통해 내담자가 주제를 더 잘 이해하고 몰입할 수 있도록 돕는 것이다. 감상을 통한 치유적 경험을 위한 수용적 미술치료의 경우 교육에서의 감상과 형태는 유사할 수 있으나, 역시 목적이 다르다. 미술교육에서 명화 감상 활동을 통해 집중하게 되는 대상은 작가지만, 미술치료에서는 내담자 자신에게 집중하기 위해 명화를 감상한다.

미술치료에서는 기법 교육을 하지 않을까

미술치료에서 표현된 기법이나 방식은 평가되지 않고, 그 안에 담긴 의미와 상징에 대해 내담자와 미술치료사가 함께 다룬다. 그렇기에 일반적으로 미술교육에서는 기법을 가르치고 미술치료에서는 미술표현기법을 가르치지 않는다고 인식되나 반드시 그렇지만은 않다. 목적에 따라 기법교육이 치료 프로그램에 포함되기도 한다.

<자활사업 참여자들의 8회 차 미술치료 결과물>

과거에는 기초 수급자들이 경제적 조건에 부합했을 때 일정 금액을 무조건적으로 지급받았으나, 이제는 이들이 안주하고 자립하지 않는 것을 예방하기 위해 다양한 장치를 마련하고 있다. 기본적으로는 경제활동을 하거나 학교에 다니는 학생의 경우 지원이 된다. 그러나 여기에 해당하지 않는 사람들은 직업교육을 받거나, 심리지원 프로그램에 참여하는 등의 의무사항이 있다. 필자가 참여했던 한 *자활프로젝트에서는 기초수급을 받기 위해 미술치료 출석부 사인이 필수였고 대부분이 비자발적 내담자였다. 총 8회기 참여가 의무였다.

내담자들은 반복되는 실패경험을 통해 대부분 낮은 **내적 통제위치를 형성하고 있었다. 새로운 것에 도전하기를 두려워했고, 남성들은 일용직, 여성들은 청소나 식당 일 이외의 일을 자신들이 할 수 없을 것이라 생각했다. 이 모든 것은 상황이 그러하니 어쩔 수 없는 것으로 여겨졌다.

필자는 8회기라는 짧은 시간 동안 내담자들에게 도움을 줄 수 있는 부분은 내적 통제위치를 상승시키는 것이라는 판단이 들었다. 그러기 위해 필요한 것은 해보지 않은 분야에 대한 성취경험이었고, 이를 위해 도예기술을 교육했다.

처음에는 "이런 건 우리 손자들이나 하고 노는 거지."라며 두관심하게 주무르고 간 내담자들의 조각을 가마에서 구워 그 다음 주에 돌려주자 흥미를 가지기 시작했다. 흙덩어리에 손가락을 넣어 작은 컵을 만드는 핀칭을 알려주자 남성들은 소주잔을, 여성들은 간장 종지를 만들었다. 그다음 주에도 구워서 돌려주자 자신이 만든 것을 설거지를 해도 되는지, 전자레인지에 돌려도 되는지 질문이 나오기 시작했다. 코일링 교육을 하여 컵을 만들어 가도록 했고, 그다음 주에는 판밀기 작업을 알려주자 생선 그릇, 재떨이 등을 만들어 갔다. 작품의 크기와 완성도가 향상되고 자신이 처음에는 하지 못할 것이라고 예상했던 수준의 작업 경험을 하도록 한 것이다. 생각대로 되지 않은 성형작업이 수정되고 보완됨으로써 개선되고, 서로 도와가며 원하는 결과물을 향해 발전해 가는 과정은 자신이 혼자가 아니라는 연대감을 강화했다. 가마에서 구워져 나온 도자기는 가족에게 오랜만에 자랑할 수 있는 거리가 되었고, 성취감과 축적된 성공 경험을 통해 내담자들은 내적 통제위치를 강화할 수 있다. "제가 해보지 않은 것도 해보니까 되는구나,라는 것을 알았어요."라고 회기가 끝날 때 발표하고 박수를 받았던 내담자가 기억난다. 집단이 끝나갈 때 즈음, 국비로 진행되는 교육에 신청했다는 내담자도 있었고, 자활사업 자체에서 운영하는 단체에 이력서를 넣었다는 분들도 계셨다. 통제위치를 변화시켜 자아효능감을 향상하고 삶의 새로운 도전을 받아들인다는 목표가 있었기에, 미술치료 현장이었지만 기법교육이 포함되었다.

* 자활사업: 사회적 · 경제적 · 심리적으로 어려움을 겪고 있는 저소득계층의 자활을 지원하는 사업으로, 저소득계층의 소득 증대, 지역 및 사회에 공익서비스 제공, 사회공동체 실현에 그 목적을 두고 있다.

** 통제위치: 사회심리학에서 제시한 개념으로, 사람들은 살아오면서 만나는 사건들의 원인을 자신에게 귀인하기도 하고, 외력에 귀인하기도 한다. 자신의 능력, 노력 여부 등에 귀인할수록 내적 통제위치가 높다.

3. 미술작가활동과 미술치료

예술 활동을 하는 미술작가의 그림과 미술치료 현장에서의 내담자의 작품은 미술 매체를 이용하여 자신을 표현한다는 공통점을 가진다. 그리고 작업 결과물을 감상함으로써 작업한 사람의 마음을 들여다볼 수 있다는 공통점도 있다.

작가의 작품활동과 미술치료 작업의 차이

작가의 작품은 불특정 다수의 대중에게 보여주기 위한 작품이며 최대한 많은 사람들이 작품과 만나는 것을 목적으로 한다. 반면에 내담자의 작품은 미술치료사, 내담자 자신, 그리고 함께 참여하는 집단원에게 마음을 나누기 위해 작업을 공유한다. 작품과 작품의 이야기는 널리 알려지기보다 미술치료실 안에서 끝내는 것이 일반적 규칙이다. 그러나 기관의 프로젝트 기획에 따라, 혹은 내담자의 의지에 따라 미술치료실에서 만들어진 작품이 전시되기도 한다.

창작된 작가의 미술작품은 전시되는 것이 전제이며, 전시장에는 관람객들이 존재한다. 미술치료실에서의 내담자 작품에도 미술치료사라는 최초의 관람객이 존재한다. 내담자는 작품을 중심으로 미술치료사와 소통하며 성장한다. 그러나 작가가 관람객의 피드백을 통해 삶에서의 새로운 관점을 발견하고 성장하기란 쉽지 않다. 일반적으로 미술작품은 판매와 전시를 목적으로 하기에 관람객에게 미적 쾌감을 경험할 수 있도록 만들어진다. 반면에 미술치료에서 작품은 구겨지기도 하고, 덮어지기도 하고, 최종적으로 소멸되기도 한다.

그리는 것만으로 치유가 될까

전업작가활동을 하는 많은 작가들이 그림을 그리면서 내면을 들여다보고, 스스로 성장하고, 삶의 방향성도 찾아나갔다는 사례는 많다. 옆에서 함께하는 미술치료사도 없이 말이다. 그럼 '그림을 그리는 것, 그것만으로도 치유가 될까?'라는 의문이 생긴다. 여기에 '그렇다'는 답을 하는 사람도 있고, 사람에 따라 일부 치유적 경험을 하기도 한다. 그러나 이 문장은 위험성을 내포하고 있다. 미술치료를 공부하지 않고, 상담이론을 모르는 사람도 사람들에게 그림을 그리게 하면 심리적으로 변화하고 치유가 된다는 뜻을 가질 수 있기 때문이다. 혼자서 취미로 그리는 그림은 힐링의 시간이 되고, 감정적 정화를 겪을 수도 있다. 치유의 범주를 어떻게 설정하는가에 따라 '그리는 것만으로도 치유가 될까?'라는 질문의 대답은 달라질 것이다.

스스로의 작품활동을 통해 내면을 들여다보고 자가치유를 한 수많은 예술가들의 사례를 떠올려보면, 그들이 전문적인 개입 없이도 충분히 예술활동에서 도움을 받았음을 알 수 있다. 노르웨이의 화가 뭉크는 불안장애, 우울장애, 알코올 중독과 같은 다양한 정신적 고통을 작품을 통해 표현했고, 이를 통해 자신의 감정을 관찰하고 정리해나갈 수 있었다. 뭉크에게 그림 그리기는 내면의 불안, 스트레스, 우울감, 상처 등을 해소하는 역할을 했다.

그림 그리기는 경험한 것들을 시각적으로 표현하는 수단이다. 그리는 동안 창작자는 경험에 대해 다시 생각하고, 그 경험에 대한 이해와 깨달음을 얻을 수 있다. 이러한 작업은 심리적인 문제를 인식하고, 자신의 감정을 받아들이는 데 도움을 줄 수 있다.

그러나 예술가들은 이러한 창작과정에 삶의 대부분의 시간을 할애했고, 적게는 수년에서 길게는 수십 년간 몰두하며 작업을 해나갔다. 작가들은 표현된 마음을 시각적으로 관찰하고 들여다보는 데에도 많은 시간을 투자했다. 각자 학업이나 직업이 있는 일반인들에게는 쉽지 않은 과정이라는 것이다. 그렇기에 기대하는 치유적 효과를 경험하기 위해서는 전문적인 미술치료사나 심리치료 전문가와 함께 작업해야 한다. 그림 그리기는 치료에 사용되는 하나의 과정이기 때문이다.

4. 심리치료와 미술치료

심리치료의 정의

심리치료가 무엇인지를 정의 내리기 위해 다음의 사례가 왜 심리치료가 아닌지를 먼저 설명해 본다면 이해가 더 쉬울 것이다.

- 남편이 여자 동창생들과 친하게 지내는 것이 불만이었는데, 옆집 아주머니로부터 자신의 남편이 바람나서 이혼했다는 이야기를 들었다. 내 남편은 그 정도는 아니라 생각되면서 기분이 좀 나아졌다.

- 시험을 망쳐 성적에 대해 친구에게 털어놓았더니 한층 마음이 가벼워졌다.

- 친구에게 뒤통수를 맞고 화가 나서 남자친구에게 이야기를 했더니 남자친구가 더 흥분하여 친구의 욕을 마구 해 주었다. 그랬더니 기분이 풀렸다.

- 남자친구와 고민이 있어 엄마에게 말을 했더니 엄마가 치킨을 시켜주셨고 먹으니 기분 좋아졌다.

이 모든 사례는 주인공이 어떤 어려움을 겪고 있고, 누군가의 개입이 있었고, 결과적으로 기분이 좋아졌다는 공통점을 가지고 있다. 그러나 이 넷은 모두 심리치료라고 말하기 어렵다.

첫 번째 사례의 경우, 다른 사람과의 비교를 통해서 순간적인 위안을 얻은 것뿐이다. 두 번째는 털어놓음에 의한 정화작용만이 있다. 세 번째는 대리분노를 해 주는 남자친구를 통해 친구를 관념적으로 공격했다는 생각이 들고, 내 편이 있다는 안심감을 느낀 것이다. 그리고 네 번째는 문제 대상의 회피에 불과하다.

마음을 조절하도록 돕는 일

철학자 에픽테토스는 "인간은 상황 때문에 불행해지는 것이 아니라, 그 상황을 바라보는 태도 때문에 불행해진다."라고 설명한 바 있다. 기원전 300년경의 철학자의 이야기를 지금 이 책에서 꺼내는 것은 에픽테토스의 철학적 핵심이 바로 심리치료와 맥락을 같이 한다고 믿기 때문이다. 어떤 현상이나 대상이 좋다, 나쁘다고 결정짓는 것을 그는 '표상'이라는 단어로 표현했는데, 지금의 심리학적 관점에서 보면 이것은 곧 마음이다.

자신이 원하는 대로 흘러가지 않는 삶을 바라보며 불행해하는 사람들이 스스로 조절할 수 있는 것과 권한 밖의 대상들을 분리하도록 하고, 자신이 가진 강점과 본질을 기억하도록 하며, 스스로에게 불편함을 주는 감정을 객관화하는 것, 이것은 3천 년 전 철학자가 이야기한 살아감에 대한 태도이다. 당시에는 철학자나 현자가 삶의 방향성을 알려준 것과 달리, 심리학자와 심리치료사라는 세분화된 직업이 생겨났고, 이들의 업무는 부적응적 방향으로 변한 사람들의 마음을 다시 적응적 방향으로 돌리는 일이 되었다.

상자를 함께 열어보는 사람

<상자를 함께 열어보는 사람으로서의 심리치료사>

심리치료사는 내담자가 가지고 온 상자를 함께 열어보는 사람이다. 여기서 상자는 내담자의 마음이며, 상자를 여는 열쇠는 내담자와 심리치료사의 신뢰관계다. 심리치료사는 내담자의 상자 안을 함께 들여다보고, 정리되지 않은 상자 속을 함께 더 나은 상태로 만들어 나간다. 상한 음식은 꺼내서 버리고, 쏟아진 블록들은 다시 맞추어 세워놓고, 또 필요한 장식품이 있다면 찾아서 함께 놓아 마음의 방을 꾸민다. 심리치료사는 내담자와 함께 매주 약속된 시간에 상자를 열고 상자 안을 정리해 나간다. 그리고 시간이 지나 내담자 스스로 마음의 상자를 정리할 수 있는 힘이 생기면, 내담자는 더 이상 심리치료실을 오지 않게 된다.

그러나 심리치료사의 역할이 상자를 여는 것 그 자체에서 끝나서는 안 된다. 미숙한 심리치료사는 내담자의 상자를 열고 더 흔들어 놓기도 하고, 열어 놓은 다음 무엇부터 손대야 할지 몰라 당황하기도 한다. 자신의 입장에서만 그럴싸해 보이는 잘못된 물건을 집어넣거나, 썩은 음식을 발견하지 못할 수도 있다. 내담자가 눈물을 보이는 것을 보고 스스로의 유능함을 발견하는 실수를 저지르기도 하고, 열어놓은 내담자의 마음을 통합하고 정리할 능력이 없어서 내담자는 그저 과거의 상처 및 인생의 오류와 마주한 채 상담을 종료하기도 한다. 때로는 마음의 상자를 여는 것 자체에 실패하여 한 번 만나고 다시는 못 만나는 경우도 있다.

심리치료실의 내담자

미술치료가 심리치료에 그 바탕을 두고 있는 만큼, 미술치료에서 내담자와 치료사의 관계는 심리치료의 이론에 근거하여 발전되어 왔다. 미술치료사는 내담자의 심리적 갈등이나 현실적인 문제를 확인하고 적절한 미술매체와 프로그램을 제공하는 사람이다. 이를 통해 어려움을 겪는 사람들이 합리적이고 올바른 방법으로 대처하고 해결하도록 돕는다.

<내담자가 가지는 어려움의 영역>

심리적 어려움 극복을 위해 상담현장에 방문한 내담자들의 불편함은 '마음'이다. 마음은 내담자의 신체와 분리된 독립된 무언가가 아니라 인지적, 정서적, 행동적 양태의 관심 전반을 의미한다. 이 세 가지 영역은 어느 하나가 도드라져 보일 수 있고, 상황에 따라서는 어느 하나가 전혀 문제가 없어 보이는 경우도 있다. 내담자에게 변화가 일어날 때 마음은 변화의 배경이 되고, 의식은 변화의 전경에 놓인다. 내담자의 내면에 존재하는 마음의 재료들이 외부환경과 상호작용하는 순간 의식이 작동한다. 의식은 있을 때도 있고 사라질 때도 있는 반면, 마음은 계속 존재한다(Dewey, 1936). 다만 환경과

상호작용하며 그 모습이 변화해 나간다. 환경과 특별한 마찰이 없을 때 의식은 잠시 휴식기에 접어들지만, 자아와 세계를 재조정해야 할 때 다시 자신의 역할을 한다. 내담자가 이해한 세계와 경험하는 세계 사이에서 혼란을 겪을 때, 내담자는 다시 자신의 세계를 분명하게(the plain) 만들기 위해 자신의 마음을 설명하기(ex-plain) 시작한다.

정서적 어려움은 다양한 문제적 행동을 유발하기도 하지만 내담자에 따라 겉으로 드러나는 문제행동이 부재할 수 있다. 감정적 불편함을 겪지만, 사회적으로 기능하고 대인관계를 수행하며, 스스로를 해치는 어떤 행위도 하지 않는 내담자들도 많다. 예를 들어, 섭식장애 내담자 중 꾸준하게 운동하고, 규칙적으로 식사하고, 회사생활이나 대인관계도 잘 해내는 사람들도 많다. 그러나 '살이 찌면 난 무조건 가치 없는 사람이 될 거야.'라는 생각에 흰 탄수화물은 일체 먹지 않고, 운동을 하지 않으면 불안해서 몸이 너무 아픈 날에도 운동을 쉬지 못할 수도 있다. 겉으로 보았을 때 눈에 띄는 문제적 행동이 관찰되는가의 여부에 상관없이 내담자가 부적응적으로 기능하는지가 문제행동의 기준이 된다.

인지적 어려움을 겪는 내담자들의 경우, 정서적 · 행동적 문제를 겪는 경우도 있지만, 인지왜곡을 겪으면서 정서적 불편함을 스스로 인지하지 못하는 내담자도 있다. 예를 들어, 게임 중독 등의 문제행동을 보이지만 자신은 정서적으로 불편함을 느끼지 못한다고 설명하기도 한다.

내담자들은 일반적으로 이러한 요소들이 종합적으로 얽혀 있는 상태로 상담실을 방문한다. 내담자는 다양한 모습으로 상담실을 방문하며, 이 세 가지 요소 중 어떤 것이 내담자에게 더 주요한 어려움으로 다가가고 있는지, 다른 두 가지는 내담자가 부적응적인 방향으로 가는 데 어떤 역할을 하고 있는지도 정확한 판단하에 결정되어야 한다.

심리치료와 미술치료의 차이

미술치료에는 미술이 존재한다. 이것이 심리치료와 미술치료의 첫 번째 눈에 보이는 차이다. 심리치료에서 접근하는 이론적 배경은 공집합이 많으나 미술치료사는 미술을 사용한다. 그런데 생각해보자. 미술치료사가 미술을 사용하는 이유는 무엇일까?

미술치료사는 자신이 미술을 사용하는 이유를 분명하게 알고 있어야 하며, 또 미술이 가지는 힘에 대해서도 알고 있어야 한다. 어느 정도 알고 활동을 한다면, 미술의 힘에 대해서 잘 이해하지 못하는 기관 관계자에게 미술치료의 역할을 소개할 수 있을 것이며, 명확하게 알고 활동한다면 본인 스스로 미술치료사로서 직업을 계속 해 나갈 수 있는 자부심이자 원동력을 잃지 않을 것이다.

필자와 오랜 시간 미술치료를 함께 한 동료 미술치료사 선생님 한 분은 미국에서 미술치료 석사학위를 취득하고 미술치료사로 몇 년간 근무하다가 한국에 들어왔다. 그 선생님은 미술치료가 너무 좋아서 만약 한국에 돌아왔을 때 한국 상황이 미술치료로 돈을 벌 수 없으면 봉사활동이라도 할 생각이었다고 한다. 미술치료의 무엇이 그렇게 좋은지 물어보니, 다음과 같은 대답을 했다.

"스스로 그린 그림 안에 이미 직면해야 할 이야기나 상황들이 나오니까, 작품 자체가 증거가 되는 일이 많잖아요. 그 직면의 확인을 이미지가 도와줘요. 그리고 왜곡된 사고를 발견하는 것도 쉽죠. 예를 들어, 섭식장애 내담자에게 '음식과 먹는다'의 이미지를 그리라고 하면 음식이나 먹는 행동을 그리는 것이 아니라 토하는 변기, 체중계, 운동 등의 이미지가 나오잖아요. 저는 분명 음식과 먹는다를 그리라고 했는데 말이에요. 또 내담자의 작품이 남는 것도 좋아요. 지나온 상담을 내담자와 돌아보고 정리할 때 내담자의 작품을 보는 건 리뷰에 최적화되어 있는 것 같아요. 내가 이렇게 변했구나, 이땐 이런 생각을 했구나 하는 변화를 그대로 볼 수 있으니까요. 상징화 작업이나 감정표현이 쉬운 건 당연한 거고요. 예전에 지나치게 청결에 집착하는 강박적 내담자가 있었어요. 모든 걸 통제하에 놓고 싶어 했는데, 아이를 낳고 나니까 육아는 자신의 룰대로 청결유지가 안 되니 강박이 더 심해진 거예요. 내담자에게 손으로 핑거페인팅 물감을 만져보라고 했더니 '저는 치킨도 손으로 안 먹어요, 뭔가 손에 묻는 건 용납이 안 돼요.'라며 안 하겠다고 했거든요. 그래도 기왕 시간 내서 미술치료실에 왔으니 손가락 한 개라도 끝에 살짝 묻혀 칠하고 물티슈로 닦거나 손 씻으러 바로 가도 된다고 권유를 했어요. 그런데 손끝에 살짝 묻혀서 문지르다가 퇴행을 경험하시더라고요. 나중에는 손 전체에 물감을 묻혀 문지르면서 싫은데 좋은 느낌이다, 뭔가 풀리는 느낌이 난다고 하면서 사실 물감 묻힌 거 언제든 손 씻으러 가면 되는건데 그렇게까지 날 세우면서 안 한다고 할 필요는 없었던 것 같다고 말씀하셨어요. 이 한 번의 경험으로 당장의 강박이 사라지지는 않지만, 예외의 경험이 생긴 거고 이래도 괜찮다는 경험을 쌓아갈 시작점이 된 거죠.

어떤 순간에는 슬픔이나 분노 같은 감정을 표현할 때 오히려 미술이 익숙지 않은 방식이니까 나도 모르게 나를 새롭게 인식하는 경우가 생기기도 해요. '나는 우울해. 그냥 다 하기 싫어. 난

뼛속까지 우울한 사람이야.'라고 하던 사람이 늘 하던 표현이 아닌 우울이라는 감정을 이미지나 다양한 미술재료로 표현하거나, 우울한 자신을 시각화하면서 '아, 내 우울이 슬픔과 붙어있구나, 혼자 고립된다는 무서움이 내게 우울이었구나.' 등 새롭게 발견되는 것들이 생기는데, 이렇게 스스로 인식하지 못하던 감정상태가 도출되는 것이 고도의 질문이나 개입 없이도 이미지나 재료사용 등으로 나온다는 장점이 있어요."

이 내용은 필자가 거의 각색 없이 대답을 정리한 내용인데, 미술치료가 가지는 장점과 미술의 힘을 미술치료를 공부하는 사람들, 그리고 현장에서 일하는 미술치료사들이 확실한 자신의 목소리로 미술치료가 자신에게 어떤 점에서 매력적인지에 대해서 정리할 수 있으면 좋겠다는 생각이 든다.

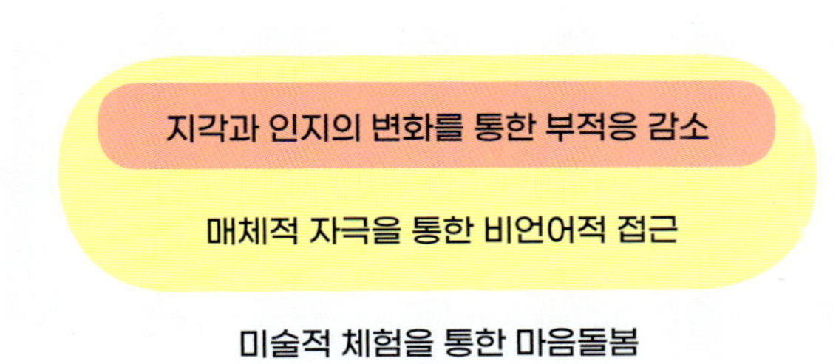

<미술치료의 범주>

심리치료와 미술치료의 또 다른 차이는 참여 대상에 있다. 대부분의 대상은 공통되겠지만, 언어적 소통이 어려운 자폐스펙트럼 장애아동이나 치매노인들의 경우 언어기반 심리치료의 대상 영역에서 제외된다. 미술치료는 인지적 기능이 제한된 내담자들에게 다양한 자극과 움직임을 통해 접촉 세계를 넓혀 나가고 성공 경험을 확장시켜 나가는 역할을 할 수 있다. 재활병동이나 일부 뇌성마비 환자들의 경우, 미술작업을 통해 재활적 측면을 향상시키는 데에 그 목적을 두기도 한다.

즉, 심리치료와 미술치료의 공통된 내담자는 마음의 불편한 부분을 밝히고 변화시켜나가는 사람들이라면, 미술치료에만 존재하는 내담자는 감각적 자극을 통한 발달도모, 혹은 재활을 목표로 한다.

또한 미술치료의 활동범위가 대중적인 영역까지 확장되면서 사례개념화를 통한 내담자 분석과 치료 목표 설정이 크게 의미를 가지지 않는 미술치료의 범주도 많아졌다.

학급 전체를 대상으로 하거나, 복지관 회원들, 시민들을 대상으로 하는 미술치료의 영역은 '마음이 힘든 사람들을 낫게 한다'는 과거의 개념들을 바꾸어 나가고 있다. 참여자들은 더 나은 삶을 위해, 스트레스 관리를 위해, 앞으로의 갈등관리를 잘 하기 위해 다회기, 혹은 1회기성으로 자신의 마음을 시각화하는 미술치료에 참여한다.

5. 미술치료의 분류

미술치료를 분류하는 방식은 그 기준에 따라 다양하다. 과거에 사용되던 분류가 지금은 사용되지 않기도 하고, 분야의 확장에 따라 기존에 없던 용어들이 새롭게 사용되기도 한다.

<미술치료의 분류>

발달주기에 따른 분류

미술치료는 대상에 따라 아동 미술치료, 청소년 미술치료, 성인 미술치료, 노인 미술치료로 분류된다. 소속에 따라서는 주부 미술치료, 입원환자 미술치료, 임직원 미술치료, 학생 미술치료 등으로 나뉘기도 한다. 과거에는 아동을 그저 성인의 축소판이라고 생각하던 시절이 있었다. 그러나 아동과 청소년이 성인과 다른 개별적 심리적 작용원리를 가진 존재로 분류되면서 이 대상이 세분화되었다.

아동 미술치료

아동은 미술의 매체를 놀이와 환상의 중간영역으로 활용하기도 하며, 작품은 퇴행과 전이의 대상이 되기도 한다. 아동은 눈과 손의 협응력이 낮고 손이 작아 사용하는 매체의 굵기와 섬세도를 조절하여 제공해야 한다. 아동미술치료의 경우 미술치료가 종료된 후 10분간 부모상담까지가 하나의 회기이며, 아동상담뿐 아니라 부모상담도 중요하게 다루어야 하는 시간이다. 부모는 아이가 가지는 문제의 원인일 수도 있고, 최고의 조력자일 수도 있다.

청소년 미술치료

청소년은 어린이의 모습을 거부하는 미숙한 성인이기에 아이스러운 재료를 주었을 때(대표적인 것이 크레파스다) 참여도가 낮아질 수 있다. 학교 폭력이나 흡연, 부적응 등 비자발적인 사유로 내담한 청소년들도 많다. 청소년 상담가가 별도의 국가자격증으로 있을 정도로 중요하면서도 까다로운 상담의 대상이며, 청소년기에 좋은 상담적 개입을 받은 경우와 그렇지 않은 경우 남은 삶의 방식이 완전히 달라지기도 한다.

성인 미술치료

성인의 경우, 구치소 및 교도소 미술치료나 자활사업 내담자들처럼 의무적으로 참여하는 내담자도 있지만 많은 경우 스스로의 선택으로 미술치료실을 방문한다. 어린이나 청소년에 비해 치료를 받는다는 개념에 대해 예민하게 접근하는 사람도 있고, 미술치료사와 자신의 나이 차가 별로 나지 않는다거나, 혹은 미술치료사가 나보다 나이가 적다는 것에 불편함을 비치는 내담자도 있다. 미술 매체에 가장 민감도가 높은 참여자이며, 준비된 좋은 매체를 통해 존중받는다는 느낌을 받기도 한다. 자신이 번 돈으로 자신을 위해 투자한다는 생각을 하는 내담자는 적극적이면서 동시에 예후도 좋다.

노인 미술치료

노인 내담자의 경우 개인적으로 내담하는 경우도 있지만, 많은 케이스가 집단으로 복지기관에서 진행된다. 시력이 좋지 않은 내담자가 많기에, 너무 작은 글씨나 지나치게 복잡한 조작감은 배제하는 것이 좋고 같은 실력으로 그렸을 때 눈에 잘 보이고 완성도가 높을 수 있는 매체를 준비하는 것이 좋다. 예전에는 노인 내담자에게 한지와 먹, 펼치는 무지 부채와 같은 '어르신 매체'를 주는 것이 일반적인 것처럼 이야기되었으나, 지금의 65세는 정말 젊다. 노인 내담자들의 고민거리도 예전과 점점 달라지고 있고, 여전히 사회 전선에 있는 노인들도 미술치료에 참여한다. '부적응 문제로 의뢰되는 어린이 내담자'라는 정보만 준다면 4살인지, 6살인지, 8살인지 나이에 따라 너무나 다르다고 몇 살이냐고 질문할 것이다. 노인 내담자도 마찬가지다. 수명은 길어졌고, 노인의 양상은 전과 완전 다르게 바뀌었으며, 과거 '노인성 우울증', '생애 마무리작업', '치매'를 대상으로만 하던 군이 아니다. 시니어라는 새로운 층에 접어들어 연애도, 취업도 새로 하는 분들도 많다.

몇 년 전, 국민건강보험공단에서 장기요양보험 수급자의 보호자를 위한 심리치료 안내서에 집필자로 참여한 적이 있었는데, 당시 기관 담당자가 필자에게 "수급자의 보호자까지 이렇게 케어하는 곳은 우리나라가 유일합니다."라고 자랑스럽게 이야기한 적이 있었다. 이것은 좋은 게 아니라, 노인이 노인을 부양하는, 즉 70대 여성 노인이 90대의 시부모님과 90대의 친정부모님을 동시에 부양하는 기이한 형태가 잔존하기 때문이다. 이들의 자녀는 자신의 자녀를 양육하느라 부모를 들여다볼 틈이 없고, 70대의 많은 노인들은 이미 노년에 접어들어 신체적으로 잘 기능하지 않는 상황에서도 부모를 요양원에 보내는 것은 불효라 생각하며 개인적으로 부모님을 돌보려 한다. 이런 샌드위치 세대에 접근하기 위해서는 문화적 배경에 대한 이해도 필수적이다.

미술치료에서는 결과물이 사라지거나 뭉쳐져 버릴 수도 있다는 가정하에 진행하지만, 노인 미술치료를 다루는 많은 기관들이 어느 정도 만족스러운 결과물이 나올 수 있는 프로그램을 요구한다. 나이가 많은 노인 내담자들은 완성된 작품을 통해 자신이 여전히 가치 있는 것을 창작해 내는 존재라는 것을 확인하기도 하고, 작품은 오랜만에 가족에게 자랑할 거리가 된다.

구성에 따른 분류

미술치료는 형태에 따라 1:1 개인 미술치료, 커플 및 가족 미술치료, 그리고 집단 미술치료로 분류된다. 미술치료를 처음 배우고 임상을 막 시작하는 수련생들은 일반적으로 개인 미술치료보다 집단 미술치료의 형태로 시작하는 경우가 더 많다. 개인과 집단은 운영방식이 다르기에 개인 상담 위주로 적혀있는 입문서를 공부하고 바로 집단을 만난 초보 미술치료사의 경우, 현장에서 일어나는 예측하지 못했던 다양한 상황들과 마주하며 어려움을 호소하기도 한다.

개인 미술치료

개인 미술치료의 목표는 내담자가 자신의 논리의 결함을 인식하고 긍정적이고 가치 있는 목표를 향해 노력할 수 있도록 돕는 것이다. 내담자-상담자 관계를 일컫는 치료적 동맹은 개인상담 세션에서 더 강력하고 중요하게 다루어진다. 1:1로 만나기에 상담사가 100% 전념할 수 있는 상황에서 직접적인 피드백이 주어진다. 미술치료 프로그램이나 재료 등은 내담자 한 사람을 위해 변경될 수 있고, 개인상담은 강력한 의사소통과 함께 진행되기에 내담자의 문제 역시 개인적인 수준에서 논의되고 해결된다. 사용하는 미술 매체, 상담의 속도와 개입 정도 역시 개인에 따라 면밀하게 조절되어 제공된다는 장점이 있다.

집단 미술치료

집단작업은 개인 상담을 줄여서 줄줄이 연결한 것이 아니다. 60분짜리 집단 미술치료에 6명의 내담자가 참여했을 때 초보 미술치료사가 자주 겪는 실수는 10분짜리 개인 미술치료를 짧게 6번 이어나가는 형태로 진행하는 것이다. 디렉션과 재료설명까지는 공통으로 한다. 그리고 작업을 마친 후 첫 번째 내담자에게 그림의 의미를 묻고 설명을 들은 후, 두 번째 내담자에게 다시 그림의 의미를 묻는다. 그리고 공통으로 마무리를 하며 회기를 마친다. 집단에서 얻어 갈 수 있는 역동과 치료적 힘을 전혀 사용하지 못한 채 내담자들은 10분짜리 개인상담을 하고 집에 돌아간다.

<집단 미술치료>

<워크숍 미술치료>

통상적으로 상담집단은 4–10명 사이로 구성되나 2–3명부터도 집단이라고 불린다. 집단이 너무 작을 경우에는 집단역동을 충분히 활용하기 어렵고, 참여에 대한 부담 때문에 집단원의 이탈 확률도 있다. 반면에 참여자 수가 적은 것을 장점으로 여겨, 혼자 참여하는 부담은 줄이면서, 다른 사람이 작업하는 모습도 관찰할 수 있는 소수 집단을 선호하는 내담자들도 있다.

집단 미술치료에는 섭식장애, 우울감, 혹은 펫로스 집단처럼 비슷한 경험을 겪은 동질집단원들이 강한 결속력을 가지고 참여한다. 어떤 사람들에게는 치료 과정의 다른 요소들보다 동질집단원으로부터의 영향이 긍정적인 결과를 만드는 강력한 도구가 되기도 한다. 집단을 통해 나의 투쟁이 혼자만의 것이 아님을 깨닫고, 집단 내에서 관찰되는 긍정적인 변화를 습득하기도 한다.

내담자들은 사회에서 받지 못한 지지를 집단에서 받을 수 있다. 특히 주제가 범용적이지 않을 경우, 동질집단의 힘은 더욱 강력하다. 〈펫로스 미술치료〉의 경우, 반려견이나 반려묘가 무지개다리를 건넌 지 짧게는 1개월에서 길게는 1년이 넘어 미술치료실을 방문한다. 함께 아이를 반려했던 가족조차 6개월이 넘어가면 이제는 이별의 기억을 더 이상 들춰보기를 꺼리기도 하고, 동물반려의 경험이 없거나 다른 시선으로 반려동물을 바라보는 주변인들은 “개 한 마리 죽은 것 가지고 몇 달 동안 일도 쉬고 한심하다.”라는 표현을 하기도 한다. 이런 경우, 함께 비슷한 아픔을 겪는 집단원의 공감과 지지는 폭발적인 힘이 된다. 아무리 경험 많은 미술치료사라 하더라도, 사별의 아픔을 생생하게 공감하고 지지하기는 어렵기에 애도의 이슈는 주로 집단작업으로 다룬다.

비슷한 문제와 주제를 가지고 미술치료 집단에 방문한 내담자들은 서로의 문제에 대처하고 해결해가는 과정에서 대리처벌과 대리보상을 경험한다. 그리고 이를 통해 특정 행동을 하지 않거나, 모방하려 한다. 예를 들어, 우울증 집단에서 한 내담자로부터 "우울증을 잠깐 벗어나려고 평소에 쓰지 않던 큰돈을 써서 쇼핑을 했어요. 그런데 기분이 좋아지는 것은 잠깐뿐이고 남은 잔고를 보니까 더 제가 한심해지고 가라앉았어요."라는 경험을 들었을 때 다른 내담자들이 해당 행동을 하지 않을 가능성이 높아진다.

이와 반대로 한 내담자가 지난주에 내어준 감정 기록하기 숙제를 성실히 하고 자신의 감정을 더 잘 알게 된 경험을 나눈다면, 다른 집단원들의 과제 이행률은 높아질 수 있다.

<스트레스 대처 나무>

〈스트레스 대처 나무〉는 각자 자신이 스트레스를 해결하는 방법들을 꽃에 적고, 나뭇잎에는 해당 방법들이 어떤 도움이 되는지를 적어 집단원이 하나의 나무를 완성하는 프로그램이다. 공유가 끝난 후, 집단원들은 자신에게는 지금 없지만 사용해 보고 싶은

스트레스 대처법을 선택하여 나뭇잎에 추가로 그려서 붙이고, 일주일간 해당 방법을 사용해 본 후 그다음 주에 후기로 함께 나누었다.

그러나 집단이 너무 커질 경우, 모든 내담자가 아닌 일부 내담자만 작품 공유에 참여하기도 한다. 통상적으로 10명이 넘어가는 집단은 조를 나누어 조별로 공유하는 시간을 가지는 경우가 더 많다. 미술치료 진행에 있어서는 테이블에 앉을 수 있는 공간뿐 아니라, 미술재료를 놓고 작업할 수 있는 공간까지 고려하여 집단 크기를 구성해야 한다.

워크숍 미술치료

조를 짜지 않고 각자의 테이블에 앉거나 여러 조가 구성된 워크숍 형식으로 진행되는 미술치료도 있다. 미술치료사와 참여자 간의 소통은 자발적인 몇몇 참여자나 미술치료사의 선택에 의해 이루어지며, 작품은 주로 조별로 공유된다. 워크숍 형태에서는 인원제한은 크게 의미 있지 않고 15명 이상부터 100명 이상 까지도 참여가 가능하다. 모든 사람이 잘 볼 수 있도록 빔 프로젝터나 모니터에 진행 내용을 준비해서 띄우거나 워크시트에 디렉션이나 부연설명까지 포함하여 출력한 뒤 나눠주는 것이 일반적이다. 기관에 따라 인원수별로 재료비를 모두 지원하여 양질의 미술매체와 함께 작업하기도 하지만, 어떤 기관에서는 강사비 이외의 재료비가 부담되어 최대한 적은 재료(A4용지나 펜)를 가지고 참여할 수 있는 미술치료를 요구하기도 한다. 큰 워크숍일수록 프로그램의 목표는 작업을 끝마친 후 진행자의 설명에 따라 참여자들이 개인적 이해를 하거나 알아차림을 얻어 가는 것이 된다. 집단 안에서 일어나는 역동을 기대할 수 없기에 집단 미술치료가 아닌 워크숍 미술치료라는 표현을 쓴다.

가족 미술치료

가족 미술치료에는 거주하는 가족 구성원이 모두 참여하기도 하지만 가족 구성원의 일부가 참여하기도 한다. 엄마와 딸 두 사람만 참여하는 상황이 그 예이다. 하나의 공간에서 공동작업을 하며 가족 안에서 소통하는 양상을 통해 가족역동을 파악할 수 있고, 매체를 통해 소통하고 서로의 욕구나 고민의 크기 및 우선순위를 확인함으로써 서로에 대한 이해도를 높일 수도 있다.

예전에 부부치료에 참여한 내담자에게 각자의 스트레스를 생각나는 대로 모두 도화지 위에 구름으로 표현하도록 한 적이 있었다. 큰 스트레스는 큰 구름, 중간 스트레스는 중간 크기 구름, 그리고 아주 작은 스트레스는 점처럼 작게 표시하도록 했다(예를 들어 오늘 아침에 핸드폰을 떨어뜨려서 액정에 금이 간 것 같은 사소한 스트레스). 그때 아내와 남편이 서로의 그림을 보며 상당히 놀랐던 장면이 기억난다. 집 대출문제, 자녀 양육문제, 부모님 문제, 건강 등 서로에게 언급되는 주제는 비슷했는데, 그 크기는 상당히 달랐다. 남편은 대출금 스트레스가 가장 컸던 반면, 아내는 자녀 교육 스트레스와 시부모님 문제가 비슷하게 가장 컸다. 아내는 "대출금은 계속 갚아 나가는 거라 별 신경 안쓸 줄 알았어"라고 이야기했고, 남편은 "우리 부모님 관련된 스트레스가 아이 교육만큼 컸던 거야? 난 그냥 당신이 툴툴댄다고만 생각했지…"라며 말끝을 흐렸다. 나에게 소중한 사람의 머릿속을 들여다볼 수는 없어도 그 크기가 드러나면 상대에 대한 이해는 쉬워진다.

기관에 따라, 상담사에 따라 다르지만, 가족상담은 모두 함께 모이고, 개별 상담을 하고, 다시 모두 함께 모이고를 주기적으로 반복하는 경우가 많다.

주요 이론에 따른 분류

어떤 상담이론을 중요한 이론적 틀로 삼는가에 따라 정신역동, 인본주의, 미술발달, 인지행동 미술치료로 나뉠 수 있다. 정신역동적 미술치료는 정신분석과 분석심리, 개인심리학 등이 포함되며, 인본주의 미술치료에는 인간중심, 게슈탈트, 실존주의 등이 포함되고, 인지행동적 미술치료에는 합리적 정서행동치료, 인지행동치료, 현실치료 등의 이론적 관점이 포함된다. 미술발달적 관점에서는 로웬펠드의 미술표현발달단계를 기반으로 단계별 심리적 역동을 치료적 접근에 초점을 맞춘다.

관점에 따른 분류

'치료에서의 미술'은 미술매체를 심리치료 현장에서의 도구적 관점으로 접근하면서 전이와 역동, 그림의 형식적 분석에 초점을 맞추는 견해다. 반면 '치료로서의 미술'은 미술작업을 통해 정신적 에너지가 긍정적 방향으로 변해가는 승화와 창조적 작업 그 자체를 치유적 근거로 보고 있다. 통합적 관점은 치료와 미술 양측에 모두 무게를 두며, 내담자와 내담자의 상황에 따라 치료적 관점이 중시될 수도, 미술적 관점이 중시될 수도 있다고 믿는다.

형태에 따른 분류

이전에는 대부분의 미술치료가 대면으로 이루어졌었다. 해외에 거주하거나 외출이 어려운 내담자와 같은 특수한 경우에만 비대면으로 미술치료가 진행되었었는데, 필자의 경우 외출이 어려운 섭식장애 내담자들과 화상통화 및 텍스트 상담을 진행한 케이스를 발표하면서 '사이버 상담'이라는 용어를 논문 제목에 사용한 적도 있었다. 그러나 Covid19 이후 비대면 미술치료라는 용어가 정착되었고, 지금은 다양한 비대면 미술치료 방식이 존재하고 있다.

기관에서의 대면 미술치료

대면 미술치료는 내담자가 직접 기관에 방문하여 참여하는 전통적 미술치료다. 내담자에게 분명하게 치료적 공간이라 인식된 장소에서 진행된다. 미술 매체는 상황에 따라 유동적으로 변할 수 있고, 내담자의 모든 작업과정을 볼 수 있다는 장점이 있다.

다만, 지역이 달라 직접 기관까지 방문하지 못하는 내담자도 있으며, 미술치료실에 직접 들어가는 자신의 모습을 남들에게 보이고 싶어 하지 않는 내담자도 있다. 비용적인 면에서도 대부분의 기관에서 대면이 비대면보다 가격이 높아 가격적 부담도 있다.

미술치료사의 방문

미술치료사가 내담자의 집으로 방문하는 경우다. 자신의 아이가 장애가 있다는 것을 외부에 노출하고 싶어 하지 않는 부모님, 외출이 어렵지만 비대면 상담을 원치 않는 내담자, 자신의 부모님을 모시고 움직이기가 어려운 자녀, 혹은 가볍게 학습지와 같은 느낌으로 아이들의 정서를 미술로 함께 다루고 싶어 하는 부모님들이 신청한다. 미술치료사가 매주 재료를 준비해서 가기도 하지만, 내담자들이 매주 필요한 재료를 주문해 놓기도 한다. 방문 미술치료는 가장 정해진 틀이 없는 방식이며, 일반적으로 기관에서의 대면 미술치료보다는 가격이 높게 형성되어 있다.

비대면 화상 미술치료

화상통화 방식은 플랫폼을 통한 화상상담으로 진행된다. 그림을 그리거나 시각화하는 작업은 상담 도중에 진행될 수도 있고, 과제로 부여되기도 한다. 미술치료실과 거리가 멀거나 상담사와 시간을 맞추기 어려울 경우, 비대면은 거리와 시간에 대한 부담을 최소화한다. 특히 이동시간에 쓸 시간적 여유가 없는 내담자, 한국에 거주하지 않는 내담자, 외출이 어려운 내담자, 혹은 지방 출장이 잦은 내담자에게 비대면 상담은 좋은 선택이 될 수 있다. 프로그램이 고정된 상황이라면 매체는 회기 단위별(예를 들어, 4주씩 묶어서 배송) 혹은 전 회기를 꾸러미로 만들어 보내기도 하고, 기관에 따라 내담자가 수령하는 곳도 있다(주로 해당 지역 거주자를 대상으로 하는 미술치료일 때). 또는 미술치료사가 재료를 미리 공지하고 내담자가 직접 사서 참여하는 경우도 있다. 마지막으로 아주 간단한 미술매체, 예를 들어 색연필과 종이 등만 준비하여 진행하기도 한다.

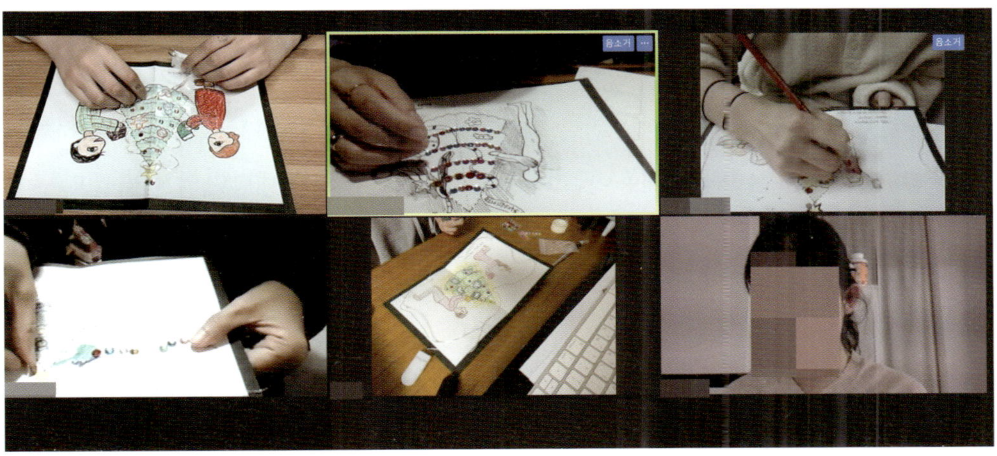

<비대면 화상 미술치료 장면>

작업이 시작되면 내담자가 카메라 각도를 조절하여 자신이 작업하는 과정을 미술치료사가 볼 수 있도록 하지만, 내담자 전체를 볼 수 없고 매체를 도중에 추가하거나 바

꾸는 것이 어렵다는 단점이 있다. 어디에서든 접속 가능하다는 특징 때문에, 내담자가 상담에 집중하기 어려운 카페에서 참여하기도 하고, 내담자의 일상이 묻은 집이라는 공간에서 편한 옷을 입고 참여하기에 치료적 시간이라는 경계가 약할 수 있다. 상담 도중에도 아이가 울면 달래줘야 하기 때문이다.

비대면 집단 미술치료의 경우 내담자의 작품을 하나의 플랫폼에 업로드한 후, 미술치료사가 공유한 화면으로 함께 보거나, 단체채팅방에 올려서 함께 보는 경우도 있다. 직접 카메라에 작업을 보여줄 경우, 배경 블러 처리 등의 필터 때문에 작품 이미지가 인식되지 않을 때가 많으며, 들고 설명할 경우 작품이 집중하기도 어렵고 내담자의 얼굴도 잘 보이지 않기 때문이다.

비대면 텍스트 미술치료

목소리를 노출하고 싶지 않은 경우, 영상이나 전화는 불편하여 텍스트로만 대화하고 싶은 경우 메신저를 이용한 상담이 진행된다. 타이핑을 하는 시간이 소요된다는 점이 있어 PC로 접속하여 소통하기를 추천하고 있다. 텍스트 미술치료의 경우 미술작업을 상담 전에 공유하고 내용을 미리 받아 시간을 효율적으로 활용한다. 다른 방식에 비해 한계점이 많지만 미술치료사와의 대화 내용이 모두 문자로 기록이 남기에, 상담이 끝난 이후에도 상담 내용을 다시 살펴볼 수 있고, 얼굴 및 목소리까지 완전하게 익명성이 보장된다는 장점이 있다. 집단 텍스트 미술치료의 경우, 한 회기를 결석하더라도 해당 회기동안 주고받은 내용이 모두 남아있기에, 결석한 내담자의 이탈률도 줄일 수 있다. 불편하고 단점이 많은 방식이더라도 내담자에게 치료기회가 없어지는 것보다 더 나쁜 상황은 없다.

방식에 따른 분류

한국에서 실시되는 대부분의 미술치료 방식은 임상에 근거한 미술치료다. 내담자의 목표를 설정하고, 미술치료사가 준비한 주제에 맞춰 내담자가 작업에 참여한다. 그러나 내담자에게 높은 자유도를 주고 미적 체험을 통해 접근하는 스튜디오 미술치료 방식도 존재한다.

스튜디오 미술치료

스튜디오 미술치료에서의 오픈 스튜디오란 자신이 원하는 미술 창작활동을 하면서 시간을 보내고 사람들과 교류하며 휴식을 취하는 자기 주도형 커뮤니티 공간을 의미한다. 작업하고 싶은 재료를 자유롭게 선택할 수 있고, 원하는 만큼 오래 머무를 수도 있는 선택권이 있다. 오픈 스튜디오는 일반적인 집단 미술치료와 다르게 내담자가 원하지 않으면 작품 공유를 요청하지 않는다. 보통 스튜디오가 열려있는 시간이 정해져 있고(예를 들어 오후 1시부터 5시), 그 시간 안에 언제든지 들러서 원하는 만큼 작업할 수 있다. 요청하는 경우 미술치료사는 재료사용법이나 미술적 기법을 알려주기도 한다.

Chapter 2. 미술치료의 역사

인간이 예술작품을 만들고 감상하는 이유는 무엇일까. 다양한 의견이 있지만, 『미학적 인간』의 저자 엘렌 디사나야케는 예술을 동물행동학적 관점에서 보았을 때 인간에게 필요한 하나의 행동이었고 예술을 추구하고 갈망함으로써 인류는 생존해왔다고 설명하고 있다(dissanayake, 1992). 시대와 장소를 막론하고 인간이 존재한 곳에 모두 예술이 있었고 인간은 미술과 함께 진화해왔다. 예술을 추구하는 것은 생물학적 욕구가 있기 때문이고, 예술을 하는 행위가 오랜 시간 진화의 과정에서 도태되지 않고 발전한 것은 예술 행동이 인간의 생존에 생산적이라는 증거이다. 예술은 문화의 산물이 아니라 인간의 본성이며, 인간은 선천적으로 미적이고 예술적이라는 것을 디사나야케는 다양한 증거와 함께 제시하고 있다.

예술이 인간의 생존에 직접적인 도움이 되는 것은 아니다. 직접적 생존은 보금자리나 식사 등을 통해 이루어지기 때문이다. 그러나 생존을 위해 도구를 만들고, 자연과 상호작용하고, 불운이 오지 않기를 기원하는 과정에서 예술을 기반으로 한 문화가 발전됐다.

실내에 있다가 갑자기 정전이 되면 단 1분간일지라도 그 시간은 불안하다. 그러나 30분 동안 전기공사로 인해 정전이 될 것이라는 방송을 들은 후라면 30배나 되는 긴 시간임에도 불안하지 않다. 인간은 다양한 자연의 변화와 예측 불가능한 상황 속에서 불확실성을 줄이고 통제 감각을 상승시키려는 시도를 했다. 그리고 그 과정에서 예술적 개입은 필연적이었다. 자연적 공간에 질서를 부여하거나, 조형물을 세우거나, 자신의 몸을 치장하고 노래를 불렀다. 그리고 이런 초기 예술의 형태는 다양한 곳에 남아서 인간이 예술과 함께 성장해 온 흔적들을 보여준다.

1. 소망의 표현, 선사시대 미술

<빌렌도르프의 비너스>
B.C 35,000

<라스코 동굴벽화> B.C. 35,000

과거 인류의 조상들은 눈앞의 생존을 위해 살아왔다. 그러나 미래를 예측하고, 과거를 반추하는 능력이 발달하자 이제는 최악의 상황을 두려워하기 시작했다. 사람들은 불운을 피하기 위해 제례의식을 했고, 상징물을 제작하여 소망을 담았다.

최초의 미술품

〈빌렌도르프의 비너스〉는 빌렌도르프 지방에서 발견된 높이 11cm가량의 작은 점토 조형물이다. 제작 연도는 BC 35,000년경으로 추정되어 인류가 남긴 가장 오래된 미술 작품 중 하나로 기록되고 있다.

〈빌렌도르프의 비너스〉는 땋은 머리로 얼굴이 가려져 있고, 팔은 표현되지 않았으며, 오직 풍만한 가슴과 배, 엉덩이만이 묘사되어 있다. 아이를 건강히 낳을 수 있고 아이에게 젖을 물릴 수 있는 풍요와 다산의 부위만이 과장되어 표현되어 있다. 아직 의학이 발전하지 못했고 수명이 짧았던 시기였다. 〈빌렌도르프의 비너스〉에는 여성들이 건강한 아이의 다산을 바라는 소망이 담겨있다.

〈빌렌도르프의 비너스〉에 전통적 여성의 역할이 담겨있다면 〈라스코 동굴벽화〉에는 전통적 남성의 역할이 담겨 있다. 동굴벽화의 동물들은 꽤나 사실적으로 묘사되어 있지만, 이것은 그림 실력을 자랑하기 위해 전시했던 공간이 아니었다. 그림 실력을 보여주기 위해서였다면 접근하기 힘든 동굴이 아닌 마을 한가운데에 그려놓았을 것이다.

남성들은 동굴 안에 모여 그림 속 소에게 창을 던지며 기원을 했다. 벽화에서 동물이 그려진 부위에 많은 창살 자국은 이러한 흔적들을 의미한다. 그들은 집단으로 제례의식을 하며 부족들이 굶어 죽지 않게 식량을 확보하기를 빌었을 것이며, 사냥하는 이미지 트레이닝을 통해 실제로 사냥의 결과도 좋았을 것이다. 다시금 제례의식의 힘을 믿고 이들은 반복적으로 동굴에서 의식을 치렀다.

최초의 미술가, 그리고 최초의 미술치료사에 대한 역사의 대답은 '주술사'로 그 대답이 같다. 주술사들은 신성한 영적인 힘을 가지고 있는 자들로 대접을 받았는데, 사람들은 이들이 의식과 무의식, 혼수상태까지를 오가며 산 사람의 세계와 죽은 사람의 세계를 왕래할 수 있는 능력을 가지고 있다고 믿었다.

소망을 담은 대상

불안이라는 감정을 느끼기 시작하면서 인류는 미래의 불행을 예방하려 했고, 현재 눈앞의 불행을 없애려 했다. 간절히 원하는 바가 이뤄지기를 소망하는 인류의 마법적 믿음은 미술이라는 시각적 이미지로, 주술사라는 심리를 다루는 직업으로 발전하였다. 이들이 더욱 신적인 존재로 대접받았던 것은 불행이 사라질 때까지 기도를 멈추지 않았기 때문이다. 비가 오기를 바라는 기우제는 비가 올 때까지 진행되어, 결국 비를 만나게 되었다. 간절한 소망이 현실화되기를 바라는 현대인들은 자신의 소망이 실현될 때까지 긍정의 기대감을 가지고 사고를 변화해 나간다. 이것이 미술치료의 중요한 핵심이다.

미술치료실에서도 이러한 주술적이고 마법적인 제례의식이 수행된다. 미술치료실은 소망이 표현되는 곳이다. 불편한 것이 없어지기를, 더 나은 내가 되기를 바라는 내담자들이 미술치료실에 방문한다. 자신이 바라는 긍정적 미래상을 오일 파스텔로 그리고, 자신이 10년 뒤 변화하기를 희망하는 모습을 콜라주로 만들고, 그 모습이 되기 위한 티켓을 만드는 곳이 미술치료실이다.

<마음 처방전>

〈마음 처방전〉 작업을 했던 30대 여성 내담자는 자신에게 필요한 마법의 약을 처방하는 프로그램을 통해 자존감 상승, 능력 상승, 자신감 탑재, 혼자 있지 않는 약, 의지박약 없애는 약, 귀차니즘 물리치기 약을 만들었다. 그리고 필요한 순간에 이 약을 꺼내서 먹기로 약속했다. 실제로 약 봉투 안에 들어있는 것은 편의점에서 파는 캔디였지만, 내담자가 새롭게 정의 내림으로써 사탕들은 마법의 약으로 변신하였다.

<과거-현재-미래의 내 모습>

〈과거-현재-미래의 내 모습〉은 제거행위 없이 폭식하는 폭식장애를 앓고 있는 20대 여성 내담자의 작품이다. 섭식장애를 앓고 있는 현재의 모습을 가운데에 표현하고 음식으로부터 자유롭던 과거의 모습을 왼쪽에, 그리고 미래에 타라는 내 모습을 오른쪽에 표현했다. 온몸의 장기들이 어디에 있는지 알 수 없게 일그러져 있는 현재의 모습과 달리, 과거에는 음식으로부터 자유롭게 스스로를 조절할 수 있었다. 그녀가 미래에 표현한 자아상은 건강과 생명을 상징하는 빨간색이 자신을 둘러싸고 있다. 온몸에도 빨간색이 흐르는 모습이고, 폭식에 더 이상 돈을 낭비하지 않고, 폭식에 불필요한 시간을 쓰지도 않아 경제적으로도 자기 발전적으로도 여유롭다 미래의 내 모습 옆에는 다음과 같이 적혀있다.

"미래엔 내가 내 몸을 사랑스럽게 느끼길 바란다. 기분 좋은 에너지가 많이 내 몸에 흐르길 원한다. 몸과 마음에 사랑이 가득하길 바란다."

2. 알레고리의 발전, 중세미술

작가 미상 <수태고지> 14세기

중세의 그림은 알레고리의 미술이다. 알레고리는 표면적인 이야기나 묘사 뒤에 어떤 정신적 · 도덕적 의미가 암시되어 있는 비유를 의미한다. 예를 들어, 중세 미술에서 백합은 마리아의 순결이다. 이것은 기독교에서 백합이라는 꽃을 번역해 낸 것이다. 알레고리는 본뜻(백합)을 보조개념(마리아의 순결)이 번역할 수 있다. 반면 보조개념과 본뜻이 통합되어 의미를 가지면 이것은 상징이 된다. 그런데 이 둘이 명확하게 구분되지 않는 경우도 있다. 예를 들어, 내담자가 십자가를 그렸다. 십자가는 나무막대기 두 개를 교차해서 제작한 대상이라는 본뜻이 있고, 보조관념은 그리스도의 수난이자 희생이다. 그런데 내담자는 십자가를 그리고 나서 '이건 구원의 상징이에요.'라고 말을 하지 '구원의 알레고리예요.'라고 말하지는 않는다.

알레고리와 상징은 해석의 주도권을 어디에 놓느냐에 따라 그 구분이 명확해진다. 알레고리는 상징을 역으로 거스르면서 의미를 보존한다. 내담자가 십자가를 그린 후, 구원이라는 뜻에 더 중점을 두었기에 상징물로 환원된 것이고, 만약 중점을 십자가라는 대상에 놓는다면 이것은 분명 알레고리가 된다. 즉, '십자가는 구원의 상징'이며 '구원은 십자가의 알레고리'인 것이다.

상징의 어원은 그리스어 symballein(조립하다)이다. 대상을 어떤 의미의 구조 속에서 재구성할 것인가에 대한 속성을 나타내는 단어다. 이와 달리, 알리고리의 어원은 그리스어 allegoria(다르게 말하기)이다. 알레고리적인 접근은 대상을 작품화하는 것이고, 또 하나의 고정된 기준으로 내담자와 내담자의 작품을 바라보는 것이 아니라 내담자의 개별적인 속성에 집중하고 풍부한 시각으로 바라봄을 의미한다.

3. 창의적 재능을 지닌 존재로서의 미술가, 르네상스

마사치오 <성 삼위일체> 1426

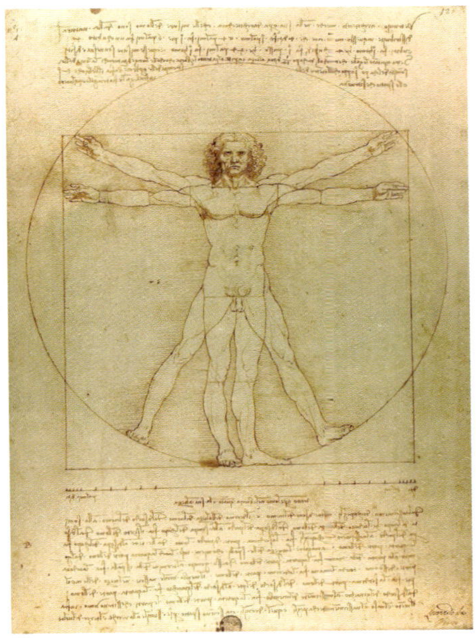

레오나르도 다빈치 <비트루비우스적 인간> 1490

르네상스에 들어서면서 1,000년간의 신 중심 사회가 막을 내리고 인간 중심 사회가 발현된다. 새로운 사회에서는 새로운 미술교육방식이 필요했다. 레오나르도 다빈치는 폐쇄적이고 기능 중심적으로 이루어진 길드 중심의 교육제도에 대해 비판했다. 길

드보다 자유로운 비공식적 모임을 통해 새로운 사교적 형태의 교육방식을 시도한 미술아카데미가 시작되었다(Gombrich, 1995). 아카데미(academy)는 그리스어 아카디미아(Ἀκαδημία)에서 유래된 단어로, 아테네 서북쪽 한 지구의 명칭이다. 그리고 이 명칭은 중세시대 이전, 그리스 시대에 플라톤이 제자들과 토론하며 철학을 가르친 신봉자의 모임명이기도 했다.

레오나르도 다빈치는 『회화론』에서 "회화는 소묘의 기술이고, 수학적 증명을 바탕으로 하는 과학에 기초한다."고 설명하였다. 그렇기에 과학을 배운 후 미술을 배워야 한다고 주장했다. 미술은 단순한 기능이 아닌 과학적, 수학적 사고와 관련되기 때문이다. 르네상스 시대에 들어서며 원근법과 명암이 등장한다. 마사치오는 원근법을 최초로 그림에 적용한 작가로 알려져 있으며 그의 작품 〈성 삼위일체〉는 직선 원근법이 그림상에서 완벽히 구현된 첫 작품으로 언급된다.

교육의 커리큘럼은 〈원근법 - 비율이론 - 실습 - 교사의 소묘묘사 - 부조를 소묘 - 자연물을 소묘로 옮기기 - 자신의 미술세계 확립〉이었다. 중세의 철학가들이 미술가를 단지 재능 있는 기술자로 본 견해에 반박하며 창의적 재능을 지닌 존재로 문화적 엘리트라는 의식이 생겼다. 레오나르도 다빈치는 회화를 공예와 분리하여 학예(art liberals)에 회화를 포함시켰다.

르네상스 미술에서 모방은 중요한 가치를 지녔다. 그리스의 철학자 아리스토텔레스는 최초의 미학서 『시학』에서 "사람들은 죽은 쥐를 보고 징그럽다고 느끼지만 죽은 쥐를 똑같이 그려놓은 그림을 보며 미적 쾌감을 느낀다."고 설명한 바 있다. 르네상스 시대에는 실제세계를 잘 재현한 미술이 높은 가치를 가졌다. 그렇기에 미술교육에서 사물을 잘 재현하는 것은 아주 중요한 목표로 다루어졌다. 이러한 교육은 이후 1900년대까지 그 맥락이 이어지며 지금의 미술 분야를 존재하게 만든 근간이 된다.

4. 인간의 정신활동과 미술을 연결하는 시도

제2차 세계대전 이후 독일이 전쟁을 일으키게 된 것은 사람들의 창조적 표현 충동을 억제하는 교육체제 때문이라는 시각이 있었다(Saunders, 1961). 이들은 창조적 표현

충동을 억압함으로써 사람들이 공격적이고 퇴행적인 성향을 가지게 된다고 주장했다. 독일 나치는 상상력을 자극하는 예술을 모두 '퇴폐'미술로 지정하여 탄압했다. 히틀러는 자신의 저서 『나의 투쟁』에 "입체주의와 다다이즘을 총칭하는 광적이고 타락한 사람들의 불건전한 발전과 민중을 병들게 하는 것을 막아야 하는 것이 국가의 임무"라고 저술하기도 했다. 전쟁 이후 미술의 힘을 주장한 학자들은 인간의 마음속에 있는 창조적 예술충동이 인간의 무의식 속에 존재하는데 이를 표출할 수 있도록 도와주는 것이 미술이라고 설명했다.

미술교육학자들은 미술이 당면한 진정한 과제는 어린이의 정서를 억누르는 것이 아니라 사회적으로 유용한 통로를 통해 이를 승화시키는 것이라 주장했고, 학교가 사회적 행동과 규율에 집중하기보다는 학생의 개인적 변화에 중심을 두어야 한다고 설명했다. 표현주의 예술가들은 어린이의 미술에서 교육받지 않은 인간 본연의 창의적 가치를 발견했다.

이때 독일의 심리학자 지그문트 프로이트가 무의식의 세계가 진정한 마음의 근원이라고 주장한 것이 창의성 중심 미술교육에 힘을 불어넣었다(Gardner, 1995). 이때부터 미술교육의 핵심은 창조적인 충동을 표출시켜 개성을 드러내고 영혼을 해방시켜 주는 것이 되었다.

프로이트는 환자의 중요한 의사소통 중 다수가 시각적 이미지에 대한 설명이라는 사실을 일찍부터 인식했다. 그는 심지어 환자에게 '철도 객차 창가에 앉아 바깥에서 보이는 변화하는 풍경을 객차 안의 누군가에게 설명하는 여행자처럼 행동하라'고 시각적인 용어로 설명하기도 했다(Freud, 1978). 특히 프로이트는 환자의 치료에 있어서 꿈 이미지의 중요성을 발견했다. 꿈에 대한 설명이 어려운 이유는, 꿈을 주로 시각적 이미지를 통해 경험하고 이러한 이미지를 단어로 번역해야 하기 때문이라는 것이 프로이트의 설명이다. 꿈을 꾼 사람은 '그릴 수는 있는데 어떻게 말해야 할지 모르겠어요'라고 종종 말한다.

BILDNEREI DER GEISTESKRANKEN

EIN BEITRAG ZUR PSYCHOLOGIE UND PSYCHOPATHOLOGIE DER GESTALTUNG

VON

HANS PRINZHORN

VERLAG VON JULIUS SPRINGER · BERLIN · 1922

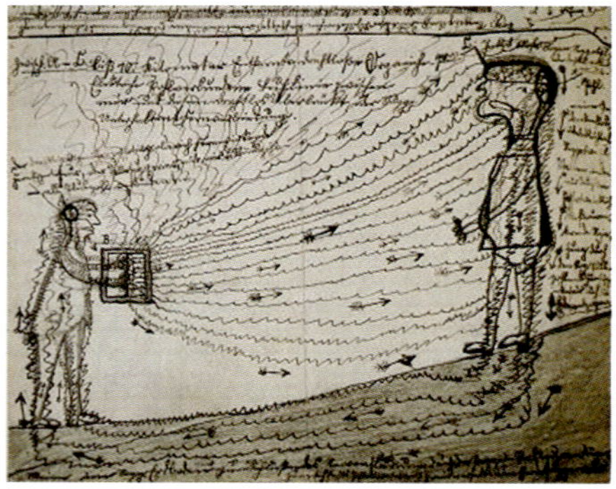

<Bildnerei der Geisteskranken> 첫 내지와 내부 이미지(부분)

독일의 정신과 의사 한스 프린츠호른은 방대한 양의 정신질환자들의 그림들을 모아 연구를 진행한 최초의 사람이다(Prinzhorn, 1922). 그 전에도 몇몇 나라의 정신과 의사들이 소수의 케이스를 기반으로 소수의 아카데미를 위해 발표했던 논문들이 있었지만, 방대한 양과 대중을 위한 서적 출판을 하였다는 점에서 프린츠호른은 미술표현의 진단적 역할을 명시한 첫 인물로 설명되고 있다. 프린츠호른은 정신병원에 입원한 500명의 환자들의 그림 5,000점을 모아 저서 『Bildnerei der Geisteskranken(미친 사람들의 예술작품)』으로 출판했고 전시회도 개최했다.

5. 발달단계와 시각적 표현에 대한 연구

미술치료에서의 발달단계와 매체사용을 설명하기 위해 가장 널리 사용되는 이론은 로웬펠드의 미술표현발달단계이다. 로웬펠드는 아동을 연령별로 분류하여 발달모형을 제시했으며, 각 발달단계에 맞는 주제와 동기부여, 그리고 재료의 필요성을 언급하였다(Lowenfeld & Brittain, 1982). 미술표현발달단계 이론은 미술치료사가 내담자의 발달단계와 문제에 따라 미술 활동을 계획하고 실행하는 데 도움이 되기에 미술치료분야에서 중요한 개념으로 다루고 있다.

난화기(scribbling stage, 2-4세): 자아표현의 시작

난화기 아이들은 움직이고 있는 것에서 유희를 느낄 뿐 '움직임을 통해 표시된 것'에 대해서는 관심도 없고 잘 알지 못한다. 그렇기에 "여기 이 도화지 안에만 그리라고 했잖아."라는 설명은 의미가 없다. 이때 필요한 것은 벽지나 바닥을 보호할 수 있는 큰 종이와 같은 어떤 것이 될 것이다.

<마구 그리는 난화기>

<조절된 난화기>

<이름 붙이는 난화기>

아이들은 처음에 아무렇게나 그리다가, 자신의 동작과 종이 흔적 사이의 관련성을 인식하며 수평, 수직, 원을 그리고, 형태가 갖춰지지 않은 대상에 "이건 자동차", "이건 엄마"라고 이름을 붙인다.

전도식기(Pre-schematic Stage: 4-7세): 재현의 시작

전도식기는 재현을 처음 시도하는 시기다. 자신의 동작과 도화지 위의 흔적과의 유대관계를 잃고 시각적 대상과 관련되는 사실적 표현방법에 열중한다. 아이들은 동그라미, 수직, 수평으로 움직인 동작을 실제의 기능적 관계로 발전시킨다. 시각적 세계에 대한 개념의 한 부분을 2차원적 화면 위에 표현하며, 세상과의 관계를 확립함으로써 새로이 얻은 성취를 느끼게 된다.

는 사실을 인지하고 그림으로 표현하는 단계다. 경험한 바를 습득하여 여러 도식에 사용하기에 성인의 시각으로 보았을 때 가장 아동답고 재미난 그림이 등장한다.

<두 아이의 나무 도식>

도식(schema)은 의도적인 경험으로도 변화시키지 못할 정도로 계속 반복해서 이루어진 아동의 개념이자 화풍이다. 100명의 아이가 있다면 동일하지 않은 100개의 도식이 존재한다. 어떤 아동의 도식은 매우 풍부한 개념을 나타낼 수 있고, 어떤 아동의 도식은 매우 빈약할 수 있다. 아이가 대상을 인식하고 표현하였던 환경적 인지 여부에 따라 도식은 달라진다. '나무는 이렇게 그린다', '사람은 이렇게 그린다'는 아이만의 화풍이고 약속이다.

<인물 도식의 등장>

<기저선의 등장>

많은 실제 작업을 거쳐 얻은 인물개념을 통해 아이는 풍성한 인물도식을 완성한다. 인물에 대한 개념을 변화시키는 데 영향을 주는 특별한 경험이 없는 한, 아동은 형태 개념을 성취해감에 따라 수없이 반복되어온 인물에 대한 상징을 획득한다.

이제는 공간관계와 질서의 발견이 가능해진다. 이때 등장하는 것이 기저선이며, 환경의 일부분으로 자신을 이해하는 최초의 인식이다. 그림에는 땅을 나타내는 선이 등장하고, 땅 위에 존재하는 꽃과 나무는 자신과 관계가 없더라도 땅이라는 공간 속에서 공존한다.

이 시기 아동은 더 이상 자신과 관련된 대상만을 표현하지 않으며 논리적인 관계 속에서 대상을 표현한다. 집, 나무, 사람 등의 대상을 전체환경 속에서 표현하려 한다. 자신이 속한 환경 안에서 질서를 발견하고 적절하게 행동하기 위한 탐색도 동시에 시작된다. 도식이 발달하고 공간 안에서 명확한 질서가 나타나게 되면 다른 사람의 느낌을 공유하고 이해하는 능력, 즉, 사회적 조망수용능력이 발달하며 협동놀이가 가능해진다.

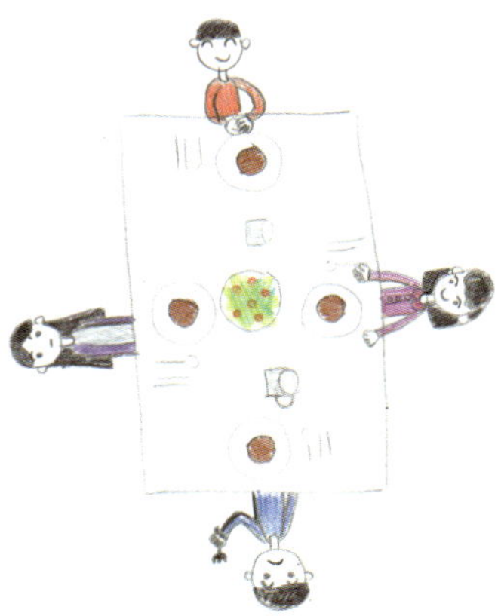
<6세 여아 그림에 등장한 전개도식 표현>

<7살 남아 그림에 나타나는 투시적 표현>

도식기에만 잠깐 등장했다가 사라지는 공간표현방식으로 전개도식 표현(folding over)이 있다. 주관적이고 이탈적 공간표현으로, 한쪽 그림을 그린 후 종이를 돌려가며 다른 쪽을 그린다. 기저선을 중심으로 접으면 정상위치가 된다.

겉에서 보이지 않는 안쪽에 있는 모든 것을 볼 수 있는 투시적 표현(X-ray)이 등장하는 것도 도식기다. 책가방을 그릴 때 가방 안의 책도 그리고, 필통을 그리면서 그 안의 연필과 지우개도 같이 그린다.

또래 집단기(The Gang age: 9-11세)

사실기라고도 불린다. 사실적 표현을 할 수 있으며, 자신이 동료 사회의 일원임을 인식한다. 성인과 협력하고 다른 사람과 일할 수 있는 능력을 발달시키는 시기다. 성별에 따라 달라지는 관심사가 관찰되고 그림에 여자아이의 그림, 남자아이의 그림의 특색이 드러나기도 한다. 비슷한 관심을 가지고 같은 비밀을 공유하는 또래 관계를 중요시하며 자아 인식이 확대되어 환경에 대한 인식과 감수성이 크게 발달한다. 다른 사람과 자신을 비교하고 스스로에게 비판적이 되면서 그림 감추기가 시작된다.

또래집단기에 접어들면 인물 표현에 도식이 더 이상 사용되지 않는다. 남자는 바지, 여자는 치마와 같은 도식표현에는 더 이상 만족하지 않고, 기하학적 형태가 아닌 더 자연스러운 표현을 하려는 노력을 한다. 자신이 지각한 현실적 요소에 매우 관심을 가지며, 세부적으로 성적 특징에 따라 머리카락, 옷, 골격 등을 다르게 표현한다.

자신과 환경에 대한 인식력이 높아지면서 기저선에서 볼 수 있는 상징표현이 사실적으로 변화한다. 기저선 사이에 있는 공간의 의미를 발견하고, 때로는 여러 개의 기저선이 등장하기도 한다. 대상과 대상의 중첩표현이 가능해지는 시기다.

의사실기(The Pseudo-naturalistic Stage, 11-13세)

자기중심에서 외부세계인식이나 미래에 대한 관심이 커진다. 사실적 표현경향이 짙어지면서 관찰 묘사에 의존하게 되며, 3차원적 공간을 표현하고 명암, 음영 등을 표현한다. 아동화만의 독특한 분위기는 사라지고 작품의 평가기준을 사실적 표현에 두게 된다. 입체표현에 대한 욕구가 생기고, 원근법 등을 이용하여 멀리 있는 사물을 축소시킨다. 대상뿐 아니라 배경에도 많은 시간을 할애한다. 의사실기는 상당히 짧게 지나가 또래 집단기와의 차이가 모호하다.

그 이후 청소년기에 접어들면서 인간발달에 있어서 유년에서 성숙의 단계로 넘어간다.

6. 미술치료의 시작

WINTER ISSUE
1961

bulletin of
ART THERAPY

The Need of a More Creative Orientation in Universities and Colleges, *Margaret Naumburg*

Art Therapy: Problems of Definition, *Elinor Ulman*

Comments, *John S. Kafka, James L. Foy, Joseph D. Noshpitz, Maria Petrie*

VOLUME 1
NUMBER 2

Art in Education, Rehabilitation, and Psychotherapy

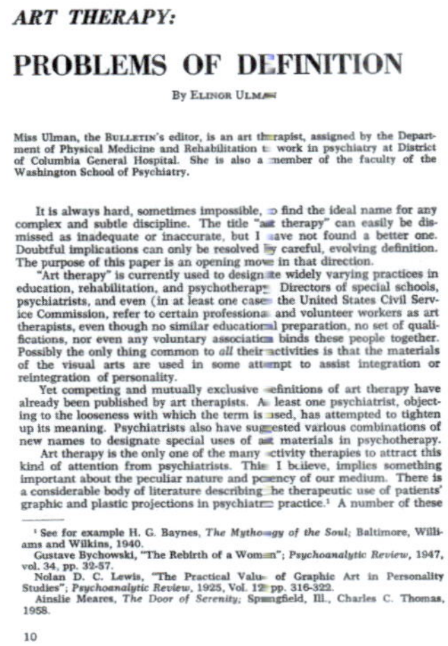

ART THERAPY:

PROBLEMS OF DEFINITION

By ELINOR ULMAN

Miss Ulman, the BULLETIN's editor, is an art therapist, assigned by the Department of Physical Medicine and Rehabilitation to work in psychiatry at District of Columbia General Hospital. She is also a member of the faculty of the Washington School of Psychiatry.

It is always hard, sometimes impossible, to find the ideal name for any complex and subtle discipline. The title "art therapy" can easily be dismissed as inadequate or inaccurate, but I have not found a better one. Doubtful implications can only be resolved by careful, evolving definition. The purpose of this paper is an opening move in that direction.

"Art therapy" is currently used to designate widely varying practices in education, rehabilitation, and psychotherapy. Directors of special schools, psychiatrists, and even (in at least one case) the United States Civil Service Commission, refer to certain professional and volunteer workers as art therapists, even though no similar educational preparation, no set of qualifications, nor even any voluntary association binds these people together. Possibly the only thing common to *all* their activities is that the materials of the visual arts are used in some attempt to assist integration or reintegration of personality.

Yet competing and mutually exclusive definitions of art therapy have already been published by art therapists. At least one psychiatrist, objecting to the looseness with which the term is used, has attempted to tighten up its meaning. Psychiatrists also have suggested various combinations of new names to designate special uses of art materials in psychotherapy.

Art therapy is the only one of the many activity therapies to attract this kind of attention from psychiatrists. This, I believe, implies something important about the peculiar nature and potency of our medium. There is a considerable body of literature describing the therapeutic use of patients' graphic and plastic projections in psychiatric practice.[1] A number of these

[1] See for example H. G. Baynes, *The Mythology of the Soul*; Baltimore, Williams and Wilkins, 1940.
Gustave Bychowski, "The Rebirth of a Woman"; *Psychoanalytic Review*, 1947, vol. 34, pp. 32-57.
Nolan D. C. Lewis, "The Practical Value of Graphic Art in Personality Studies"; *Psychoanalytic Review*, 1925, Vol. 12, pp. 316-322.
Ainslie Meares, *The Door of Serenity*; Springfield, Ill., Charles C. Thomas, 1958.

10

<처음 Art Therapy 용어가 사용된 울만의 논문>

미술치료라는 용어는 1961년 「Bulletin of Art Therapy」의 창간호에서 편집자인 엘리노어 울만의 논문에서 처음 언급되었다(Ulman, 1961). 울만의 논문은 다음과 같이 시작된다.

> "어떤 복잡하고 미묘한 원리에 하나의 이름을 붙인다는 것은 어렵고, 때론 불가능하기도 합니다. Art Therapy라는 이름이 부정확하고 적절치 못하다는 이유로 무시될 수도 있겠지만, 저는 아직 더 나은 단어를 찾지 못했습니다. 이 논문을 쓰는 목적은 이 방향성에 대한 시작을 열기 위해서입니다.
>
> 미술치료는 교육, 재활, 정신치료 등 다양한 분야에서 널리 사용되고 있으며, 어떤 영역에서 활용되고 있든 간에 공통된 의미는 시각예술이라는 수단을 이용하여 인격의 통합 혹은 재통합을 돕기 위한 시도입니다(Ulman, 1961, p. 10)."

울만의 우려와 달리 단어 Art Therapy는 많은 학자들로부터 수용되었다. 미술치료에 관심을 가지고 연구해온 사람들이나 치료에 경험을 가진 사람들은 미술치료의 이론에 대한 몇 가지 입장을 지지해 왔으며, 그 가운데서 대표적인 사람은 나움버그와 크레이며 그리고 울만을 들 수 있다. 이들의 입장을 요약하여 살펴보면 다음과 같다.

마가렛 나움버그의 견해: 치료에서의 미술(Art in therapy)

이미지를 통한 무의식적 의사소통과 치료에 예술을 활용하는 것에 대한 프로이트적 통찰의 통합은 주로 마가렛 나움버그의 노력을 통해 이루어졌다(Malchiodi, 2007). 당시에는 무의식을 의식화하는 것이 주요 치료 목표로 여겨졌고, 따라서 무의식적 이미지의 방출은 나움버그의 핵심 접근방식이었다. 나움버그 자신도 융의 분석가와 프로이트의 분석가들과 함께 일하면서 분석을 받았다.

미술치료의 첫 번째 견해인 치료에서의 미술(Art in therapy)은 내담자의 그림을 치료자와 환자 사이에서 전달된 상징적 회화로 여겨졌고 미술치료를 본질적으로 정신분석적 치료법의 도입 수단으로 여겼다. 나움버그는 미국의 미술교육 철학자 존 듀이, 사이코 드라마의 창시자 제이컵 모레노, 이탈리아의 교육학자이자 의사인 마리아 몬테소리와 함께 공부했다.

그녀는 1914년 월든에 정신분석학 원리에 기초하고 예술을 강조하는 학교를 설립했다. 1920년, 나움버그는 뉴욕의 월든학교에서 미술교육의 한 방식으로서 '자발적인 그림'을 통한 그림치료의 한 모델을 개발했으며, 뉴욕 정신분석학교에서 행동장애아동의 미술치료를 시행하면서 임상경험을 넓혔다(Rubin, 2010). 1928년 첫 저서 『The child and the world: Dialogues in modern education』을 발간했고, 후에는 성인 미술치료에도 이러한 기법을 적용하여 1940년대에는 정신분석 지향적 미술치료의 모델을 정립했다.

그녀가 실천한 미술치료는 자발적인 예술 표현을 통해 무의식을 자유롭게 해주는 방법을 기반으로 한다(Naumberg, 1958). 나움버그는 치료자와 환자 사이의 치료적 관계 형성과 전이와 역전이의 해결, 자유연상, 자발적 그림표현과 그 해석, 그림의 상징성 등을 중시하였다. 나움버그는 미술치료를 통해 생성된 이미지는 내담자와 치료사 간의 의사소통 형태라고 설명한다.

이디스 크레이머의 견해: 치료로서의 미술(Art as therapy)

이디스 크레이머는 아동미술치료 연구에 집중했으며, 그림의 치료적 속성은 그림에 대한 환자의 연상을 통하여 자기표현과 승화작용을 함으로써 자아가 성숙하는 데 있다고 보았다(Kramer, 1958). 즉, 미술작업을 통하여 내담자 자신의 파괴적, 반사회적 에너지를 분출함으로써 그것을 감소시키거나 긍정적 방향으로 전환시킨다고 주장한 것이다. 미술작업과정에서 내담자는 자신의 원시적 충동이나 환상과 만나게 되고 갈등을 재경험하며 자기훈련과 인내를 배우는 과정 속에서 그 갈등을 해결하고 통합한다는 것이 크레이머의 주장이다.

때문에 나움버그의 견해와는 다르게, 치료자의 역할은 환자가 만든 작품을 해석하는 것이 아니라 승화와 통합과정을 도와주는 것이라 믿었다. 크레이머는 미술치료사가 내담자와 '치료적 동맹'을 촉진하기 위해 전이를 사용해야 한다고 제안했으며 이것을 치료사와 내담자 관계의 의식적인 측면으로 정의한다(Kramer, 1979). 크레이머가 설명한 미술치료의 역할은 다음과 같다.

> "미술치료를 이야기 할때 마가렛 나움버그가 이야기한 '전이'에 대한 트론은 가장 오래된 주제일지도 모릅니다…(중략)… 저는 전이는 극도로 불안정한 관계의 기초를 만든다는 데에는 동의합니다. …(중략)…자신의 분야에서 전문성을 가진 미술치료사라면 정신분석이나 다른 언어기반 상담치료에서는 제공하지 못하는 무언가를 내담자에게 제공하고 있습니다. 오직 미술작품을 창작하는 과정에서만 가능한 경험들은 다른 종류의 방식을 통해서는 얻을 수 없는 통찰을 얻게 해주죠(Kramer, 2000, p. 35)."

엘리노어 울만의 견해: 미술치료(Art therapy)

울만이 1950년대 초반에 정신병원에서 일을 시작했을 때, 미술치료사로서가 아니라 미술교사의 자세로 일을 했다(Ulman, 1980). 울만이 정신분석적 방법으로 환자들에게 접근했을 때, 그녀는 많은 환자들이 자신의 그림에 내포된 상징적 내용을 언어로 표현하려 하지 않는 것을 발견했다. 즉, 미술작업에서만 제공될 수 있는 무언가의 가치를 찾은 것이다.

울만은 「The Bulletin of Art Therapy」의 창시자이다. 1970년부터 「The American Journal of Art Therapy」로 개명되어 현재 가장 영향력 있는 미술치료 저널로 이어져오

고 있다.

울만은 미술치료 실행에 있어서 나움버그와 크레이머 두 측면을 모두 인정했다. '치료에서의 미술'과 '치료로서의 미술'은 서로 대립되는 존재가 아니며 이들은 미술치료 안에서 공존할 수 있다는 것이 울만의 생각이었다. 그렇기에 울만은 나움버그와 크레이머의 미술치료를 통합하면서 쟁점 부분에 관해서는 융통성을 부여하고 있다고 볼 수 있다. 때로는 예술적 표현과 창조성이 중요하고, 때로는 분석적인 치료적 측면이 중요할 수 있다는 의미다. 즉, 치료와 창조성(therapy and creativity)을 통합한 것이다.

PART 2_
미술과 소통하기

Chapter 3. 미술의 치유적 구성요소

'미술이란 무엇인가?'라는 질문에 대해 수많은 논쟁이 있어 왔고, 긴 논쟁의 시간에 비해 만족스러운 대답을 얻지 못한 것이 미술 분야이기도 하다. 점, 선, 면과 같은 형식적인 요소가 아닌 개념적인 요소를 살펴본다면 미술은 무엇으로 구성되어 있을까. 그리고 미술치료를 치유적 수단으로 만들어주는 미술의 구성요소에는 무엇이 있을까.

1. 심미성

미술이 아름다울 미(美)와 기술 술(術)로 구성되어 있다는 것을 생각해보면 미술에는 아름다움이 포함되어 있을 것이다. 그렇다면 아름다움의 기준은 무엇일까. 고대의 피타고라스학파는 수를 바탕으로 미에는 객관적 기준이 있다고 주장하였고, 낭만주의 시대에 이르러서는 미는 사물의 속성이 아니라 정신 속의 지각이라는 의견이 앞섰다(Bahm, 1972). 이제 미의 객관주의는 폐기된 이론에 가깝고, 사람마다 느끼는 아름다움에는 주관적 차이가 있다는 데에는 모두가 동의하는 것처럼 보인다. 미술치료에서의 작품이 절대적인 완성도나 심미성을 가질 필요는 없지만, 내담자가 '좋다'고 느끼는 감각은 필요하다. 찢어버린 부정적 감정이나 검게 덮어버린 과거의 상처들도 내담자가 보았을 때 만족스럽다면, 미술치료의 접근에서는 충분히 아름다운 것이다.

15세기 문헌 『석보상절』에서는 아름답다를 아(我)답다고 표기하는데, 여기서 아(我)는 나를 의미하는 단어이다. 결국 아름답다는 것은 나답다는 뜻이다. 그렇기에 내담자가 자신의 감정을 솔직하게 표현한 작품, 자신을 직면하고 바라보며 제작한 작품은 형식을 막론하고 아름답다.

2. 창작자의 개입

그렇다면 아름다운 것이 곧 미술일까. 푸른 하늘에 구름이 켜켜이 수놓아져 있다. 대부분 이런 하늘을 보면 아름답다는 생각을 한다. 들판의 꽃, 바닷가의 조개도 모두 아름답다. 그러나 그것을 미술이라 정의 내리지 않는다. 여기서 사학자들의 관점에서 정의 내리는 기본적인 미술의 요소에는 만들어짐이라는 행위가 포함된다.

<구름이 수놓아진 하늘>

<만개한 꽃>

자연 그대로는 미술이라 할 수 없지만 내담자가 아름다운 자연을 사진으로 찍고 출력하여 미술치료실에서 사용한다면, 그것은 충분히 미술이 된다. 내담자가 '사진을 찍는다'는 행위가 개입되었기 때문이다.

그러나 직접 만든다는 행위가 현대의 미술에서는 개념적으로 변화를 맞이하고 있다. 인공지능이 예술가의 화풍을 학습하기도 하고, 현대의 예술가는 디스플레이하는 사람에게 그 배치를 맡기기도 한다. 지금의 인공지능은 스스로 학습하고 창작하는 범주까지 도달했다.

주체가 불분명한 창작물

<넥스트 렘브란트>

2016년 개발, 발표한 넥스트 렘브란트 프로젝트에서 17세기 바로크 미술가 렘브란트의 그림 346점의 화풍을 학습한 AI는 '흰색 깃이 있는 어두운 색상의 옷을 입고 모자를 썼으며 수염이 난 30-40대 백인 남성'의 초상화를 그리겠다고 결심한다. 그림 속 남성이 얼굴을 오른쪽을 향하고 있어야 한다고 결정한 것도 이 AI다. 그렇게 유화로 표현된 작품은 기존 렘브란트의 작화와 거의 동일하다. 이때 작품의 주체는 누가 될까.

독일의 작가 게르하르트 리히터는 여러 장의 컬러 패널들을 만들어 이 패널을 디스플레이하는 자가 임의로 배치하도록 하였다. 컬러패널은 물론 공장에서 만들어진다. 작품의 제작도, 전시장에서의 배치도 작가의 손을 거치지 않았을 때, 전통적인 만들어짐이 상실되었지만 이 작품은 분명 리히터의 작품이다.

대중이 구분 짓지 못하는 원작자

김소울 <color universe – 02>

<인공지능이 작가의 화풍을 학습하여 그린 그림>

넥스트 렘브란트의 작품은 공개적으로 작업이 되었고 발표된 것이기에 대중들은 이 작품이 인공지능에 의해 창작되었다는 사실을 알고 접근했다. 그렇다면 그 사실을 공개하지 않은 채 보여준다면 사람들은 이 둘을 비교할 수 있을까.

필자의 그림 화풍을 인공지능에게 학습시킨 후, 새로운 고양이 그림을 그리도록 했다. 그리고 이 둘의 심미성 척도를 300명을 대상으로 체크했다. 이 둘 중 사람이 직접 그린 그림을 고르도록 했을 때 결과는 5:5로 유사했고, 미술 분야 전문가에 의한 심미성 인터뷰도 두 그림에서 유의미한 차이를 확인할 수 없었다. 이 결과는 〈인공지능의 창작물과 미술가의 창작물에서 나타나는 심미적 요소에 관한 식별연구〉에 수록되었다.

미술치료 과정 중 미술치료사의 대리표현

초기 미술치료에서는 내담자의 작품에는 손을 대면 안 된다는 것이 하나의 지켜야 하는 규칙처럼 여겨지기도 했다. 그러나 이러한 패러다임도 미술계의 변화와 함께 새로운 국면을 맞이하고 있다. 미술치료사가 함께 작업했다고 해서 그것이 내담자의 작품이 아닌 것은 아니며, 그것이 나쁜 미술치료가 되는 것은 더더욱 아니다. 크레이머는 이러한 미술치료사의 개입을 제3의 손(Third hand)이라 명명했다(Kramer, 2000). 물론 크레이머가 말한 제3의 손은 내담자의 미술작품이 더 큰 에너지와 영감을 얻을 수 있도록 돕는 보조역할을 의미한다.

때에 따라서는 내담자는 의도만을 표현하고 미술치료사가 100% 대리표현을 진행하기도 하고, 내담자와 미술치료사가 공동작업을 진행할 때도 있다. 얼마나 미술치료사가 완성에 기여했는가의 비율은 중요하지 않다. 미술치료사가 내담자의 그림을 함께 그리거나 개입할 때에는 한 가지만 기억하면 된다.

'내담자 작품에 개입하는 것이 내담자에게 어떤 의미가 되며 어떤 치료적 목적에 부합하는가'

이것이 내담자에게 긍정적인 정서를 경험하게 하고, 다음 스텝으로 향하는 지름길이 된다면, 그것은 좋은 도움이다. 치료적 의도와 목적, 그리고 내담자의 욕구가 일치했을 때 미술치료사의 대리표현은 작품에 날개를 달아줄 것이다.

3. 상상력

예술은 인간과 인간이 아닌 동물을 구분 짓는 특징이기도 하다. 그런데 인간 역시 진화의 가지에서 갈라진 존재로, 어느 순간부터 예술을 추구한 것이기에 처음부터 예술을 창작하는 특징이 존재했던 것은 아니었다. 인간이 아닌 동물도 꿈을 꾸고, 다른 동물들도 상상력을 이용한다. 반려동물 중 강아지나 고양이가 잠을 자면서 꿈꾸는 모습을 가까이서 관찰한 사람도 많을 것이다. 또한 예측 능력도 인간만이 가진 고유한 능력이 아니다. 미래를 상상하고, 그에 따라 불안을 느끼며 대비를 하는 것은 수많은 동물들이 해온 노력이다. 그러나 지구상에 존재하는 동물 중 상상력을 창작 충동으로 연결시켜 실제적인 표현을 하는 것은 인간뿐이다.

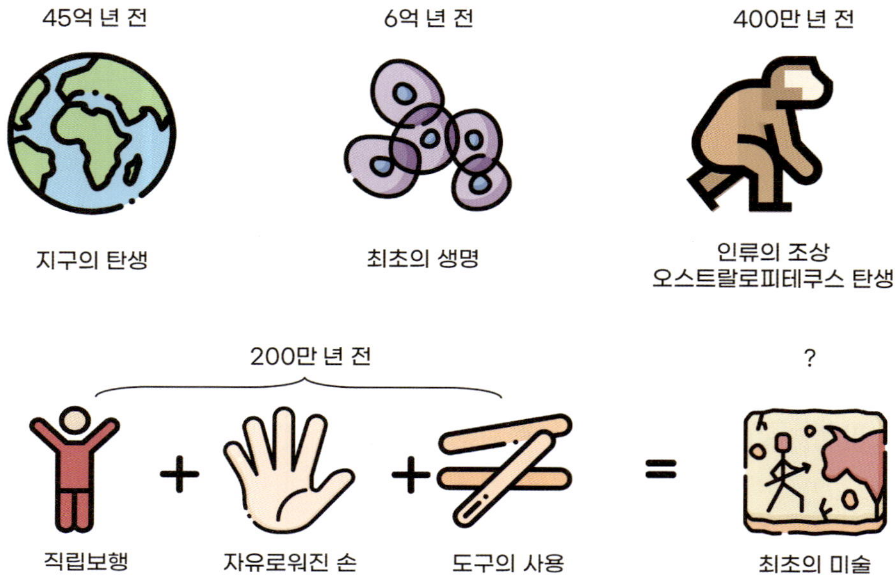

<인간의 진화와 최초의 미술>

인류의 조상이 지금의 인간의 모습과 비슷한 모습을 갖춘 후에도 오랜 시간 미술과는 관계없이 살아왔다. 빅뱅 대폭발이 일어난 후 45억 년 전 지구가 탄생했다. 그 후 지구에 만들어진 대기와 물에 의해 현존하는 모든 생물의 공통 조상이 탄생했다. 선택압에 의해 생물은 진화하여 가지가 분화되어 나갔고 어느 한 시점에 원시 인간조상의 모습에 이르렀다. 직립보행을 통해 손이 자유로워지면서 도구를 사용하기 시작한 것은 약 200만 년 전이라고 추정되고 있다. 그렇다면 최초의 미술은 대략 언제쯤 탄생하게 되었을까?

가장 오래된 미술작품인 빌렌도르프의 비너스와 라스코 동굴벽화가 약 3만 5천 년 전으로 기록된다는 것은 인간이 도구를 사용하기 시작한 때부터 미술의 시작까지는 꽤나 오랜 시간차가 있다는 것을 알려준다. 도구의 사용과 미술의 창작 사이에서 부족했던 것은 바로 상상력을 이용한 창작 충동이었다. 창작 충동은 다른 동물과 인간을 구별 짓는 특징 중 하나가 되었다.

주인과 헤어지는 꿈을 꾼 강아지가 주인이 자신과 놀아줄 대 입었던 옷들을 모아 〈추억〉이라는 작품을 만드는 일은 없으며, 쥐를 잡다가 놓친 꿈을 꾼 고양이가 쥐 인형들을 한 줄로 나열하며 〈다시는 놓치지 않으리〉라는 작품을 만들지도 않는다.

그러나 어린아이들은 미술을 교육하지 않아도, 어떤 지시가 없어도 바닥에 동그라미를 그리고, 크레파스를 쥐여 주면 선을 긋기 시작한다. 자신의 머릿속에 떠오른 것들을 시각적으로 표현하려는 본능적인 욕구에서 비롯된 것이다.

상상(想像)은 머릿속으로 특정 상황, 이미지, 아이디어 등을 떠올리는 것을 의미한다. 미술치료에서 디렉션을 제공할 때 가장 먼저 시도하는 것도 내담자가 무언가를 상상하도록 하는 것이다. 내담자에게 가장 행복했던 순간을 그리라는 디렉션을 주고 싶을 때, 미술치료사는 바로 이 내용을 종이 위에 그리도록 하는 것이 아니라 먼저 상상을 하여 이미지를 떠올리도록 한다. 이것이 미술치료에서 주요하게 다뤄지고 있는 심상화다.

창조의 과정은 창작 과정에서 지속적으로 작용하는 상상력과 부합하는 재료와의 만남이다. 오일 파스텔, 종이, 펜과 같은 재료가 상상력과 만나면 내담자의 마음이 담긴 작품이 된다. 마음과 재료 사이를 교차하는 끊임없는 충동에 의해 상상력은 분명한 시각적 형태를 가지게 된다.

상상력의 범위

상상력은 경계가 없고, 수치로 판단할 수 없는 대상이기에 때론 무한할 것 같은 느낌을 준다. 특히 어린이들의 상상화 그림을 보면 상상력은 끝이 없을 것 같은 착각이 들기도 한다. 그러나 상상력은 분명히 한계가 있고, 상상하는 자의 경험의 범주와 그 크기가 비례한다. 내담자의 상상력은 이미 경험한 사건이나 대상이 새로운 것으로 변화하는 과정에서 작용하며, 새로운 것은 내담자가 속한 세계에서부터 출발한다.

그렇다면, 경험의 양이 부족한 어린이 상상화는 왜 풍부해 보일까? 아이들의 상상화가 독특해 보이는 것은 비논리적이기에 엉뚱하고 기발하다고 느껴지는 것이다. 아이들의 상상화에 등장하는 대부분의 대상들은 아이가 접한 애니메이션이나 그림책, 들었던 이야기, 그리고 게임 세계와 연결되어 있다. SF 영화를 보면 인간의 상상력은 끝이 없을 것처럼 보이지만, 슬라임은 세포와 비슷하고 괴물로 등장하는 모습들은 과거 존재했던 거대 동물들의 형상과 유사하다.

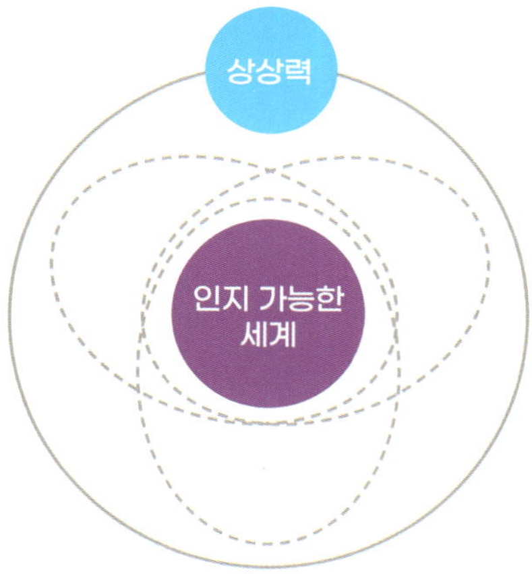

<상상력의 범위>

미술치료사는 내담자에게 특정 주제나 대상을 '떠올려' 보고, '상상해' 보라는 디렉션을 자주 한다. 상상력은 내담자가 경험하고 인지 가능한 범위의 크기만큼만 가능하기에 상상은 내담자의 경험을 기반으로 해야 한다. 예를 들어, 아이슬란드의 오로라의 빛깔을 떠올려 보라는 디렉션을 할 때에는, 내담자가 아이슬란드라는 나라를 알아야 하며 오로라가 어떤 자연현상인지를 알아야 한다.

내담자가 인지하고 있는 세계와 디렉션이 만나면 상상력이 이제는 힘을 발휘하기 시작한다. 그리고 미술재료들이 상상력과 만나 창조적 형상을 갖춘다.

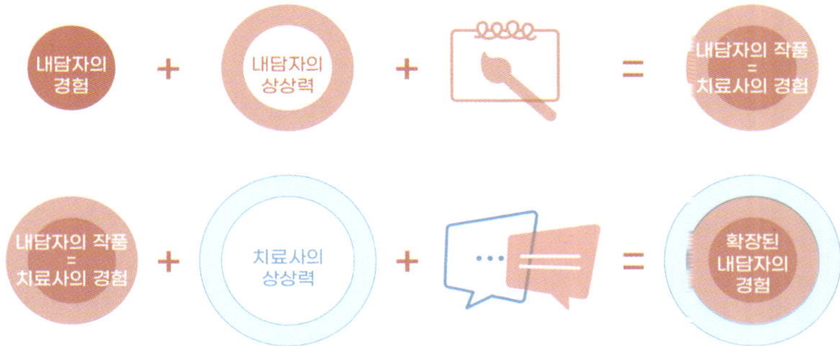

<인지 영역, 상상력, 미술의 만남>

미술치료사가 디렉션을 주면, 내담자는 자신의 경험을 기반으로 상상력을 활용한다. 경험과 상상력이 매체를 만나며 구체적인 형태를 띠게 되고 작품으로 탄생한다. 이때 내담자의 작품은 미술치료사의 새로운 경험이 된다. 미술치료사는 내담자의 작품을 기반으로 자신의 상상력을 활용하여 질문과 심상의 주고받음을 진행하고, 이를 통해 내담자는 또다시 새로운 경험을 쌓아간다. 이 경험은 또다시 내담자의 상상력과 만나 세계가 반복적으로 확장된다. 이때 내담자의 경험을 성공적으로 확장하기 위해 미술치료사는 적절한 반영과 의미 있는 질문, 변화를 일으키는 피드백을 사용한다.

4. 창조성

미켈란젤로 <천지창조> 1512

미술에서 창조의 과정은 흔히 탄생에 비유된다. 작품의 창조는 만드는 자의 마음 속에 있는 이미지를 끄집어내거나 투영해 내는 일이기 때문이다. 작품은 내담자의 손을 통해 하나의 살아있는 생명체가 된다. 과거 영혼에 물질적 형태를 부여하는 일은 신(神)이 행하는 일이라 믿어졌듯, 내담자는 미술치료실에서 천지창조(the Creation)와도 같은 창작활동을 하게 되는 것이다.

미술치료실에서는 재료들이 기존의 성격과 다른 의미로 사용되는 경우가 많다. 종이와 물감, 붓과 같은 전통적인 재료에서 벗어나 입체작업 및 콜라주 작업을 하게 되면 내담자의 창조적 기지가 작품활동의 주된 재료가 된다.

새로운 창조, 레디메이드

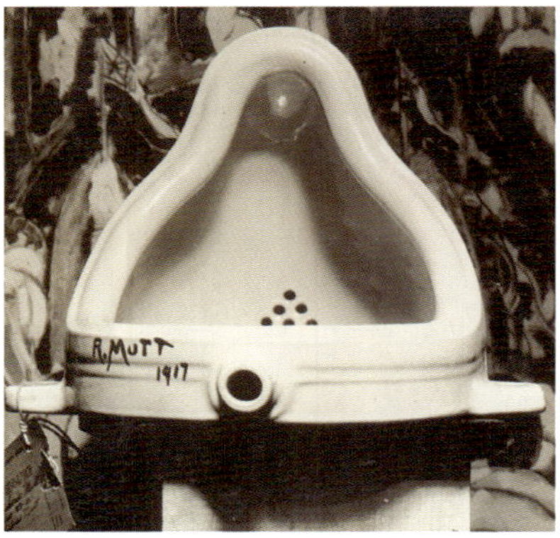

마르셀 뒤샹 <샘> 1917

<종이컵 가족화>

프랑스의 예술가 마르셀 뒤샹은 1917년 남성용 소변기에 작가 자신의 이름을 서명한 작품을 발표했다. 점토를 주물러 어떤 형상을 만들어내는 것도 창조의 방법이지만, 상상을 통한 관념적 세계를 구축하여 새로운 의미를 부여하는 것도 창조성의 역할이다. 뒤샹이 발표했던 〈샘〉은 오직 그의 사인만이 추가되었지만, 새로운 관념을 부여한 미술이라는 점에서 뉴욕 소더비 경매에서 22억에 판매되었다.

〈종이컵 가족화〉에서 사용된 재료들도 재료 고유의 용도와 다르게 사용되었다. 종이컵은 액체를 담아 마시는 용도이지만 거꾸로 뒤집혀 사람의 얼굴이 되었고, 뜨개질을 하거나 무언가를 묶는 용도인 털실은 뭉쳐져서 머리카락이 되었다.

재료에 새로운 역할을 부여하여 의미를 창조하는 것은 어느 정도 경력을 가진 미술치료사의 눈에는 너무나 흔하고 특별하지 않은 것으로 보일 수도 있다. 그렇기에 새로움이 탄생하는 그 순간을 익숙함에 묻혀 놓치는 일이 없도록 미술치료사는 계속해서 신선한 눈을 유지하도록 노력해야 한다.

신선한 눈

처음 일하는 미술치료사의 눈은 신선하다. 모든 재료가, 내담자의 말 한마디가, 내담자가 만든 작품 하나하나가 다 신기하고 새롭다. 그래서 기록하고, 사진으로 남긴다. 매 회기는 긴장과 놀라움의 연속이다. 배운 이론이 적용되고, 내담자가 변화하는 과정을 보는 것은 감탄스러운 일이다.

그러나 그 시기가 지나면 미술치료사의 눈은 무뎌지기 시작한다. 내담자가 털실로 머리카락을 만들어도 대부분의 내담자가 그렇게 하니 특별하지 않고, 석고붕대가 내담자의 손을 본떠 손의 형태가 나오는 것도 당연하다. 그러나 경탄도 축하도 없는 미술치료실의 익숙해짐은 미술치료사에게만 적용된다는 사실을 기억해야 한다.

신선한 눈(fresh eye)은 미술치료사가 내담자의 표현과 재료사용에 익숙해지지 않고 내담자의 작품 과정이나 최종 작업 결과물을 거리를 두고 새롭게 보는 시각을 의미한다. 내담자는 미술치료실이 낯설고, 재료는 새로우며, 자신이 탄생시킨 작품들을 수줍게 보여주는 이들의 작품은 분명 날것이다. 막 태어난 생명체이고 내담자의 창조성이 완성된 이 순간인데, 어느 정도 연차가 쌓이면 과거 경험해왔던 작품들의 이미지와 겹쳐지며 특별한 감흥이 느껴지지 않을 수도 있다는 것이다. 신선한 눈을 유지하는 것은 지속적인 노력이 필요하다. 다양한 작가들의 작품들도 눈에 들이고, 스스로 미술매체로 작업하면서 작품의 탄생 순간을 함께 경험하는 것도 좋다. 신선한 눈을 유지하기 위해 미술치료사들은 다음과 같은 질문을 이용할 수도 있다.

처음 태어난 생명

"나는 조금 전 세상에 태어난 생명입니다. 그리고 내담자의 작품을 만났습니다. 내담자가 말해주지 않으면 나는 이것이 무엇인지 모릅니다. 나는 무엇을 어디까지 관찰하고 무엇을 물어볼 수 있을까요?"

첫 미술치료

"나는 미술치료를 막 접한 사람입니다. 내담자가 재료를 다루는 방식은 태어나서 처음 보는 새로운 방식입니다. 내담자는 재료를 어떻게 다루었나요? 내담자가 새롭게 재료를 다룬 모습 5가지를 알려주세요."

한국어가 서툰 사람

"나는 한국어를 막 배워 한국에 처음 온 외국인입니다. 내담자가 하는 모든 말에 귀를 기울여야 이해할 수 있습니다. 자, 이제 내담자가 작품에 대해 설명하고 있습니다. 어떤 이야기를 하고 있나요? 내가 배운 한국어와 다르게 사용되는 단어는 무엇인가요? 내담자는 어떤 은유와 비유를 하고 있나요?"

Project zero 창조성 5단계

미술치료사는 내담자 스스로 창조한다는 것이 어떤 의미인지 깨닫게 해주는 사람이다. 그리고 내담자가 어떤 방법으로 사고하고 표현해야 하는지 생각의 열쇠를 찾아 자신에게 주어진 시간과 공간 안에서 문을 만들어 들어갈 수 있도록 돕는 사람이기도 하다.

하버드대학교에서는 30년 전부터 아이들의 창조성과 미술, 그리고 시각적 팔레트의 중요성에 대해 연구해왔고 홈페이지 등에 무료로 많은 자료들을 게시해 왔다. 미국에서 미술치료를 공부할 때, 미술과 창조성에 관련된 내용은 하버드대학교의 프로젝트 제로(project zero)가 주요한 근거로 활용되었었다. 그런데 교육열이라면 어느 곳보다 높은 한국에 하버드대학교의 프로젝트 제로에 관련된 자료가 거의 번역되어 있지 않다는 것에 놀랐다. 필자가 집필한 도서 『창의융합 인재로 키우는 하버드 생각루틴』에서는 프로젝트 제로를 근거 삼아 내담자가 창조성을 더 잘 발현하기 위한 다섯 단계를 소개하고 있다.

1단계: 내담자가 작품을 탄생시키는 창조적인 순간을 함께 기뻐한다.

이 과정을 통해 내담자는 스스로 창조의 순간을 긍정적 감정과 함께 정의 내릴 수 있다. '미술작품'과 '창조성'이라는 단어에서 오는 부담스러운 개념이 아닌 자신의 손으로 만들어진 표현들이 창조의 물꼬라는 것을 알게 된다.

2단계: 내담자의 생각과 작품을 소중히 다룬다.

내담자는 자신의 부모(가족), 소속집단, 또는 사회가 옳다고 믿는 규율이나 규칙적인 사고의 틀과 다르게 사고하고 행동할 수 있다. 그리고 그 내용이 작품에 포함될 수 있다. 이때 내담자를 비난하지 말아야 한다. 내담자의 모든 자유로운 생각은 소중하고 가치 있게 수용되어야 한다.

나아가, 미술치료의 결과물이 없거나 작업을 끝내지 못했더라도 무언가를 시도한 시작과 과정 그 자체가 가치있는 것이다.

3단계: 내담자의 창조적 파트너이자 친구가 된다.

미술치료사는 내담자를 교육하는 입장이 아니라 내담자가 스스로가 만들어 가고 있는 질문과 생각을 함께 따라가는 파트너이자 친구다. 생각과 작품이 탄생하는 순간을 함께 걸어가고 있다는 것을 내담자도 느낄 수 있어야 한다.

4단계: 창조적인 생각이 표현될 수 있는 시간과 공간을 제공한다.

내담자는 자신의 창조성을 표현하기까지, 그리고 생각을 발전시켜 나가기까지 어느 정도의 시간이 필요하다. 이 시간을 기다려 주는 것은 아주 중요하다. 또한 어린 내담자의 경우 이 시간 동안 발생시키는 어느 정도의 시끄러움과 난장판을 허용할 수 있는 시간과 공간을 제공해 주어야 한다. 이때의 공간은 거창한 공간을 말하는 것이 아니다. 내담자가 안전하고 편하게 느낄 수 있는 공간이라면 얼마든지 좋다.

생각의 시간이 필요한 내담자도 있고, 침묵이 창조의 과정에 수반되는 내담자도 있다. 그 기다림의 시간은 1분, 혹은 10분이 될 수도 있지만, 때르는 1회기 혹은 2-3회기의 긴 시간이 되기도 한다. 생각과 마음을 인큐베이팅하는 시간은 사람마다 다를 수 있다.

5단계: 창조성을 촉진할 수 있는 적절한 매체를 제공한다.

미술치료실에 방문하는 내담자 중 일부는 새로운 세상이 필요하다. 새로운 세상은 비행기를 타고 외국에 나가는 경험을 제공하는 것과 같은 거창한 의미가 아니다. 매회기의 대화나 미술치료사가 제공하는 그림, 생각하는 주제, 미술 재료, 틀어주는 음악, 새로운 개념들, 자신에 대해 새롭게 보는 관점 등이 중복되지 않고 적절하게 제공되는 것만으로도 내담자의 창의성은 크게 촉진될 수 있다.

창조적 사고와 표현은 개인마다 모두 다르다. 그렇기에 내담자의 사고와 표현은 평가받지 않으며, 평가받을 수도 없다. 내담자의 대답 중 틀린 답은 존재하지 않으며 그 어떤 답이라도 미술치료실에서 표현되었다면 소중하게 수용되어 작품과 함께 다룰 수 있다.

만약 내담자가 주어진 주제에 대해 "저는 그걸 그리고 싶지 않아요"라고 한다면 그곳에서부터 질문이 연결될 수 있다.

"어떤 것이 당신을 불편하게 하는 걸까요?"
"싫은 부분에 대해 함께 이야기해봐요."
"이 주제가 무엇을 떠올리게 했나요?"

비계획적 이미지의 탄생

미술치료실에서 작품제작이 시작될 때, 자신이 만들 결과물을 정확하게 예측하는 내담자는 거의 없을 것이다. 아직 무엇이 완성될지 모르는 상태에서 내담자들은 생각을 정리하고 마음을 들여다보며 이미지를 창조해 나간다.

상당한 손기술을 가지고 있지만 기술적인 숙련도가 높고 매번 똑같은 결과물을 생산해 내는 이를 일반적으로 '장인'이라고 부른다. 이들은 예술가와 달리 창작의 충동에 의한 것이 아닌 상상력이 배제된 계획적 작품을 탄생시킨다. 내담자의 작품은 장인이 아닌 예술가의 작품에 더 가깝다.

미켈란젤로 <미완성 노예상> 1519

이탈리아의 조각가이자 회화작가 미켈란젤로는 작품을 만들어 가는 과정을 대리석에 갇혀 있는 억눌린 형상을 자유롭게 해방시키는 것이라 표현했다. 그렇기에 이미지를 품고 있는 재료를 임신한 여성에 빗대어 설명했다. 지금은 의학의 발전으로 아이가 세상에 태어나기 전에도 어떤 모습인지 볼 수 있지만, 과거에는 한 여성이 임신을 했을 때 아이가 태어나기 전까지 그 모습을 보지 못했다. 눈에 보이지 않지만 한 생명이 임신부의 몸 안에 존재한다는 것은 알 수 있다.

미켈란젤로는 대리석 안에 존재하는 생명의 태동을 느끼고 그 모습이 드러나도록 돌을 깎아 주변을 없애는 작업을 했다. 그렇기에 어떤 모습이 그려질지는 작업을 해나아감에 따라 점점 더 명확하게 보였다. 그러나 작업을 하다 더 이상 그 모습이 보이지 않을 때, 그는 작업을 멈췄다. 〈미완성 노예상〉은 미켈란젤로가 작업을 진행하다가 더 이상 보이지 않는 생각의 형상을 만들어내기를 포기한 결과물이다.

미켈란젤로와 같은 대가들도 이미지가 더 이상 명료해지지 않으면 작업을 멈춘다.

그러니 미술의 전문가가 아닌 내담자들이 미술재료로 자신의 생각과 마음을 표현하는 것이 언제나 수월한 것은 아니다. 시작이 어려울 수도 있고, 중간에 멈출 수도 있고, 미완성인 채로 포기할 수도 있다. 이때 가장 좋지 않은 미술치료사의 반응은 "아니에요. 할 수 있어요. 파이팅. 힘내서 계속 그려보세요. 자, 색연필을 다시 들어볼까요?"라며 내담자에게 창조의 과정을 밀어붙이는 것이다. 떠오르지 않는 이미지를 그리는 내담자는 부모에게 혼나기 싫어서 거짓말이라도 읊는 아이처럼 자신의 것이 아닌 이미지를 그릴 가능성이 있다. 내담자가 멈추었다면, 그 자체를 존중하고 지금까지 표현한 것, 그리고 더 이상 표현하기 어려운 그 마음에 대해 다루는 것이 좋다.

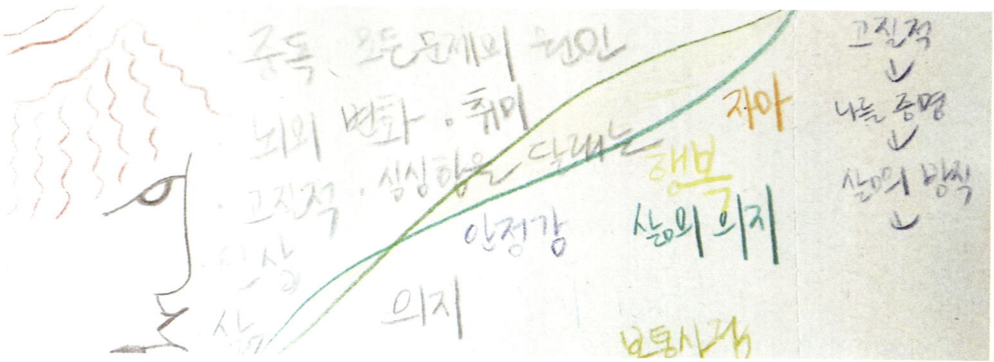

<소망티켓>

소망티켓 작업을 했던 30대 여성 내담자는 10년 넘도록 섭식장애를 겪고 있었다. 하루에 8번에서 10번가량 음식을 먹고 자발적 구토하기를 반복하는 신경성 폭식증 환자였던 그녀는 "저는 어차피 너무 오래되었고, 먹토가 취미예요. 아무것도 안 하면 우울하니까 먹토 하는 게 더 나아요. 왜 변해야 하는지도 모르겠어요."라고 자신의 증상에 대해 설명하였다.

자신이 원하는 모습으로 변화하기 위해 필요한 티켓을 만드는 집단 작업에서 그녀는 "저는 변할 생각이 없어서 뭘 써야 할지 모르겠어요."라고 말하고 "그냥 계속 토할 건데, 할 일이 없어서 호기심에 여기 한번 와봤어요."라고 말했다.

내담자는 검정색 색연필을 이용해 '중독, 모든 문제의 원인, 뇌의 변화, 취미, 고질적, 심심함을 달래는, 일상, 삶'이라고 적었다. 차분한 음악을 들으며 색연필을 뒤적이던 그녀는 초록색 색연필로 대각선을 가로지른 후, 풀잎과 같은 형상을 노란색으로 칠하기 시작했다.

그 뒤에는 다양한 색연필을 선택해 하나씩 단어를 적어 내려갔다. 노란색으로 '행복'을, 초록색으로 '삶의 의지'를, 파란색으로 '안정감'을, 검정색으로 '의지'를, 주황색으로 '자아'를, 금색으로 '보통사람'을 적었다. 미술치료사가 "변하고 싶은 목표가 없다고 말씀하셨는데 다양한 색으로 목표를 적으셨네요."라고 말하자 "신기하네요. 적다 보니까 이런 게 써지네요. 저도 변하고 싶었었나봐요."라고 격앙된 목소리로 말했다.

오른편에 티켓을 뜯을 수 있는 작은 공간에는 이 티켓을 압축할 수 있는 이미지나 단어를 적도록 했다. 예를 들면, 놀이동산에 가면 뜯을 수 있는 곳에는 '성인 자유이용권'과 같이 티켓을 하나의 단어로 압축하는 내용이 있다. 내담자가 적은 것은 '고질적 → 나를 증명 → 삶의 방식 → '이었다. 그녀는 고질적이었던 폭식증이 자신이 결국 살아있음을 증명하고 싶은 것이었고, 지금은 삶의 방식이 되어버렸는데, 그다음을 어떤 단어로 표현해야 할지 모른다며 마지막은 비우고 적지 못했다. 자신은 변화하지 않을 것이라 생각한 그녀가 회복의 의지를 발견했고, 그 상황에서 자신의 미래를 하나의 단어로 표현하는 것은 버거워보였다. 그러나 이것은 분명한 움직임의 시작이었다.

5. 독창성과 전통

미술작품에는 작가의 독창성이 드러나 있다. 이 문장에 반대하는 사람은 그리 많지 않을 것이다. 그런데 '독창적이다'라는 말의 뜻을 '세상 어디에도 없었던, 완전히 새로운 것'을 의미하는 단어로 잘못 받아들여서는 안 된다. 독창성과 전통은 완전히 반대되는 개념처럼 들릴 수 있지만, 사실상 미술작품에서 이 두 개념은 완전히 동시에 존재한다.

과거와 현재의 연결고리

아무리 자신만의 세계에 빠져있는 사람이라 하더라도 섬처럼 고립되어 존재하는 사람은 없으며 내담자가 창작한 미술작품은 내담자와 주변의 커다란 연결고리 속에 위치한다. 내담자의 과거의 기억, 과거의 사건, 과거의 감정이 지금의 내담자에게 영향을 미치며, 이것이 미술 작품 속에 드러난 과거의 전통이다. 전통은 현재의 인간들에게 전수된 것을 의미하는 단어로, 지금 내담자가 당도한 지점 이전의 모든 순간들을 뜻한다. 내담자의 '지금'이 담긴 유일무이한 작품 안에서 내담자의 수많은 생각과 마음, 그리고 정보를 알 수 있고, 이를 통해 과거와 현재, 현재와 미래의 연결을 발견해낼 수 있다.

이집트 벽화 BC 1275

치마부에 <성 요한> 1280

세잔 <사과가 있는 정물> 1899

피카소 <우는 여자> 1937

<다각도로 표현된 그림의 전통>

1907년 스페인의 화가 파블로 피카소가 입체주의 작품을 발표했을 때 한 대상을 다양한 각도로 바라보는 피카소의 작품에 사람들은 경탄을 금치 못했다. 그러나 피카소는 하나의 대상을 여러 각도에서 바라보는 회화의 아이디어를 폴 세잔을 통해 얻었다. 세잔의 정물화를 살펴보면 앞의 식탁보는 앞으로 쏟아지는 듯하고, 가운데 접시는 아래에서 올려다본 듯하다. 그러나 세잔 역시 최초는 아니다. 한 장의 그림에 여러 시점을 담은 세잔의 시도 역시 르네상스 시대에 치마부에가 이미 했던 것이다. 당시에는 원근법이 아직 개발되기 이전이었기에 다양한 각도를 화폭에 담았다. 더 과거로 돌아가 이집트 미술에서의 *정면성의 원리는 다양한 각도의 모습을 하나의 그림에 표현하도록 했다.

* 정면성의 원리: 대상의 특징을 가장 뚜렷하게 보여주는 측면에서 묘사하여 그림을 그리는 기법이다. 이집트의 종교는 죽은 자가 부활한다는 믿음을 가지고 있었고, 부활을 위해 육체를 온전히 보존하며(미라), 그림 속에서도 가장 온전한 모습을 그려야 한다고 믿었다.

삶의 변화와 이미지의 변화

존재하는 아이디어는 과거와 연결점이 있고, 그 연결점을 탐색하면 작가에 대해 알 수 있는 정보는 더 많이 발굴될 수 있다. 내담자의 작품 속에 드러난 이미지와 표현은 내담자의 현재와 과거에 대한 정보를 상당수 포함하고 있다. 이 연결점을 찾아 지금의 내담자에게 일어나는 감정과 행동의 연속성을 밝혀내는 것도 미술치료사의 과업 중 하나가 될 것이다.

뭉크 <아픈 아이> 1886

→

뭉크 <절규> 1893

→

뭉크 <태양> 1910

<뭉크의 삶의 변화에 따른 이미지의 변화>

작가가 그린 이전의 그림을 보는 것은 작가를 이해하기 위한 중요한 작업이다. 노르웨이의 작가 에드바르트 뭉크는 불안의 감정을 가장 잘 표현한 작가로 알려져 있다. 그의 대표작품 〈절규〉를 이해하기 위해서는 절규를 그리기 이전과 이후의 시기를 함께 살펴볼 필요가 있다. 뭉크는 짧은 시간 동안 많은 가족을 죽음으로 잃었고, 그 경험을 모두 그림으로 남겼다. 〈아픈 아이〉는 뭉크가 살면서 가장 큰 고통을 느꼈던 죽음인 누나 소피에가 의자에 앉아 숨을 거두는 모습이다. 34세에는 사랑했던 여성이 총에 맞아 사망했고, 그 이후 그려진 작품 〈절규〉에는 고독감과 외로움, 그리고 공황장애의 흔적들이 짙게 그려져 있다.

그러나 뭉크는 자신의 삶이 과거와 죽음의 기억에 잠식되기를 바라지 않았다. 그는 정신병동에 입원하여 8개월간 치료를 받았고, 자신의 삶에 묻은 어둠의 흔적들을 서서히 지워나가기 시작했다. 퇴원 후 오슬로 대학교에서 설립 100주년을 기념하여 의뢰한 대형벽화에 뭉크는 벽면 구석구석 따듯한 태양이 떠오르는 작품 〈태양〉을 발표했다. 뭉크의 정신적 회복의 상징이었던 작품 〈태양〉은 현재 노르웨이의 지폐 1000크로네(한화 약 12만 5천 원)에 새겨져 있다.

<남들에게 보이는 나> → <나의 사랑의 방식> → <지금의 내 모습>

<내담자의 그림 변화>

경계선 성격장애와 우울증 진단을 받았던 20대의 여성 내담자는 이성과의 교제에서 관계의 지속성에 어려움을 겪고 있었다. 경계선 성격장애는 버림받을지도 모른다는 유기불안에 항상 불안해하며 타인을 과대 이상화하거나 과소평가하는 극단 사이를 반복하는 불안정하고 격렬한 대인관계 양상이 핵심 증상이다. 그녀는 지금의 자신의 모습을 그려달라는 요청에 〈남들에게 보이는 나〉라는 제목으로 선물처럼 포장되어 있

는, 반짝이고 멋져 보이지만 속은 복잡하고 불행한 자신의 모습을 표현했다.

그녀의 〈사랑의 방식〉은 아침에 피었다가 저녁에 지는 나팔꽃처럼 금방 사랑에 빠지지만, 그 사람의 단점이 눈에 들어오거나 자신에게 대하는 태도가 실망스러워지면 도망치듯 다른 이성을 찾는 자신을 표현한 것이다. 자신이 세우놓은 이성의 기준이 너무나도 높았고, 현실적이지 않은 기준에 맞는 남성은 없었다. 자신을 성적으로 보거나 대하는 남성의 태도를 혐오하면서도 몸매가 드러나거나 노출이 있는 옷을 선호했고, 눈에 띄고 싶어 하면서도 누군가가 자신에게 주목하는 것을 비난했다.

미술치료는 주 2회씩 19주간 총 35회기 동안 개인치료로 진행됐다. Young의 경계선 성격장애 심리도식치료 이론을 중심으로 부적응 도식 5가지(충동/분노, 상실우려, 내성취약, 예속/굴종, 파국)를 수정하는 것이 주요 과제였다. 전체 상담이 끝나갈 때 즈음 다시 그린 지금의 자신의 모습은 중심이 있었고, 균형이 맞아졌으며, 뾰족하거나 얽혀 있기보다는 부드러운 모습이 되었다. 〈지금의 내 모습〉을 그렸을 때, 5개월 전에 그렸던 〈남들에게 보이는 나〉를 내담자에게 보여주었다. 내담자는 "제가 이렇게 그렸었어요?"라며 깜짝 놀라면서 "저 많이 힘들었었네요"라며 웃었다. 내담자의 삶이 변화하면 표현된 이미지가 변화하고, 이미지의 변화를 통해 내담자는 자신의 변화를 다시 한번 시각적으로 확인할 수 있었던 것이다.

6. 미술의 양식과 작가의 개인적 배경

양식의 의미

미술사조를 공부할 때 이즘(ism)이라고 불리는 양식들은 역사적 배경과 사회의 변화에 대한 정보를 담고 있다. 예를 들어, 화려하고 장식적인 로코코 미술은 유럽 귀족을 위한 미술이었다. 귀족의 사치와 시민들에 대한 부당한 대우를 견디지 못한 프랑스 시민들은 1789년 프랑스 혁명을 일으켰고, 귀족의 미술이었던 로코코 미술은 혁명과 함께 막을 내리게 된다. 양식은 사회에 대한 정보를, 작가가 당시 어떤 배경 속에서 살았는지에 대한 정보를 준다.

클로드 모네 <해돋이-인상> 1872

모네의 〈해돋이-인상〉은 인상주의를 대표하는 작품으로 손꼽히고 있다. 이 작품이 주목받는 이유는 당시 카메라의 등장으로 대상을 똑같이 보고 그리는 것에 대한 가치가 떨어졌고, 튜브물감의 개발과 함께 야외에 나가서 작업하는 것이 가능해졌던 사회적 배경 때문이었다. 이제 와서 누군가가 모네처럼 그림을 그려도 딱히 센세이션을 일으키지 않는 이유는 사회적 배경이 다르기 때문이다.

양식은 그림을 그린 작가가 어떤 문화 속에서 삶을 이끌어갔는지를 보여주는 중요한 지표다. 그렇기에 내담자의 사회적 양식을 미술치료사는 이해해야 한다. 어떤 문화권에서 살았는지, 전쟁을 겪은 세대인지, 발전하는 한국의 7-80년대에 살았던 세대인지, 태어나면서부터 스마트폰과 함께 살았던 세대인지 등은 내담자를 이해하는 중요한 단서다.

개인적 배경이 가지는 의미

에드가 드가 <발레 수업 > 1874

에드가 드가 <스타> 1877

같은 양식과 같은 시대에 살았다 하더라도 작가의 가족관계, 대인관계, 경제적 배경, 연인관계, 인생의 특정 사건 등에 따라 전혀 다른 작품이 탄생한다. 프랑스의 인상주의 화가 에드가 드가는 발레리나를 그린 화가로 유명하다. 익낙 알려진 화가이기에 신선한 눈으로 그림을 보는 것이 어려울 수도 있으나, 드가의 삶을 들여다 보면 새롭게 보이는 부분이 있을 것이다.

드가는 초등학교 때, 엄마와 삼촌이 외도를 하는 장면을 목격했다. 어린 아이에게 엄마는 완벽한 사람이었고, 세상에서 가장 아름다운 여자였다. 그런 세계가 무너진 것이다. 아버지는 가족을 보호하고자 덮고 넘어가려 했지만 결국 아버지와 가족은 무너져내렸다. 드가는 이 사건을 계기로 이 세상 여성들이 모두 불행해지기를 소망했다.

드가가 발레리나를 주제로 삼은 것은 화려하고 우아한 모습 속에 감춰진 여성의 추악함을 드러내기 위해서였다. 지금과 달리 과거 발레는 가난한 소녀들의 전유물이었다. 소녀들은 발레를 배우고 스폰서를 만나 성상납을 했고, 어를 통해 소녀의 가족들은 생계를 이어나갔다. 작품 〈발레수업〉의 우측 상단에는 소녀들이 엄마들이 보인다.

자신의 딸이 잘 연습하고 있는지 보러 온 것이 아니라, 혹시나 자신의 맘에 들지 않은 스폰서와 연결될까봐 감시하러 온 것이다. 드가의 대표작 〈스타〉 속 소녀는 스폰서를 만나 데뷔를 했다. 소녀의 뒤에 검은 정장을 입고 있는 사람이 스폰서이며, 오늘 공연이 끝나고 소녀가 무엇을 해야하는지는 모두가 알수 있다.

드가의 개인적 배경을 알고 나면 아름다운 발레리나의 그림은 다르게 보인다. 미술치료사가 내담자의 정보를 면밀하게 수집해야 하는 이유도 이 때문이다. 그림은 분명 많은 것을 보여주지만, 그림속 정보와 잘 소통하기 위해서는 내담자에 대한 개인 정보는 필수적이다.

7. 창작자와 관람자

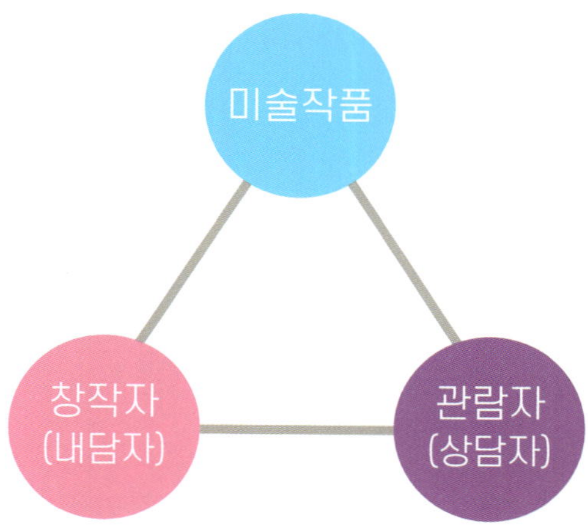

<미술치료 삼각형>

미술작품이 완성되기 위해서는 작품을 만든 사람과 작품, 그리고 작품의 관람자가 존재해야 한다. 아무에게도 보여주지 않은 작품은 최종적으로 완성되지 않았다고 설명된다. 한국민족문화대백과에 정의 내려진 미술의 의미에도 누군가에게 보여줌은 중요한 요소로 언급된다.

"넓은 의미에서의 미술(fine arts)은 시각으로 파악할 수 있는 미적 표현 일체를 뜻하며, 좁은 의미의 미술, 즉 시각적 미술(visual arts)은 관례상 보통 건축·회화·조각·공예 같은 분야들을 포함한다.

미술이란 작가의 생활 경험에서 얻어지는 특정한 감정과 심상(心象)을 평면 또는 입체적으로 구형(具形), 표현하여 <u>다른 사람에게 전달하는 방법</u>이다."

필자는 내담자가 작품을 완성하면 미술을 구성하는 요소 중 창작자와 관람자에 대해 간단히 설명하곤 하는 편이다. 내담자의 창작물을 하나의 작품으로서 대우해주고 싶은 마음도 함께 작용한 듯하다. 경험상 내담자에게 이런 설명을 했을 때, 작품에 대해 더 애정을 가지는 것처럼 보였고, 절반 이상의 내담자가 작품에 서명을 했다.

"당신이 작품을 만들었고, 제가 당신 작품의 첫 번째 관람자가 되었습니다. 이제 이 작업은 '미술작품'으로 완성이 되었네요. 원하신다면 작가의 서명도 부탁합니다."

Chapter 4. 창조된 이미지

이미지는 창작자의 의도와 소망이 담겨 있는 분신이자 경험의 결과물이다. 그렇기에 이미지는 단순히 무언가 그려진 물건이 아니라 살아 숨 쉬는 하나의 개체다. 가끔 내담자가 그린 그림 위에 컵을 놓는 등 그저 하나의 물건 취급을 하는 상담자도 있는데, 자신의 얼굴이 나온 사진 위에 무언가를 두고 싶지 않고 훼손되지 않기를 바라는 마음을 생각해 본다면 종이에 표현된 이미지는 그저 '그리고 끝난' 그림이 아니다. 내담자의 그림은 분명한 의식과 함께 소중히 다루어져야 하는 대상이다.

작품은 상담이 종료될 때 어떠한 형태를 갖추기도 하며, 내담자의 중요한 삶이 담긴 작품이라면 소중하게 가져가서 계속 작품과 소통하도록 할 수도 있다. 때론 내담자의 불편한 감정이 담긴 작품은 부서지거나 뒤덮일 수 있고, 완전히 소멸될 수도 있다.

미술치료사는 작품을 비인격으로 취급하며 "오늘 당신이 버리지 못했던 과거의 기억들은 이곳에서 사라졌습니다."라고 말하며 치운 뒤 회기의 마무리를 하지 말아야 한다. 그 대신 다음과 같은 말을 통해 작품을 하나의 생명체처럼 소중하게 다룰 수 있다.

- 찢어진 작품을 보며 마음속에 떠오른 생각을 말씀해주세요.
- 마지막으로 이 작품에게 해주고 싶은 말이 있을까요? 이 작품이 그 말을 듣는다면 어떤 대답을 해줄 것 같은가요?
- 당신이 허락한다면 이 작품을 이제 완전하게 눈앞에서 치우겠습니다.
- 직접 버릴 수도 있고, 제가 대신 버릴 수도 있습니다. 어떤 방법이 더 편하실까요(작품을 버리는 과정이 프로그램에 포함된 경우)?
- 이 작품을 언젠가 다시 만날 마음이 든다면 언제일까요? 또 그때가 된다면 당신은 어떤 모습일까요?

감정과 생각이 담긴 이미지는 다시 관람자, 즉 미술치료사와 내담자로 하여금 새로운 감각을 불러일으킨다. 미술치료사는 내담자가 창작한 작품의 첫 관람객이 되며, 이미지는 미술치료사와 내담자가 주고받는 정신적 에너지에 따라 그 힘이 더 커지기도 하고 감소되기도 한다.

미술관에서 관람객은 화가의 작품 속 감정을 공감한다. 그리고 미술치료실에서 미술치료사는 내담자의 작품 속 감정을 공감한다. 이 둘의 공통점과 차이점은 무엇일까. 이 두 행위 모두 관찰을 통해 그림을 이해하고, 그린 이의 문화적 · 개인적 배경 정보를 바탕으로 창작자의 마음을 들여다보는 시도를 한다는 공통점이 있다. 또한 이미지를 관찰하는 자신의 감정이 어떻게 움직이는지 주목한다는 공통점도 있다. 그러나 화가의 작품 속 감정에 공감하는 것과 달리 미술치료사는 내담자의 감정을 공감함과 동시에 보유하고 다시 돌려준다. 작가와의 만남을 제외하고는 감상자가 작가에게 직접 감상평을 전할 기회는 많지 않다. 화가의 작품을 대하는 감정은 끝없이 격동적이어도 무관하나, 내담자의 이미지 속 감정의 공감은 치료적 경계를 무너뜨리지 않는 수준에서 이루어진다.

1. 작품을 통해 내담자 이해하기

내담자가 그림을 그리기 시작했고, 이야기를 꺼내기 시작했다. 이제 미술치료사는 내담자의 어떤 부분을 주의 깊게 살펴보아야 할까. 이미지에 복제된 내담자의 마음을 잘 읽고 확인할 수 있는 기술이 필요한데, 이 능력은 개인마다 다르다. 어떤 사람들은 미술치료 훈련 없이도 이미지 안에서 다양한 내용들을 찾아내기도 하는데, 관찰력과 집중력이 높고, 미술 등의 이미지와 남들보다 가깝게 지냈거나, 사회적 공감능력, 즉 눈치가 빠른 사람들이다. 내담자의 이미지는 그냥 말로 할 것을 다른 방식으로 표현한 것이 아니라, 이미지에만 드러날 수 있는 다양한 내용들이 담겨 있는 그릇이다.

총체적 확인

내담자는 다양한 생각과 감정을 지닌 대상이며, 내담자에게 이름 붙여진 증상이 내담자를 대변해 주는 것도 아니다. 똑같은 '28세 주요우울장애를 진단받은 취업준비 여성'이라 하더라도 그들의 가족배경, 삶을 바라보는 가치관, 경제수준, 교육수준, 주변 자원망 등에 따라 완전하게 다른 양상을 보일 것이다.

'내담자의 작품 속엔 많은 의미가 있어. 열심히 찾아보자!'라는 의욕이 내담자의 작품을 곡해하는 경우도 있다. 전체적 관점에서 바라보지 않고 하나하나에 집중하다 보면 생길 수 있는 일이다. 게슈탈트 심리학에서 설명한 '전체는 부분의 합보다 크다'는 전체론을 상기하여야 할 시간이다.

<93세 여성 내담자의 집 그림>

그림진단에서 설명하는 해석 역시 부분적 해석으로 접근해서는 안 되며, 그림에 드러나는 의미와 내담자의 설명, 그리고 미술치료사가 관찰한 모든 정보를 종합하여 내담자에게 접근해야 한다. 예를 들어, 집 그림 검사에서 창살이 많은 창문의 표현은 대인관계에 있어서의 폐쇄성에 대한 표현으로 해석된다. 그러나 이 그림이 2009년에 그려졌다는 점, 그리고 당시 내담자가 93세였던 점을 고려하면, 내담자는 어린 시절 창호지 문으로 만들어진 초가집에 거주했을 가능성이 높다. 언어로 생각을 설명하는 기능이 부재한 치매 노인이라 내담자로부터 직접 설명을 듣지는 못했으나 요양병원에 방

문한 가족들의 설명을 통해 창살이 많은 그림 속 집은 어린 시절 살았던 추억의 장소라는 것을 확인할 수 있었다. 작은 이미지 하나가 생각보다 많은 것을 내포할 때도 있지만, 명백한 증거처럼 보이는 이미지가 다른 의미를 내포하기도 한다.

심리적 고통 확인

'공감'과 '이해'는 비슷한 의미를 가지지만, 서로 다른 의미를 가진다. 공감은 상대방의 감정이나 상황에 대해 그 사람의 입장에서 바라보는 것을 의미한다. 즉, 상대방이 느끼는 감정이나 경험을 유사하게 느끼는 것이다. 이해는 상대방의 상황이나 문제에 대해 잘 파악하고 헤아리는 것이다. 이해는 상대방의 상황에 대한 정보를 수집하고 분석하여, 그것이 무엇을 의미하는지 받아들이는 과정을 수반한다. 이 두 가지는 서로 보완적인 개념이기도 하며, 함께 존재해야 효과적인 대화와 상호작용이 이루어질 수 있다.

<초등학교 3학년 여아가 그린 동적 학교화>

위 그림을 그린 초등학교 3학년 여아는 동적 학교화를 그리라는 제안에 아무도 없는 빈 교실을 그렸다. "너를 포함해서 선생님과 친구들이 교실에서 무엇을 하고 있는지 그려줘."라는 디렉션이 있었지만, 아이의 그림 속에는 아무도 그려져 있지 않았다. 사람을 그리지 않은 이유를 묻자, "저는 친구가 너~무 많아서 다 그리지 못할 것 같아

서 아무도 안 그렸어요."라고 대답했는데, 미술치료사는 아이가 학교에서 관계 문제를 가져 부모가 의뢰했다는 것을 알고 있었다. 미술치료사는 아이의 심리적 고통, 즉 따돌림을 당하고 있었고 그로 인해 등교를 거부하고 있는 상황을 이해하고, 지금 자신의 모습과 마주하고 싶지 않은 마음을 공감해야 한다. 소외된 자신의 모습을 처음 보는 미술치료사에게 보이고 싶지 않은 마음을 알고 기다렸을 때, 결국 아이는 학교에 가면 하루 종일 아무와도 대화하지 않고 하교해야 했던 자신의 이야기를 꺼냈다. 이때 사실에 대한 확인보다 먼저 아이가 불편함을 감수하고라도 자신의 상황이 더 나아지길 소망하는 그 마음을 공감해야 한다.

미술치료사가 내담자의 마음에 공감하는 것은 상담의 기술이 아니라 당위적인 일(job)이다. 필수적으로 해야 한다는 의미다. 그렇기에 공감 없는 상담 현장은 존재하지 않는다. 내담자가 가지고 있는 심리적 고통을 함께 개선시켜 나가기 위해서는 내담자를 객관적으로 분석하고, 내담자의 배경을 공부하며, 사례개념화를 통해 체계적으로 접근할 필요가 있다. 그리고 그 기저에 존재하는 것은 내담자의 그림이 전하는 목소리들(때론 진실을 보이기도 하고, 마음을 감추기도 하는)에 귀를 기울여 '이 사람에게 지금 무엇이 필요한지'를 찾아가려는 노력이다. 이 목소리의 진심은 이미지가 이야기하고 있는 내담자의 다양한 불편함에 대한 공감에서 시작된다.

표면문제 확인

표면문제는 얼핏 보면 가장 간단해 보이는 부분이다. 눈에 관찰되는 부분이기 때문이다. 그러나 드러나는 정보들을 놓치는 경우도 있다. 내담자가 스스로 알고 있는 문제들, 예를 들어 자해, 감정조절의 어려움, 이상섭식행동 등은 내담자와 미술치료사가 모두 공유하고 있는 정보들이다. 그러나 내담자가 드러내는 언어적 · 비언어적 요소들에 숨어 있는 정보들에도 집중해야 한다. 예를 들어 지나치게 미술치료사에게 친절하게 대하는 내담자의 태도를 그저 호의로 여기고 그저 감사해 하기도 하고, 내담자의 감정과 표정이 일치하지 않는 중요한 부분을 놓치기도 한다. 내담자의 마음이 확인되는 증거들이 여기저기 놓여 있는데도 중요한 단서들이 그냥 흘러가 버리는 것이다.

<성인 아들보다 더 크게 만들어진 어머니>

내담자의 작품에 등장하는 정보들 역시 중요한 단서가 된다. 아들과의 갈등문제로 미술치료실에 방문했던 50세 여성내담자는 말을 잘 듣던 아들이 나이가 들면서 자신의 말을 무시하고 있음에 슬퍼했고, 부모로서 대접받지 못하고 있다는 사실에 불만을 터트렸다. 이 내담자에게 점토로 가족을 만드는 제안을 했는데, 그녀가 만든 가족점토에서 아들은 그녀 자신보다 작게 표현되어 있었다. '엄마고 아들이니까 아들을 작게 표현한 거겠지.'라고 생각해 버리면 "엄마가 아들에게 하고 싶은 이야기가 있다면 점토를 통해 전달해주세요."라고 다음 단계를 진행하며 작품의 크기가 전하는 메시지를 놓쳐버릴 수도 있다. 내담자에게 아들의 키를 묻자, 키가 180cm가 넘는다며 자랑스러워했다. "그런데 아드님은 어린아이처럼 작게 표현되어 있네요. 어머니는 뒤에서 아이를 보호하듯 서 있고요." 이미 군대도 다녀온 아들을 내담자는 여전히 작은 아이처럼 대하고 있었고, 아이가 커서 자신의 품을 벗어난다는 것을 받아들이지 못하고 있었다. 자신의 젊은 시절을 모두 바친 아이가 더 이상 자신을 (아이처럼) 필요로 하지 않는 것, 더 이상 아들을 (아이처럼) 통제할 수 없는 것은 내담자에게 절망으로 다가왔다. 이것이 아들과의 갈등을 개선하기 위해 바꾸어야 할 주요한 문제라는 사실을 자신이 만든 점토를 통해 발견할 수 있었다.

문제 관련 상황 확인

내담자는 일반적으로 자신이 불편하게 여기는 하나의 문제점을 가지고 미술치료실을 방문한다. 그러니 문제 상황은 대략 어떤 것인지 알고 있으나, 이를 개선하기 위해 어디서부터 무엇을 해야 할지 모르는 경우가 많다. 그러나 대로는 문제의 원인이 눈앞에 있음에도 발견하지 못하기도 한다. 내담자가 인지하지 못하고 있는 문제점이나 객관적으로 보지 못하는 문제 관련 상황을 함께 찾도록 돕는 것도 미술치료사의 역할이다.

<인간관계 마인드맵>

경계선 성격장애와 우울장애를 동시에 겪고 있던 28세의 여성 내담자는 인간관계에서 높은 예민성을 보였고, 타인의 평가에 부정적 감정을 자주 느끼고 있었다. 그녀에게 〈인간관계 마인드맵〉을 점토로 표현하도록 했다. 자신을 상징하는 이미지를 가운데에 나타내고, 가까운 사람부터 지인까지 자신에게 감정적으로 관련된 모든 사람들을 만들어나갔다. 대부분의 관계가 긍정적으로 표현되었지만, 고등학교 동창 그룹과의 연결에서는 지그재그의 선이 그어졌고 자신으로부터 멀리 떨어진 곳에 붙였다. 고등학교 동창들은 (그들의 설명에 따르면) 친근함의 표현으로 자주 무시하는 발언을 내담자에게 했고, 한 명을 약자로 설정하고 놀리고 괴롭히는 형태로 관계를 형성 하고 있

었다. 그녀는 그들을 만날 때마다 상처를 입었고, 그 기억으로 인해 다른 사람과의 관계에서도 사람들이 자신을 무시한다고 생각하고 있었다. 결국, 미술치료실을 방문할 때 자신의 문제는 '쉽게 주눅 들고, 상처받는 것'이라 설명했지만, 작품을 통해 정작 자신의 대인관계를 망치는 것이 고등학교 동창그룹이라는 것을 확인한 것이다. 이 사실을 인정한 내담자는 작품 내에서 고등학교 그룹을 뜯어내고, 빗자루를 만들어 넣었다. 그리고 자신의 마음이 단단해질 때까지 회복을 위해 고등학교 동창들과의 만남을 미루겠다는 다짐을 했다.

강점과 자원 확인

모든 사람들은 무수히 많은 강점을 가진 존재다. 그리고 미술치료사가 만나는 내담자 역시 다양한 강점과 자원을 가지고 있다. 그러나 상담소를 방문하는 많은 내담자들은 자신이 가지고 있는 것을 별거 아니라고 치부하거나, 강점을 알고 있어도 잘 활용하지 못하기도 한다. 내담자의 강점을 찾아내고 인정해주는 것은 내담자의 자존감 형성에 도움을 줄 뿐만 아니라, 상황을 새로운 관점으로 바라볼 자원이 되기도 하고 상담에 임하는 적극성도 높일 수 있다.

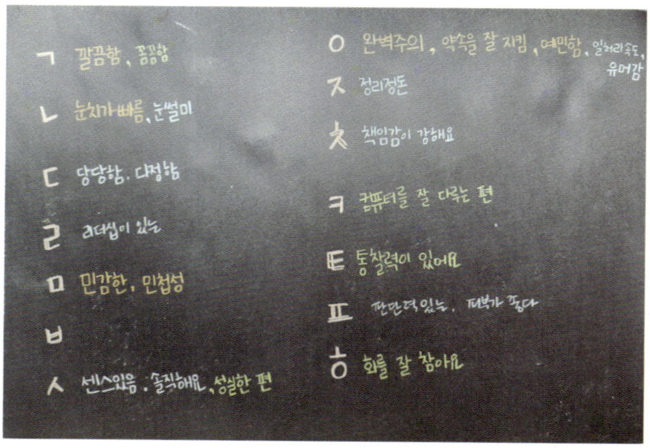

<초성으로 장점찾기>

〈초성으로 장점찾기〉는 내담자에게는 'ㄱ'부터 'ㅎ'까지 14개의 모음을 제공하고, 해

당 모음으로 시작하는 강점을 모두 적도록 하는 프로그램이다. 내담자들은 강점을 14개나 찾아야 한다는 점에서 부담스러워하기도 하고, 중간에 단어가 생각나지 않아 막막해하기도 한다. 이 프로그램의 목적은 자신의 강점을 억지로 다양한 관점으로 짜내어 최대한 많이 발굴하는 것이다. 내담자가 찾아낸 강점들을 통해 그동안 도움받았던 영역과 앞으로 활용할 수 있는 영역을 분류하여 강점을 삶에 더 긍정적으로 사용 가능한 방법을 함께 찾아낼 수 있다.

자원은 강점보다 더 큰 개념으로, 내담자의 강점도 하나의 자원이다. 상담현장에서 발견할 수 있는 내담자의 내 · 외적 자원의 범주는 매우 넓지만 일반적으로 다음과 같은 내 · 외적 자원들을 발견할 수 있다.

내적 자원

- 내담자의 성격, 특성, 능력
- 내담자의 가치관, 믿음, 신념
- 내담자의 생각과 감정 조절 능력
- 내담자의 성격에 대한 자기인식

외적 자원

- 가족, 친구, 동료와의 지지 체계
- 문제 해결에 대한 경험
- 전문적인 지식과 기술
- 금전적 자원
- 시간, 공간적 자원

<나의 외적 자원과 내적 자원>

〈나의 외적 자원과 내적 자원〉은 20년 가까이 생계를 위해 입시학원을 운영하던 50대 여성 내담자가 그린 작품이다. 내담자는 이제는 생계가 아닌 삶의 즐거움을 위해 새로운 직업을 준비하는 중이었다. 그녀는 자신의 외적 자원으로 동산과 하늘을 그렸는데, 다양한 아이들과 학부모들을 만나며 과거 예민했던 모습이 둥글고 편안해진 것이라 설명했다. 자신의 내적 자원으로는 무지개색으로 엉켜있는 선들 가운데에 사람 형상이 있는 모습을 표현했다. 이 이미지는 자신으로부터 뿜어져 나오는 무한한 가능성과 다채로운 창의력이라 언급하였다. 이 둘이 합쳐진다면 자신의 용기와 주변의 도움을 조금 얻어 새로운 삶의 기회를 만날 수 있을 것이라 기대하고 있었다.

마음의 모습 확인

미국의 교육철학자 존 듀이는 마음을 '한 사람이 가지고 있는 의미들이 일정한 체계를 이루는 것'이라 정의 내렸다. 마음은 의미의 체계다. 마음은 현재 주변에서 일어나고 있는 경험에 참여함으로써 개인의 의미와 가치를 발견하도록 돕는다. 그런데 마음이란 것이 늘 길을 잘 찾고 잘 참여하기만 하는 것이 아니다. 내담자의 마음은 때때로 목적을 잃고 표류하기도 하고, 어떤 의미를 찾지 못한 채 반복적인 틀 안에 갇혀 있기도 한다.

<내 마음의 모습>

〈내 마음의 모습〉을 그린 20대 후반의 여성 내담자는 '사랑받고 싶은 마음'이라는 주요한 마음을 가지고 있었고, 사랑받는 삶은 가치 있는 삶이라는 분명한 의식을 가지고 살아왔던 사람이었다. 기억이 있기도 전 부모님으로부터 버림받아 양육자와 유의미한 애착관계를 형성하지 못했던 내담자는 비어있는 욕구를 통해 삶의 목표를 설정했던 것이다. 그런데 성인이 된 내담자에게는 긴밀한 사적 관계를 형성한 친구나 이성적 교류가 없었고 경제적으로 어려운 상황 속에서 스스로조차 자신을 사랑하지 못하는 상황이었다. 내담자의 마음은 어디로 가야 할지 방향을 잃고, 그 어디에서도 닻을 내리지 못하고 둥둥 떠다녔다. 실제 경험과의 연결점을 잃은 내담자의 마음은 관념이 되어 '내가 단단하게 소속된 그런 곳이 있다면 정말 안정적일 거야.', '누군가가 나를 온전히 사랑해 주는 상황은 진짜 행복할 것 같아.'와 같이 긍정적 정서를 덕지덕지 붙인채 삶의 주변에서 맴돌았다. 이때 한 사이비 종교의 구성원이 커피숍에서 내담자에게 접근하며 따듯한 친절을 베풀었다. 이들은 내담자의 심리적 고통을 공감하는 것처럼 보였고 내담자는 유의미한 관계를 경험하게 되었다. 이들을 통해 온전히 자신만을 사랑해 주는 교주님을 만나게 되었을 때, 내담자의 표류하던 관념은 실재하는 대상에 달라붙

었다. 그리고 그동안 간직해 왔던 삶의 의미가 왜곡된 형태로 폭발적으로 커지며 환상적이고 비현실적인 영역으로 침투됐다. 교주로부터의 학대와 성폭행도, 자신이 가진 모든 돈을 헌납하는 것도 '안정적인 삶'과 '온전히 사랑받는 삶'의 속성으로 생각해 자신의 실제 마음의 모습을 보지 못하게 된 것이다. 주변인의 신고를 통해 종교집단으로부터 빠져나온 내담자는 심리지원 프로젝트에 참여하게 되었다. 미술치료실에서 내담자의 마음의 모습은 미술매체와 만나 작품으로 구체화되었다. 그녀는 작품을 통해 자신의 마음이 따듯함이라 착각한 거짓된 안정 속에서 상처받고 썩어가고 있었음을 확인할 수 있었다. 작품 속 이미지는 노란색과 주황, 분홍색 등으로 전체가 칠해졌으나, 가운데부터 아주 어두운 균열이 일어나고 있다.

미술이 마음의 모습을 재현하기 쉬운 이유는 의식적 언어를 사용할 때와 달리 창작의 과정은 일정 부분에서 환상적인 상태에서 진행되기 때문이다. 내담자의 마음이 속한 환상적 영역은 창조적으로 몰입하는 과정에서 긴장을 내려놓고 매체를 통해 흘러나오게 된다.

2. 작품을 구성하는 요소들의 균형

전시를 볼 수 있는 공간은 많다. 그중에서도 대표적인 공간이 박물관과 미술관이다. 분명 비슷한 구조의 건물이고, 전시된 대상들을 보는 행위도 비슷한데 이 둘의 차이는 무엇일까.

영어권에서 Museum은 박물관으로 유물을 전시하는 공간을 일컫는 반면, Gallery는 미술 작품을 전시하는 기관을 일컫는다. 한국에서는 박물관이 미술관이나 다른 전시공간을 포함하는 폭넓은 개념으로 사용되기는 하지만, 크게 나누어보자면 박물관은 고고학적 자료나 역사적 유물 등을 수집, 보존, 진열하여 연구와 교육에 기여할 목적으로 만들어진 공간이다. 보통 유물은 과거의 것 중 보존할 가치가 있다고 보편적으로 판단되는 것으로, 보편적이라는 판단은 박물관의 소장품 수집 운영위원회를 통해서 도출되며, 운영위원회는 그 분야 전문가로 구성된다. 유물은 보는 사람들에게 객관적 정보를 전달한다. 그렇기에 시간이 지나가고 시대가 지나가도 대상을 경험하는 사람들은 새로운 의미를 발견하지 못한다.

반면에 작품에는 보편적 기준이 존재하지 않으며, 시대에 따라 작품을 바라보는 사람에 따라 다르게 경험된다. 작품 안에는 창작자가 담은 의미가 분명 존재하지만, 작품이 태어나고 나면 작품은 감상자의 경험의 한 부분이 되고 바라보는 사람의 경험은 작품을 통해 확장된다.

미술치료에서 내담자가 창작한 결과물은 유물이 아닌 작품이다. 내담자의 작품 속에 담긴 의미는 고정적이지 않다. 이것이 어떤 의미인지 지금 당장의 순간에 설명할 수는 있겠지만, 시간이 어느 정도 지난 다음에 바라보는 작품은 다른 의미를 가진다. 지난 회기의 내담자와 이번 회기의 내담자는 일주일의 시간 차가 있고, 생각과 감정은 발전하고 변화한다. 그렇기에 자신이 만든 작품에서 내담자는 시간의 흐름에 따라 새로운 의미를 발견할 수 있다.

내담자가 만든 이미지를 유물처럼 대하는 미술치료사도 있다. 마치 이미지 안에 담긴 내용들이 고정불변한 것이며, 내담자에 대한 데이터를 기록한 결과물이라고 여기는 것이다. 물론 어떤 부분에서는 정보의 기록이 쏟아져 나오기도 한다. 예를 들어, 내담자가 자신의 인생 그래프에서 중학교 때 학교에서 따돌림을 당했던 부정적 기억을 마이너스 시점으로 적었다면 이 사건 자체는 불변하다. 그러나 힘든 사건 속에 있을 때, 해당 사건이 지나갔을 때, 또 다른 더 큰 사건을 만났을 때 바라본 사건의 질은 달라진다. 상담을 받으며 그래프의 높낮이도 달라질 것이고, 회복한 내담자가 종결 때 다시 그린 인생 그래프에는 한때 큰 사건으로 여겼던 시간이 그래프에 포함되지도 않을 정도로 지나간 한때가 될 수도 있다.

작품 안에는 유일한 의미가 존재하는 것도 아니다. "이 빨간 점 근처에 뿌려진 물감의 의미가 궁금해요."라고 물었을 때, 내담자는 마음속에서 움직이는 여러 가지 이야기들을 정리해서 단 몇 개의 문장으로 설명한다. 미술치료사가 듣는 것은 작품의 일부다. 미술치료사는 내담자가 작품을 통해 표현하려고 한 생각의 조각뿐 아니라, 미술치료사의 살아있는 삶의 경험을 통해 작품 안에서 만난 존재하는 그 어떤 것들을 찾아내게 된다.

기능과 아름다움

실생활에 활용되는 물건들을 살펴보면 어떤 물건은 아름다움을 강조하고, 어떤 물건은 기능을 강조한다. 청소하기 좋고 기능이 좋은 가습기는 인테리어를 해치고, 편집숍에서 보이는 예쁜 물건들은 '이걸 쓸 데가 없는데…'라는 생각을 들게 만든다. 눈에 보기 좋은 물건들은 주로 사용성이 떨어지고, 그 물건 자체가 가지는 실질적인 기능과는 멀어진다. 필자는 학부에서 도예를 전공했는데, 입학하고 처음 배운 것은 흙을 반죽하는 꼬막밀기와 물레로 컵을 차는 것이었다. 1학년들이 만든 컵은 기본에 충실하다. 정확히 중심이 잡혀 있고, 기벽의 두께가 일정하며, 손으로 잡기 편하고, 입에 닿는 부분은 부드러워야 하며 바닥에 닿는 굽은 테이블을 해치지 않게 다듬어져야 한다. 그런데 졸업을 앞둔 학생들이 만드는 컵은 점차 조형예술에 가까워진다. 쥐기 어려운 손잡이도 있고, 실제로 무언가 마시기에는 불편해서 그냥 놓고 보기에만 좋아 보이는 작품들도 등장한다. 기능에서 멀어지고 아름다움만을 위한 컵이 된 것이다. 그런데 때로는 기능과 아름다움을 모두 만족시킨 컵도 등장한다. 우아하고 세련되면서도 컵으로서의 역할을 잘할 수 있는 경우다.

내담자의 작품에 있어서 기능은 무엇일까? 내담자의 마음을 복제하고, 또 다른 형태로 표상되어 내담자와 미술치료사에게 메시지를 전달하며, 그 안에서 새로운 의미를 발견하여 내담자가 성장하고 회복할 수 있는 힘을 찾는 것이 작품의 기능이다. 예쁘게 그려지고 그럴듯한 모습을 갖추는 것을 아름다움이라고 생각했을 때, 이 둘이 우연히 일치할 때도 있지만 그렇지 않은 때가 더 많다. 미술치료의 목적은 내담자의 회복이고, 그렇기에 작품 안에는 치료적 목적을 향하는 기능적 측면이 무조건 담겨있어야 한다. 목이 말라 물이 필요한 내담자에게 바닥이 뚫려 있는 멋진 컵은 의미가 없다.

시각적 아름다움을 위한 심미성은 딱 한 가지 조건을 채우는 선에서 필요하다. 내담자가 자신의 작품을 완성했을 때, 심미적 욕구가 채워짐으로써 얻는 만족감이 상담에 긍정적으로 작용하는 수준이 그것이다. 내담자가 작품을 완성하는 경험과 작품을 통해 전체적인 치료적 상황에 만족감을 느낄 경우 아름다움은 유용성을 지니게 된다. 내담자가 만족하는 아름다움의 기준 아래로 작품이 완성된다면, 내담자는 작품이 미워질 수도 있고, 스스로에게 실망할 수도 있으며, 미술작업이 좌절스러운 경험으로 기억될 수도 있다. 내담자가 작품을 바라보고 느끼는 만족감은 미술치료를 긍정적으로 경험하게 만드는 큰 힘이 된다.

장식과 표현

미술치료사가 쓰는 디렉션은 참으로 섬세하고 민감하다. 말 그대로 방향을 제시하는 것이기에 내담자는 미술치료사의 디렉션에 따라 작품을 제작하는 방식부터 작품을 대하는 태도까지 달라지는 경험을 한다.

> "이 상자는 내가 붙잡고 싶은 지금의 소중한 것들을 담아 놓는 보물상자입니다. 지금 내게 존재하는 것들 중 사라지지 않았으면 하고, 또 앞으로도 계속 있었으면 하는 것들을 상자 안에 적겠습니다. 모두 적으신 분들께서는 내 소중한 것들이 담길 상자의 바깥 부분을 자유롭게…"

이 다음에 나오는 문장이 "꾸며주세요."일 때와 "표현해 주세요."일 때 내담자 작품은 달라진다. 꾸밈은 장식이다. 장식적인 것은 감각적인 것이다. 예쁜 색, 리본, 스팽글, 스티커, 혹은 하트 색종이 등을 붙여 감각적인 만족감을 느끼게 만드는 것이 꾸밈이다. 반면에 표현은 의미를 내포한다. 내 소중한 것들을 넣는 상자가 단단하기를 바란다면 돌처럼 나타낼 수도 있고, 리본으로 열리지 않도록 꽁꽁 묶을 수도 있으며, 현재의 평온함이 유지되기를 바라는 마음에서 따듯한 햇살과 푸른 초원을 그려 넣을 수도 있다. 물론 꾸미라고 해도 표현이 등장하고, 표현하라고 해도 꾸밈이 등장할 수 있다. 그렇다 하더라도 미술치료사는 디렉션을 제공할 때 이 둘을 분명 구분해야 한다.

꾸며진 작품은 주제가 되는 대상을 대하는 내담자의 태도를 보여주며, 이 방식은 내담자가 자신의 마음을 대하는 태도로도 연결된다. 반면 표현된 작품은 내담자가 주제가 되는 대상을 어떻게 설명하고 싶은지를 보여준다. 표현된 작품은 내담자의 마음에 관한 더 많은 이야기를 담고 있다. 내담자들은 자신이 나타내고자 한 알맹이를 표현하는 과정에서 어려움을 겪으면 장식으로 넘어가 버리기도 한다. 장식이 의미 없다는 것은 아니다. 장식 그 자체도 표현적인 면이 있기 때문이다. 더 정확히는 표현력을 높여주는 역할을 한다. 르누아르나 벨라스케스와 같은 위대한 예술가의 작품은 꾸밈과 표현이 서로 완벽하게 상호침투하고 있다. 만족스러운 꾸밈은 미술치료를 더 즐겁게 만들며 화려함과 귀여움은 그 자체로도 내담자가 경험할 수 있는 긍정적 '느낌'이다.

<소망 트리>

공예적인 접근의 경우, 꾸밈은 피할 수 없는 것처럼 보이고, 그렇게 생각하면 내담자들은 단순히 미술매체로 장식하는 데 시간을 낭비하는 것이 된다. 그러나 미술치료사들의 창의성은 여기에서 발휘된다. 공예적 요소는 그저 장식인 것이 아니라, 오히려 다양한 심리적 요소를 구조적으로 다룰 수 있는 기회가 되기도 한다. 12월 초 집단 미술치료를 진행하며 〈소망 트리〉를 만드는 프로그램에 한 수련생이 DIY 트리 액자를 매체로 가져왔다. 가운데 사진을 넣고 액자로 사용하는 제품이었는데, 내담자들에게 사진 대신 뒤판에 한 해를 마무리하기 전 달성하고 싶은 단기 목표들을 적도록 했다. 기존 제품은 자유롭게 장식 조각들을 붙이는 것이었지만, 각각의 조각에 목표에 가까이 가기 위한 자신의 강점을 표현했고 집단원끼리 강점 조각을 선물하기도 하고, 얻어

가기도 했다. 자신에게 부족하지만 필요한 강점들을 실제로 체화하기 위한 실천사항들을 목록화하며 프로그램은 마무리됐다. 만약 단순히 자신의 사진을 가져와서 액자로 꾸미고 프로그램이 마무리되었다면 즐거운 연말 분위기는 났겠지만 얻어 가는 내용은 공허했을 것이다.

장식적인 것은 심미적 만족감을 줄 수 있고, 표현은 자신의 마음을 들여다보게 만든다. 그래서 이 두 디렉션은 필요에 따라서 섞여서 사용된다. 장식과 표현은 단절된 별도의 방향이 아니며 이 둘은 조화롭게 내담자의 작품 속에서 내담자에 따라 균형을 이룬다.

형식과 마음의 재료

미술치료에서 마음의 재료는 내담자가 표현하려는 대상이며, 마음의 재료가 매체와 결합하여 드러난 작품의 모습이 형식으로서의 결과물이다. 형식은 처음부터 결정되는 것이 아니고 내담자의 창작 작업이 끝나는 시점에 결정된다(찢어지고 뭉쳐진 작품이라면 그 모습이 형식이다). 마음의 재료들이 작품을 구성하는 다양한 요소들과 일정한 관계를 맺으면 비로소 형식이 드러나는 것이다. 미술치료를 이제 막 시작한 사람이라도 마음의 재료가 중요한 것이지 결과물이 중요한 것이 아니라는 의견에는 동의할 것이다. 작품이 소멸해 버리는 경우도 있으니 형식이 아예 존재하지 않을 수도 있다. 그러나 형식의 중요성을 지나치게 간과할 경우 표현은 힘을 잃는다. "결과물이 중요한 것이 아닙니다. 아주 간단하게 그리셔도 괜찮아요. 내가 생각하는 내 모습을 그려주세요."라는 설명을 들은 내담자가 종이에 동그라미를 하나 그렸다고 가정해보자. 그림을 못 그려서 동그라미만 그렸다고 설명한 내담자는 자신의 성격이나 최근 느낀 감정에 대해 미술치료사에게 설명한다. 그다음 회기에 현재 느끼는 우울 감정을 이미지로 표현해 달라고 하자 또 동그라미만 그리고 내용을 설명한다면 이것은 미술치료가 아니라 동그라미를 하나 그린 후 시작하는 언어상담이다. 미술치료는 미술 매체를 이용해 마음의 재료를 시각적 형식으로 표현하는 과정이 포함되어야 한다. 내담자가 마음의 재료를 탐색하고, 그 형태를 변형하여 세상에 탄생시켜 지금의 경험과 만나는 과정을 통해 새로운 성장을 할 수 있기 때문이다. 그러나 이런 표현의 힘을 믿지 않는 미술치료사는 동그라미만 그려도 괜찮지 않냐고 반문할 수 있다. 미술치료를 공부하고 진행하다 보니 언어상담이 더 매력적이라 생각되고, 스스로 표현을 통한 치유적 경험을 하지 못했는데 미술치료사로 취업을 했으니 뭐라도 그리게 해야 한다고 생각했기 때문일 수도 있다. 현장에서 일하던 미술치료사가 미술치료에 한계를 느끼고 상담대학원에 진학하여 언어상담 전문가로 일하는 경우도 있다. 당연히 그 선택은 존중한다. 그러나 미술치료사로서 계속 활동할 사람이라면 몰입을 통해 드러난 결과물의 가치를 이해해야 한다. 미술치료사의 역할은 내담자가 가진 마음의 재료를 성의 있게 다루고 적절한 매체를 통해 표현할 수 있도록 돕는 것이다. 여기에서 필요하다면 기술적 도움이 들어갈 수도 있다. 미술의 기술은 형식의 구성요소다. 기술은 미술매체를 이용한 표현이 원하는 내용과 가까워질 수 있도록 돕는다. 즉, 내담자가 가지고 있는 다양한 재료들, 예를 들어 과거의 경험이나 감정, 생각 등을 더 생동감 있게 나타내는 도움의 역할을 한다. 필요하다면 내담자에게 기법을 알려줄 수도 있고, 일부 대리표현해 줄 수도 있다.

3. 색이 전달하는 메시지

<나를 지배하는 감정>

색채심리학은 통상적인 색이 제공하는 통계적 내용을 들려준다. 내담자가 특별히 많이 사용한 하나의 색은 내담자의 심리적 기작을 반영하겠지만, 그 내용은 색채심리학 책에 적혀있는 내용 그 자체가 되지는 못한다. 처음 미술치료를 접할 때 색채심리를 공부하면 재미있다. 그래서 빨간색을 많이 쓴 사람, 파란색을 많이 쓴 사람의 성향을 외워서 내담자의 그림에 적용하는 것도 흥미롭게 느껴진다. 그러나 내담자의 색채 경험은 무수히 많은 개인적 사건들로 구성되어 있고, 그렇기에 색을 통해 마음을 추측하는 반영은 잘못된 흐름을 만들 수 있다. 예를 들어, 작품 〈나를 지배하는 감정〉에는 빨간색이 주 색채로 사용되었는데, 이것을 보고 다음과 같이 말하는 실수를 범할 수도 있다.

"빨간색이 이 그림에서는 많이 보이네요. 색채심리에서 빨간색은 주로 분노의 감정이라고 해석이 되죠. 무언가 표출되는 듯한 배경과 움직이는 느낌의 사람 모습이 인상적이에요. 어떤 것이 나를 화나게 하는지 이야기해 볼까요?"

너무 그럴싸하게 물어보니까 없던 분노라도 끄집어내서 대답해야 할 것처럼 느껴진다. 색과 마음을 1:1로 연결하거나 추측하는 것은 분명히 지양해야 한다. 여기까지는 미술치료에 관심 있는 사람이라면 상식적으로 생각할 수 있다. '맞아. 빨간색은 열정일 수도 있고, 분노일 수도 있고 성적인 표현일 수도 있으니까.' 하고 생각하는 독자도 있을 것 같다. 그런데 내담자에게 빨간색을 사용한 이유를 물으면 상당수가 "그냥 썼는데요." 라고 대답한다는 것이 곤란한 점이다. 이때 어떤 미술치료사는 너담자를 궁지로 몬다.

"그림에 '그냥'은 없습니다. 모든 것은 무의식과 연결되어 있지요. 나가 왜 빨간색을 선택했는지 다시 한번 생각해 볼까요?"

내담자가 특정 색을 주 색채로 선택하면서 이유가 없다고 말하는 것은 저항일 수도 있지만, 실제로도 그저 무의식적으로 선택된 것이라 자신이 왜 빨간색을 선택했는지 모를 수도 있다. "빨간색을 떠올렸을 때 어떤 감정이 떠오르나요?"와 같이 내담자가 평소에 생각하던 부분을 질문하며 우회적으로 접근하는 것도 방법이다.

내담자가 빨간색을 '화남', '분노', '긴장' 등으로 설명한다면, 내담자가 그림을 통해 자신의 감정을 분출하고 있을 수 있다고 추측할 수 있다. 그러면 미술치료사는 내담자와 함께 그 감정의 원인이 무엇인지, 어떻게 다루고 해소할 수 있는지에 대해 더 알아나갈 수 있다.

만약 내담자가 감정과 잘 연결시키지 못한다면, "빨간색 하면 연상되는 것들이 어떤 게 있나요? 3개 정도 말해볼까요?"와 같이 색을 통해 연상되는 것을 물을 수도 있고, 그마저도 힘들어한다면 색이 가지고 있는 일반적인 상징을 설명하고 내담자가 그 중 동의하는 색의 의미와 자신을 연결하도록 할 수도 있다. 모든 색은 양면성을 가지기에 이 부분을 함께 설명하고 내담자가 자신이 어느 쪽에 더 가깝다고 생각되는지 선택하도록 하는 것이다.

일상을 살아가는 과정에서는 하나의 감각만이 경험되지 않는다. 필자가 연구실에 앉아서 이 책을 쓰는 지금만 해도 매우 정적인 상황이지만 창문을 통해 들어오는 햇살은 밝고, 온도는 따듯하며, 잔잔한 피아노 연주가 들리고, 눈앞에는 글자들이 타이핑되고 있다. 살아있는 순간은 다양한 감각들이 대부분 함께 느껴진다. 그러나 그림을 그렸을 때 다른 감각들은 부재하고 색채만이 존재한다. 내담자가 선택하고 칠한 색의 이면에는 내담자의 여러 경험과 감각들이 공존하고 있다는 것을 기억해야 한다.

<기적의 실타래>

〈기적의 실타래〉는 내담자가 지금 자신이 가지고 있는 엉켜있는 다양한 감정들을 실타래로 표현하고, 그 실들로 무언가를 만든다면 어떤 것이 될지 상상해 보는 프로그램이다. 우울 증상으로 등교 거부 중인 중학교 2학년 남성 내담자가 그린 이 실타래는 총 4가지의 색실로 구성되어 있다. 색에 담긴 감정을 어떤 방식으로 풀어나가는지 살피기 위해 앞뒤의 상담 내용을 조금 더 가지고 왔다.

실의 의미

미술치료사: '실'은 나에게 어떤 의미일까? 너에게 어떤 기억이나 느낌과 연결되어 있는 것 같아?

내담자: 어렸을 때 누나랑 실뜨개를 같이 하고 놀았었어요. 누나랑은 사이가 예전에도 좋았고 지금도 좋아요. 음… 실은 엉켜 있는데… (침묵)… 엉킨 것이 저랑 비슷해요. 사람들이 제가 자꾸 문제를 복잡하게 만든대요. 사람들은 저를 안 좋아하고… 저는 뭘 어떻게 해야 할지 모르겠어요.

실타래 속 보이지 않는 것

미술치료사: 실타래 속에는 무엇이 있을까?

내담자: 하얀 진주가 있을 것 같아요.

미술치료사: 바닷속에서 태어나는 진주?

내담자: 네 그 진주요. 진주는 다른 보석만큼 반짝이지는 않긴 한데… 오랜 시간 조개가 돌봐줘서 만들어진 거라 의미가 있는 거 같아요.

미술치료사: 돌봐줬다는 표현이 인상적이네. '진주'를 생각하면 무엇이 떠오르니?

내담자: 어머니가 다른 액세서리는 안 하는데 늘 진주 반지는 끼고 계셨어서… 엄마요.

실의 길이

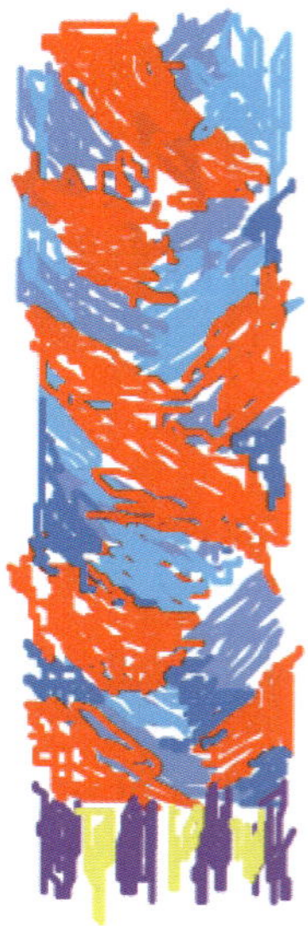

<내담자가 핸드폰으로 그린 목도리 예상그림>

미술치료사: 이 실타래는 길이가 얼마나 될까?

내담자: 엄청 길어요. 이걸 가지고 목도리도 만들 수 있어요.

미술치료사: 목도리를 만든다면 어떤 패턴이 될지 궁금해.

내담자: 그 꽈배기 같은 거 있잖아요. 파란색과 빨간색이 반반 섞여서 꼬여 목도리가 되고, 목도리 끝에 노란색과 보라색이 술처럼 붙어 있을 것 같아요.

미술치료사: 선생님이 바로 머릿속에 떠오르지 않는데 어떤 모습이 될지 한번 그려줄 수 있을까?

색의 의미

미술치료사: 실타래에는 4가지 색이 있어. 너에게 빨강, 파랑, 노랑, 보라는 어떤 것을 의미할까? 바로 떠오르지 않는다면 이 색을 생각하면 어떤 감정이나 대상이 떠오르는지 말해주는 것도 좋아.

내담자: 빨간색 하면 화나는 감정이 떠올라요. 학교에서 저한테 막 대하는 애들도 짜

증 나고, 다들 저를 없는 사람 취급하는 것도 짜증 나고요.
파랑은 지금 빨간색이랑 같이 엉켜 있는데… 예전에는 잘 지내왔던 애들도 있었으니까, 베프도 있었고… 제가 아예 친구를 못 만드는 사람은 아니었으니까. 희망?에 가까울 거 같아요. 반이 바뀌거나 학교가 바뀌면 좀 나아질 수도 있을 것 같고.
노랑은 실타래에서는 거의 안 보이긴 하는데 뭔가 빛 같은 느낌인데… 좋은 대학 가서 좋은 회사 가고 그런 것들이요. 그런데 지금 공부도 너무 못하고 수업도 못 따라가서 그래서 노랑은 거의 안 보이는 것 같아요. 보라는 제가 관심 있는 것들인데 자동차, 게임, 우주, 피규어, 이런 것에 관련된 유튜브 보는 거 좋아해요.

미술치료사: 좋아, 여기 네 가지 실들을 하나하나 설명해 주었는데, 네가 말한 색들의 의미와 조금 전 그려주었던 목도리와 어떻게 연결이 될까?

내담자: 몸통 부분이 다 학교랑 친구에 관련된 것들만 있어요. 지금 학교에서 잘 못 지내는 거랑 과거에 잘 지냈던 기억이랑 이게 섞여 있는 게 몸통이고… 지금은 안 좋은데 희망이 반은 있는 게 희망적?인 것 같고. 진로와 관심사가 더 작게 끝에 있어요.

미술치료사: 그게 어떤 의미인지, 앞서 실의 의미, 실타래 속에 있는 것들과 연결해서 생각해볼래? 실은 누나가 떠오른다고 했고, 실타래 안에는 엄마가 떠오르는 진주가 있을 것 같다고 했지.

내담자: 음… 지금 저에게 학교랑 친구 문제가 제일 중요한 것 같아요. 엄마랑 누나 이야기를 한 건 아마 저를 가장 아껴주는 사람들이라서인 것 같은데…

미술치료사: 많은 고민들이 아껴주는 사람들을 연상시킨 이유가 뭘까?

내담자: 아마 지금 제가 학교에서 필요한 것이 케어받는 느낌일 것 같아요. 이 문제들이 해결이 안 되니까 진로에 대해서도 생각하기 싫고요.

실타래는 어떻게 될까

미술치료사: 이 실타래는 앞으로 어떻게 될까? 풀리기 위해서 무엇이 필요할까? 꼭 풀

어야 할 필요는 없지만 원한다면 풀 방법을 같이 생각해보자.

내담자: 제가 가위로 엉킨 데를 자르면 될 것 같아요.

미술치료사: 가위는 너에게 있어서 무엇일까?

내담자: 용기나 대담함? 주변을 신경 쓰지 않고 제 할 일을 해 나가는 거요.

미술치료사: 제 할 일이라 표현했는데, 구체적으로 설명해줄래?

내담자: 제가 예전에 친했던 친구가 있었다고 했잖아요… 제가 잘못해서 사이가 틀어졌는데… 먼저 연락해서 사과하는 거랑. 공부를 다시 잘 따라가서 성적관리하는 거. 아, 저한테 막 대한다는 애가 예전에 친했던 친구라.

내담자에게 "실의 색을 빨강, 파랑, 노랑, 보라로 그린 이유가 뭐야?"라는 질문을 할 수도 있지만, 내담자들이 이런 색에 관한 직접적인 질문에 바로 답하기란 쉽지 않을 수 있다. 내담자가 그린 색을 언급하고, 하나씩 차근차근 스스로 이야기할 수 있는 수준으로 다가가면 내담자들은 스스로 색과 자신을 연결시켜 나간다.

4. 이미지에 담긴 이야기

감정과 이미지의 앵커링

핸드폰 속 여행을 다녀온 사진들을 훑어보고 있으면 "와, 여기 진짜 예뻤는데", "이거 엄청 맛있었잖아."라고 말하며 웃음이 나온다. 여행에서 느꼈던 좋았던 감정은 그때의 기억일 뿐인데, 그때의 이미지들을 다시 보는 순간 그때의 즐거웠던 감정이 훅- 하고 순간적으로 연결되는 것이다. '닻으로 정박하기'라는 의미의 앵커링(Anchoring)은 심리치료에서 사용되는 기술 중 하나로, 특정한 감정이나 상태를 이미지와 연결하여 나중에 필요할 때 그 감정이나 상태를 다시 불러올 수 있도록 하는 과정이다. 이를 통해 내담자는 원하는 감정이나 상태를 더 쉽게 호출하거나 조절할 수 있게 된다. 앵커링은 다음과 같은 방법으로 수행된다.

<나 사용법>

① 상태 선택

우선 특정한 감정이나 상태를 선택한다. 이 감정이나 상태는 내담자가 원하는 긍정적인 상태일 수도 있고, 부정적인 감정을 극복하거나 변화시키는 상태일 수도 있다. 산후조리원에서 진행되었던 〈나 사용법〉에는 '나는 기분이 좋을 때 이런 상태가 됩니다', '내가 울 때에는 이렇게 해주었으면 좋겠어요', '나의 위로푸드는 이거예요', '나의 우울함은 이렇게 생겼어요', '나는 화가 날 때 이런 상태가 됩니다', '나와의 관계에서 이것만큼은 최우선으로 해주었으면 좋겠어요' 이렇게 6개의 문장이 적혀있다.

② 앵커 생성

선택한 감정이나 상태와 연결될 수 있는 이미지를 선택한다. 이것이 앵커가 될 요소다. 미술치료에서는 내담자가 직접 그린 행복한 상태를 연상시키는 밝은 태양 이미지, 시원한 바다, 분홍 풍선 등의 이미지가 될 수 있다. 산모들은 6개의 감정과 욕구를 심상화하여 표현하고, 그 내용들을 공유했다. 그리고 '나의 기분이 좋을 땐 이런 상태가 됩니다.' 혹은 '내가 울 때에는 이렇게 해 주었으면 좋겠어요.'에 해당하는 이미지를 앵커 이미지로 선택했다. 긍정 감정이 포함된 이미지를 고를 수도 있지만, 위로의 따듯함이 포함된 이미지도 힘들 때 꺼내는 앵커 이미지로 좋다.

③ 감정과 앵커 연결

상태와 앵커를 연결한다. 이를 위해 상태를 생생하게 상상하면서 앵커를 활용한다. 예를 들어, 행복한 상태를 상상하면서 밝은 태양 이미지를 마음에 그리고, 그 기분에 해당하는 표정을 짓게 할 수도 있고 콧노래를 부르게 할 수도 있다. 그림 속에 행복한 감정을 묻는 것이다. 산모들은 기분 좋은 상태를 표현하기 위해 표정, 손짓, 흥얼거림 등을 수줍게 표현했다. 위로를 표현할 때에는 스스로 팔을 크게 벌려 자신을 안아주고 만족스러운 미소를 짓기도 했다. 앉고 움직이는 것이 불편한 상황이라 몸의 움직임까지 넣지는 않았지만, 가능한 상황이면 몸으로도 표현하게 할 수 있다.

④ 감정 고정화

앵커를 사용하여 원하는 감정이나 상태를 호출하거나 활성화할 수 있도록 한다. 앵커와 연결된 이미지를 활용하여 내담자의 감정을 바꾸거나 특정한 상태를 유지하도록 돕는다. '우울함', '화남'의 상태에 해당하는 이미지에 몰입하였다가 다시 '행복'이나 '위로'의 감정을 떠올렸을 때 순간적으로 몰입할 수 있음을 훈련하고 일상생활에서 부정적 감정이 느껴질 때 긍정감정들을 이미지를 통해 호출할 수 있다.

작품 속 상황의 메시지

<지금의 나>

내담자가 그린 그림에 어떤 스토리가 담겨 있다면, 이 내용은 유의미하게 내담자의 삶과 연결되어 있을 가능성이 높다. 저항을 제외하고는 미술치료 현장에서 창작된 작품은 내담자의 이야기와 다양한 관점에서 연결된다.

〈지금의 나〉는 종이에 원 하나를 그려준 후, 자유롭게 내담자가 작업하도록 하여 완성된 그림이다. 아무것도 없는 흰 종이에 그리는 것을 부담스러워하는 내담자에게 유용하며, 자유 주제로 그릴 수 있기에 내담자의 중요한 이슈들을 발견할 가능성이 크다.

우울증을 앓고 있던 20대 여성 내담자는 동그라미를 하나의 움푹 들어간 구덩이로 설정하여 빠져있는 한 사람을 그렸고, 주변에는 무관심하게 걸어가는 할머니와 강아지, 손가락질을 하고 있는 커플, 무신경하게 서 있는 남자의 모습을 그렸다. 그림 속 주인공이 곤란한 상황이 되었음에도 주변 사람들이 신경도 쓰지 않거나, 조롱하고 있는 모습은 내담자가 느끼는 자신의 모습일 가능성이 높았다. 미술치료사는 내담자가 주변 사람에게 자신의 어려움을 이야기했을 때 거부당했다고 느끼거나 공감받지 못했던 경험을 묻고, 지속적으로 고립감을 느끼도록 강화하는 요인들을 탐색하여 제거하는 작업을 진행했다.

통상적이지 않은 표현의 의미

<누군가 나를 본다면>

통상적으로 물은 푸른색으로 표현된다. 그러나 작품 〈누군가 나를 본다면〉에는 물이 검은색으로 그려져 있다. 이 부분은 통상적 감각에서 벗어나기에 함께 다루어야 할 부분이다. 일반적으로 검은색은 불안, 우울, 무기력함과 같은 부정적인 감정을 상징할 수 있으나, 어두운 물을 보고 '내담자가 우울하구나!'라고 판단하고 접근하는 것은 주관적 추측이 될 수 있다.

물이 어둡게 표현된 이유를 물었을 때, 내담자는 다음과 같이 설명했다.

> "물은 투명하니까 안이 다 보이잖아요. 저는 사람들이 제 마음을 들여다보려고 하는 것이 너무 스트레스예요. 부모님은 '넌 쓸데없는 생각이 너무 많은 애야' 이렇게 단정 지어 이야기하고요. 그냥 저를 판단하는 사람들이 정말 힘들어요."

내담자가 평가당한다고 느끼는 순간들, 그 감정을 다루는 방식들, 앞으로 그 상황을 대처하는 기술들을 함께 다루어 나가는 것이 내담자에게는 필요했다. 부모님이나 다른 사람이 내담자를 대하는 방식을 바꿀 수는 없다. 그러나 부모님이 자신을 판단하는 표현을 했을 때 그것을 받아들이는 내담자의 태도는 변할 수 있고, '사람들은 날 판단한다'는 고정된 사고도 변화시킬 수 있다. 내담자는 투명한 물 안에 있어도 괜찮은 단단한 자아를 만들어나갔다.

인물화의 투사

<내가 꽃이라면>

인물화에서 특징적인 표현이 등장했다면, 이 부분은 유의미하게 다룰 필요가 있다. 내담자가 그린 그림에 나타난 인물의 표현은 비언어적 요소의 해석에 중요한 힌트를 제공하기 때문이다. 30대 초반의 미혼모 여성이 그린 〈내가 꽃이라면〉은 자신을 꽃이라 생각하고 자유롭게 그림을 그리도록 한 결과물이다. 미술치료사가 울고 있는 인물의 얼굴에 대해 질문을 했을 때 "사람이 꽃이 되었으니 움직일 수가 없잖아요. 그래서 못 움직여서 우는 거예요."라고 대답했다. "움직이지 못한다고 말씀하셨는데, 나에게 그 문장은 어떤 의미일까요?"라고 물었을 때 "아이를 낳았고, 아빠는 사라졌고, 돈은 필요한데 아이를 보면서 일할 곳이 거의 없으니까요."라고 떨리는 목소리로 대답했다. 그런데 그림 속 꽃을 관찰하니 그저 움직이지 못한다는 것이 다는 아니었다. "슬퍼서 눈물을 흘리고 있는데, 꽃은 일반적으로 물을 통해 성장하죠. 결국 눈물이 꽃의 양분이 되고 있는 것처럼 보이는데 이 부분은 제가 잘못 생각한 걸까요?"라고 물으니 내담자가 10초 정도 멈추어 있다가 대답을 이어나갔다. "제가 미혼모라는 딱지를 붙인 것,

저소득층으로 분류된 것, 이 모든 것이 저에게는 부정적인 부분이 많은데요, 이 딱지를 제가 세상에 드러낼수록 경제적 지원을 받아요. 정부사업도 그렇고, NGO 단체에서도 그렇고. 그래야 살아갈 돈이 생기거든요."라고 이야기하며 스스로에게 가지고 있던 양가감정을 인식하기 시작했다.

내담자들은 도움을 받고자 미술치료실에 방문하는 사람이지만, 그럼에도 자신의 어려움을 상담자에게 드러내지 않거나, 동정받고 싶지 않다는 생각에 강한 저항을 사용하기도 한다. 표현된 인물 속에는 자신의 불편함이 드러난 경우가 많기에, 미술치료사가 이런 이미지의 목소리에 귀를 기울이는 것은 중요하다.

<얼굴이 생략된 그림>

내담자가 그림에서 인물의 특정 부위를 생략했다면 이 역시 주의깊게 접근해야 할 대상이다. 미술치료사가 '생략되었다'고 판단할 때에는 다른 부분은 충분히 표현한 데에 비해 특정 부분이 그려지지 않았다는 것을 의미한다. 전체적으로 대충 그린 것을 보고 '눈, 코, 입, 손, 발, 목이 생략되었네…'와 같이 접근하는 것이 아니라는 의미다. 생략은 일반적으로 내담자가 어떤 감정을 표현하는 것에 어려움을 느끼고 있음을 나타

낸다.

이 그림을 그린 내담자는 학교 폭력 가해 학생이었고, 학고에서 자퇴를 권유받고 학교 밖 청소년으로 지내고 있었다. 미술치료실에 방문한 지 한 달이 되어가고 있었지만, 여전히 미술치료사와의 공감적 소통은 망설이고 있었다.

미술치료사: 이 사람의 얼굴이 그려지지 않은 모습은 이곳이 여전히 불편한 수아님의 모습과도 비슷하게 느껴져요.

내담자: 네… 솔직히 이런 거 해서 뭐 하나 싶기도 하고… 뭐누터 얘기해야 하나 어려운 거 같아요. 무슨 표정을 지어야 할지 몰라서 얼굴을 못 그렸어요.

미술치료사: 이 사람이 눈, 코, 입을 가지려면 무엇이 필요할까요?

내담자: … (30초 정도의 침묵) 이 사람의 용기요.

미술치료사: 용기를 낸다는 것은 이 사람에게 어떤 것을 의미할까요?

내담자: … 자신이 좋은 사람이 아니라는 것을 인정하는 것이요. 나쁜 사람이라는 걸 받아들이는 거…?

미술치료사: 나쁜 사람과 좋은 사람이란 건 없어요. 잘못된 부분을 바로잡으려는 사람과 그렇지 않은 사람만 존재할 뿐이죠. 실수가 없는 사람은 존재하지 않으니까요.

내담자는 이날 처음으로 미술치료사에게 자신이 과거에 저질렀던 사건에 대한 이야기를 꺼냈다. 아주 천천히 눈물을 흘리며 이야기를 꺼냈고, 내담자의 요청으로 다음 회기에 얼굴을 그려 넣으며 본격적인 상담이 시작되었다.

평면 이미지와 입체 이미지

<어린 시절의 나>

<점토로 표현한 그 시절의 나>

<어린 시절 나에게의 위로>

<가족 점토화>

평면 작업은 하나의 공간 안에 다양한 이야기를 넣을 수 있다는 장점이 있다. 그리고 입체 이미지는 대상을 다각도로 관찰하고 3차원적으로 공간 안에서 위치를 설정할 수 있다는 장점이 있다. 그렇기에 평면 작업에서 다양한 정보들을 수집한 후, 그중 중요한 내용을 다시 입체로 연계하여 만드는 작업은 양측 작업의 장점을 모두 취할 수 있는 좋은 접근방식이다.

〈어린 시절의 나〉는 아버지로부터 신체적 학대를 받으며 성장한 여성 내담자의 작품이다. 그림 속에는 어린 시절의 위태롭게 서 있던 모습, 울고 있던 모습, 말 한마디 잘못하면 크게 혼나던 모습, 가끔은 아이처럼 즐거웠던 모습 등이 포함되었다. 미술치료사는 위태롭게 서 있던 나의 모습을 그다음 회기에 입체로 표현하도록 했고, 과거의 아이를 지금-여기로 데려와 위로하고, 그때 충족되지 못했던 보살핌을 채워주는 시간을 가졌다. 또한 가족을 모두 점토로 구성한 후, 심리적 거리에 따라 배치하며 아버지를 미워하면서도 가장 가까이 두고 싶어 하는 양가적 감정도 확인할 수 있었다. 가족 중 아버지를 가장 자신과 가깝게 배치한 것이다. 내담자는 아버지를 향한 자신의 감정을 분노라고 인식하고 있었으나, 사실 그 안에는 사랑과 보살핌이 필요한 어린아이가 있었다.

5. 에너지의 흐름을 바꾸는 승화

승화의 개념

승화란 정신분석의 방어기제에서 제시한 개념으로, 동기와 욕구가 불완전하거나 충돌하는 상태에서 개인이 사회적으로 허용되는 방식으로 그 욕구를 충족시키기 위해 원시적이고 불가사의한 형태로 표현되는 것을 의미한다(Civitarese, 2016). 프로이트는 인간의 욕구와 충동은 대부분 무의식에 저장되어 있으며, 사회적으로 허용되지 않는 형태로 표출된다고 설명했다(Gay, 1992). 그리고 이러한 욕구와 충동이 건전한 방식으로 표현되지 못하면 정신적인 문제를 초래할 수 있다고 믿었다. 승화는 이러한 욕구와 충동이 허용되는 방식으로 변환되는 과정을 의미한다.

정신분석에서 승화는 주로 미술, 문학, 꿈 등을 통해 이루어진다(Loewald, 1988). 내담자는 미술을 통해 동기와 충동을 상징적인 형태로 표현하고, 미술치료사는 작품을 통해 내담자의 무의식을 탐구하고 이해할 수 있다. 예를 들어, 꿈 해석은 개인의 무의식을 승화된 형태로 해석하는 과정으로 이해된다. 미술이나 문학 작품은 또한 개인의 무의식적인 욕구와 충동을 상징적인 형태로 표현하는 데 사용될 수 있다.

치환과 승화의 차이

미술치료에서는 승화가 시도 때도 없이 일어나는 것처럼 보이지만(대부분 실제 대상이 아닌 미술매체를 다루기에) 들여다보면 단순 치환에서 그 형태가 머무른 모습도 많이 볼 수 있다. 치환은 내담자들의 심리양상에서도 자주 관찰된다. 예를 들어, 한 내담자가 스트레스를 받을 때마다 폭식을 한다고 가정해보자. 내담자가 회사에서 제출한 보고서가 부장님께 대차게 거절당하면서 인정받고 싶은 욕구가 채워지지 않았다. 그리고 이런 스트레스를 남자친구에게 화풀이를 했더니(벌써 여기에서도 치환이 일어난다) 남자친구가 이럴 거면 당분간 연락하지 말라면서 전화를 끊어 사랑받고 싶은 욕구도 채워지지 않았다. 나는 더 멋진 사람이 되고 싶었고 내가 생각한 30대는 이런 모습은 아니었다는 생각이 들면서 성장하고 싶은 욕구도 채워지지 않았다는 것을 깨달았다. 물론 이렇게 세 가지나 되는 욕구가 모두 채워지지 않는 상황이 아니라 한 가지 욕구만 채워지지 않아도 이 내담자는 폭식을 할 수 있다. 나머지 욕구들은 지금 당장 채워지기가 어렵고 시간도 필요한 데다가 채워질 것이라는 보장도 없다. 그럴 경우, 내담자는 가장 빨리 채워지고 유아적이면서도 기쁨을 주는 '식욕'과 자신의 욕구를 치환한다. 그래서 어떤 욕구가 채워지지 않을 때마다 식욕과 내 욕구의 자리를 바꾸어 폭식하는 것이다. 욕구가 치환되었다는 것을 아는 것은 상당히 중요하다. '나는 왜 그렇게 먹고도 마음이 허하지?'라는 질문의 답은 '당신이 원했던 것은 음식이 아니라 인정, 사랑, 혹은 성장이었기 때문이다.'라는 것을 알 수 있기 때문이다.

그렇다면 미술치료에서 치환과 승화는 어떻게 혼동될까. 미리 말하지만 치환이 나쁘다는 것도 아니고 치환에서 끝나는 미술치료가 불완전하다는 이야기를 하는 것도 아니다. 다만, 그 이상의 방식(감정적 에너지가 성장이나 가치 있는 방향으로 변화해가는)을 통해 내담자가 더 나은 통찰을 할 수 있는 가능성을 닫아버릴 수 있기에 이 부분을 숙지하고 작업하자는 의미다.

미술작업을 하며 부정적 감정을 쏟아내는 그 대상만이 변경된다면 치환이고, 더 나아가 부정적 에너지가 내담자를 덜 불편하게 하는(혹은 조금이라도 긍정적인) 방향으로 변경된다면 승화라고 이야기할 수 있다. 승화의 과정에서 치환과 퇴행이 필수적이라고 말할 수는 없지만, 대부분의 승화를 향하는 과정에서 내담자들은 이 단계들을 거치게 되며 에너지가 변경되는 과정에서 중간 영역에 잠시 머무르는 감정의 중성화도 함께 일어난다.

미술치료에서의 승화 작업

"당신의 분노를 폭발시키세요! 당신의 스트레스라고 생각하고 다 찢어버리세요!"라고 하면서 신문지를 마구 찢는 작업을 생각해 보자. 신나게 찢고 "우와, 우리의 분노가 사라졌어요. 박수~" 이렇게 마무리가 될 수도 있다. 찢는 감각 작업만으로도 감정 표현이 억눌려 있던 내담자는 정화를 느낄 수 있고, 꽤나 재미있는 작업에 참여함으로써 일상의 리프레시도 될 수 있다. 그러나 이것만으로는 부족하다. 여전히 분노는 내담자의 마음속에 잔존한다.

여기에서는 두 가지 사례를 들어 미술치료에서 사용되는 승화의 모습을 보여주고자 한다. 그런데 이 내용을 쓰면서도 조심스러운 부분이 있는데, 이해를 돕고자 문장에 밑줄을 치고 이것은 어떤 과정이라고 적은 것이지, 실제 현장에서 컴퓨터로 입력한 것처럼 단계가 진행되는 것은 아니다. 단계는 뒤섞이기도 하고, 여기저기 퍼졌다가 모아지기도 하고 일부 과정은 설명하지 못하는 방식으로 생략되기도 한다.

동생이 태어난 후 아빠가 미워진 아이

<아버지에 대한 원망을 담아 찢은 신문지>

<아버지와 소통하는 신문지 공>

필자와 만났던 6세의 남자아이는 동생이 태어난 후, 아버지의 애정이 동생에게만 향하고 있다는 생각이 커졌다. 주말마다 아버지와 보내던 시간은 동생으로 인해 줄어버렸고, 아버지를 향한 감정의 확대/축소의 오류는 날로 커져만 가고 있었다. 아버지에 대한 서운함과 원망을 신문지에 투사시켰고, 그 감정을 먼저 신문지로 찢도록 했다

(치환). 아이는 "아빠 미워!! 아빠 거짓말쟁이!"라고 소리치며 신문지를 찢었고, 신문지가 산처럼 쌓일 때까지 작업이 지속되면서 더욱 어린아이처럼 짜증 내기 시작했다(퇴행). 신문지가 더 이상 놓일 장소가 없을 때까지 찢고 나서, 바닥에 요가매트를 깔고 아이에게 눕도록 했다. "자 이제 요가매트는 침대가 되고, 이 신문지들은 너를 따듯하게 덮어주는 이불이 될 거야." 아이는 이 말을 듣자 해수욕장에서 모래놀이를 하듯 신문지를 몸에 덮고 장난을 치기 시작했다(감정의 중성화).

미술치료사: 아빠가 최근에 너한테 사줬던 맛있는 건 뭐가 있었어?
내담자: 피자요! 어저께 사줬어요.
미술치료사: 좋아, 그럼 최근에 아빠랑 놀러간 곳은 어디였어?
내담자: 롯데월드! 저번 일요일에 갔었어요. 사람 진짜 많았어요.
미술치료사: 그렇구나. 롯데월드 이야기가 더 듣고 싶은데, 가서 뭐 했어?

미술치료사는 아버지를 향한 원망이 담긴 신문지를 아버지와의 따듯한 추억이 담긴 신문지로 변화시켜나갔다. 그러고는 이제 바닥에 잔뜩 펼쳐진 신문지를 함께 모으는 작업을 했다. "테이프로 꽁꽁 묶어서 우리 신문지 공을 만들자!" "함께 정리해주면 선생님이 정말 도움이 될 것 같아."

분노가 담겼던 신문지 공은 이제 아이가 아빠와 소통하는 대화의 연결매체가 되었다(승화).

미술치료사: 이제부터 이 공을 선생님한테 던지면서 아빠에게 하고 싶은 이야기를 말해줘. 저쪽까지 던져야 하니까 조금 거리를 두고 서 있어 보자.
내담자: (공을 던지며) 아빠는 하은이만 좋아해!
미술치료사: (공을 던지며) 하은이가 아기라서 그래. 민우가 아기였을 때는 아빠가 훨씬 훨씬 예뻐했는데?
내담자: 민우랑 레고하기로 하고 안 했어.
미술치료사: 아빠가 미안해. 이번 주말에는 꼭 레고 민우랑 할게. 아빠가 민우랑 예전보다 시간 못 보내서 섭섭했구나. 아빠가 신경 쓸게. 민우 아빠랑 또 하고 싶

은 거 뭐 있어?

내담자: 야구장도 가기로 했는데 아직 못 갔어.

미술치료사: 그래, 아빠랑 야구장 가자. 민우가 아빠 좋아해주고 시간 보내고 싶어 해 줘서 아빠 기쁘다. 민우 너무 사랑해.

내담자: 응. 민우도. 야구장도 꼭 가자.

아이는 대화가 끝난 후 신문지 공을 한참을 껴안고 있었다. 그리고 "아빠가 민우 사랑한대요."라고 말했다. 의미 있는 전이였고, 아이의 부정적 감정은 긍정적 감정으로 방향을 바꾸기 시작했다.

내 조현병을 발병시킨 수학 선생님

<내 병을 만든 사람>

<강철 심장>

조현병 환자들이 정신건강의학과 입원병동에서 퇴원한 후 바로 사회에 복귀하는 경우도 있지만, 사회복귀 시설에서 적응기간을 가지기도 한다. 시설에서는 소속 환자들을 위해 미술치료 프로그램을 기간별로 운영하고 있었다. 12회기 미술치료 프로그램 중 10회기 차에 접어들었을 때 미술치료사는 지금껏 살면서 해결되지 않은 감정들에

대한 이야기를 한후, 그 대상을 점토로 표현하도록 하였다. 한 내담자는 고등학교 시절 수학선생님을 만들었는데, 그 선생님은 자신을 무시하고 함부로 대했고 친구들 앞에서 신체적 폭력을 가하는 것도 서슴지 않았다고 설명했다. 내담자는 그때의 수치심과 트라우마가 자신의 조현병을 만들어낸 원인이라고 생각하며 숨이 거칠어졌다. 내담자는 마치 다시 10대로 돌아간 듯 "쌤! 쌤이 뭘 알아요!"라고 외치며 눈시울이 붉어졌다(퇴행). 미술치료사는 그에게 이 점토는 이제 그때의 선생님이니, 이 공간에서는 마음대로 해도 된다고 설명했고(치환), 그는 소리를 지르며 나무젓가락으로 점토 인형을 갈기갈기 찢어서 뭉개버렸다. 더욱 퇴행했고, 파괴적인 상태가 되었다. 이때 미술치료사는 이러한 에너지가 분출되어도 괜찮은, 내담자를 보호해 주는 지지자로 곁에 존재해야 한다. 이제 내담자의 분노 서린 원망과 폭력적인 에너지가 이 곳에 흘러나왔으니 허용 가능한 가치 있는 방식으로 변형되어야 한다. 짓이겨진 원망의 감정을 그대로 버려둔 채 미술치료실을 떠나게 해서는 안 된다. 순간적으로 스쳐지나가는 죄책감과 뭉개진 점토가 내담자와 내담자의 곁에 보인다. 미술치료사는 내담자에게 설명했다.

> "아직 10대였는데, 수학선생님으로 인해 나는 이런 아픈 마음을 가지고 있었군요. 그리고 지금의 내가 있고요. 과거의 시간은 내가 바꿀 수 없지만 지금의 나는 현재와 미래를 움직일 수 있는 힘이 있습니다. 과거의 기억들이 엉켜있는 점토를 다시 뭉쳐주세요. …(내담자가 작업한다)… 계속 둥글둥글하게 점토를 느끼면서 이제 현재의 나에 집중해보겠습니다. 지금 나의 숨소리, 손끝에 느껴지는 미끌한 촉감, 점토의 차가운 온도…그리고 지금의 내 안에 움직이는 모든 감정들을 점토가 흡수해 가고 있습니다. 계속 둥글둥글 뭉쳐주세요. 점토는 내 마음을 이해하고 받아들이는 중입니다(감정의 중성화). 자… 이제 나의 이 마음이 앞으로 어떤 모습이 되면 좋을까요? 내가 어떤 마음으로 살아가는 것이 나에게 도움이 될까요?"

점토 조각을 모아 내담자가 만든 것은 '단단해진 마음, 다른 사람(환청을 포함해서)의 말에 휘둘리지 않는 의지' 등을 상징하는 강철심장이라는 의미에서 하트 모양으로 만들었다. 더 이상 과거의 수학 선생님에게 집착하는 것이 의미 없는 것이고, 앞으로 자신이 마음을 잘 다룸에 따라 조현병은 어쩔 수 없이 평생 함께해야 하지만, 이 상황을 바라보는 나는 지금보다 더 나은 삶을 살 수 있을 것이라는 희망도 함께 담겨 있었다. 비닐로 덮어 천천히 말린 후 일주일 후에 화장토를 바르고 어떤 문구를 적도록 한 작업에 내담자는 "I love you"라고 적으며 자기 자신과 감정에 대해 더 아껴주겠다는 의지를 밝혔다. 그다음 주에 소성이 완료되고 나자 색점토를 이용하여 빨간 하트와 파란 화살을 만들어서 "빨강은 앞으로 다시 잘 살아가보겠다는 열정이고, 파란 화살은 희망이에요."라고 설명했다(승화).

Chapter 5. 시각적 언어의 상징

내담자들이 미술치료실에서 그림을 그린다. 그리고 미술치료사는 내담자가 표현한 그림 속 이미지들을 기반으로 여러 질문을 한다. 그런데 미술치료사는 그림 속 모든 요소들이 무엇인지 질문하지는 않는다. 그런데 생각해 보면 신기한 일이다. 내담자와 미술치료사가 서로 만나서 '제가 이렇게 그리면 이건 집이고요, 이렇게 그리면 이건 사람이고요.'라고 동의한 적이 없음에도 불구하고 서로가 암묵적으로 고개를 끄덕이고 넘어간다.

아주 오래전 화가들이 그린 그림들을 예를 들어 생각해 보자. 미술관에 들어선 사람들이 수백 년 전 작가가 그린 그림을 보고, 그들과 전혀 다른 문화권과 언어권에 살고 있음에도 불구하고 그림을 감상한다. 어떻게 이것이 가능할까?

1. 기호에 대한 이해

기호학자들은 사회적으로 합의가 된 '기호의 존재'가 설명되지 않은 이미지를 해석한다고 설명한다(Hjelmslev, 1969). 내담자들이 나타내려는 대상을 똑같이 그리지 않았음에도 기호화된 이미지를 통해 내용이 전달된다는 것이다. 그렇다면 말 그대로 기호를 연구하는 기호학은 어떤 학문일까? 기호학은 우리가 살아가며 사용하는 기호의 기능, 본성, 법칙, 관계, 표현을 규명하고, 이를 활용한 의미의 생산과 해석, 공유, 소통을 연구하는 학문이다. 이렇게 말하면 말이 어려운데, 우리가 살아가는 세상이 어떻게 구성되는 걸까에 대해 고민한 학문이 기호학이라고 생각하면 쉽다. 우리가 보고, 들고, 지각하고 표현하는 인간세계의 모든 흐름은 기호의 만들어냄(생산)과 기호를 읽음(소비)으로 이루어지기 때문이다.

『장미의 이름』의 저자로 알려진 움베르토 에코는 대표적인 기호학자다. 대학원 재학생들에게는 어쩌면 『논문 잘 쓰는 방법』의 저서로 더 익숙할지도 모르겠다. 이탈리아의 기호학자 움베르토 에코는 "기호학은 기호로 파악할 수 있는 모든 것에 대한 학문"이라고 폭넓게 정의하고 있다. 즉 에코는 기호를 '어떤 관점이나 입장에서 누군가(수신자)에게 전달되는 다른 것(대상체)과 관련된 어떤 것(표상체)'이라 정의 내렸다(Eco, 1976). 무언가 알 듯 말 듯 정의가 어렵게 느껴진다. 어떤 A가 그것과 속성이 다른 어떤 B를 대신하는 것이 기호라고 이해하면 더 쉬울지도 모르겠다.

분석심리학자 라캉은 어떤 기호를 감상하고 본다는 것은 그것을 보고자 하는 나의 욕망을 기반으로 한다고 설명한다(Chaitin, 1988). 즉, 이 책을 읽는 독자들도 미술치료에 대해 알고 싶고, 또 내담자의 작품을 보는 미술치료사들도 그들을 이해하고 도움을 주기 위해 미술작품을 들여다보겠다는 욕망이 있다는 의미이다.

기호학은 언어연구에 기반을 두기에 언어적 담론으로부터 시작된다. 언어와 이미지 모두 기호라는 점에서는 동일하나, '언어로 그림을 파악할 수 있는가?'라는 질문에 대해서 기호학은 부정적 입장이다. 이에 신화학자 조셉 캠벨은 "말보다는 이미지 속에 더 많은 현실이 있기 때문"이라고 설명했다(Campbell & Moyers, 1988). 그럼에도 불구하고 내담자의 작품을 이해하고 생각을 나누기 위해서는 미술치료실에서는 언어의 힘을 빌릴 수밖에 없는 것도 현실이다. 움베르토 에코는 '모든 커뮤니케이션 현상들이 언어학적 범주를 통해 설명되지 않는다'고 설명하면서 시각적 커뮤니케이션에서의 기호학의 의미를 언급하기도 했다(Eco, 1998). 그렇기에 언어적 기호, 그리고 시각화된 기호의 관계를 인지하고 그 구조를 파악한다면, 미술과 언어의 기호를 동시에 다루는 미술치료사들의 작품 이해의 폭이 더 넓어질 것으로 기대된다.

기호에 대한 연구의 시작은 플라톤의 『크라틸루스』에서 다룬 언어의 기원까지 거슬러 올라가야 하지만, 본격적으로 기호학의 문을 연 초기 학자는 존 로크였다(Locke, 1689). 존 로크 이후 기호에 대한 연구에는 두 가지 큰 흐름이 있었는데, 하나는 스위스 기호학자인 페르디낭 드 소쉬르에서 유래하였고, 다른 하나는 미국의 철학자인 찰스 샌더스 퍼스에서 유래하였다. 이 책에서는 소쉬르와 퍼스의 발자취를 따라가며, 미술치료에서의 기호의 해석에 대한 방법론적 근거를 간략히 살펴 보기로 한다.

기의와 기표

소쉬르는 기호학을 '일상생활에서 기호들의 생태를 연구하는 학문'으로 정의 내렸다(Saussure, 1915). 그리고 기호를 기호의 형식인 기표와 기호의 개념인 기의로 나누어 접근했다.

소쉬르에 의하면 하나의 기호를 만들기 위해서는 두 가지가 필요하다. 한 가지는 마음속에 일어나는 정신적, 추상적 개념인데 이것을 기의(記意, signified)라 부른다. 기의는 외부세계에 존재하는 대상이 아니라 머릿속에 또는 가슴속에 들어 있는 정신적 '의미'이기 때문에 이것을 나타내기 위해서는 의미의 운반체가 필요하다. 의미의 운반체를 기표(記票, signifier)라고 부른다.

기의는 마음속에 일어나는 정신적, 추상적 개념이다. 기의는 외부세계에 존재하는 대상이 아니라 정신 속의 개념과 연결되어 있다. 기의가 정신 속의 개념과 연결되어 있는 물리적 사물이 아닌 사물에 대한 관념일 뿐인 반면에, 기표로 쓸 수 있는 두 가지 중요한 이미지인 음성이미지와 시각이미지는 모두 기호의 물질적 형태를 취하고 있는 것이다.

소쉬르는 자신이 사용한 기의와 기표가 서로 간의 차이점을 드러내고 있지만, 이 둘의 관계는 종이의 양면처럼 뗄 수 없는 상호종속적인 관계라고 파악했다.

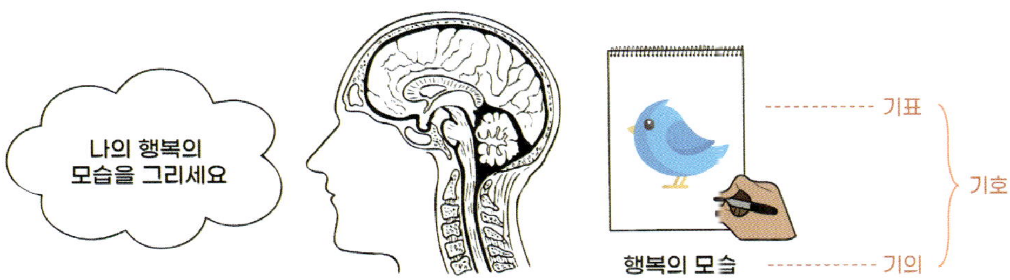

<기표와 기의>

'나의 행복의 모습'이라는 기의를 담아내기 위해서는 알맞은 기표를 골라야 한다. 내담자가 여러 가지 기표 중에서 파랑새를 그렸다면, 이때 파랑새는 그냥 새가 아니고 '행복의 기호'가 된다. 그것은 '나의 행복한 마음의 의미'가 배어 있는 특수한 파랑새인 것이다. 나의 행복한 마음이 기의이고, 파랑새는 나의 행복한 마음을 전달하는 수단인 기표이므로, 기의가 기표와 결합하여 행복을 표현하는 하나의 기호를 만들어냈다.

파랑새 그림을 받아 든 미술치료사는 그것을 그린 내담자의 의도를 해석한다. 이때 발생하는 현상을 '의미작용'이라고 한다. 기표로써 기의를 표현하는 쪽뿐만 아니라 기표를 대할 때 그것을 해석하고 이해하는 쪽에서도 '의미작용'이 일어난다. 그리고 준 쪽과 받은 쪽의 의미작용이 동일하게 일어날 경우 성공적인 커뮤니케이션이 일어났다고 할 수 있다. 그런데 송신자가 목표한 의미작용이 만일 수신자에게도 동일하게 일어나지 않는다면 커뮤니케이션은 실패한 것이다.

하지만 실패한 커뮤니케이션에도 의미작용은 역시 일어난다. 이것은 기호란 단일 의미만을 갖지 않고 다의(多義)성을 띨 수 있음을 보여 주는 것이기 때문이다. 특히 상징으로 표시되는 기호는 본질적으로 다의적이며, 따라서 다의적인 기호를 매개로 하는 커뮤니케이션은 언제나 실패할 가능성을 가지고 있다.

미술치료에서도 기호가 무언가를 전달한다는 개념으로만 접근하면, 같은 기호를 다르게 해석해야 하는 상황을 설명하기가 어렵다. 내담자가 종이의 가운데에 노란 동그라미를 그렸을 때, 그것은 밝게 떠오르는 희망의 태양을 나타낸 것일 수도 있고, 사람들 사이에서 혼자 고립된 소외된 자신을 나타낼 수도 있다.

우리는 기표와 기의가 짝을 이루고 있는 것을 너무나 자연스럽게 여기고 있지만, '이러한 기표들은 왜 해당 기의와 연결될 수 있었을까?'라는 기초적인 질문을 생각해 볼 필요가 있다. 기호학자들은 이 둘 사이에 필연적이거나, 본질적이거나 직접적인 어떤 관계도 없다고 강조한다. 이것은 소쉬르가 강조한 기호의 자의성으로, 기표와 기의 사이에는 아무런 유사성이 없으며, 기표와 기의가 결합되어야 할 어떠한 이유도 없으며, 단지 그렇게 사용하도록 한 문화권에서 자의적으로 정해졌을 뿐이다.

따라서 단어의 소리나 모양은 그것이 지시하는 개념과 아무런 관계가 없다. 소쉬르는 다음과 같이 설명했다.

"관념(기의)은 어떤 소리(기표)와도 결합될 수 있으며, 이것을 인위적으로 막을 수 없고, 하나의 소리가 하나의 개념과 결합되는 과정은 완전히 자의적이다(Sassure, 1983)."

기호의 자의적 특징은 기표와 기의가 1:1 대응 관계가 아니라 하나의 기호가 여러 개의 의미를 지닐 수 있다는 것을 나타낸다. 하나의 언어권에서도 단 하나의 기표가 여러 개의 기의를 가질 수 있고, 하나의 기의가 여러 개의 기표를 가질 수 있다. 예를 들어, 과일의 종류인 '사과'는 모래 사(沙)를 사용하는데, 사과의 질감이 거칠거칠하고, 모래빛을 띠고, 한자에 물수변이 들어간 것이 과즙이 많음과 일치하여 사과라 이름 지어졌다. 그러나 영어권에서는 이를 apple이라고 칭하며 일본에서는 りんご(링고)라는 단어를 쓴다. 같은 기의를 나타내는 기표가 모두 다른 것이다. 또한 한글의 '사과'는 쌍떡잎식물 장미목 장미과 낙엽교목 식물인 사과나무의 열매를 의미하기도 하지만, 스스로의 잘못을 깨닫거나 또는 받아들이고 용서를 빈다는 의미드 있다. 같은 기호가 다른 의미를 내포하는 현상에 대한 명쾌한 설명이 소쉬르가 강조한 기호의 자의성이다. 기호가 자의적일 수 있는 것은 관습 위에 구축된 체계이기 때문이다. 즉 기표와 기의의 관계는 집단적 습관인 사회문화적 관습에 따라 결정된다는 것이다.

기표와 기의의 관계가 자의적이라는 사실은 기의가 기표를 결정하는 것이 아니라 오히려 기표가 기의를 결정한다는 주장도 가능해진다.

정신분석학의 창시자 프로이트는 『꿈의 해석』에서 표현하는 기표들을 통해 무의식에 존재하는 기의를 찾으려 노력하였다. 특히 언어적 기호(말실수나 유사발음 단어), 혹은 꿈의 이미지에서 기표의 유사성을 통해 기의를 읽었다(Freud, 1900).

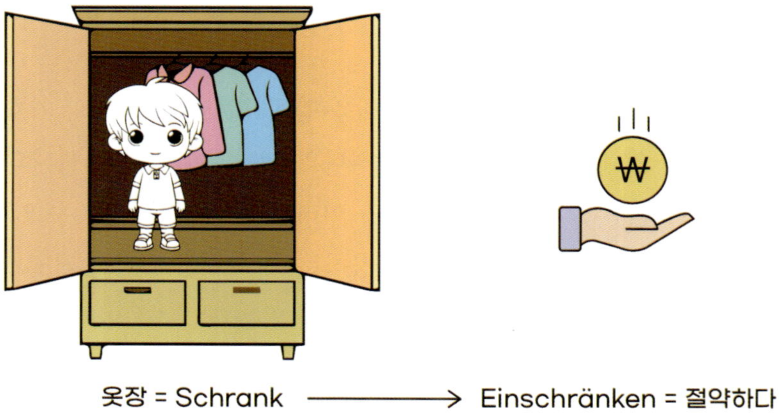

<꿈속 기표의 유사성을 통한 해석>

예를 들어, 내담자가 남동생이 상자 안에 있는 꿈을 꾸었을 때, 상자는 옷장으로 연상이 되었고, 프로이트는 옷장을 의미하는 단어 Schrank(슈랑크)가 독일어로 절약을 의미하는 Einschränken(아인슈렌켄)과 소리가 유사하다는 것에 착안해 내담자는 자신 대신 동생이 절약을 해야 한다는 소망이 내재되어 있음을 해석했다. 겉으로 드러나는 것으로부터 그 안에 숨어있는 내용을 찾아낸 것이다.

대상의 표현과 해석체

퍼스는 기호 자체의 개념에서 더 나아가 기호는 누군가를 지향하는 것이며, 기호를 수신한 자는 기호를 자신의 경험과 의식을 통해 다시 기호를 생산해 낸다는 개념을 발견했다(Peirce, 1934). 그렇기에 기호를 해석하는 자와 그로 인해 다시 만들어지는 기호의 존재를 언급하며 표현체, 대상체, 해석체의 기호작용을 다음과 같이 설명했다.

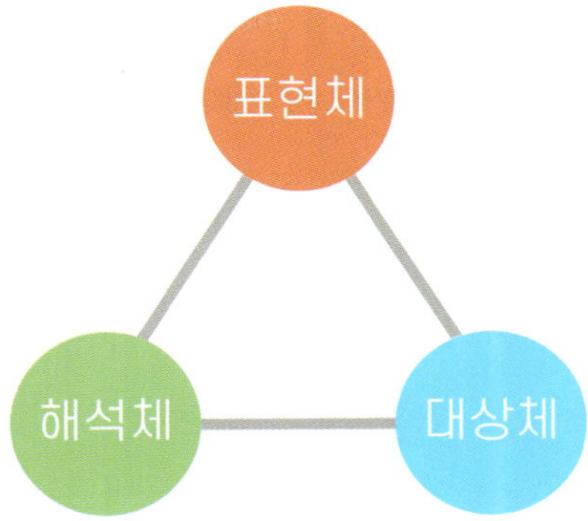

<퍼스의 기호작용>

대상체는 기호가 나타내는 그 무엇이다. 현실 속의 지시사물을 의미하는데, 물리적 사물과 추상적 개념이 모두 포함된다. 기호는 무언가를 대신하여 표현하는 것이다. 그 무언가는 마음속에 있는 어떤 것이 될 수도 있고 실재하는 대상이 될 수도 있다. 미술치료실에서는 내담자가 나타내려 하는 그 무엇이 된다.

표현체는 기호 그 자체다. 이 역시 물리적 실재를 가지기도 하고 그렇지 않기도 하다. 소쉬르의 기표 개념과 유사하다. 대상체는 표시 가능한 무언가가 되어 등장하는데, 문자기호는 잉크 자국이, 미술기호는 물감이, 언어기호는 음파가 재료가 된다. 잉크 자국, 물감, 음파는 단순히 재료 조각이 아니라 어떤 특정한 기호로서 경험된다. 미술치료실에서는 내담자가 표현한 이미지가 표현체가 된다.

해석체는 퍼스의 기호개념에서 가장 중요한 개념이다. 해석체는 해석자를 의미하는 것이 아니라 해석자의 마음속에 본래 기호와 동일하거나 더 발전된 형태로 나타나는 새로운 기호를 뜻한다. 소쉬르가 제시한 기의와 개념이 유사한 것처럼 보이지만, 해석자가 받아들인 기호로부터 촉발되는 의미효과라는 면에서 차이가 있다. 미술치료실에서는 내담자가 표현한 이미지를 통해 미술치료사가 마음속에 만들어낸 새로운 기호가 해석체다.

소쉬르의 기호학에서 사과는 기표(사과라는 단어나 그려진 사과 그림)와 기의(사과나무 열매라는 존재)로 분류되었다. 퍼스의 기호학은 이제 그 기호를 바라보는 해석자의 이야기를 한다. 내담자가 사과를 하트로 표현할 수도 있고 동그라미로 표현할 수도 있다. 미술치료사는 내담자로부터 얻은 정보와 자신의 경험을 바탕으로 의미를 파악해 나간다. '이 사람이 지금껏 애쓴 노력의 결실이구나', '사과를 참 좋아하시네', '아이폰이 가지고 싶구나', '선악과의 상징인가?' 등 해석자의 경험, 문화, 그리고 여러 가지 관점에 따라 다양한 해석체가 존재한다.

미술치료사는 어느 정도의 훈련을 받은 사람이고, 투사적 그리기 검사에는 분명 방법론이 존재하지만 해석이 다양해질 수 있다는 것은 부인할 수 없는 사실이다. 투사적 나무그림 검사에서 버드나무류는 우울감을 상징한다. 그런데 필자가 미술치료를 공부했던 플로리다에는 버드나무와 같이 축 처진 나무들이 길거리에 주를 이루고 있는 환경이었다. 당시 석사재학생들과 Art Therapy Assessment 수업을 들을 때 많은 학생들이 축 늘어진 나무를 그렸지만, 이것은 자주 본 나무에 대한 익숙한 학습이지 우울한 학생이 많은 것이 아니었다. 당시 필자가 수업시간에 소나무를 그렸을 때 함께 수업을 들은 학생이 "Oh, you are a party person!"이라는 말을 했다. 상시 덥고 습한 플로리다에서 침엽수를 볼 기회는 크리스마스 때 마트에서 파는 트리를 통해서였고, 침엽수가 그들에겐 곧 연말 파티를 연상시킨 것이다. 필자는 한국을 그리워하며 소나무 그림이라는 기호를 만들어냈고, 당시 그림을 본 학생은 자신이 이해한 각각의 해석체를 만들어냈다. 기호학에서 수신자의 해석체가 옳고 그르다는 개념은 없다. 다만 미술치료 현장에서 내담자의 작품을 통해 미술치료사가 만들어낸 해석체는 상담의 결과를 바꾸는 작은 씨앗들이 될 수 있다.

2. 미술에서의 상징

<도상, 지표, 상징>

미술치료사는 내담자의 기호(표현된 작품 이미지)를 받아들이고 자신의 성질을 투사하고 이해하여 관념 속에서 새로운 기호를 만들어내기에 미술치료사에 따라 해석체의 모습은 달라진다. 작품은 내담자의 마음을 담고 있지만, 미술치료사가 만들어낸 해석체는 내담자의 마음과 거의 동일하게 인지되기도 하고, 다르지 인지되기도 하고, 어떤 내용인지 전혀 감이 잡히지 않기도 한다. 이것은 내담자가 그림을 못 그려서도 아니고 미술치료사의 지식이 부족해서도 아니다. 표상체가 분명히 존재하는데 대상체와 해석체 사이에서는 왜 차이가 발생할까. 이 질문에 대한 대답을 퍼스는 대상과의 관계에 따라 도상, 지표, 상징이라는 개념으로 나누어 설명한다(Burks, 1949).

도상-지표-상징

도상(Icon): 유사한 이미지

엘리자베스 비제르브룅 <마리 앙투아네트의 초상> 1783

도상은 1차원적인 기호에 가깝다. 이집트의 상형문자는 대상과 닮은 외형적 모습으로 글씨를 만들었고, 미술 분야에서는 인물을 사실적으로 그린 초상화가 도상적 기호에 해당한다. 〈마리 앙투아네트의 초상화〉 속 인물은 실제 대상과 닮아 있다. 내담자가 집과 닮은 집을 그리고, 꽃과 닮은 꽃을 그리면 실제 꽃(대상체)과 내담자가 그린 꽃 그림(표상체)이 어떤 부분에서 닮아 있기에 무엇인지 알아보기 쉽다. 예를 들어, 내담자가 미술치료실에서 '나를 행복하게 하는 요소들' 중 하나로 꽃을 그렸다면, 이것은 그 자체로 도상이 된다. 미술치료사는 지나치게 추상적인 표현이 아닌 이상 이것이 꽃이라는 사실을 쉽게 인지한다.

내담자가 표현한 도상기호를 받아들일 때 미술치료사의 개인적 지각구조가 활성화된다. 예를 들어, '나의 숨 쉴 구멍'을 표현하는 작업에서 내담자가 500cc 생맥주잔에 노란 액체를 그리고 보글보글 흰 구름처럼 거품 표시를 했다고 가정해보자. 미술치료사는 그림을 보며 "와~ 오늘같이 더운 날씨에는 퇴근하고 시원~한 생맥주 너무 좋죠. 진짜 시원해 보여요."라고 말할 수 있다. 그러나 미술치료사가 실제로 지각한 것은 노란색과 갈색으로 그려진 오일 파스텔의 혼합된 형상이며, 시원함은 자신의 경험을 토대로 느껴진 공감각이다. 도상 기호를 받아들이는 사람은 정보들을 선별하고, 기존의 경험에 근거하여 또 다른 체계로 묶게 되며, 기호의 본질보다는 스스로 지각한 구조 그 자체와 연결이 된다(Eco, 1998). 결국 도상 기호는 실제 대상의 특징을 가지는 것이 아닌 지각 조건의 일부분만을 재현한다. 그럼 더 잘 그리면 대상이 본질 그 자체가 될 수 있을까? 이것은 단순히 내담자의 그림 실력이 부족해서가 아니다. 사진으로 찍은 생맥주라 하더라도, 축축함과 시원함이라는 감각은 재현되지 않으며, 그림에 그려진 맥주는 안료로 그려진 맥주일 뿐 그 본질은 이곳에 존재하지 않는다.

지표(Index): 인과관계와 근거

빈센트 반고흐 <슬퍼하는 노인> 1890

지표기호는 인과관계를 나타낸다. 예를 들어 고양이의 발자국이 자동차 위에 찍혀 있는 표상체를 보면 '고양이가 내 차 위를 지나갔구나'라고 이해하게 된다. '고양이가 이곳은 총총 걸었구나, 여기에서 저기까지는 점프를 했구나'와 같이 지표기호를 통한 인과관계를 추측한다. 내담자가 눈물을 흘리는 것을 보고 '북받치는 감정을 느끼고 있구나', 혹은 특정 인물 그리기를 망설이는 것을 보고 '해당 인물에 대한 불편한 감정이 있구나'와 같이 유추할 수 있다. 선의 거칠기, 색의 선택, 재료의 선택, 지우고 다시 그리기, 그림에서 특정 부분의 강조나 생략 등의 표현, 그리고 내담자의 비언어적 요소들은 모두 지표에 해당한다.

반고흐의 〈슬퍼하는 노인〉을 보았을 때 '노인에게 무언가 안 좋은 일이 있었구나.'라는 상황을 알 수 있다. 단풍이 물들면 '가을이 왔구나'라고 원인을 찾을 수 있는 기호가 지표기호다. 기원전 약 300년 전 아테네에서 스토아학파와 에피쿠로스학파 사이에 논쟁이 있었다. 저절로 발생하는 자연적 기호와 의사소통 목적으로 사용되는 규약적 기호의 차이에 대한 논쟁이었는데, 스토아학파가 대표적으로 이야기한 것이 의학적 증상이었다(예: 얼굴이 빨개짐 → 열이 난다). 어떤 기호를 보고 추측하는 것, 이것을 퍼스는 지표라는 범주에 넣고 있다(Cobley, 1997).

상징(Symbol): 약속과 규칙

피에트 몬드리안 <빨간 나무> 1910 / <나무> 1912 / <꽃핀 사과나무> 1912 / <구성2> 1913

추상미술이 처음 등장했을 때, 사람들은 당황했다. 그림 속에서 늘 찾았던 대상체가 사라졌기 때문이다. 네덜란드의 화가 몬드리안은 실존적 존재로서의 대상을 인지하면서, 자연-대상을 그대로 옮겨 재현하는 도상으로부터 벗어나 대상체와 표현체의 관계를 점차 끊어나갔다. 즉, 이미지를 추상화하기 시작했다. 추상화는 새로운 상징의 시각적 발현이었다.

상징은 인간이 임의로 만든 것이다. 도상과 지표는 자연상터로도 존재하나 상징은 인간만이 만든다. 우리 주변에 존재하는 수많은 단어, 책 속의 문장, 숫자, 그림, 기업의 로고 등이 상징기호이다. 실제로 닮은 부분이 없더라도 내 안에서, 혹은 우리들끼리 약속을 하여 임의적으로 만든 것이기에 규칙이자 약속이다. 상징기호와 대상체 간의 유사성은 거의 찾아보기 어렵다.

내담자가 자신을 나타내는 상징물로 꽃을 그렸을 때, 내담자의 생김새와 꽃 사이에서의 유사성을 발견하기는 힘들다. 미술치료사의 관념 안에서 해석체가 발생하긴 하겠지만(예를 들어, '자신이 향기롭다는 건가?', '사람들이 자신을 좋아한다는 건가?' 등), 추측일 확률이 높다. 연결고리를 찾기 어렵기에 내담자에게 질문을 하는 것이다. 필자가 만났던 내담자 중 한 명에게 "나를 꽃으로 그려낸 이유가 궁금해요."라고 물었을 때 "꽃은 누군가에 의해 꺾일 수 있는 존재잖아요. 저도 다른 사람으로부터 쉽게 상처받아서 꽃으로 나타냈어요."라고 대답했다. '타인에 의해 꺾임'이라는 공통점으로 내담자가 만든 이미지의 상징이다.

도상학의 탄생

20세기 전까지만 해도 그림을 보고 그 내용을 파악하는 데 있어서 형태적 특징이 분석의 주된 방식이었다. 형태적 특징이라 함은 선이나 색채, 음영 등 눈으로 감지할 수 있는 범위를 포함한다. 그리고 미술작품에서 상징을 찾으려는 시도는 도상학에서 시작되었다. 독일의 미술사학자 에르빈 파노프스키는 "의미 없는 형식은 있을 수 없다"고 주장하며 도상학과 미술의 연구에 박차를 가함으로써 눈에 보이는 형식뿐만 아니라 그 안에 내포된 개념들에 관심을 가지기 시작했다(Panofsky, 1972). 도상학의 태동은 16세기 르네상스로 거슬러 올라간다. 1604년 체사레 리파는 저서 『이코놀로지아』에 '눈에 보이지 않는 추상적 개념을 사람의 모습으로 표현한다면 어떤 요소들을 포함할까'라는 흥미로운 질문에 대한 대답을 보여준다(Ripa, 1604). 예를 들어, 나태, 미술, 사랑과 같은 개념들을 사람으로 그려낸 것이다.

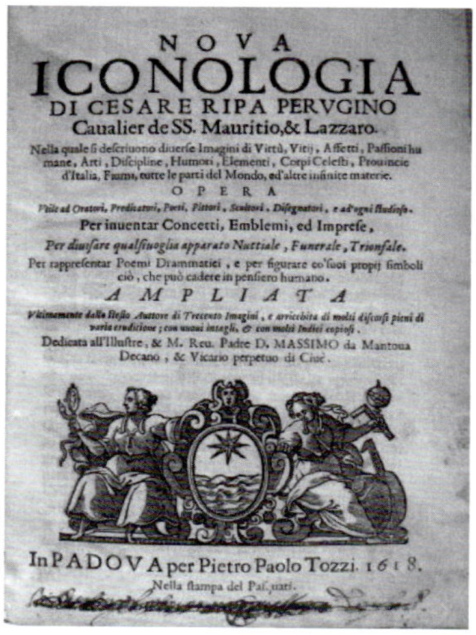
NOVA
ICONOLOGIA
DI CESARE RIPA PERVGINO
Caualier de SS. Mauritio,& Lazzaro.
OPERA
Per inuentar Concetti, Emblemi, ed Imprese,
AMPLIATA
InPADOVA per Pietro Paolo Tozzi. 1618.

체사레 리파 <Iconologian> 첫 페이지와 비탄(부분) 1618

필자는 수업시간에 도상학을 다룬 후, 시험 문제로 '이코놀로지아의 관점에서 나의 행복은 어떤 모습인가'를 문제로 낸 적이 있었다. 『이코놀로지아』에 수록된 이미지를 보고 대부분의 사람들이 끄덕이듯 공통된 감각은 존재하지만 학생들은 이 문제에 각자 다른 답을 제출했다. 이것은 모든 학생이 각자 다른 지각과 생각을 하기 때문일 것이다. 즉, 합의된 공통감각은 있지만 상징은 개인의 경험에 근거하여 만들어진다.

3. 미술치료실에서의 상징 다룸

언어로 표현되기 어려운 심상의 표현

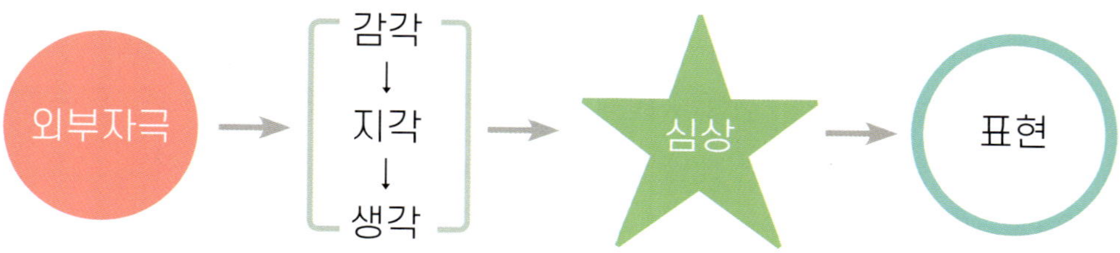

<외부자극과 표현의 과정>

인간은 언어를 사용하여 의사소통을 하는 존재이기에 무엇이 되었든 언어로 표현하려고 시도한다. 그렇기에 언어로 표현할 수 없는 건 생각할 수 없다고 믿고, 말로 표현할 수 없는 무언가는 없는 존재라 믿기도 한다. 이런 경직된 사고가 내담자를 가둘 때, 이미지는 이 사이를 비집고 들어가 힘을 발휘한다. 어떤 것을 설명하고 싶은데, 뭔지 머릿속에는 떠오르는데 입 밖으로는 나오지 않는 어떤 것이 존재한다. 내담자의 마음속에 존재하는 그 무엇이 언어로는 표현되기 어려울 수 있고, 구체적인 그림으로도 그릴 수 없지만, 상징적 이미지로는 나타날 수 있다.

내담자는 무언가 억눌리고 왜곡되고, 그래서 언어로 구현되기 힘든 마음의 형태에 이름 붙이기를 포기하고 이미지로 나타낸다. 새어나오고 뒤집어지고 찢긴 이미지들로부터 떠오른 심상을 받아들인 미술치료사는 자신이 소화한 방식대로 내담자에게 되돌려준다. 이를 통해 내담자의 마음은 언어로 구현될 수 있는 모습을 갖추기도 하고, 때론 언어화되기를 포기하고 그저 이미지로 뭉쳐다니며 미술치료사와 주고받아지기도 한다. 구체적이지 않지만 언어로 에둘러 이미지에 나타난 상징들과 함께 대화해 나가는 것이다.

"처음 나의 불편한 마음을 이렇게 흐트러지고 찢어진 느낌으로 나타냈는데, 우린 이 감정을 다르게 변화시킬 수도 있어요. 여기 잠시 머무를 수도 있고요. 좀 더 구체적으로 만들 수도 있고, 색을 혼합할 수도 있고요."

A=B식의 해석도 통계상 존재할 수 있겠지만, 상징은 절대성이 없으며, 그렇기에 내담자들이 표현하는 이미지들이 가지는 함의를 미술치료사가 추측할 수도 있지만 전혀 추측하지 못할 수도 있다.

필자가 미국 박사과정을 밟던 시절, 그림진단 수업을 지도하시던 교수님께서 스누피 4컷 만화를 보여주신 적이 있었다. 찰리 브라운이 강아지를 스케치북에 그리자 아버지가 "멋진 말(馬)이구나"라고 칭찬을 했다. 다음 컷에서는 어머니가 "우리 아들은 말도 잘 그리는구나."라고 칭찬을 했다. 그러자 마지막 컷에서 누군가가 이야기를 하려고 하자 "말을 그린 거예요."라고 설명하는 모습이 보였다. 이 4컷 만화는 내담자의 그림에 내재된 기의를 미술치료사가 의도한 방향대로 바꿔버릴 수 있는 위험성을 잘 나타냈다고 생각한다.

내담자에게 "멋진 말을 그리셨군요? 어떤 의미일까요?"라고 묻는다면, 내담자는 이것이 말이 아님에도 불구하고 말이라고 설명할 확률이 높다. 일부 내담자들은 오해받는 것이 싫어서, 혹은 자신이 만든 이미지를 제대로 전달하고 싶어서 미술치료사에게 "아뇨 이건 말이 아니고 강아지예요"라고 설명할 수 있다. 그러나 타인의 기대감에 맞추어 사는 것이 익숙한 내담자나 상대방의 말을 반박하는 것이 익숙지 않은 내담자의 경우 미술치료사가 무언가를 읽어 나가면 그 순간 자신이 그린 그림의 의미를 바꿔버리기도 한다. 또는 미술치료사가 그렇다고 하니 자신도 모르는 마음이 그런 식으로 드러났다고 생각해 그렇게 믿기도 한다.

상징물을 통한 개인적 상식의 통제

자기표상은 주요 타자들과의 대인관계 경험을 바탕으로 내면화된 자신에 대한 생각, 느낌, 감각, 기억, 의미, 즉, 정신적 표상이다. 표상은 합리적일 수도 있고 비합리적일 수도 있으나, 오랜 시간 굳어진 것이라 그냥 그렇게 믿고 살아가는 경우가 많다. 참과 거짓 여부에 상관없이 그 명제를 그냥 받아들이는 것이다. '쓸모없고 한심한 아이'라고 부모에게 듣고 자란 아이는 부모의 말을 내재화해 버리고, 이를 당연하게 여기는 개인적 상식에 갇혀버린다.

개인적 상식(personalized common sense)은 진실이 아니지만 자신에게 너무나 당연하여 어떠한 의심도 없이 받아들이는 확신을 의미한다. 상식은 특정 사회에 속한 구성원이 반복적으로 문화와 지식을 습득하면 이를 기본 교양이라고 확신하게 되는 개념이다. 상식은 상식이니까 되묻지 않고 의심하지 않는다. 이것은 상식의 함정이며, 많은 사람들이 이런 개인적 상식이 참인지 확인하지 않고 살아간다. 당연한 것이라 믿기 때문이다.

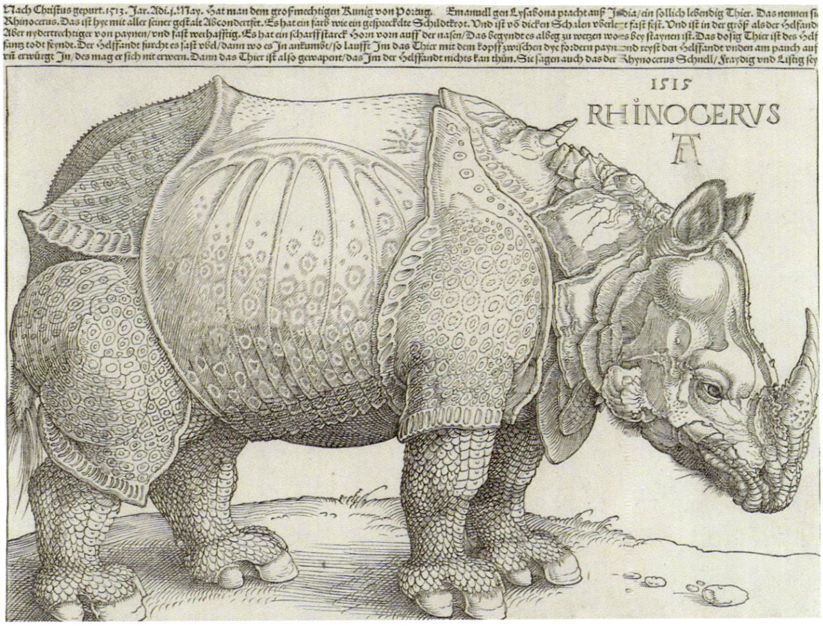

알브레히트 뒤러 <코뿔소> 1515

독일의 초기 르네상스 화가 뒤러가 그린 〈코뿔소〉에는 갑옷과 같은 옷을 입고 있는 코뿔소의 모습이 그려져 있다. 반려견이 겨울옷을 입듯 철갑옷을 입고 있는 모습, 물고기의 비늘과 같은 피부표현은 지금 우리의 눈에는 사실적 표현과는 거리가 멀어 보인다. 그러나 동시대의 탐험가나 동물학자들이 코뿔소를 지면에 게재할 때 이 그림을 200년 넘게 삽화로 사용했다는 점은 흥미롭다. 이들은 코뿔소를 더부분 직접 본 사람들이었지만 코뿔소의 가죽 표면과 그림의 일부 특징이 유사하다는 이유로 이 그림을 코뿔소의 모습이라 선택하고 믿어왔다. 그리고 이 믿음을 깨고 나오는 데 200년이 걸렸다.

'쓸모없는 아이'라고 부모로부터 학습되어 온 내담자는 그 모습이 자신에 관한 진실이라고 믿는다. 스스로에 대한 부정적 자아상은 개인적 상식이 되어 그냥 그렇게 당연히 자신의 일부인 것처럼 살게 된다. 그런데 '쓸모없는 아이'는 눈에 보이는 형상이 없다. 그냥 나의 부분이라 자연스럽게 생각해왔기에 떼어내지도 못하고 바꾸는 방법도 모르는 것이다. 미술치료에서는 내담자들이 그동안 진실이라 믿어왔던(그러나 사실이 아니며 내담자에게 피해를 주는) 세계를 이미지로 시각화하고, 자신의 비합리적 신념이 복제된 도상을 바라보고, 머무르고, 음미하고, 덮고, 안아주고, 부수고, 뒤집는 작업을 한다. 그리고 오랜 시간 규약적 도상이었던 부정적 자아상을 긍정적 모습으로 변화시키는 새로운 방법을 학습하게 된다.

막연한 감정을 상징물로 나타내는 것은 감정을 통제 가능한 대상으로 만드는 효과적인 방법이다. 자신의 우울 감정을 점토로 형상화하는 과정은 막연하게 압도적으로 느껴지는 우울감정을 우울함이라는 이름과 점토형상으로 분리한다. 추상적 개념이 시각화되면 대상은 통제 가능해진다.

미술치료실에서 내담자에게 자신이 원하는 상태를 닉네임으로 만들고(예: 긍정이, 행복 등), 이를 미술치료 시간에 이름 대신 부르는 경우가 있다. 이때 내담자가 설정하는 닉네임은 내담자를 지칭하는 새로운 이름이 되고, 닉네임이라는 언어적 표현이 내부적인 개념(그동안 가져왔던 스스로에 대한 부정적 자아상을 긍정적 자아상으로 바꾸는)을 고정하면 내담자들은 변화에 가까워지는 경험을 한다.

내담자의 상징 접근

내담자는 자신이 표현하고자 하는 바를 이미지로 나타낸다. 그리고 언어를 통해 미술치료사가 작품에 담긴 내용을 묻고 내담자가 설명을 한다. 이때 이미지와 언어는 동시에 존재한다. 프랑스의 소설가이자 기호학자인 미셸 리오는 이미지와 언어의 역할을 고정과 중계로 설명했다(Lio, 1978) 이를 미술치료 현장에 적용하면 다음과 같다.

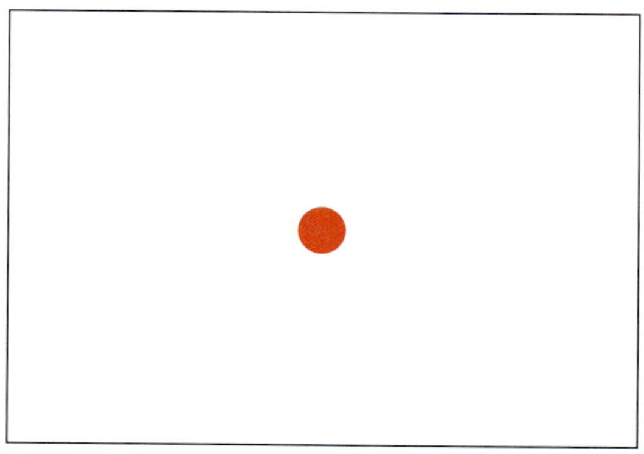

<바르트가 제시한 공간 속 점>

고정은 다의적인 의미를 가지는 기호에 대해 '이것은 무엇입니다'라고 설명해주는 것이다. 반면에 중계는 이미지와 언어가 수평적 관계를 가지면서 '이미지가 지금 이런 상황입니다.'라고 보충적 설명을 하는 것이다. 네모난 도화지에 내담자가 검은 점을 하나 그렸다. 내담자가 "나는 대초원에서 길 잃은 카우보이예요."라고 말하면 언어는 고정의 기능을 가진다. 그런데 내담자가 "나는 겁이 나요."라고 말한다면 이미지의 목소리를 내담자가 중계하는 것이 된다. 언어에 담긴 정보는 내담자의 이미지에 어떤 성격도 부여하지 않으며 기호의 다의성이 여전히 존재한다.

만약 내담자가 "이 점은 무한한 공간의 침묵이 저를 두렵게 하는 느낌을 그렸어요." 라고 말한다면 언어가 '나는 무한한 공간 속 침묵과 함께 있다'는 고정의 기능뿐만 아니라 '저는 공간에 겁을 먹었어요'라는 중계의 기능을 곁들이고 있다.

여기에서 언어와 이미지 중 어떤 것이 주 정보가 되고, 어떤 것이 잉여정보가 되는지에 따라 미술치료실에서의 양상은 달라진다. 미술치료사가 "최근 행복했던 순간은 언제였나요?"라고 내담자에게 물은 후 대답을 들은 다음 "그럼 그 장면을 그림으로 그려주세요."라고 한다면, 언어가 주 정보가 된 후, 이미지는 잉여정보가 된다. 잉여정보는 책의 삽화와도 같은 것으로 있으면 도움이 되나 없어도 무관하다. 이미 행복했던 순간을 언어화한 내담자는 그 장면을 최대한 구체적으로 그리려 노력할 뿐이다. 이미 언어로 설명한 것을 다시 이미지로 그리는 것은(상황이나 미술치료사의 치료적 의도에 따라 달라질 수 있지만) 주로 권하지 않는 방식이다.

반면에 이미지가 주 정보가 되고 언어가 잉여정보가 되는 경우는 광고나 SNS 등에서 자주 볼 수 있다. 아주 간단한 언어적 표현과 주된 이미지가 정보를 전달한다. 내담자가 심상화를 통해 이미지를 창작하고, 때에 따라서는 필요한 단어를 작품 내에 적기도 하고, 콜라주로 잘라 붙이기도 한다.

이 글을 읽은 독자 중 '이렇게 나누는 것이 아니라 미술과 언어가 함께해야 결국 미술치료가 완성되는 거 아닌가?'라고 생각한 분이 계시다면 박수를 쳐주고 싶다. 실제로 지금의 기호학에서는 고정/중계, 주 정보/잉여정보와 같이 대립을 찾아내는 것은 크게 의미는 없으며 경우에 따라서 기능할 수 있다고 보고 있기 때문이다. 이는 '치료로서의 미술'과 '치료에서의 미술'을 융합하여 '미술치료'를 제안한 울만의 입장과도 같지만, 여전히 나움버그와 크레이머의 양론이 확고히 존재하는 것과 유사하다.

미술치료사의 상징 접근

<바론의 도식>

미국의 언어학자 나오미 바론은 언어와 이미지를 도상적, 상징적 특성에 따라 스펙트럼으로 도식화했다(Baron, 1984). 추상화는 알아보기 어렵고, 의학논문의 단어는 외계어 같은 느낌이 난다. 반면에 셰익스피어의 글은 누가 읽어도 그 뜻이 명확하며 밀레의 그림 〈이삭줍는 여인들〉은 또렷히 그 형태를 전달한다. 내담자의 이미지는 도상적이기도 하고 상징적이기도 하다. 그리고 이를 표현하는 언어 역시 도상적이기도 하고 상징적이기도 하다. 내담자가 상징적 이미지를 그렸을 때, 일부 미술치료사는 '자, 이제 내담자가 뭔지 못 알아보는 그림을 그렸으니까 의미를 묻고, 명확하게 그 내용을 말로 설명해보자.'라는 의도를 가지고 지나치게 도상적 언어로 성급하게 이미지에 접근하기도 한다. 그러나 이 역시 편견이다. 미술치료 현장에서 '미술이 언어로 표현되기 어려운(추상적) 감정을 시각화하고, 이를 언어가 구체화한다'는 틀에 사로잡힌 것이다. 때에 따라 이미지와 언어는 모두 상징적 영역에서 소통될 수 있으며, 어떤 도상적 표현 없이 머무르고, 알아차리고, 소화될 수 있는 미술의 힘을 간과해서는 안 된다.

상징 의미에 선행되는 지각

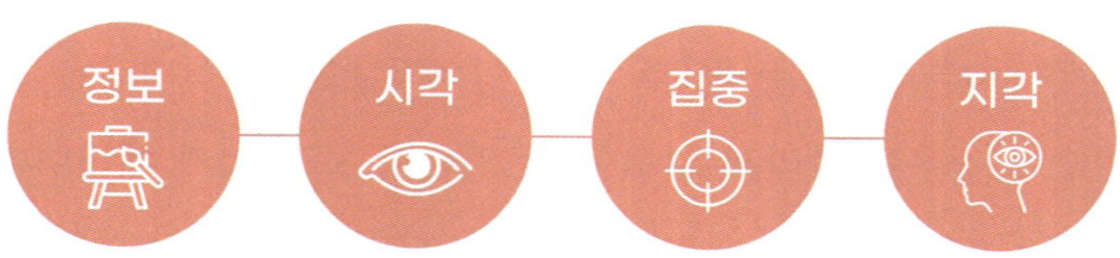

<시지각의 구성>

미술치료사가 내담자가 제작한 상징물을 바라본다. 미술작품은 정보가 되며, 미술치료사는 자신의 시각으로 작품을 보는 행위를 한다. 유의미하 보이는 것은 전경이 되어 집중될 것이며, 그렇지 않은 정보는 배경이 될 것이다. 그리고 '이것은 무엇이구나라'는 지각을 한다. 시지각은 눈으로 정확하게 보는 능력과 받아들인 시각정보를 뇌에서 해석하는 능력 전반을 의미한다.

우리가 어떤 대상을 인식하는 것과 과거 경험에 대해 예술심리학자 루돌프 아른하임은 다음과 같이 설명한다.

> "형태란 대상을 관찰하는 순간 눈에 와서 닿는 자극만이 아닌 그 이상의 것에 의해 결정된다. 현재 순간의 경험은 결코 독립되어 있는 것이 아니다. 현재 순간의 경험이란 그 사람의 지금까지 생애 동안 있었던 무수한 감각경험 가운데에서 가장 새로운 것을 칼한다. 그러므로 새로운 이미지는 과거에 지각되었던 형에 대한 기억의 흔적들과 더불어 들어온다. 이러한 형태의 흔적들은 상호 간의 유사성의 기반 위에서 서로 마주치는데, 새 이미지는 이러한 영향에서 탈피하지 못한다(Arnheim, 1969. p.54)."

미술치료사의 경험이 반영된 지각

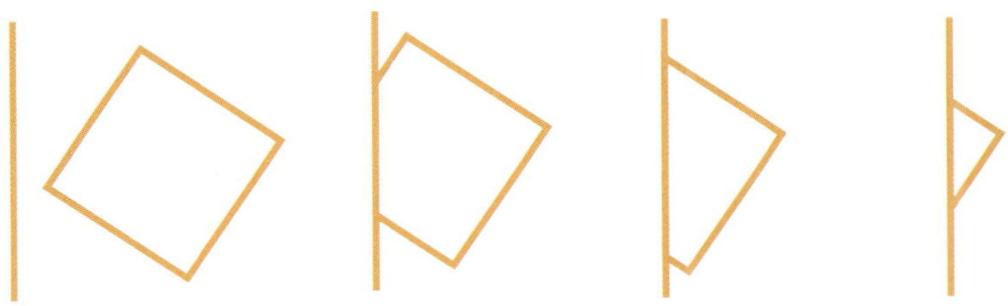

<경험을 반영하는 시지각>

사각형이 직선 뒤로 점차 사라져가는 모습을 본 사람이 마지막 이미지를 보았을 때 눈에 보이는 것은 삼각형이지만 이것을 사각형으로 인식한다. 네 개의 이미지는 시리즈이고, 이 패턴은 삼각형을 분명하게 사각형으로 인식하게 만들기 때문이다. 가장 최근의 이미지는 보는 사람의 기억에 축적되어 있는 커다란 이미지 상의 영향을 받는다.

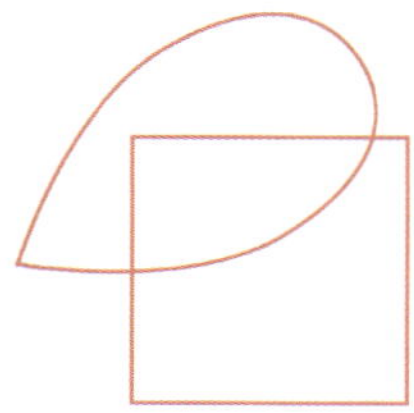

<패턴의 고유구조가 강한 형태>

그러나 아른하임은 기억의 흔적이 가지는 뚜렷한 영향력을 억제할 만큼 선명한 형태를 가진 경우, 이러한 구조적 약점은 과거의 기억이 현재의 지각에 영향을 미치지 않을 수 있다고 설명한다. 현재의 자극과 그에 상응하는 기억 흔적의 힘의 크기에서 우위에 서는 이미지가 더 큰 힘을 발휘한다는 것이다. 위의 이미지를 보았을 때 가장 먼저 눈에 들어오는 것은 물방울 형태와 사각형 형태다. 우리는 4라는 숫자의 형에 오랜 시간 노출되어 왔지만, 그보다 더 강한 선들로 만들어진 상기의 형태는 숫자 4를 쉽게 찾지 못하게 한다. 이미 학습된 형상을 패턴의 고유한 구조가 강하게 거부하면, 과거 경험의 양과 무관하게 효과가 발휘되지 않는 상황이다.

과거 경험과 현재 지각과의 유대는 과거 기억이 현재의 지각 형상이 가지는 애매함이라는 구조적 약점을 압도할 만큼 더 큰 힘을 발휘하는지의 여부에 따라 달라진다. 수없이 많이 보아온 이미지라 하더라도 새로운 '맥락'이 생겨난다면 기존 이미지가 의식되지 않는 순간도 있다.

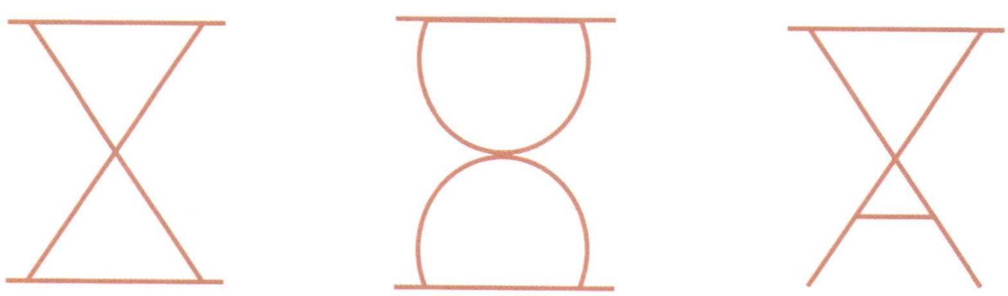

<지각자에 따라 다르게 인식될 수 있는 형태>

미술치료실에서 내담자가 그림을 그리는 순간, 미술치료사의 과거 경험은 살아 움직이며 발동하기 시작한다. 가로선 두 개와 X 자 형태의 선이 조합된 이미지를 내담

자가 그렸다고 가정해 보자. 이미지에 디테일이 소거될수록 추상성이 강해지며 투사가 쉽게 일어난다. 만약 미술치료사가 바로 전 집단 미술치료 회기에서 내담자들의 시간분배를 위해 모래시계를 썼고, 마침 오전에 찜질방을 다녀와서 모래시계에 자주 노출되었다면 이 간단한 형상은 모래시계로 보일 수 있다. 그런데 만약 최근 미술치료사가 접이식 테이블을 열심히 알아보는 과정에서 수많은 쇼핑몰에서 파는 접이식 테이블을 보았다면, 이 형상은 접이식 테이블로 보일 수 있다. 중요한 것은 상징 이미지 안에 존재하는 의미를 들여다보기 이전에, 미술치료사에게 이미 이 형태는 모래시계이거나 접이식 테이블이라는 것이다. 여기에서 다시 문제가 발생하는데, 내담자가 그린 이미지가 분명한 목적을 가지고 그린 것이 아니라 무의식적으로 여러 이미지를 그리다가 손에서 뚝 하고 떨어진 형태일 경우, 아직 내담자는 이 형태가 무엇인지 스스로도 모른다. 그때 미술치료사가 "여기 모래시계가 하나 그려져 있네요. 이건 무엇을 의미할까요?"라고 질문할 경우, 무의식의 생살과 같던 날것의 이미지는 진열대에 포장된 가공육이 되어버린다. '아 내가 지금 모래시계를 그린 것을 보니 시간에 쫓기고 있구나.' 하고 미술치료사가 읽은 의미에 자신을 맞추는 것이다. 자신의 과거경험이 내담자의 이미지에 이름을 붙이려는 충동을 억누르고 미술치료사는 다음과 같은 질문을 할 수 있다.

"여기 분홍색으로 그려진 어떤 형태가 있네요. 두 개의 선이 있고, 가운데에는 사선이 엇갈려 있어요. 이 이미지를 보았을 때 무엇이 떠오르나요?"

그런데 어떤 내담자는 여기서 '내가 그림을 못 그리니까 선생님이 못 알아보시고 질문하는구나. 역시 난 너무 못 그려.'라고 오해할 수도 있다. 이런 오해를 줄이기 위해 사전에 미술치료사는 다음과 같이 말할 수도 있다.

"저는 당신이 하트를 그리더라도 '이건 어떤 의미인가요?'라고 물어볼 수 있습니다. 그것은 당신이 하트를 못 그려서가 아니라, 당신이 표현한 것에는 당신만의 수많은 의미가 담겨 있기 때문이에요. 또는 언어로 명확하게 떠오른 의미가 아직 없다면 그 의미를 당신과 함께 찾아갈 것입니다."

이미지 해석이 미술치료사의 권위를 보여주고 경탄받는 무대 위 퍼포먼스가 되는 것도 피해야 한다. 이미지의 해석이 매뉴얼화된 투사적 그리기 검사의 경우, A=B 식의 해석을 하는 초보 미술치료사들을 종종 볼 수 있다. 내담자는 이미지 속에서 자신의 마음을 발견해주는 마법사를 대하듯 미술치료사를 대할 수 있고, 인정욕구가 높은 미술치료사는 이런 관계에서의 찬양을 즐기면서 점술가 같은 상담을 진행한다.

이미지를 해석하는 유일한 방법은 존재하지 않는다. 투사적 그림 검사 등에서 이미지가 통상적으로 나타내는 통계적 의미는 존재하지만, 이 역시 100%는 아니다. 이미지에는 내담자의 자라온 환경, 가치관, 경험에 따라 수많은 의미가 담길 수 있기에 미술치료사는 내담자에게 질문을 하며 함께 이 의미를 찾아나간다.

4. 유디트의 딜레마

미술치료사가 내담자가 그린 그림의 모든 요소를 질문하지 않고도 이해할 수 있는 것은 합의된 기호가 존재하기 때문이다. 실제 대상과 닮은 부분은 도상적 측면에서 이해할 수 있고, 또 미술치료 임상경험이 쌓이면서 일반적으로 내담자들이 자주 사용하는 상징들을 학습함으로써 처음에는 감이 잡히지 않아 질문했던 부분들을 유추하여 이해하기도 한다. 내담자와 미술치료사는 정서적 공동체를 형성하며, 이미지와 상징의 창고에서 꺼낸 기호로 소통한다. 이 소통이 가능한 이유는 이 창고가 서로에게 합의된 내용들로 구성되어 있기 때문이다.

미술치료사가 내담자가 만든 작품의 기표를 보았을 때, 자동적으로 추정되는 기의는 상당히 많다. 예를 들어, 밤하늘에 떠 있는 동그란 것은 달이라 추정되고, 낮에 떠 있는 동그란 것은 해라고 추정된다. 또한 야외를 그린 그림에서 배경에 짧은 사선이 여러 개 있으면 비가 내리는 것이라 추정된다. 그러나 미술치료사가 여러 내담자와 만나고 임상 사례들을 접하면서 스스로 만들어낸 'A를 그리면 주로 B의 의미였다'는 경험을 지나치게 신뢰할 경우, 습관적 상징에 의존하고 이미지에 내재된 기의를 오해석할 수도 있다.

유디트인가, 살로메인가

서양 미술사에서 목이 잘린 남성의 상징은 크게 둘로 구분되었다. 이 두 그림 모두 약속된 상징물들을 가지고 있다. 젊은 여성이 등장하고, 잘린 남성의 머리가 있다. 그러나 이 두 그림에 등장하는 추가적인 상징으로 인해 차이가 발생한다. 첫 번째는 홀로페르네스의 목을 베는 유디트다. 유디트는 자신의 나라를 침략한 적장에게 술을 마시게 한 후 목을 베어 나라를 구한 여성 영웅이다. 두 번째는 세례자 요한의 참수에 등장하는 살로메다. 이스라엘의 왕비 헤로디아는 처음에는 자신의 삼촌 빌립보 1세와 결혼하여 딸 살로메를 낳았으나, 이혼 후 왕이었던 시동생 안티파스와 결혼하여 왕비가 된 인물이다. 왕비의 불륜에 대해 세례 요한은 도덕적 비난을 서슴지 않았고, 헤로디아는 요한에게 앙심을 품게 된다. 헤로디아의 남편 안티파스가 생일을 맞이해 연회를 연 자리에서 딸 살로메가 나와 춤을 추었고, 왕은 부인의 딸이 추는 춤사위에 넋이 나가게 된다. 왕은 "어떤 소원이라도 들어주겠다"고 말을 했는데, 살로메가 어머니에게 의견을 묻자 '세례자 요한의 머리'를 소원으로 청하라고 했다. 왕은 경비병을 보내 요한의 목을 베어왔고, 소녀는 그것을 자신의 어머니에게 가져다주었다. 오스카 와일드의 희곡 〈살로메〉에서는 살로메가 세례 요한을 사모했으나 더러운 여자의 딸이라 거절당하자 치솟은 분노로 양아버지를 이용한 것으로 묘사되어 악녀의 이미지는 더욱 굳어졌다.

루카스 엘더
<세례자 요한과 살로메> 1530

루카스 엘더
<유디트의 승리> 1530

이 두 개의 그림은 같은 작가가 같은 해에 그린 그림이다. 얼굴과 의복이 거의 유사하여 마치 같은 인물을 그린 것처럼 보이지만, 왼쪽 인물은 살로메이며, 오른쪽 인물은 유디트이다. 이 둘의 차이는 접시와 칼의 상징물이다. 〈젊은 여성 + 잘린 남자 머리 + 칼 = 유디트〉, 그리고 〈젊은 여성 + 잘린 남자 머리 + 접시 = 살로메〉라는 공식이 성립되기 때문이다.

프란체스코 마페이
<홀로페르네스의 머리를 들고 가는 유디트> 1660

구스타프 클림트
<유디트> 1901

그런데 위의 두 그림은 보는 이에게 혼란을 준다. 왼쪽 그림에는 젊은 여자와 잘린 남자 머리, 그리고 접시와 칼이 모두 등장한다. 그럼 이 사람은 살로메일까, 유디트일까. 오른쪽 그림 속 여성은 접시도 없고 칼도 없이 그저 잘린 남자 머리만 들고 있다. 아니, 약속된 상징이 둘다 있거나 없어졌는데, 그럼 이 사람은 대체 누구란 말인가.

필자가 강조하고자 하는 것은 진실이라 믿은 기호의 기의가 반드시 참은 아닐 수 있다는 것이다. 미술치료사가 내담자의 그림 앞에서 유디트의 딜레마를 겪는 경우가 많은데, 대부분은 자신이 믿어온 도상과 의미의 연결고리에 대한 지나친 확신에서 비롯된다. 미술치료사에게 필요한 '신선한 눈'이 사라진 순간, 유디트의 딜레마는 불쑥불쑥 미술치료사를 공격할 것이다.

예를 들어, 한 아동 내담자가 자화상으로 공주 옷을 입은 여자아이를 그리고 '백설공주'라고 지칭했을 때, 미술치료사의 머릿속에는 백설공주의 스토리에 담겨있는 상징들이 암기한 내용처럼 줄줄이 떠오를 것이다. 아이가 평소에 백설공주를 좋아했을 수도 있고, 어젯밤 자기 전, 백설공주 애니메이션을 보다 잠들었을 수도 있다. 아이가 엄마를 그리고 사과까지 그릴 경우, 자동적으로 이 사과는 독사과라고 인식이 될 것이고, 아이가 가진 어머니에 대한 적대감, 혹은 학대나 방임을 의심할 수도 있다. 만약 아이가 거울까지 그려낸다면 확신을 가지고 '엄마한테 미움받는구나.'라는 생각이 굳어질 것이다. 이쯤 되면 자신이 엄청난 상징을 발견했다는 생각에 기뻐하고 있을지도 모르겠다. 그런데 이상하다, 분명 아이를 데리고 온 엄마는 참 자상해 보였는데. 뭐가 어떻게 된 거지. 게다가 왜 난쟁이들은 안 그리지? 유디트의 딜레마에 빠지는 것이다. "백설공주인데 난쟁이들은 없을까?" 미술치료사는 자신이 믿고 있는 내용에 내담자의 그림을 끼워 맞추기 시작한다. 그리고 이런 질문을 할 수도 있다. "엄마가 우리 유나를 화나게 하거나 섭섭하게 하는 때는 언제일까?" 좋은 부모가 사랑으로 키운다 하더라도 아이들은 순간순간 불만족스럽고, 서럽고, 분리가 두렵기도 하다. 이제부터 아이가 말하는 '엄마가 날 섭섭하게 한 순간'은 미술치료사의 귀에는 계모의 학대로 들리게 될 것이다.

내담자가 표현한 이미지에 고정된 불변의 진리는 존재하지 않으며 매 순간 발생한 기호들은 모호하고 불연속적이다. 내담자가 표현하는 이미지들은 도상부터 상징까지 다양한 범주에 놓이게 된다. 분명한 것은 우리가 실체라고 믿고 우주의 질서라고 믿는 이 세계의 존재들은 모두 인간의 이성이 만들어낸 허구라는 것이다. 그렇기에 상징은 대상체와 표현체 간의 연결을 잃은 관념의 상태고, 상징을 자유롭게 사용 가능하게 된 인류는 이제 대상체로부터 탯줄을 끊고 자유를 찾기 시작했다. 상징은 더 이상 자신이 어디에서부터 존재했는지 흔적을 남기지 않는다. 물리학자 존 휠러는 블랙홀이라는 단어를 처음 사용하면서 우주의 모든 물체는 블랙홀이 될 수 있다는 설명과 함께 no hair theorem을 언급한 적이 있다. '블랙홀 안에는 무엇이 있고, 블랙홀의 핵심에는 무엇이 있는 걸까?'라는 사람들의 질문에 그는 '없다'라고 대답을 한다. 누군가의 머리카락을 잡아당기면 이 머리카락이 누구에 귀속된 것인지 끝을 따라가면 알 수가 있다. 그런데 블랙홀은 머리카락이 없기에 그 안에 무엇이 있는지 알 수 없다는 것이다. 내담자가 미술치료실에서 만들어 내는 무수히 많은 기호들 중 미술치료사가 분명하게 아는 영역은 얼마나 될까. 생각보다 많지 않을 것이다. 그렇기에 미술치료사는 내담자의 동료 예술가로서 함께 그림을 그리고, 질문을 하고, 소통하며 그 안에 살아 숨 쉬는 새로운 생명과 언제든지 새롭게 만날 준비를 해야 한다.

Chapter 6. 미술치료에서의 매체

모든 심리치료의 각 영역에서는 해당 영역이 주장하는 치료방법을 중요하게 여긴다. 미술치료, 음악치료, 동작치료, 원예치료, 연극치료 등 수많은 예술치료 분야에서는 각 분야의 매체를 연구하고 발전해왔다. 그러나 여전히 많은 사람들은 매체를 활용한 예술적 접근의 가치에 의문을 표하기도 하고, 때론 자신의 분야에서 사용하는 방식에 대해서만 중요하게 생각하기도 한다.

미술치료사는 미술이라는 매체가 가지는 힘에 대해 알고 있어야 한다. 현장에서 미술치료사의 역할은 내담자에 대한 진실한 접근, 좋은 개입, 좋은 프로그램 준비뿐만 아니라 미술매체에 대해 이해하고 내담자에게 우리가 이 매체를 사용하는 이유와 방법에 대해 충분히 설명하는 것까지가 포함된다. 이 챕터에서는 미술치료 현장에서 사용되는 매체의 특성을 이해하고 미술치료에서의 매체를 대하는 기본적인 태도를 함께 이야기하고자 한다.

1. 미술치료와 매체

매체라는 단어는 매체가 결과와 어떤 관계를 맺는지에 따라 외재적 매체와 내재적 매체로 구분된다(Dewey, 1936). 먼저 외재적 매체는 활동 과정을 통해 얻어지는 결과와 별도로 존재한다. 예를 들어, 전기를 충전하여 꺼진 핸드폰이 켜지게 되면 전기는 핸드폰을 충전하는 매체가 된다. 내담자가 회복을 위해 미술치료를 받는다면 미술치료가 매체다. 목적에 도달하면 매체는 더 이상 필요 없어진다. 드한 다른 매체가 있다면 대체된다. 블루투스로 충전이 된다면 충전기는 필요 없고, 스스로 회복의 방법을 찾을 수 있다면 미술치료도 필요 없다.

반대로 내재적 매체는 결과에 통합된다. 벽돌은 집을 짓는 매체이며 완성된 집 안에 포함된다. 오일 파스텔은 그림을 그리는 매체이며 그림 안에 포함된다. 이 챕터에서 다루는 미술치료의 매체는 내재적 매체, 즉 내담자의 작품을 완성하기 위해 사용되고, 결과적으로 작품의 일부가 되는 미술매체를 의미한다.

미술매체가 무엇인지를 설명하기에 앞서, 이런 질문을 해 볼 수 있다. 미술치료에서는 왜 미술 매체를 사용할까? 내가 미술치료사로 고용되어서일까, 아니면 나 쓰라고 기관에서 매체를 구매했기 때문일까? 아니면 어쨌든 미술 매체를 회기 도중 쓸 거라고 계약했기 때문일까?

모든 회기에 매체가 쓰이지는 않는다

치료적 창작행위가 일어나는 미술치료 환경에서 매체는 필수다. 다시 말해, 미술매체는 미술치료를 존재하게 만드는 필요조건이다. 그러나 매체를 쓰지 않는 회기도 존재한다. 예를 들어, 초기 면담에서는 정보를 얻기 위해 미술 작업을 배제하는 미술치료사도 있다. 또는 내담자가 지금 무언가 만들 상황이 아닐 때도 있다. 어떤 중요한 사건이 지난 회기와 이번 회기 사이에 발생했을 때 필요한 정보를 전달받기 위해 이야기를 들을 수도 있고, 비자발적 내담자는 초기에 무언가 그리려 하지 않을 수도 있고, 감정이 지나치게 압도적일 경우 기다리는 시간이 필요할 수도 있다. 그 외에도 미술 매체가 등장하지 않는 경우의 수는 많다. 어떤 경우에는 내담자가 스스로에게 편지를 쓰면서 회기를 마무리 짓기도 하는데, 편지는 어떻게 보면 미술 매체고 어떻게 보면 그저 글쓰기 매체다.

미술치료사는 매체에 익숙해야 한다

입시 미술에서, 혹은 미대를 다니며 사용되는 미술 매체와 미술치료에서 사용되는 매체는 그 성질이 다르다. 미술 전공자들은 미술 매체에 대해 분명 비전공자보다 더 많이 알고 있을 것이다. 그러나 많은 미대 출신의 미술치료 준비생들이 자신이 입시를 하며, 혹은 작가로서 작품활동을 하며 접한 매체가 미술치료현장에서는 다른 성격으로 사용된다는 점에 놀라워한다.

입시에서, 그리고 작가활동을 위한 매체는 정교한 기술이나 의도된 대로 결과물을 창출하기 위한 재료다. 물론 작가의 작품 역시 우연의 효과를 이용하기도 하지만, 숙련된 상태에서 다루는 재료는 반복적으로 자신에게 유리한 재료를 선택하도록 할 것이다. 다양한 매체를 사용하는 작가도 있지만, 자신에게 특화된 매체를 쓰기도 하고, 때론 새로운 매체를 연구개발하여 작품활동에 사용하기도 한다.

미술치료사가 내담자의 마음을 도화지에 대신 그려주는 대리표현을 하기도 하지만, 기본적으로 미술치료에서 그림을 그리는 주체는 내담자다. 그래서 미술을 전공하지 않거나 미술매체를 많이 다뤄보지 않았던 사람들도 미술치료를 공부하고 미술치료사로 일하는데 문제가 없다. 미술치료사에게 요구되는 것은 미술의 표현기술력이 아니다. 그러나 미술치료사가 매체를 잘 다루지 못하는 것은 문제가 된다. 미술치료 회기에 참여했는데 미술치료사가 제대로 글루건을 쥐지도 못하고, 색연필은 쏟고, 파스텔은 어떻게 써야 할지 몰라 앞에서 이런저런 테스트를 하고 있다고 가정해 보자. 내담자가 점토로 조형하다가 흙끼리 잘 붙지 않아 어떻게 붙이냐고 물으니 "아… 저도 점토는 많이 안 써봐가지고요."라고 말하며 당황하는 이런 상황은 상상하고 싶지도 않지만, 어쨌든 내담자는(미술치료사에게, 혹은 상담 분야 전반에) 상당히 신뢰를 잃게 될 것이다.

물론 미술치료에서도 작가들이 익숙한 매체를 사용하듯 미술치료사에게 익숙한 재료를 사용할 수 있다. 중요한 것은 미술치료사가 매체를 다루는 것이 아니라 내담자가 다룬다는 것이다. 즉, 미술치료사가 재료에 아무리 익숙하다 하더라도, 결국 그 매체를 활용해 심상을 표현하는 것은 내담자라는 것이다. 내담자가 매체를 이해하지 못하면 창조적 작업은 그 시작의 문을 열기 어렵다. 미술치료사는 미술 매체를 이해함과 동시에 내담자가 매체를 목적에 맞게 잘 사용할 수 있도록 알려주고, 도와주고, 지지해주는 역할을 한다.

개인 창작활동을 할 때 충분한 시간 작품을 구상하고 밤새 몰입해서 작업하던 때와는 달리, 미술치료에서의 창작작업은 짧으면 10분에서 길면 50분 정도의 제한적인 시간 내에서 다루어진다. 또한 결과물의 완성이 최종 목표가 아니며 창작 과정, 그리고 창작 이후에 드러나는 감정과 생각이 중요한 다룸의 대상이 된다. 그렇기에 '미술치료적으로' 한 번이라도 사용해보지 않은 매체가 있다면 필히 회기 전에 자신이 먼저 사용해보기를 권한다. 미술치료를 시작한 지 얼마 안 된 상황이라면 프로그램 디렉션을 미리 준비하고, 자신이 그 디렉션에 따라 직접 작업해 보는 것은 큰 도움이 된다. 머리로 생각했던 것과 다르게 직접 사용해보면서 발견하는 어려움과 실수들도 있기 때문이다. 그래서 결론적으로 말하자면 다음과 같다.

"미술치료사는 그림을 잘 그리거나 조형능력이 뛰어날 필요는 없지만, 미술 매체를 아주 능숙하게 사용할 줄 알아야 한다."

2. 미술치료 매체 분류

"미술치료에서 사용되는 매체는 어떤 게 있어요?"라는 질문을 들을 일이 종종 있는데, 참 대답하기 어려운 질문이라는 생각이 든다. 너무 방대하기도 하고, 또 어디서부터 미술치료의 매체 개념을 설명해야 하나 고민도 되기 때문이다. 그러나 누군가가 "저희 병원에 미술치료 센터를 열려고 하는데 뭘 사야 하나요?"라고 묻는다면 기본 세팅할 재료는 그 자리에서도 적어줄 수 있다. 즉, 미술치료실에서 사용되는 기본재료라는 것은 어느 정도 틀을 갖추고 있지만, 어디까지 미술치료의 매체인가를 생각해 본다면 '우리 주변에서 사용 가능한 대부분'이라 말할 수 있을 것이다.

<사람이 매체로 참여된 작품>

박사과정을 밟던 시절, 매체연구 수업에서 '30분 동안 자유롭게 매체 수집하기'가 실습 과제로 있었다. 조건은 꽃이나 나무처럼 살아있는 것을 꺾지 않는 것, 남의 것을 허락 없이 가져오지 않는 것, 학교를 벗어나지 않는 것이었다. 이때 한 학생이 옆 교실에 들어가서 남학생 한 명을 지목하고 당시 수업 중인 교수님께 매체로 빌려가도 괜찮겠냐고 허락을 구했다. 교수님은 웃으며 데려가라고 했고, 이 남학생을 세워놓고 스토리텔링을 집단으로 만들었던 기억이 난다. 이렇듯 매체가 될 수 있는 대상은 무궁무진하다. 여기에서는 미술 교육현장에서 사용되는 기본적인 미술 매체부터 확장 가능한 매체까지 미술치료에서 활용되는 미술매체들을 함께 살펴보려그 한다.

전통적 미술 매체

전통적 미술매체는 드로잉, 채색, 점토작업 등 대부분의 사람들이 동의하는 '미술재료'에 포함된다. 연필이나 먹을 제외하고는 대부분 색을 가지고 있고 기본적으로 미술치료 시간에 몇 가지는 테이블 위에 배치되어 있다. 친숙하기에 접근하기 좋다는 장점이 있지만, 작업에 그림의 기술이 쉽게 드러나기에 그림이 익숙지 않은 내담자는 부담을 가진다는 단점도 있다. 유화는 훌륭한 채색 매체이나, 가격, 건조시간, 냄새 등 미술치료실에 부합하지 않는 부분이 많아 이 책에서는 제외한다.

연필

1564년 영국에서 흑연이 발견되자 사람들은 나무조각 사이에 흑연을 끼워 사용하기 시작했다. 프랑스의 화학자 니콜라 자크 콩테는 흑연가루와 점토 등을 혼합하여 제품화했고, 이렇게 만들어진 콩테가 연필의 시초다. 전통적 콩테는 천연소재색 그대로 검정, 적갈색, 황토색만 있었으나, 최근에는 다양한 색의 콩테가 출시되고 있다. 콩테는 농담이 풍부하고 도화지 접착력이 높다.

연필은 콩테의 제법을 개량한 것이다. 독일의 목공 장인 프리드리히 스테들러가 세운 연필회사 스테들러, 그리고 최초의 6각 연필을 만든 카스파 파버의 파버카스텔이 비슷한 시기에 세워진 초기 연필회사들이며, 주요한 채색 매체들은 여전히 이 두 회사에서 배출 중이다(Petroski, 1992). 가장 대중적으로 쓰이는 연필은 4B연필인데, B(Blackness)의 수치가 높을수록 진하고 부드럽고, H(Hardness)의 숫자가 높을수록 단단하고 흐리다. 4B는 너무 무르지도 단단하지도 않고 양감과 묘사를 하나의 연필로 나타낼 수 있는 최적의 단계라 널리 사용된다. 이 말은, 내담자가 데생으로 기술적 표현을 하는 상황이 아니라면 연필이 2B여도, 5B여도 상관없다는 것이다(물론 H부터는 지나치게 단단하긴 하다). 필자는 그림을 스케치할 때 B를 가장 선호하는 편인데 섬세한 것을 좋아하고, 도화지에 흑연이 번지는 걸 싫어하기 때문이다. 가끔 "4B가 없는데 어떡하죠?"라는 질문을 하는 수련생들을 만나게 되는데, 상관없다. 내담자에 따라 선호하는 단단함은 다를 수 있다.

파스텔

파스텔은 물감 안료와 접합체로 이루어진 안료 덩어리 막대로, 이 안료는 모든 물감에 쓰이는 안료와 동일하다. 색채가 부드럽고 발색이 좋으며 광택이 없다. 가루가 많이 날리고 보존성이 낮아 작품 완성한 후 픽서티브(안료를 고정시키는 스프레이 점착액)를 뿌리지 않으면 작품이 쉽게 훼손된다.

<석·박사 재학생이 함께 그린 만다라>

박사과정에 재학 중이던 시절, 미술치료 석사과정 재학생들과 박사과정 재학생들이 파스텔로 함께 만다라를 그린 적이 있었다. 완성 후 다 함께 작품을 들었을 때, 한 학생이 가루를 턴다고 도화지의 아랫부분을 손가락으로 튕겼다(꿀밤을 때리듯). 선명하던 만다라는 한 겹 회색 필터를 씌운 듯 칙칙해졌다. 이런 실망감을 내담자들이 느끼지 않도록 파스텔이 쉽게 종이에서 이탈된다는 점을 잘 설명해야 한다.

파스텔을 연필 형태에 넣어 출시한 연필 파스텔도 있는데, 일반 파스텔보다 색이 약한 대신 잡고 사용하긴 편하고, 세밀한 묘사도 더 쉽다. 파스텔을 도화지에 칠한 후, 물과 붓으로 녹여 사용할 수 있는 수성 파스텔도 있다. 연필 두께의 수성 색연필과 달리 넓은 면적을 한번에 칠한 후 작업할 수 있어서 빠르게 그려내기에 좋다.

크레용

크레용은 파스텔에 왁스가 혼합된 제품이다. 고대 이집트인들은 밀랍(왁스)에 안료를 섞은 필기구로 벽화를 남겼는데, 이것이 크레용의 조상이다. 미국 펜실베니아주에서 출시된 제품 '크레욜라 크레용'이 유명해지며 크레용이 매체의 대명사가 되었다. 색채가 선명하고 손에 묻지 않으며 단단하여 잘 부서지지 않는 장점이 있으나, 균일하게 칠해지지 않고 중첩해서 칠하면 밀리며 지우개로 지워지지 않는 단점도 있다.

색연필은 크레용을 길쭉한 형태로 만들어 심지 삼아 연필처럼 만든 제품이다. 연필 형태나 돌려 쓰는 색연필, 샤프 색연필 모두 성분이 같다. 기본적으로는 왁스 기반이지만, 물에 녹는 수성 색연필도 있다. 이름이 색연필일 뿐, 수성 색연필은 연필 심지 모양으로 굳힌 수채화 물감이다. 수성 색연필은 도화지에 그리거나 칠한 후, 물을 묻혀 바르면 번진다. 예상치 않은 우연의 효과에서 얻는 미적 체험이 가능하며, 미술이 익숙지 않아 채색이 부담스러운 내담자에게 편하게 접근 가능한 방식이다.

오일 파스텔

크레용은 발색이 선명하나 덧칠이 어렵고, 파스텔은 표현이 부드러우나 가루가 너무 많이 날린다. 1921년 일본의 문구회사 사쿠라는 파스텔의 부드러움과 크레용의 발색을 합쳐 유분을 첨가한 크레파스(크레용 + 파스텔)를 출시한다. 이것이 오일 파스텔의 탄생이다. 종종 오일 파스텔과 크레파스를 다르게 생각하는 사람들이 있는데 크레파스는 오일파스텔을 대표하는 상호명일 뿐이다. 크레파스는 어린이용 오일 파스텔로 출시된 것이라 단가가 낮아 거칠고, 쉽게 접하는 문교 오일 파스텔은 그 중간 수준이며, 한 세트에 10만 원 정도 하는 오일 파스텔은 거의 유화물감처럼 부드럽게 발린다. 퀄리티의 차이일 뿐 같은 매체다.

오일 파스텔은 중첩한 후 손가락으로 문지르면 꾸덕한 효과가 나타난다. 저렴한 제품은 이때 문지름이 잘 안 된다. 필자가 어렸을 때는 흰 도화지에 다양한 색을 칠하고 검정색 오일 파스텔로 덮은 후 스크래치하는 기법도 자주 했었는데, 이제는 스크래치 페이퍼가 별도로 저렴하게 출시되어 이 기법은 행위가 특별한 의미를 가지는 경우에만 사용된다. 입체주의 화가 피카소도 즐겨 사용했고 지금의 현대작가들도 여전히 즐길 정도로 오일 파스텔은 표현이 풍부하고 사용이 편리하다. 다만 연필형 색연필처럼 섬세한 묘사가 어렵기에 작은 표현에는 적합하지 않을 수 있다. 파스넷은 부드러운 질감 때문에 오일 파스텔이라 생각되기 쉬운데, 파스넷은 수성제품이고 그린 후 물을 사용하면 수채화처럼 번진다.

마커

마커는 펜대 안에 잉크를 적신 솜을 넣고 펠트 등으로 만들어진 펜촉에 잉크가 흘러나와 써지는 필기구의 총칭이다. 스피드라이사에서 1951년 출시한 제품 Magic Maker 라는 제품이 한국에 알려지면서 '매직' 혹은 '마커'로 불리기 시작했다. 정식 명칭은 marking pen(용도를 강조) 혹은 felt pen(재질을 강조)이다. 마커는 선명하게 발색되기에 작은 노력으로도 강한 표시가 필요한 내담자에게 유리하지만 수정이 어렵다는 단점이 있다. 유성 마커는 접착력이 좋아 OHP필름이나 천, 유리, 금속 등 불침투면에도 자유롭게 쓸 수 있다. 건조가 빠르고 잘 지워지지 않는다. 네임펜으로 대표되는 가는 유성마커부터 유성매직으로 대표되는 굵은 유성마커가 있다. 페인트 마커는 색지 위에 사용해도 선명하게 발색되며, 유리에 특화된 글라스 마커도 있다. 사인펜은 제품명이지만 일반명사처럼 사용되는 대표적인 가는 수성마커다. 수성마커는 필기감이 부드럽고 인체에 무해하지만 물에 잘 번진다. 종이 위에서의 발색은 좋지만 그 외에서는 발색이 잘 안 된다.

기타 드로잉 및 채색 매체

비즈왁스 크레용		꿀벌의 집을 모아 만든 비즈 왁스에 천연 색소가 들어간 제품으로, 꿀 향이 나고 입에 넣어도 안전하다고 강조한다.
피넛 크레용	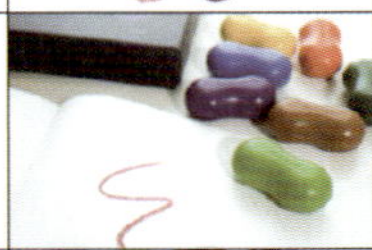	아이의 손에 쥐기 좋은 땅콩 형태, 입에 들어가지 않는 두께의 크기로 천연 재료로 만들어졌으며 손에 묻지 않는다.
워셔블 수성 크레용		수성이라 사용 후 물을 바르면 수채화처럼 녹으며, 화학적 불순물이 없어 일정 온도로 가열하면 완전한 액체가 된다는 것을 강조한다.
멀티 칼라 도트 크레용		한 개의 스틱에 다채로운 색이 포함되어 있어서 그릴 때 다양한 색감 표현이 가능하다.
도트 마커		마커 펠트 촉이 두꺼운 원형이라 찍는 것만으로 큰 흔적을 남길 수 있다. 도트 물감으로 출시되는 제품도 있다.
컬러 브러쉬		색채가 다양한 붓 펜 같은 제품이다. 수성 제품과 유성 제품이 있다.

수채물감

같은 제조사 기준에서 물감 중 비용이 가장 저렴하다. 물을 사용해 희석하고, 명암 조절을 위해 흰색 물감이 아닌 물의 양을 조절한다. 튜브형 수채물감은 바로 짠 후 물과 섞어 쓸 수도 있고, 미리 팔레트에 짜서 굳혀 쓰면 상당히 오래 쓸 수 있다. 처음부터 고체 수채화 물감을 쓰는 미술치료사도 있다. 수채화는 초등학교 미술시간부터 쓸 정도로 익숙한 매체지만 물 조절이 어려워 까다롭다 생각하는 내담자도 있다. 넓은 붓으로 칠해 빠르게 배경을 채울 때 사용되기도 하고, 오일 파스텔을 바른 후 사용하여 오일 파스텔을 바른 부위만 흡수가 되지 않는 재미있는 효과를 구현하기도 한다. 종이 가면과 같이 종이로 만들어진 무지 공예용품에 흡수력 높게 칠해진다. 기본적으로 수성이기에 옷에 묻어도 빨리기는 하나, 물감 작업을 할 때는 팔을 걷거나 토시 및 앞치마를 착용해 오염을 방지하는 것이 좋다.

과슈

600년 정도 된 유서 깊은 물감으로, 수채화보다 안료입자가 크고 석회가루가 섞여 있어 전체적으로 불투명하다. 수채과슈는 아크릴 보다 빨리 건조되지만, 굳은 후 수채물감처럼 다시 물로 녹여 쓸 수 있고 손이나 옷에 묻어도 세척이 가능하다. 대부분 밑색을 잘 가리는 편이나, 수채과슈는 마른 후에 덧칠하면 밑색이 물에 녹아 올라와 어두운 밑색 위에 밝은색 작업은 쉽지 않다. 이를 해결하기 위해 등장한 것이 아크릴 과슈다. 밑색의 은폐력은 좋으나 아크릴 물감과 마찬가지로 굳으면 다시 사용할 수 없다. 아크릴 과슈는 굳으면 무광이 되고, 그 위에 색연필 작업도 가능하다.

1800년도 후반, 컬러 잡지가 등장하면서 원본 그림을 그릴 안료에 대한 수요가 높아졌다. 당시에도 과슈는 있었으나 더 저렴하면서 색의 정확성이 높은 물감이 필요했고, 과슈의 성분을 저렴한 대체성분들로 바꾼 포스터컬러가 출시된다. 포스터컬러는 덧바름이 가능하며 밑색을 완전히 가릴 수 있어 수정이 용이하다.

아크릴 물감

1950년대, 유화물감의 느린 건조 시간, 강한 냄새, 그리고 테레핀 등 너무 많은 기본 재료의 단점을 극복한 아크릴 물감이 탄생한다. 수채화처럼 물을 섞어 사용하지만 굳고 나면 재사용이 불가하여 매번 쓸 만큼씩을 튜브에서 짜서 사용한다. 발색의 선명함, 빠른 건조, 덧칠과 수정의 용이함 덕분에 미술치료 현장에서 환영받는 매체다. 수채화처럼 굳혀서 아껴 쓰지 못하기에, 가격 부담만 없다면 채색매체로는 압도적 강점이 많다. 과거에는 아크릴 물감의 가격대가 꽤 비싸게 형성되어 있었는데, 다이소 아크릴 물감의 등장으로 접근성이 아주 높아졌다(다이소에서 파는 저렴한 붓과 캔버스도 아크릴의 대중적 접근을 높였다). 종이, 캔버스, 나무, 가죽 등 다양한 베이스에서 작업이 가능하고, 무지 공예용품에도 사용하기 좋다. 유화물감만큼 사용이 어렵지 않으면서 그럴싸한 표현이 가능해 어린이부터 성인까지 폭넓게 선호한다. 다만 사용 직후 바로 붓을 씻지 않으면 굳어 재사용이 어려우며 옷에 묻은 물감이 잘 지워지지 않는 단점이 있다. 완성된 작품은 물이 묻어도 녹지 않아 방수가 가능하다.

도자 점토

점토는 다양한 목적으로 사용 가능한 3차원 매체로, 점토 매체 자체가 본능적, 감각적, 신체적 개입을 요구하기 때문에 빈 종이에 그림을 그리는 것보다 작업의 부담을 줄일 수 있다. 그러나 점토의 고급기술은 어느 정도의 훈련을 요구하기에 단기적으로 참여한 내담자에게 좌절감을 줄 수도 있다. 최근 다양한 점토 대체품들이 출시되고 있지만 원시적인 감각을 이끌어 내는 것은 역시 '흙'이다. 도자 점토는 찰흙처럼 작은 포장 단위에 비해 비싼 것처럼 느껴지지만, 도자 점토의 기본 단위는 10kg이고 찰흙이 200g인 것을 고려했을 때 20배의 양에 약 10배의 가격이면(회사나 판매처에 따라 다르긴 하지만) 더 비싼 건 아니다. 집단 작업을 하거나 자주 사용한다면 도자 점토를 구매하여 낚싯줄로 잘라 쓰고, 비닐로 밀봉했다가 재사용하는 것을 추천한다. 내부에 거칠게 걸리는 것이 전혀 없는 부드러운 청자토와 백자토, 가격이 저렴하며 살짝 거친 느낌을 낼 수 있는 옹기토, 거친 모래들이 많이 들어있고 높게 쌓아 올릴 수 있는 조형토가 일반적으로 사용되는 도자 점토다. 옹기토는 전반적으로 모래결이 고르게 반죽되어 있으나, 찰흙처럼 중간중간 큰 모래가 있는 것이 아니라 균일하여 손에서 불편하게 느껴지는 것이 없다. 도자 점토로 높은 조형물을 만들고 싶다면 거친 모래들이 많이 들어있는 조형토를 추천한다. 가격은 앞선 3가지 점토의 2배 정도지만, 단위무게당 가격은 찰흙과 유사하다. 도자점토로 작업하면 근처 도예공방과 연계하여 내담자가 만든 작품을 구워 줄 수 있다는 장점도 있다. 작품이 완전히 마르지 않고 쫀득하게 말랐을 때 공방으로 이동하는 것이 가장 안전하다.

색점토

과거에는 문방구에 가면 찰흙, 지점토, 종이죽, 색점토 정도를 판매했다. 그리고 색점토가 아주 많이 손에 묻어났던 기억이 난다. 그러나 요즘 출시되는 색점토는 손에 거의 묻지 않게 출시되고 있다. 가장 대중적인 것이 삶으면 지우개가 되는 컬러요술점토부터 아이클레이, 천사점토 등이며, 그 외에도 다양한 색점토들이 있다. 점토의 부드러운 장점을 가지면서도 발색이 좋지만 점토처럼 큰 조형물을 만드는 것은 어렵다. 최근 출시되는 많은 제품들은 물과 다시 반죽하여 재사용할 수 있다.

곡물 클레이		곡물 추출물과 식용색소로 만들어져 인체에 무해하며, 손에 묻어나지 않는다.
양초점토		미끌미끌한 촉감이 있고, 성형 후 굳히면 불을 붙여 양초로 사용 가능하다.
천사 실리콘		실리콘을 주원료로 하고 있으며, 성형 후 굳히면 물에 뜨고, 마르거나 부서지지 않는다. 붙였다 떼었다 하는 실리콘의 접착력이 있다.
쿠키 클레이		단호박, 시금치 등 천연 색상의 쿠키 도우. 만들어서 구워야 하는 제품도 있고, 그대로 건조해 먹을 수 있는 제품도 있다.
비누 클레이		시어버터 및 식물성 오일, 식용색소와 식용 향유로 만들어진 클레이로, 성형 후 굳히면 사용할 수 있는 비누가 된다.
볼 클레이		작은 스티로폼으로 구성된 제품으로 끈적이지 않고 손에 묻지 않으며 색 혼합이 쉽다.
크레용 도우		주물러 작품을 만든 후, 마르면 크레용이 되는 제품이기에 만든 작품으로 새로운 이미지를 표현하는 연계 작업이 가능하다.
천사크림 도우		내장된 도우건에 색도우를 장착하고 글루건을 사용하듯 도우를 짜내거나 발라 사용하는 제품이다.
라인 클레이		전선 형태의 클레이로 다양하게 엮거나 휘어도 잘 끊어지지 않는다. 클레이로 드로잉을 하거나 다른 클레이에 얇은 부분을 추가하기 위해 사용 가능하다.
오븐 클레이		실온에서 굳지 않으며, 작업을 마친 후 200도 오븐에서 30분 정도 구워내면 고무와 플라스틱의 중간 정도의 굳기로 구워진다.
컬러 유토		점토의 베이스가 수분이 아니라 기름이라 마르지 않는 장점이 있으나 촉감이 퍼석거려 호불호가 있다.

현대적 미술 매체

창작자가 매체에 형태를 부여하는 방식과 달리, 20세기에 들어서며 이미 존재하는 매체를 활용하여 새로운 의미가 창출되기 시작했다. 콜라주와 레디메이드의 등장이었다. 미술치료에서도 내담자들은 이미 존재하는 다양한 매체들을 조립하고, 덧붙이고, 새로운 의미를 부여하는 창작자의 역할을 수행하고 있다. 다음은 미술치료 현장에서 사용 가능한 매체들이다.

책		이미 이미지와 텍스트라는 구조적인 기능을 가지고 있기에 책 속의 글귀나 이미지를 오려 콜라주로 이용할 수도 있으며, 자신에게 의미 있는 내용들로 구성된 책을 제작할 수도 있다.
상자		상자는 다양한 크기와 재질을 가지고 있으며 상자의 내부·외부를 이용하여 내담자의 정신적인 공간을 표현하는 상징적 수단으로 사용될 수 있다.
콜라주		콜라주는 잡지 등 주로 평면 작업으로 진행되지만 오브제를 이용함으로써 보다 생생하고 입체적인 콜라주 제작도 가능하다. 콜라주는 내담자가 직접 이미지를 창조해야 하는 부담감을 줄여준다.
조명		빛이 포함된 작업은 생명력과 에너지를 전달하기 좋다. 실생활에 활용할 수 있는 공예적 작품은 미술치료실에서의 의미를 일상에 연결 가능하게 한다.
섬유		전통적 섬유 미술은 바느질, 털실, 다양한 끈 등을 포함한다. 섬유를 이용한 작업은 내담자에게 촉각적 자극을 제공한다. 모자, 옷, 양말 등을 이용하여 새로운 작품으로 재탄생 시킬 수도 있다.
음식		먹을 수 있는 무언가를 관찰 가능한 새로운 대상으로 조합하고 추가적인 작업을 하여 내담자가 새로 의미를 부여하는 오브제 작업은 연령 제한이 없으며 강력한 은유적 상징을 제공할 수 있다.
유리		유리는 미술치료에서 흔히 다루어지는 매체는 아니지만 투명, 반투명, 불투명한 유리의 특징과 단단하고 쉽게 깨지는 매체적 특징은 특별한 내담자들에게 상징적 의미로 사용될 수 있다.
가면		가면 작업은 내담자가 평소에 드러나지 않는 자신의 숨겨진 자아에 대한 작업을 가능하게 한다. 가면 작업은 자아인식을 강화하고, 표현하기 어려운 감정을 드러내도록 하며, 자기 보호의 창조적 상징물로써 제작될 수 있다.
자연물		미술치료사가 매체를 준비하여 미술치료실에서 작업할 수도 있지만, 야외활동이 가능한 경우, 나뭇가지, 꽃, 물, 돌 등을 이용하여 작품을 제작할 수도 있다.

사진		자신, 혹은 자신에게 중요한 대상의 사진 활용하여 내담자들이 객관적이고 주관적으로 환경과 소통하며 자아 인식을 강화할 수 있다.
판화		판화 작업은 오브제의 표면을 조각하고 잉크로 찍어내는 방식의 모든 매체를 의미한다. 같은 이미지를 반복적으로 생산함으로써 상징적으로 '지속'과 '연속'이라는 의미를 함축한다.
인형		인형은 평면이 될 수도 있고 입체가 될 수도 있다. 또한 매우 다양한 매체로 만들어질 수 있다. 인형은 생명력이 있는 형상을 하고 있다는 점에서 내담자가 자신의 내적 성향, 삶의 역할, 환경을 반영하는 매체로서 유용하게 활용될 수 있다.

매체로서의 공간

공간은 관점에 따라 외재적 매체가 될 수도 있고, 내재적 매체가 될 수도 있다. 내담자의 회복을 목적으로 한다면 회복 이후 미술치료 공간은 필요 없으니 외재적 매체가 된다. 그러나 작품의 완성을 목적으로 한다면 작품 안에는 창작 당시의 공감각이 녹아들어 있기에 내재적 매체가 된다. 공간은 미술치료 경험의 질을 좌우하는 중요한 요소다. 좋은 공간은 개인에게 일상적 행복감을 주고 삶의 에너지를 자각하는 핵심 요인으로 작용한다. 공간이 달라지면 경험이 달라지고, 경험이 달라지면 감정이 전환된다. 로마 가톨릭의 신학자 라이문도 파니카는 사람들이 살아가며 만드는 공간들에서 인간은 움직임, 만남, 성장, 확장을 이루어내는 존재라는 점에서 '인간은 공간성이다'라고 설명했다(Panikkar, 1965). 댄 힐은 자신의 저서 『진실의 몸-소비자가 말하지 않는 것과 말하지 않으려고 하는 것』에서 인간은 공간에 대해 '감지하고-느끼고-생각하고-행동 한다'고 설명한다(Hill, 2004). '이 공간은 나에게 편하구나'라고 생각하며 미소 짓는 행동을 하기 이전에 감지하기와 느끼기가 선행된다는 것이다.

공간구성

<미술치료실 전경>

미술치료실이 치유적 에너지를 가지는 공간이 되기 위해서는 공통적으로 몇 가지 요소들이 포함된다. 한국의 미술치료실은 독채보다는 건물의 내부에 위치하고 있는 경우가 많으며, 이럴 경우에 2층 이상에 주로 위치한다. 미술치료실에 출입하는 자신의 모습을 노출하고 싶어 하지 않는 내담자들이 더 많기 때문이다. 다음은 일반적으로 미술치료실에 요구되는 사항들이다.

- 관계와 소통이 가능한 유연한 배치
- 자연광이 들어오는 창문, 혹은 자연이 보이는 풍광
- 동물이나 식물, 꽃병, 풍경 등 자연에 관련된 이미지
- 가루가 날리는 재료, 냄새가 나는 재료 사용 후 환기가 가능한 곳
- 어둡지 않은 바닥과 벽의 색
- 4-8명이 착석 가능한 집단작업 테이블
- 물감이나 점토 등 미술재료를 사용하고 청소가 수월한 테이블과 바닥재
- 집단작업이 가능한 벽면 혹은 큰 화이트보드

- 손을 씻거나 붓을 빨 수 있는 세면대
- 재료가 개방되어 볼 수 있는 미술재료 선반
- 테이블 착석과 바닥 착석이 모두 가능한 공간
- 내담자의 작품을 걸고 함께 볼 수 있는 이젤이나 화이트보드
- 음악을 틀 수 있는 오디오 시스템
- 심리와 미술 관련하여 읽을 수 있는 서적

기관에서 제공하는 공간

경력이 쌓인 미술치료사는 자신의 센터를 오픈하여 미술치료실을 자유롭게 구성할 수 있고, 미술치료실이 별도로 분리된 기관에서 근무하면 공간구성의 자유도는 어느 정도 보장된다. 그러나 미술치료사가 기관에 방문하여 진행하는 경우, 기관이 마련한 공간에서 진행할 수 밖에 없다.

미술치료사가 원하는 이상적 공간이 아니더라도 상황에 맞추어 프로그램을 운영하는 것도 미술치료사의 능력 중 하나가 될 것이다. 다음은 일반적 미술치료실이 아닌 기타 진행 공간의 특징 및 주의해야 할 사항들이다.

바닥에서 진행되는 미술치료

<바닥 환경에서 진행되는 미술치료>

신발을 벗고 방석이나 요가매트 등을 깔고 바닥에서 진행하기를 요구하는 복지

관이나 문화센터도 있다. 무릎을 꿇었을 때 올라오는 무릎 길이의 치마, 고개를 숙였을 때 안이 보이는 헐렁한 상의, 너무 끼이는 옷 등은 바닥 진행에 적합하지 않다. 자주 있는 일은 아니지만, 담당자가 공간에 대한 설명을 깜빡하고 놓치기도 한다. 필자도 무릎 길이의 치마를 입고 프로그램실에 갔다가 당황했던 적이 있다. 4주짜리 프로그램이었는데, 첫주차에는 테이블에서 진행했는데 2주차 수업은 별도 설명 없이 다른 공간에서 진행하게 된 것이다. 좌측 사진은 당시의 프로그램 상황인데, 어정쩡하게 무릎을 꿇고 돌아다니느라 진땀을 뺐던 기억이 난다. 진행 전 담당자에게 진행 공간 설명을 부탁하고, 설명이 애매하다면 프로그램을 진행할 공간의 사진을 받는 것이 좋다.

분리되지 않은 미술치료실

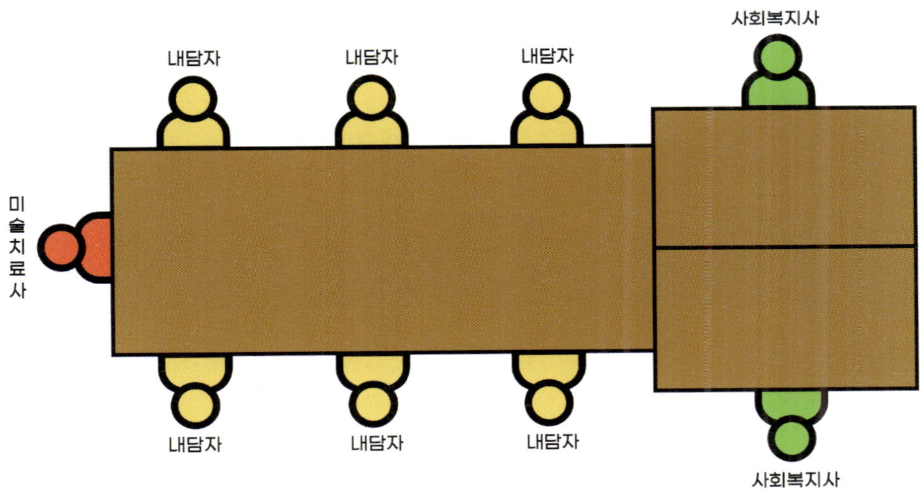

<사회복지사와 같은 공간에서 진행되는 미술치료>

미술치료 공간과 기관 직원들이 일하는 공간이 분리되지 않기도 한다. 프로그램 담당자가 회기 시간에 함께 들어오는 것은 흔한 일이지만, 기관에 별도의 프로그램실이 없는 경우 프로그램과 관련 없는 직원이 같은 공간에서 각자의 일을 하기도 한다. 직원들은 업무를 보아야 하고 동료와 필요한 업무 대화를 나누어야 하며 서류를 들고 나가기도 하고 화장실에 다녀오기도 한다. 일부 직원들은 기관 회원들이 미술작품을 공

유할 때 몇 마디씩 하고 다시 업무로 돌아가기도 한다.

자신의 업무시간에 업무를 보는 것은 어쩔 수 없지만, 프로그램이 진행되는 동안 심리적으로 분리될 수 있도록 프로그램에 개입하지 않도록 양해를 구할 수 있다.

휴게실에서의 진행

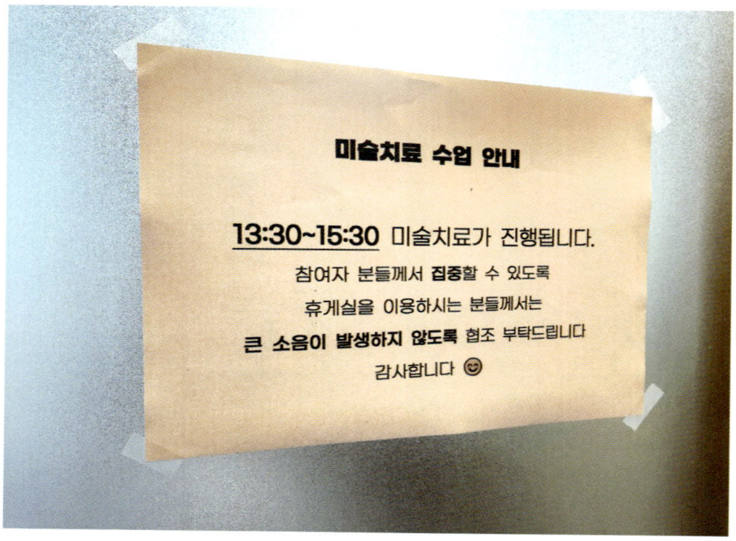

<휴게실에서 진행되는 미술치료 안내문>

일부 기관에서는 휴게실이나 탕비실과 같은 공용공간에서 미술치료를 운영하기도 한다. 별도의 프로그램실이 없고 여럿이 앉는 테이블이 있는 유일한 공간일 경우 미술치료사에게 다른 선택지가 없다. 파티션(혹은 이동식 화이트보드)이 있다면 중간에 놓는 것만으로도 심리적 분리가 된다. 물을 마시기 위해 휴게실에 들어오는 다른 사람들의 권리를 미술치료사가 막을 수는 없지만, 프로그램이 진행 중이라는 사실을 공지하고, 집중을 위해 협조를 부탁한다는 안내를 하는 것만으로도 이전보다는 더 나은 환경을 만들 수 있다.

야외에서의 진행

<정신건강 축제에서 진행되는 야외 미술치료>

야외 행사에서 진행되는 미술치료는 여러 프로그램 중 하나로 미술치료가 들어가는 것이 대부분이다. 사회자가 전체 행사 흐름에 맞춰 미술치료를 소개하고 참여자의 이해를 돕는 것이 통상적이나, 만약 사회자가 없다면 앞뒤에 진행되는 프로그램을 미리 받아서 숙지한 후 그 흐름에 맞추어 진행해야 한다. 완전하게 날씨에 노출되기에 종이나 가벼운 매체는 바람에 날아갈 수 있다. 너무 덥거나 추울 경우, 신청한 참여자들이 사전 연락 없이 빠지는 경우도 많다. 이를 대비하여 야외 미술치료는 참여자들의 한계 인원 이상으로 접수받는 것이 일반적이다. 마이크를 사용하기에 한쪽 손이 자유롭지 못하며, 주변에 다른 행사에 참여하기 위해 오가는 행인이 많고, 동시에 진행되는 다른 부스 행사들로부터 발생하는 스피커나 육성 소음들이 있기에 참여자들의 집중력이 분산될 수 있다. 내담자의 작품이 모여 있지 않고 각자의 자리에 있기에 작품을 확인하기 위해 넓은 공간을 돌아다녀야 한다. 마지막으로 참여자의 작품 공유를 위해서 내담자가 무대까지 올라와야 하기에 공유할 내담자를 선정하는 방식, 무대에 초대하는 방식 등을 미리 계획해야 한다.

부스에서 진행되는 미술치료

<행사 부스에서 진행되는 미술치료>

미술치료 기관이 앞서 언급한 행사 등에 하나의 부스로 들어갈 경우, 행사에 참여한 사람들이 무작위로 프로그램에 참여한다. 마음의 불편함을 해소하고 싶은 욕구로 방문하는 사람도 있지만, 단순 흥미로 참여하는 사람들이 대부분이다. 보통 9시에서 5시 정도 사이까지 부스는 계속 열려있으며, 한 사람당 10-15분 내외의 그림 검사나 간단한 표현 활동으로 끝나는 것이 일반적이다. 참여자들이 자신의 마음에 대해 관심을 가지는 것, 심리적 고통을 예방하는 방식을 배워가는 것이 프로그램의 목표가 된다. 한 명에게 오랜 시간을 할애할 수 없어 깊이 있는 상담은 어렵다. 참여자가 적은 노력을 기울여도 기획한 방향성에 맞춰 가치경험을 할 수 있도록 미리 키트나 워크시트, 도안 등의 준비가 필요하다.

3. 미술치료 매체 이론

미술치료 매체 이론에서 대표적으로 언급되는 ETC 표현미술치료와 매체 차원변수는 같은 뿌리에서 시작된 이론이다(Kagin & Lusebrink, 1978). 통제를 기준으로 미술 매체를 분류한 란드가르텐(Landgarten)의 미술매체 연속체는 꽤나 오래전 발표된 내용이지만 지금껏 조명받아오고 있다.

매체 이론은 매체를 치료현장에서 더 효율적으로 사용하기 위해 만들어진 이론이다. 매체는 저마다의 물성과 특징을 가지고 있지만 내담자의 성향과 사용방식에 따라 전혀 다른 성격과 수준에서 사용될 수 있다.

ETC 표현미술치료(Expressive Therapies Continuum)

힌츠는 카긴과 루스브링크가 발표한 이론들을 발전시켜 미국의 저널 「Art Psychotherapy」에서 처음으로 ETC 표현미술치료의 개념을 언급했다(Hinz, 1978). ETC는 미술치료에 사용되는 다양한 매체의 특징들을 시각미술의 표현, 정보 처리 과정, 창조적 통합과정에 수반되는 주요한 단계들에 적용될 수 있도록 종합하고 요약한 이론이다. ETC는 특정 심리치료 이론이나 상담적 접근 방식을 강조하지는 않기에 ETC를 통해 미술치료에서 매체선택이나 진행방식이 수월해지는 기술적인 혜택을 기대하기는 어렵다. 그러나 ETC 구조에 대한 학습은 매체를 수준별로 구조화할 수 있게 해주고 자신의 내담자에게 내담자의 수준에 맞게 적절하게 응용하는 이해도를 높일 것이다.

다음은 ETC에서 분류하여 제공하는 7가지 수준의 표이다.

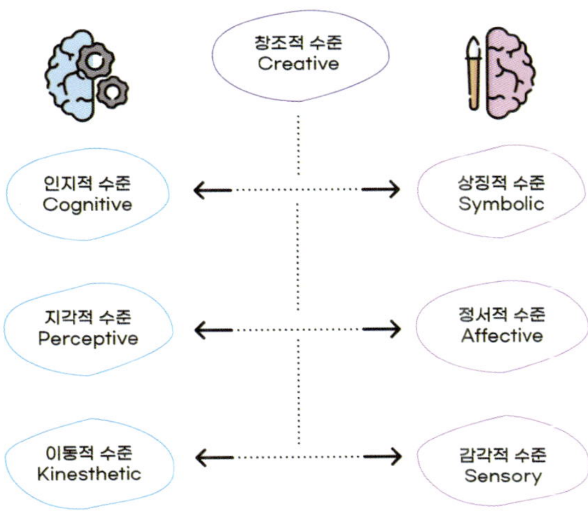

<ETC>

1단계: 이동적 · 감각적 수준

ETC의 모든 수준은 전 연령에 걸쳐 적용 가능하지만, 기본적으로 가장 아래 단계의 수준부터 위 단계로 올라가는 과정은 발달단계의 과정과도 유사하다(Hinz, 1978). 이동적 · 감각적 수준은 스위스의 아동심리학자 장 피아제가 분류한 인지발달 단계 중 감각운동단계에 해당한다(Piaget, 1969). 아이들은 자신이 그리고자 한 특정한 이미지를 그리는 것보다 점토를 뭉개거나 펼치거나 주무르는 등의 경험을 더 자주 접한다. 재료 자체의 촉감을 선호하는 아이는 감각적 경험에 더 관심이 있을 확률이 높다. ETC에서 이동적 · 감각적 수준은 낮은 수준의 발달적 단계를 나타내지만 청소년, 성인, 노인도 수많은 경험들의 기초적인 유형으로 1단계를 다루기도 한다.

같은 슬라임을 제공하더라도 어떤 내담자는 부드럽고 즐거운 감각을 먼저 떠올릴 수 있지만, 어떤 내담자는 끈적하고 불쾌한 감각이라 생각할 수 있다. 감각적 수준에서 내담자의 사전 매체 경험을 고려하기 위해 다음과 같은 질문을 사용할 수 있다.

- ✔ 이 매체를 이전에 사용해 본 적이 있나요? 그때는 언제였고, 어떤 기억이 있나요?
- ✔ 이 매체를 보았을 때 무엇이 떠오르나요? 함께 떠오른 감정을 알려주세요.
- ✔ 이 매체를 보았을 때 느낀 감정을 긍정 10점, 부정 10점 만점으로 점수를 매겨주세요.
- ✔ 이 매체를 반드시 사용할 필요는 없습니다. 바꿀 수 있다면 바꾸시겠어요?

2단계: 지각적 · 정서적 수준

ETC의 두 번째 단계는 지각적 · 정서적 수준으로, 지각적 차원은 특히 매체의 구조적인 형태 감지를 위해 사용된다. 2단계에서는 자신이 만들고 있는 작업 과정 혹은 작품 그 자체에 더 많은 의미를 부여한다. 내담자가 의도한 형태를 그리고, 의도한 색을 원하는 곳에 채색하는 지각적 기능이 등장하며, 특정 대상을 색, 형태, 선 등으로 나타내는 정서적 반응이 가능하다. 미술치료사는 내담자의 정서적 반응을 이끌어내기 위해 다음과 같은 반영을 할 수 있다.

✔ 내가 좋아하는 것들을 그리면서 구석에 아주 작게 점을 하나 찍었네요.
✔ 이 부분에는 밝은색들이 다양하게 사용되었네요.
✔ 이 부분은 선으로 여러 번 외곽선을 그려 강조했습니다.

3단계: 인지적 · 상징적 수준

ETC의 세 번째 수준인 인지적 · 상징적 수준은 분석적이고 논리적인 문제 해결 능력과 관련된다. 내담자들은 미술 매체의 특성을 이해하고 매체를 다루는 방식을 배운다. 미술작품에 제목을 붙일 수도 있고, 작품을 언어로 설명할 수도 있다. 상징적 수준은 미술작품에 드러난 상징을 통해 정서, 구조, 형태, 의미 등의 여러 요소를 다룬다. 유동적인 매체의 사용은 상징적인 표현을 도울 수 있다. 예를 들어 젖은 점토는 여러 가지로 해석될 수 있는 모호한 형상을 만들어냄으로써 개인에 따라 다양한 상징적 의미를 부여할 수 있도록 한다. 다음은 상징적 수준을 더 깊이 이끌어내기 위해 작업 후 사용 가능한 질문의 예시이다.

✔ 아버지를 미워한다고 말씀하셨는데요, 가족 상징물을 배치하면서 아버지를 나의 가장 가까이에 배치한 이유는 무엇일까요?
✔ 왼쪽에 배치한 나의 공급요소인 '가족'이 오른쪽에 배치한 나의 고갈요소에도 똑같이 포함된 것은 무엇을 의미할까요?
✔ 나의 걱정을 가져갈 걱정 인형의 이름을 '거북이'라고 지은 이유가 무엇일까요?

4단계: 창조적 수준

ETC의 네 번째 수준은 창조적 수준으로, 개인적 경험과 미술매체 및 표현을 통합하고 내적인 경험과 외적인 경험을 통합하는 자기완성의 형태로 드러난다. 그러나 창조성은 앞 단계들과 분리된 별도의 개념이 아니다. 오히려 창조적 수준은 ETC의 모든 수준에서 찾아볼 수 있다. 즉, 1단계에서 3단계 모두 창조적 수준이 사용된다는 의미다. 최종적으로 완성된 결과물을 감상하고 함께 나누는 과정은 내담자에게 깊은 만족감과 치유적 경험을 제공한다.

미술 매체 차원 변수(Media Dimension Variables: MDV)

1978년 카긴은 자신의 석사학위 논문을 발전시켜 루스브링크와 함께 '미술매체 차원변수'를 정리하여 발표한다. 이들은 미술 매체의 창조작업에 필요한 세 가지 차원 변수를 다음과 같이 제시했다(Kagin & Lusebrink, 1978).

구조

구조란 미술작품을 완성하는 데 필요한 디렉션의 단계 개수다. 디렉션은 작품의 제작 과정에 직접적인 영향을 미치며 같은 매체를 이용하더라도 다른 결과를 도출한다. 예를 들어, 색종이라는 매체를 가지고 작업을 하더라도 단순하게 접는 작업에서 끝날 수도 있지만, 색종이를 오리고 그 안에서 형상을 찾아 도화지에 붙이고 추가적인 드로잉 작업을 하는 여러 단계의 작업도 가능하다. 다음은 미술치료에서의 구조수준의 예시이다.

- 구조수준 1: 오일 파스텔을 이용하여 '나의 행복'의 모습을 그려주세요.
- 구조수준 2: 그 행복이 유지되기 위해 나에게 필요한 것들을 태그에 적어 3개 이상 붙여주세요.
- 구조수준 3: 나의 행복을 방해하는 요소는 무엇들인가요? 나눠드린 동그라미 안에 3개 이상 적어서 그림의 아랫부분에 붙여주세요.
- 구조수준 4: 방해요소를 극복하기 위해 내가 할 수 있는 것들을 옆에 각각 적어주세요.

과제 복잡성

과제의 복잡성은 완성된 결과물을 도출하기까지 필요한 제작 단계의 개수를 의미한다. 3가지 이상의 연속적인 단계가 요구되는 작업의 경우 높은 과제 복잡성을, 2가지 이하의 작업 과정은 낮은 과제 복잡성을 가진다. 내담자의 지적 수준과 발달적 단계는 과제 복잡성을 결정짓는 요인 중 하나이다. 구조수준과 과제 복잡성은 함께 늘어나거나 함께 줄어들 수 있다. 그러나 그렇지 않은 경우도 존재한다.

- 구조수준은 높고 과제 복잡성은 낮은 경우: 여러분이 가장 행복했던 순간을 상징하는 색은 어떤 것인가요? 떠올려볼게요. 그다음으로 여러분이 가장 힘들고 슬펐던 순간을 상징하는 색은 어떤 것인지 떠올려주세요. 이 두 가지 순간과 감정들은 모두 나라는 사람을 만들어내고 있는 색들입니다. '지금의 나'는 이 두 가지 색 중 어떤 색에 더 강하게 영향받고 있나요? 이 색들이 섞여서 만들어진 색은 무엇인가요? 두 색을 팔레트에 짜고 섞은 후 나눠드린 종이에 그려진 동그라미 안에 칠해주세요.
- 구조수준은 낮고 과제 복잡성은 높은 경우: 자유롭게 도화지와 색종이와 풀을 이용하여 여러분의 감정이 살고 있는 감정 마을을 만들어주세요.

매체 특성

카긴은 미술매체의 특성을 구분할 수 있는 기준으로 유동적 특성과 저항적 특성을 제시한다. 유동적 매체는 부드럽고, 수분이 많고, 가단성(고체가 외부 작용에 의해 외형이 변하는 성질)이 있고, 다루기 쉽다. 저항적 매체는 단단하고, 잘 부서지고, 잘 휘어지지 않고, 가단성이 없으며 다루기 어렵다. 그러나 카긴과 루스브링크의 공동연구에서 대부분의 미술 매체는 유동적 특성과 저항적 특성을 모두 가지고 있다고 설명한다. 대표적으로 수채화 매체의 경우 유동적 매체로 분류되는 경우가 더 많다. 그러나 수채화의 사용방법과 제시에 따라 수채화도 높은 저항성을 가진 매체로 사용되기도 한다.

<저항적 매체로 사용된 수채화 예시>

<유동적 매체로 사용된 수채화 예시>

미술 매체 연속체

란드가르텐은 미술치료에서의 미술 매체는 단순히 창조적인 기능 이상의 수행을 한다고 주장했다(Landgarten, 1978). 그녀는 다음과 같이 설명한다.

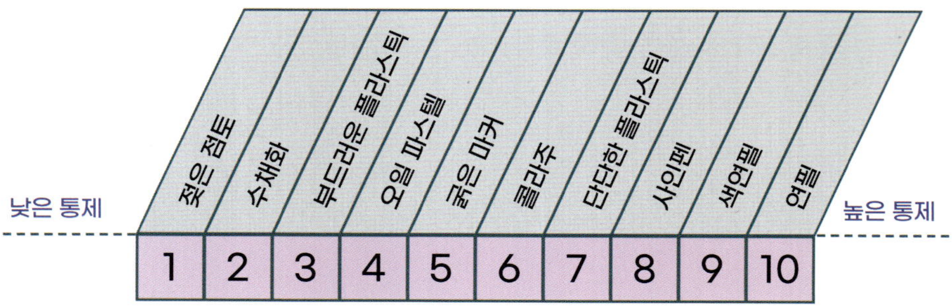

<통제성에 따른 미술 매체 분류>

"미술 매체는 내담자의 정서적인 상태를 반영하며, 자아 표현의 자유, 방어기제의 사용에 영향을 미친다. 이러한 특성 때문에 매체의 크기나 촉감이 미술치료에서의 고려대상이 된다. 미술치료에서 사용되는 대표적인 미술매체는 통제성에 따라 10가지로 분류될 수 있다(Landgarten, 1987, p.7)."

4. 미술 매체의 어포던스

내담자가 미술치료실 테이블에 앉는다. 테이블 위에는 색종이, 가위, 풀, 콜라주 재료, 도화지, 그리고 처음 보는 무언가, 물티슈 등이 놓여 있다. 어렸을 때 집에서 쓰던 오일 파스텔도 보이고, 처음 보는 브랜드의 색연필도 보인다. 다양한 매체들을 짧은 시간 안에 훑으며 반가운 마음도 들고, 어떻게 써야 할지 모르는 매체도 있어서 불안한 마음도 든다. 이때 내담자가 특정 매체를 '어떻게 써야겠다'는 생각은 무엇을 통해서 떠오르는 걸까? 매체의 생김새를 통해 판단하는 걸까, 아니면 그동안의 경험에 비추어 결정하는 걸까? 이 매체는 이렇게 써야 한다는 감각은 미술치료실에서 어떻게 발현될까?

어포던스 - 사물에 내재된 행위 가능성

어포던스(Affordance)는 미국의 지각심리학자 제임스 깁슨이 1977년 자신의 저서『시지각에 대한 생태학적 접근』에 처음 사용했던 용어로, '특정 대상이 가지고 있는 본질적, 외면적 속성이 보는 이로 하여금 행동하게 하는 무언가'로 정의 내려진다(Gibson, 1977). 깁슨에 따르면 매체를 포함한 미술치료실 환경은 내담자에게 어떤 행위의 가능성을 제공한다. 예를 들어, 내담자가 미술치료실에 들어와서 무릎 높이의 네모난 상자가 테이블 앞에 놓여 있으면 '의자'라고 써 있지 않아도, 혹은 등받이가 있고 팔걸이가 있는 전통적인 의자의 형태처럼 생기지 않아도 '앉을 수 있을 것 같다'고 지각한다는 것이다(생각해 보면 우리가 지금껏 앉은 의자에 '의자'라는 글씨나 '이곳에 앉으시오'라는 명령어를 확인한 적이 거의 없다). 깁슨은 어포던스가 지각자의 주관에 따라 구성되는 것이 아니라 환경 속에 존재한다고 이야기한다. 본질적 속성은 사물이 가지고 있지만, 사물과 행위자 사이의 물리적 관계에 따라 다를 수 있다. 성인은 펜을 쥐고 싶어 하고, 아이는 펜을 입에 넣고 싶어 한다. 행위를 가능하게 하는 환경의 물리적 성질은 행위자가 가능한 범위에서 다양하게 구현될 수 있다(손으로 던지기, 발로 차기, 다리 사이에 끼우기 등).

그런데 내담자가 어떤 미술매체를 보았을 때, 어떻게 써야 할지 판단이 서지 않을 수도 있다. 그럼 그 매체는 어포던스가 없을까? 영국의 인지과학자 윌리엄 가버는 깁슨과 마찬가지로 어포던스는 사물 자체의 고유한 특성이라는 것에 동의하며 다음과 같이 설명한다.

> "어포던스는 인식됨과 상관없이 그 자체로 독립적으로 존재한다. 어포던스는 유기체가 그것을 신경 쓰건 말건, 인식되건 인식되지 않건 있다는 것이다. 예를 들어, 생수가 담긴 컵은 내가 목이 마르건 그렇지 않건 '마신다'는 어포던스가 있고, 공은 누가 쳐다보지 않아도 '던진다'는 어포던스가 있으며, 구덩이는 낙엽으로 가려 숨겨놓아도 '떨어진다'는 어포던스가 있다(Gaver, 1991, p. 2)."

지각된 어포던스 – 직관적인 특정 행위 가능성

깁슨이 어포던스에 있어서 사람이 환경을 어떻게 지각하는지에 초점을 둔 반면, 미국의 인지학자 도널드 노먼은 환경이 전달하는 행위 가능성과 기능상의 전달방법을 모두 고려하였다(Norman, 1999). 노먼은 대상을 어떻게 사용할지 결정하는 인지적 특징을 지각된 어포던스(perceived affordance)라는 단어로 제시한다.

깁슨이 행위를 가능하게 하는 환경의 성질에 대한 이야기를 했다면, 노먼은 인지된 대상을 사용하기 위한 단서를 중요하게 설명한다. 이는 사람의 경험, 지식, 문화에 의존될 수 있는 성질이다.

미술매체를 포함하여 인공적으로 제작된 제품들은 지각된 어포던스를 가지고 있다. 그러나 지각된 어포던스가 존재함에도 사용자가 다른 행동을 한다면, 잘못 만들어진 물건이다. 예를 들어, 의자는 사람에게 '앉는다'는 어포던스를 유발해야 한다. 그런데 미술치료실에 온 내담자가 그 위에 가방을 두고 자신은 어디에 앉아야 할지 당황하고 있다면 잘못된 어포던스를 가진 의자라는 것이다.

미술치료 매체의 어포던스

미술 매체를 제공할 때 미술치료사는 매체에 대한 설명을 기본으로 제공한다. 매체의 특성, 주의 사항, 사용방법 등이 여기에 포함된다. 그러나 매체에 익숙해진 미술치료사들은 매체에 대한 설명을 건너뛰고 "앞에 놓인 재료 중에서 자유롭게 쓰고 싶은 것을 쓰세요."라고만 설명하기도 한다. 미술매체들에는 대부분 사용설명서가 별도로 없다. 색연필을 판매하면서 '색연필의 끝을 종이에 대고 일정한 압력으로 종이를 누른 상태에서 원하는 방향으로 이동하세요'라는 설명이 없는 이유는 색연필의 형태에서 발생하는 지각된 어포던스가 대부분의 사람들에게 동일한 행동을 유발하기 때문이다.

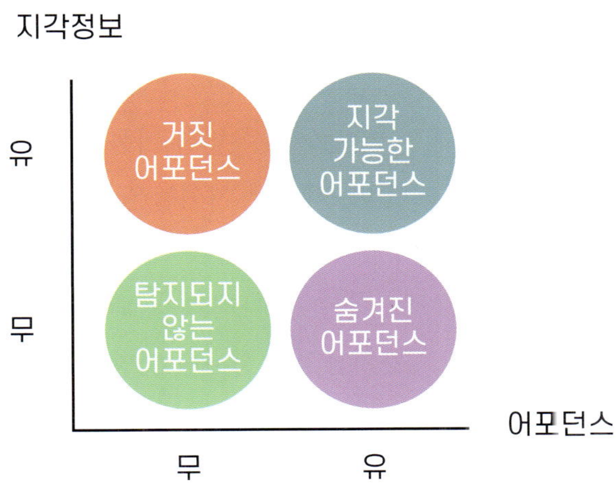

<지각정보와 어포던스 유무에 따른 구분>

가버는 어포던스에 사물과 그 대상을 사용하려는 사람의 문화적, 지식적 배경이 중요하다는 노먼의 주장에 동의하면서 사람에 따라 어포던스의 인지와 존재는 달라질 수도 있다고 설명한다. 가버는 어포던스의 유형을 지각정보와 어포던스의 유무에 따라 지각 가능한 어포던스, 숨겨진 어포던스, 거짓 어포던스, 탐지되지 않는 어포던스로 분류하였다(Gaber, 1991).

지각 가능한 어포던스

색연필, 마커와 같은 매체는 대부분 일정한 어포던스를 가진다. 그렇기에 미술치료사들이 "오른손 엄지손가락으로 색연필의 앞부분을 잡고 두 번째 손가락으로 함께 쥐어 줍니다. 색연필의 머리 부분을 종이에 대고 힘을 주어 움직입니다."라고는 설명하지 않는다. 색연필은 대부분 사용해 보았기 때문이기도 하고 연필처럼 생긴 형태는 기본적으로 높게 지각되는 어포던스를 가지기 때문이다.

3D펜의 경우 어떻게 필라멘트를 3D공간에 옮기는지에 대해서는 단계별로 설명이 필요하다. 그러나 3D펜을 쥐는 방법을 설명하지는 않는다. '가늘고 기다란 형태에, 앞에서 무언가 표기될 것처럼 생긴' 3D펜이 가지는 어포던스는 '손으로 연필처럼 쥐는 것'이기 때문이다.

숨겨진 어포던스

매체의 어포던스가 내담자에게 어떤 행동을 유발할 가능성이 있지만, 내담자가 증거를 찾지 못해 숨겨진 어포던스도 있다. 대부분 자연물은 인공적으로 가공된 어포던스가 존재하지 않기에(예를 들어, 나뭇잎에 아크릴 물감을 칠하는 작업을 할 때, '나뭇잎'은 '칠한다'는 행위 가능성이 쉽게 인지되지 않는다), 내담자가 매체의 어포던스를 발견하기 위해서는 미술치료사가 디렉션에 사용가능성을 상세히 설명해주는 것이 좋다.

새로운 발견 가능성이 내재된 매체

<내가 가장 좋아하는 내 모습>

재활용품이나 일회용품으로 작업하는 경우, 내담자는 해당 믈체의 기존 어포던스를 기억하거나 매체에 어포던스가 없다고 인지할 수 있다. 예를 들어 스티로폼 공을 얼굴로, 솔방울을 몸으로 설정하여 인형을 만드는 프로그램을 기획했을 경우, 크리스마스 때마다 트리를 만들던 경험이 있던 내담자는 '스티로폼 공이랑 솔방울은 크리스마스 트리에 거는 장식품'이라 생각할 수 있고, 한국화를 전공하며 솔방울을 붓 대신 사용했던 학생은 '먹물을 이용하여 화선지에 그리는 도구'로 생각할 수 있다(혹은 그 어떤 어포던스도 읽지 못할 수도 있다).

"자, 오늘은 솔방울과 스티로폼 공을 이용하여 '내가 가장 좋아하는 내 모습'을 만들어 볼 거예요. 내가 스스로 나다운 모습이라고 생각하는 모습을 만들어주세요."

프로그램을 기획한 미술치료사의 머릿속에 이미 솔방울은 내담자가 좋아하는 자신의 모습을 만들 때 몸통에 쓰이는 용도라고 자리 잡아 버린 것이다. 미술치료사는 디렉션 안에 매체의 기존 사용성과 다른 접근을 한다는 점에 대해 알려야 한다. 예를 들어 다음과 같은 디렉션을 줄 수 있다.

"오늘 우리가 사용할 재료는 솔방울입니다. 솔방울은 언제 어떤 상황에서 만나게 되죠?(내담자들의 대답) 네 맞아요. 크리스마스 트리에도 걸기도 하고, 어떤 분들은 솔방울의 수분 흡수 능력을 이용하여 천연 가습기 용도로 사용하시기도 합니다. 술을 담가 드시거나 시럽을 만들어 드시는 분들도 계시죠. 그러나 오늘 우리는 솔방울을 전혀 다른 용도로 사용해 보려고 합니다. 솔방울을 관찰해 볼게요. 어떤 모습이 보이죠? …(중략)… 이 스티로폼 공을 얼굴로, 그리고 이 솔방울을 몸통으로 하여 나의 모습을 만들어 볼 것입니다. 중간중간 비어있는 부분은 나의 무엇을 의미할까요? 또 내 팔과 다리는 어떤 부위에 붙이는 것이 좋을까요? 꼭 신체의 모든 것을 표현할 필요는 없습니다. 내가 표현하고 싶은 만큼 나의 모습을 표현해 주세요."

사용법을 알 수 없는 매체

<색모래>

색모래를 사용해 보지 않은 내담자들은 색모래가 테이블 위에 놓였을 때 어떻게 이용해야 할지를 모른다. 생긴 것은 여행용 샴푸를 소분할 때 쓰이는 소분통같이 생겼고, 용기 내부에는 물감 같은 색깔들이 들어있다. 그런데 자세히 보니 반짝이는 것 같기도 하다. 설명이 있기 전까지는 반짝이 풀처럼 손에 쥐고 짜내는 것인지, 무언가 섞어서 단단하게 만들라는 것인지, 혹시 물에 녹여 물감처럼 만드는 안료인지 감이 잡히지 않는다. 어포던스가 숨겨진 매체는 내담자들에게 당혹감을 주며 불편한 감정을 유발한다. 일부 미술치료사들은 테이블에 미리 매체를 주고 중간단계에 사용될 미술 매체에 대해 설명을 생략하는데, 어포던스가 쉽게 인지되지 않는 재료는 초기에 설명하는 것을 추천한다.

"앞에 놓인 것은 색모래입니다. 우리가 아는 바닷가 모래처럼 작은 입자들로 구성되어 있는데, 색을 입혀 만든 것입니다. 위에 작은 뚜껑을 열고 입구를 아래로 향하면 색모래가 나옵니다. 종이에 펜으로 스케치를 한 후, 오공본드를 짜내어 그 위를 따라 그릴 것입니다. 그리고 색모래를 뿌려 오공 본드에 붙게 만들 거예요. 모래를 뿌리면 오공본드 위에만 떨어지는 것이 아니라 조금 넓게 분사되니, 붙고 나서 남은 모래는 모아서 이쪽으로 버려주시면 됩니다."

색모래를 잘 알지 못하는 상황에서 모래통은 '뚜껑을 열고 몸통을 눌러 짜낸다'는 어포던스가 높을 것이다. 한 수련생이 색모래에 각각의 감정을 부여하고 별도의 투명용기에 감정의 사용 빈도에 따라 순차적으로 모래층을 쌓는 프로그램을 구상해 왔다. 내담자들은 색모래 통 끝의 작은 뚜껑을 열고 입구를 아래르 향한 후 가운데 몸통을 누르며 색모래를 쌓으려 했으나, 이런 행위를 통해서는 색모래가 얇게 분산될 뿐이다(전혀 쌓이지 않는다). 진행자조차 매체에 익숙지 않았고, 테스트도 안 해본 상태에서 매체가 유발한 행위 가능성만 믿은 실수였다.

<플레이콘>

<플레이콘 작업>

많은 아이들이 플레이콘에 물을 묻혀 종이 등에 붙이는 사용법을 알지만, 어느 정도 나이가 있고 플레이콘을 미술치료실에서 처음 접하는 성인들은 사용법을 잘 모른다. 수수깡과 유사하다고 인지하기에 물에 적셔 사용한다는 생각을 하기 어렵다. 유치원 교사로 일하고 있던 수련생은 평소에 어린이들을 접하는 환경에 노출되었었기에 플레이콘은 모두가 사용할 줄 아는 재료라고 인식하고 있었다. 그녀가 "다들 플레이콘 아시죠. 오늘은 플레이콘으로 자유롭게 나의 안전지대를 만들어볼 거예요."라고 설명하자 내담자들은 철사에 플레이콘을 연결하거나 오공본드를 이용하여 종이에 플레이콘을 붙이는 등, 과거 수수깡을 사용하던 방식대로 플레이콘을 다뤘다. 개별적으로 종이컵에 담긴 물은 마시는 물이라 생각해 마시는 사람도 있었다.

탐지되지 않은 어포던스

<크레용 블록> 출처: Goober 홈페이지

모든 매체는 어포던스를 가지고 있으나, 지각되지 않을 때도 있고, 또 지각된다 하더라도 행동 유발 가능성이 없기도 하다. 내담자의 나이와 배경에 따라 이 기준은 달라진다. 성인이 사용하는 가늘고 섬세한 미술매체는 유아에게 사용법이 인지되지 않을 것이고, 인지되어도 손에 쥐어지지 않으니 사용을 유발하지 않을 것이다.

다양한 색채도구들이 테이블에 놓여있고, 내담자들에게 '자유롭게' 선택해서 그리라고 했을 때, 크레용 블럭은 내담자에게 우선 그리는 도구라고 인식되지 않을 것이고(여러 매체 사이에 웬 퍼즐 블록이 있다고 인식될 수는 있다), 인식되어도(물론 사용하는 내담자도 있겠지만) 성인에게 색연필은 연필처럼 쥐는 어포던스가 전달되어야 그리는 행위로 이어질 것이다.

거짓 어포던스

거짓 어포던스는 내담자가 지각하였으나, 어포던스를 잘못 읽은 경우이다. 예를 들어, 크라프트지로 만든 실물 크기의 의자를 보고, 누군가는 '앉는다'는 행동이 유발되어 그 위에 앉으면 넘어져 버릴 것이다. 선행경험으로 인해 어포던스가 잘못 인지되는 것이 대부분이다. 유명한 예로 초기 여객기인 유나이티드 에어의 DC-6 여객기를 이용한 승객들은 에어컨 구멍을 보고 우체통 구멍을 연상해 에어컨 구멍에 편지를 집어넣기도 했고, TWA항공사를 이용한 일부 승객은 승객석 머리 위의 화물칸이 아기를 넣는 요람을 연상시켜 화물칸에 아기를 넣어두기도 했다.

그로잉 캡슐

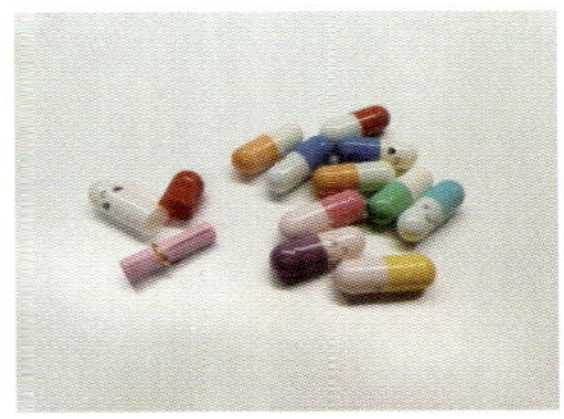

캡슐 편지

<거짓 어포던스를 일으킬 수 있는 매체>

물과 약이 주는 어포던스는 '약을 입에 넣고 컵에 담긴 액체로 먹는다'는 것이다. 미술매체로 활용되는 알약 형태 매체에는 그로잉 캡슐과 캡슐편지가 있는데, 그로잉 캡슐을 따듯한 물에 넣으면 캡슐 케이스가 녹고, 그 안의 색 스펀지가 물에 불어 커지면서 동물 등의 형상이 된다. 캡슐편지는 알약 케이스를 열면 그 안에서 작게 말린 편지지가 나온다.

많은 내담자들이 이 매체를 나눠 주었을 때 "먹는 거예요?"라는 질문을 했다. 선행경험으로 강한 행동이 유발된 것이다. 어린 내담자는 질문하지 않고 즉각적으로 캡슐을 삼킬 수 있으니, 거짓 어포던스가 지각 가능한 경우에는 분명한 설명 이후에 매체를 제시하고 면밀한 감독하에 작업해야 한다.

5. 미술 매체 사용 시 유의사항

작업 가능한 시간

매체는 치료시간, 공간, 내담자의 성향 등에 따라 다르게 적용될 수 있다. 작품의 결과물이 반드시 존재할 필요는 없으나, 시간 안에 작품이 완성되지 못하여 중도에 작업을 그만두었을 때 느껴지는 미해결된 느낌은 내담자에게 불편함으로 다가올 수 있다. 물론 미해결된 상태에서의 머무름이나 반드시 완벽해야 할 필요가 없다는 경험을 매체를 통해 하는 경우는 제외한다. 기관이나 내담자의 치료목적에 따라, 작품을 2회기나 3회기, 혹은 더 길게 이어 작업해도 되는 상황도 있지만, 한 회기에 작품을 끝내야 하는 상황이라면 주어진 시간에 완성될 수 있는 매체와 과정이 제공되어야 한다. 아무리 좋은 경험을 주는 고급 재료라 하더라도 해당 미술치료 환경에 부합하지 않는다면 사용하지 않는 것이 좋다.

재료의 위험성

미술치료를 참여하며 내담자들은 크게 정서적, 물리적, 화학적 위험성에 노출된다. 미술치료사는 해당 매체가 가지는 위험성에 대해 사전에 알려주어 내담자가 미술치료실에서 부정적 경험을 쌓지 않도록 해야 한다.

정서적 위험성은 언어기반 심리치료에서와 마찬가지로 덮어두었던 감정과 다시 만나며 상담받기 전보다 더 힘든 상황을 마주할 가능성이다. 미술치료에서는 매체의 퇴행적 특징이나 참여를 통해 발생할 수 있다.

물리적 위험성은 칼이나 가위, 조각칼과 같은 날카로운 도구에 찔릴 가능성, 종이 등에 베일 수 있는 가능성, 사포나 나무토막 등에 살이 쓸릴 수 있는 가능성, 글루건 등에 의해 화상이 유발될 가능성 등을 의미한다.

화학적 위험성은 유해물질이 인체에 침입할 수 있는 가능성으로, 피부, 호흡기, 소화기로 흡수되는 것이 대표적이다. 내담자가 재료를 입에 물거나, 재료를 짜먹거나, 베어 먹는 등의 행위로 유해물질이 소화기로 흡수된다. 피부에 자극적인 매체를 사용할 경우 단기간 사용하거나 라텍스 장갑을 제공하는데 라텍스 성분에 알레르기가 있는 내담자의 경우는 사용을 지양한다. 공기 중에 퍼져있는 가스나 먼지 등의 유해물질은 호흡기를 통해 인체에 침투한다. 입자가 작을수록 폐에 깊숙이 들어온다.

환기 및 마스크 착용이 필요한 매체

본드: 일부 아크릴 본드 등의 경우 강한 냄새와 유독성 물질로 인해 어지러움증을 유

발할 수 있다.

석고가루: 석고가루는 물과 결합하면 굳으면서 팽창되는 성질을 가지고 있다. 석고가루가 모공 등에 들어가지 않도록 마스크를 착용하거나, 석고나 석고붕대 등을 피부에 직접 사용할 경우 바세린이나 콜드크림 등을 바른 후 사용하여 피부를 보호하는 것이 좋다.

분사도포 용액: 픽서티브, 래커(락카), 바니시 등 공기 중에서 특정 대상에 분사도포되는 용액의 경우 유해독성물질이 포함되므로 반드시 실외에서 작업한다.

드로잉 재료: 연필, 목탄, 분필, 파스텔 등의 드로잉 재료 등이 주로 사용되는 탄소는 인체에 무해하다고 알려져 있으나 가루먼지를 다량 흡수할 경우에는 폐질환을 일으킬 수 있다.

단기간 사용하거나 라텍스 장갑을 착용해야 하는 매체

셰이빙폼: 셰이빙폼을 만지고 물감을 섞어 색거품을 내는 작업을 기본적으로 권하지는 않지만, 사용하는 경우에는 아주 짧은 시간만 하기를 추천한다. 기본적으로 셰이빙폼은 수염을 부드럽게 만들어(녹여) 면도 시 통증을 줄이는 용도로 만들어졌기에, 아이들의 맨손에 셰이빙폼이 도포되는 것은 피부 표면에 상당한 자극을 준다.

스티커 및 테이프류: 테이프류에 알러지가 있다는 것을 알고 있는 사람들은 기본적으로 테이프류의 사용을 피하나, 의료용 밴드에는 알러지가 없지만 일반 테이프나 스티커, 판박이 등이 피부에 닿았을 때 빨갛게 알러지 반응이 일어나는 사람도 있다. 특히 아이들은 자신의 신체에 대한 기본지식이 성인에 비해 부족할 수 있다.

베이킹 소다: 다른 액체와 만날 경우 끓어오르고 부풀어오르는 특성을 가진다. 많은 양을 맨손으로 오래 사용하면 피부가 벗겨지고 거칠어질 수 있다.

주방세제: 물에 주방세제를 섞어서 물감을 섞은 후 빨대 등을 이용해 불면 색거품을 만들 수 있다. 작업 중 실수로 소량 마실 경우 위험하지 않다고는 하지만, 유아나 사람에 따라서 구토를 일으키거나 위독해질 수 있으니 반드시 주의해야 한다. 또한 기본적으로 주방세제는 단백질을 분해하여 설거지를 하는 용도로 제작

되었기에 피부에 닿아있을 경우 피부표면이 녹아 거칠어질 수 있다.

아세톤: 접촉성 피부염을 유발할 수 있는 유기용제다. 사용 시 또는 사용 후 직사광선에 의해 붉은 반점, 부어오름, 가려움증 등의 이상증상이 생길 수 있다.

마블링 물감: 제품의 접착력을 높이기 위해 황산알루미늄칼륨(명반)이 첨가되어 있으며, 피부 자극이나 알레르기 반응을 유발할 수 있다.

기타 사용에 주의를 기울여야 하는 매체

글루건: 글루건이 녹는 재질(얇은 플라스틱이나 스티로폼)이나 기타 접착제에 닿을 경우 상당히 강한 독성 가스를 유발한다. 일부 내담자는 본드로 붙이려는 시도를 하다가 잘 되지 않을 때 글루건으로 동일한 부위를 붙이려는 시도를 하는데, 이때 기존에 도포한 본드와 글루건이 만나면서 유독가스가 발생한다.

꽃: 자연물로 작업할 경우, 일부 꽃이나 꽃가루 알레르기가 있는 내담자가 있을 수 있다. 미리 알레르기 여부를 확인하고 작업을 진행한다. 백합 등 독성 물질로 알려진 꽃은 가능하면 매체에서 배제한다.

내담자의 상황과 성향

내담자의 상황과 성향에 따라 미술 매체는 다르게 제공되어야 한다. 예를 들어, 핑거 페인팅이나 축축한 점토와 같은 매체는 퇴행을 촉진할 수 있는 성질이 있기에 강박적이거나 경직된 내담자에게는 유용한 재료로 사용될 수 있다. 그러나 공격적이고 충동적인 내담자, 혹은 자아경계가 불분명한 내담자에게는 충동성을 강화하고 경계를 더욱 불분명하게 하는 재료로 사용될 수 있다. 통제력이 높은 딱딱한 색연필이나 네임펜 같은 재료는 충동적인 내담자에게는 통제의 관점에서는 유용하나, 강박적 성향이 있는 내담자에게는 강박성향을 강화하는 재료로 사용될 수 있기에 주의를 요해야 한다. 물론 이 모든 것이 이분법으로 나눠는 것도 아니며 개인적 상황과 치료적 목표가 고려되어야 한다.

손에 묻는 것이 싫은 아이

아동 내담자의 경우 물감, 점토 등이 손에 묻는 것을 과도하게 싫어하기도 한다. 대표적으로 두 가지 이유가 존재하는데, 우선 촉각방어가 높은 경우다. 아이들이 엄마의 자궁 속에 있을 때, 태아의 피부 표면에는 피부보호를 위해 왁스로 코팅된 털, 라누고가 덮여 있다. 라누고는 태아가 출생하면 몇 주 후 자연스럽게 몸에서 사라지게 되며, 라누고가 사라진 아이들은 이제 살과 무언가를 접촉시킨다. 이때 촉각이 유해한 자극으로부터 몸을 지켜내는 반응으로 발전하여 통각으로 느껴진다. 이는 성장해 나가며 자연스럽게 감소해 나간다. 이후 촉각은 이제 사물을 구별하는 중요한 역할을 하며, 촉각을 통해 아이들은 감각을 발달시키고 세상과 소통한다. 사물구별의 촉각과 신체보호의 촉각이 균형을 이루어야 하지만, 보호하려는 촉각이 우세한 상태라면 촉각자극이 탐색활동으로 연결되지 않고 불쾌함으로 연결되어 방어적 반응을 보인다.

두 번째 가능성은 부모의 과도한 청결강요다. 태어나는 아이들이 점차 줄어들고, 부모들은 더 좋고 깨끗한 용품들로 아이들의 발달에 신경 쓴다. 그러나 아이의 몸에 무언가 묻기만 해도 바로 아기용 물티슈로 닦아내고, 지저분한 것이라는 표현을 반복적으로 쓰는 것, 음식이나 끈적이는 무언가를 아이가 쏟거나 장난치는 것에 대한 부모의 부정적 정서에 함몰된 경험이 있는 경우, 미술재료가 손에 묻는 것이 아이들에게 즉시적인 부정적 정서를 유발한다. 부모가 정리정돈에 대한 지나친 압박을 하거나, 정돈에 대한 과도한 칭찬이 주어졌을 경우에도 무언가 묻고 흘리는 것 등에 대해 고통스러운 거부반응을 보이기도 한다.

재료의 개수

내담자의 자아 기능이 미성숙한 경우, 동시에 너무 많은 재료를 제공하면 혼란을 야기할 수 있다. 만약 내담자의 인지 수준이 3-4세 수준이라면 2-3가지 정도로 재료를 제한해 주어야 한다.

<12색, 24색, 72색 색연필>

같은 재료라도 색의 개수가 많다고 무조건 좋은 것이 아니다. 색연필은 일반적으로 24색을 사용하지만 24색을 제공했을 때 선택의 어려움을 겪는 내담자도 있다. 그럴 경우 색의 개수를 줄여서 12색, 혹은 8색으로 제공하는 것이 표현과 선택에 도움이 될 수도 있다. 너무 많은 선택지가 제공되었을 때 일부 내담자들은 일상에서도 어려운 선택의 의무를 미술치료실에서 재경험하는 것에 대해 불편함을 느낄 수 있다.

제공 순서

청소년 이상의 내담자에게 재료를 미리 제공하는 것은 참여에 대한 흥미를 높이고 프로그램에 대한 이해도를 높일 수 있다. 그러나 유아동에게 한번에 재료를 모두 제공하면 회기의 순서와 상관없이 재료들을 다 꺼내서 찢고 던져 버릴 수도 있다. 집중력이 낮은 유아동의 경우 프로그램 진행에 따라 재료를 보여주는 것 자체를 자극과 흥미의 도구로 사용할 수도 있다.

가격

서비스에 대한 대가를 제공받고, 서비스를 제공하는 상황에서 가격을 고려하지 않을 수 없다. 기관에서 재료를 제공하는 경우도 있지만, 미술치료 진행비에 재료비가 포함되는 경우도 있다. 이때 자신의 서비스를 지속적으로 제공할 수 있는 수준의 가격을 설정해야 한다. 대부분의 내담자들이 재료를 적정량 사용하고 아껴 쓰기도 하지만 그렇지 않은 내담자도 있다. 재료가 훼손되었을 때도 운영에 문제가 없기 위해서는 가격적 측면을 고려해야 한다. 매체의 가격을 설정할 때에는 다음의 사항도 함께 고려해야 한다.

- 어떤 내담자는 예상보다 매체를 더 많이 쓰기도 한다.
- 어떤 내담자는 매체를 망쳐 재사용 불가하게 만들기도 한다.
- 어떤 내담자는 매체를 던져 부수기도 한다.

Chapter 7. 경험으로서의 미술치료

어떤 시간은 지나간 후 '참 좋은 경험이었어.'라고 말할 수 있는 반면, 어떤 시간은 잘 기억에 남지 않거나 별로 생각나는 것도 없이 지나간다. 흘러 지나가는 수많은 시간 중 특별히 마음속에 '어떤' 경험이라고 남는 것과 그렇지 않은 것 사이에는 어떤 차이가 존재할까?

음식점에 가거나 화장품을 살 때를 생각해 보자. 단순히 음식의 맛과 화장품의 질 그 자체가 선택의 기준이 되지는 않는다. 식당의 분위기, 친절함, 예상치 못한 상황에서의 대처, 환불이나 교환 등에서의 편리함 등이 나에게 '좋았다'고 느껴졌을 때, 그 시간은 좋은 경험이라 느껴진다. 좋은 기억을 마음에 담을 수도 있고, 다시 기회가 생기면 재차 그 식당을 방문하거나, 같은 화장품을 사게 된다. 음식, 화장품 등 서비스로 제공받는 것 이외에도 우리는 주변의 많은 것들을 통해 경험을 형성하기 때문이다. 정신건강 서비스의 하나인 미술치료 역시 제공되는 미술치료뿐만 아니라 그 외의 모든 것들이 하나의 맥락으로서 인식된다. 이제 세상에 좋은 것들은 너무나 많고, 단순히 콘텐츠의 질만으로는 사람의 마음을 사로잡을 수 없는 시대다. '참 좋다'는 느낌을 주어야 하고, 이를 위해서는 이성적으로 설득할 뿐 아니라 감동을 주어야 한다.

그리스의 철학자 아리스토텔레스는 『수사학』에서 설득을 위해 필요한 3대 요소를 설명한다. 첫 번째는 인품과 인격을 의미하는 에토스다. 미술치료사가 아무리 상담을 잘해도, 인간적인 신뢰성이 떨어지면 치료적 효과는 기대하기 어려울 것이다. 미술치료사의 전문성이나 내담자와 미술치료사의 신뢰 있는 치료동맹도 에토스의 영역에 해당한다. 두 번째는 감성을 의미하는 파토스다. 내담자의 감정이나 욕구, 심리적 상태 등을 이해하고 공감하는 것은 내담자가 마음을 열고 상담에 임하게 만드는 중요한 요소다. 내담자가 미술치료 서비스 전반에서 느낀 감정도 여기에 해당한다. 마지막은 이성을 의미하는 로고스다. 미술치료사는 심리상담 이론을 바탕으로 논리적으로 내담자를 설득하고, 논박하고, 새롭게 바라도록 돕기 위해 이성적 판단을 면밀히 사용한다. 아리스토텔레스는 로고스가 파토스를 이길 수 없다고 설명한다. 인간은 논리보다는 감정에 따라 움직이기 때문이다. 그래서 누군가를 설득하는 데 있어서 에토스가 60%, 파토스가 30%, 로고스는 10%라는 것이 아리스토텔레스의 주장이다.

시간이 지나고 경험을 기억하는 것은 파토스의 역할이다. 그렇기에 내담자가 경험에서 무엇을 느꼈는지가 미술치료 전반을 기억하는 중요한 요소다. 과거에는 자격증도 없고 학위도 없는, 미술치료사로서 충분한 자격을 갖추지 않은 사람들도 현장에 많이 보였다. 미술치료실도 쉽게 찾아볼 수 없었다. 그러나 이제는 비슷한 수준의 교육을 받은 미술치료사도 많고, 교통이 편한 곳에 위치한 미술치료실도 많다. 어차피 기준에 미치지 않는 서비스는 이미 1차적으로 걸러지는 시대다. 그런데 내담자는 그중에서 어떤 선택을 한다. 피부과나 치과를 방문하는 소비자가 여러 상담을 받고 자신에게 맞는 병원을 '쇼핑'하듯, 상담소를 쇼핑하는 내담자들도 늘고 있다. 예전에는 상담을 시작했으니 죽이 되든 밥이 되든 계속 한곳에서 상담을 진행했던 사람이 많았다면, 이제는 자신의 욕구를 채워주는, 가치 있는 경험을 만들어 주는 미술치료사를 찾아다닌다는 것이다. 반대로 그렇지 않은 내담자가 미술치료실에서 시간과 에너지를 낭비한 경험만을 했다면, 다시는 심리치료실을 찾지 않거나, 심리치료 전문가들은 자신을 도울 수 없다는 판단을 내릴 수도 있다.

1. 내담자 경험(CX)

내담자 경험의 의미

기업이 제품만을 파는 시대는 끝났다. 이제는 소비자에게 경험을 판매한다. 소비자 경험(CX: Customer experience)은 어떤 제품의 구매 전, 소비, 구매 후 단계를 포함한 모든 단계의 소비 과정 중에 소비자가 반응하는 인식, 감정, 감각처리, 행동의 총체를 의미한다. 소비자가 한 제품을 구매하기 위해 어떤 감각을 경험하고, 어떤 감정을 느꼈으며, 어떤 생각을 하고, 어떤 참여를 통해 어떤 기억을 가져가는지가 모두 포함된다. 제품이 아닌 애플리케이션 등의 디지털 서비스를 판매하는 기업에서는 사용자 경험(UX: User experience)을 판매한다. 사용자 경험은 사용자가 게임이나 앱 등을 직·간접적으로 이용하면서 느끼고 생각하게 되는 총체적 경험을 의미한다.

내담자 경험(CX: Client Experience)은 미술치료 서비스의 여러 측면에서 내담자가 미술치료에 대해 느끼는 인상을 의미한다. 미술치료 경험은 내담자가 미술치료를 알아보는 시점부터 미술치료를 종료하는 시점까지의 전체 기간에 해당하며, 그동안의 미술치료 여정의 상호작용에서 축적해 온 내담자의 견해다. 내담자는 미술치료사의 단어 선택, 사용했던 물감이나 종이, 흘러나온 음악 등과 같은 특정 요인들을 종합하여 '미술치료'라는 하나의 전체적인 경험으로 시간을 인식한다. 내담자는 미술치료사와 공간, 그리고 매체를 포함한 미술치료 전반과 연결되어 있다는 느낌을 확인하고 싶어 하며, 미술치료사가 자신에 대해 잘 알고 존중해주기를 원한다. 미술치료사가 60분간의 회기를 잘 이행하는 것 뿐만 아니라, 각 내담자들과의 개인화되고 친밀한 상호작용도 경험에 영향을 미치는 중요한 요소다. 이는 내담자가 미술치료 현장에 다시 오게 만들고 성공적으로 치료를 지속적으로 이끌어가는 요인이다.

미술치료 경험 과정

내담자가 미술치료를 경험하는 것은 미술치료실에 들어와서부터 나갈 때까지라 생각될 수 있지만, 미술치료 경험은 내담자가 자신의 문제를 인식하고 실제로 미술치료사와 만나고 미술치료를 종료하기까지의 전 과정이다. 이 여정에서 내담자들은 다양한 불편사항을 만나게 되고 그 부분이 개선되어야만 비로소 다음 단계로 나아간다. 자신의 문제를 인식하고, 미술치료실을 알아보고, 예약까지 하고도 미술치료사와 만나지 못하는 내담자는 수도 없이 많다(실제로 전화로 예약하고 상담 예약금을 지불하기 전 캔슬이 잦다). 미술치료실을 방문한 후에도 불편사항은 지속될 것이며, 새롭게 만난 불편사항들이 개선되어야 내담자는 다음 회기에 다시 방문할 것이다. 미술치료사가 개입할 수 있는 부분은 내담자를 만나고 나서부터의 영역이지만, 미술치료사는 내담자가 미술치료실에 방문하기 전의 경험 전반을 다룬다. 한 대학생이 상담을 결심하고 미술치료실에 방문하는 경험의 여정을 예를 들어 살펴보자.

- 우울증을 겪고 있는 대학생
- 심리상담을 받아 본 적 없음
- 그림을 예전부터 좋아했음

→ 미술치료사의 영역 ← (경험, 신뢰)

	인식	관심	예약	경험	신뢰
단계	자신이 우울증을 겪는다는 것을 알게됨	상담을 통해 변할 수 있다는 것을 알고 미술치료를 알아봄	근처 미술치료 프로그램에 예약	개인 미술치료를 1회기 받음	다음 미술치료 예약
접점	심리 유튜브	우울증 환자와 심리치료실의 sns, 블로그, 유튜브	'우울증'과 '미술치료' 검색 후 찾은 모집글, 상담 접수원	미술치료실 분위기, 미술치료사의 목소리, 미술매체, 프로그램, 언어적 피드백	미술치료실 sns, 미술치료 과제, 상담 접수원
불편사항	정신질환자 같아서 인정하고 싶지 않음	심리치료가 처음이라 두려움	생각보다 비싸서 망설여짐	처음 보는 사람에게 내 이야기하는 것이 어색함	주1회의 상담이 한정적으로 느껴짐
개선	다른 채널들을 통해 요즘 우울증을 겪는 사람이 많음을 인식	평소 좋아하는 미술을 이용하는 미술치료를 받아보기로 결정	지역센터에서 무료로 받고 참여할 수 있는 프로그램 발견, 신청	숙련된 미술치료사의 라포형성을 통해 편안하게 상담 임함	주2회로 상담 텀을 줄임
	관심	긍정	긍정과 부정	다소 긍정	매우 긍정

<내담자가 미술치료를 경험하는 과정>

인식

내담자가 지금 느끼는 문제가 과거에도 존재했지만, 인식하는 과정이 부재한다면 문제점의 크기와 상관없이 변화로 연결되지는 않는다. 우울증을 겪고 있던 한 여대생이 알고리즘의 추천으로 뜬 심리 유튜브의 섬네일에서 '하던 일이 재미가 없게 느껴지는 사람'이라는 문구를 보니 자신의 이야기 같아서 클릭을 했다. 그리고 유튜버가 설명하는 이야기들이 자신의 이야기 같아 보다 보니 자신이 우울증인 것 같다는 생각이 들었다. 그런데 정신질환자라는 단어로 자신을 이야기하는 것이 불편하고 정신과 약물에 대해 막연한 공포가 있어서 우울증을 인정하는 것이 쉽지 않았다. 이때 추천된 다른 영상들을 보면서 자신뿐만 아니라 다른 사람들도 비슷한 증상을 겪고 있다는 것을 알고 마음이 조금은 편안해졌다.

관심

관련된 영상이나 포스팅을 보다 보니 꼭 정신건강의학과 약을 먹지 않아도 심리치료를 통해서 우울증을 치료했다는 후기들을 발견한다. 이를 통해 지금 자신이 겪고 있는 우울증이 회복될 수 있다는 희망을 얻게 된다. 그런데 심리치료를 한 번도 받아본 적 없기에 자신의 이야기를 잘 꺼낼 수 있을지 걱정이 된다. 다행히도 검색 도중 자신이 평소에 좋아하던 그림을 이용하는 심리치료가 있다는 것을 알게 되고, 일반 심리치료보다는 조금 부담이 덜할 것 같다는 생각을 하면서 우울증 회복을 위해 미술치료를 받는 것을 고려한다.

예약

미술치료는 모두 예약 후 방문해야 한다는 것을 알게 된 내담자는 우울증과 미술치료 키워드를 혼합하여 검색을 하기 시작한다. 그러나 가격이 예상한 것보다 비싸 치료를 포기해야겠다는 생각이 들었다. 마침 지역센터에서 1인 가구를 위한 우울증 프로그램을 무료로 운영한다는 글을 발견하게 된다. 전화를 걸어 공석을 확인하고, 신청을 한다.

경험

미술치료실에 입장하면서는 어색했지만, 공간에는 잔잔한 음악이 흐르고 있었고, 미술치료사가 다정하게 환영해 주었다. 미술치료실에 오게 된 과정을 물었고, 기본적인 정보를 준 후, 마인드맵 그리기를 통해 자신에 대한 정보를 시각적으로 표현했다. 그러나 처음 보는 사람에게 자신의 이야기를 하는 것이 어색하다는 생각이 들었고, 과연 도움이 될까라는 의심도 들었다. 다행히 미술치료사가 숙련된 방식으로 긴장을 풀어주며 내담자에게 지금 일어나는 일은 충분히 있을 수 있는 일이라고 설명해준다. 내담자는 편안하게 상담에 임하고, 미술로 마음을 이야기한다는 것도 신기하고 재미있었다.

신뢰

집에 돌아와서 미술치료실에서 다른 프로그램은 어떤 것을 운영하고 있는지, 미술치료사는 어떤 사람인지 SNS로 확인했다. 그리고 미술치료사가 한 주 동안 과제로 준 감정일기장을 적어나가면서 도움이 된다는 생각이 들었다. 그런데 방학 기간이라 시간도 많고, 계속 자신에게 일어나는 변화를 공유하기에는 주 1회는 제한적이라고 느껴졌다. 기관에 문의해 보니 주 2회까지 신청이 가능하다는 것을 확인하고 당분간은 주 2회 상담을 진행하기로 했다.

처음 미술치료사가 초기면접을 진행할 때, 내담자에게 "처음 치료를 결심하게 되었던 때는 언제였나요?", "다른 곳에서 상담을 받아보신 적이 있을까요?"와 같은 질문을 하는 것은 정보를 수집하기 위함도 있지만 내담자의 미술치료 여정 전체를 다루는 것이 가치 있는 미술치료 경험 형성에 중요하기 때문이다. 내담자의 경험이 가치 있다고 인지되면, 내담자는 미술치료에 더 만족할 것이고, 창작 과정에 더 몰입할 것이며, 미술치료사와의 관계를 더욱 신뢰감 있게 형성할 것이다. 최종적으로 내담자는 상담에 더 긍정적으로 참여하게 되고, 회복이라는 목적지에 한 걸음 더 가까이 가게 될 것이다.

2. 가치경험과 낭비경험

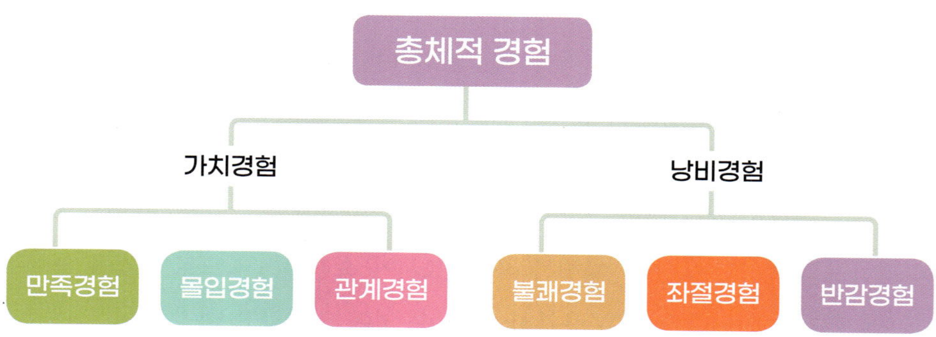

<미술치료의 총체적 경험>

앞서 예를 든 대학생이 미술치료를 경험하는 여정을 살펴보았을 때, 불편사항과 개선사항이 지속적으로 반복되는 것을 볼 수 있다. 내담자들은 다양한 요소들을 통해 미술치료 서비스 전반을 경험한다. 이 경험이 모두에게 좋은 경험으로만 남지는 않고, 어떤 경우에는 나쁜 경험으로 남기도 한다. 본 도서에서는 미술치료 서비스의 사용자로서의 내담자를 바라보는 관점을 바탕으로 미술치료 경험을 가치경험과 낭비경험으로 분류하여 제시한다. 미술치료에서의 가치경험은 내담자가 심리치료 전반을 위해 쓴 시간과 돈, 정신적인 에너지가 의미 있었고 다시 경험하고 싶다고 평가하는 경험이고, 낭비경험은 사용한 시간과 돈, 정신적인 에너지가 아깝고 특별한 것을 얻지 못했다고 평가하는 경험이다. 내담자는 미술치료사뿐만 아니라 미술 매체, 그리고 공간과의 상호작용에서 만족감을 통해 경험을 형성한다.

가치경험(Value experience)

내담자가 미술치료실에서 가치경험을 하게 되면 미술치료에 대한 긍정적 감정이 형성되고, 이는 내담자 스스로에 대한 긍정적 감정으로 연결된다. 이 감정은 미술치료에 지속적으로 참여하게 만들고, 회복의 과정에서 어려움을 만났을 때 보다 쉽게 헤쳐나갈 수 있는 힘을 주기도 한다.

만족경험

내담자가 미술치료가 가치 있었다고 여기는 첫 번째 요인은 만족감이다. 처음 연락했을 때 빠르게 응대받은 미술치료실, 어렵지 않게 찾아갈 수 있는 길, 미술치료실에 도착하기까지 길의 느낌, 약속 시간보다 빠르게 도착했을 때의 대기장소, 미술치료사의 단정하고 편안한 복장, 미술치료사의 위생적인 모습, 지불한 비용에 대비하는 서비스의 만족감 등이 될 수 있다.

몰입경험

내담자는 미술치료 프로그램에 충분히 몰입한 경험을 통해 미술치료 시간을 가치 있다고 평가한다. 집중을 도우면서 귀에 거슬리지 않는 음악, 움직임이 어렵지 않은 동선, 테이블의 높이, 의자의 촉감, 미술치료사의 이해하기 쉬운 디렉션, 잘 이해하지 못했을 때 다시 이해할 수 있도록 도와준 리디렉션, 다루었을 때 재미있으면서 마음을 표현하기 좋은 매체, 자신에게 필요한 주제를 다루며 통찰을 경험한 프로그램, 사용하기 깨끗한 매체 관리상태, 부담스럽거나 유치하지 않은 적절한 수준의 매체, 호기심이 생기는 매체 등이 몰입 경험을 상승시킨다.

관계경험

미술치료사와 내담자의 관계, 그리고 집단원과의 관계에서 받은 수용과 지지, 내담자가 느낀 소속감을 통해 내담자는 이곳에 계속 오고 싶다는 생각을 할 수 있다. 미술치료사의 따듯한 인사, 환영받는 분위기, 미술치료사의 목소리, 눈빛, 앉아있는 자세, 기타 비언어적 요소, 미술치료사의 언어사용과 피드백, 따듯하고 편안한 조명, 수용받는 다양한 경험, 자신의 마음을 정리해서 되돌려주는 피드백, 동질적인 어려움을 겪으며 서로 힘이 되는 집단원, 나에게 필요한 응원의 메시지를 써준 집단원 등은 관계경험을 상승시키는 역할을 한다.

낭비경험(Waste experience)

이와 반대로 미술치료실에서의 낭비경험을 통해 내담자는 미술치료에 실망할 수도 있고, 때로는 좌절하고 상처 입기도 한다. 낭비경험이 축적된 내담자는 상담의 효과에 대해 의문을 품거나 의미 있는 사고-정서적 정보들을 미술치료사에게 숨기기도 하며, 집단에서 이탈하거나 상담을 그만두기도 한다. 일반적으로 내담자의 낭비경험이 강화되는 요소들은 다음과 같다.

불쾌경험

내담자가 미술치료실을 알아보기 시작하면서부터 불쾌경험은 시작될 수 있다. 응대가 너무 느리거나 성의 없이 응대하는 미술치료실, 정류장으로부터 지나치게 먼 거리, 가는 길에 보이는 지저분한 골목과 유해업소들, 상담 중간에 들려오는 주변의 소음, 자신이 하는 말이 밖에 있는 사람에게 들릴 것 같은 구조, 불편하고 삐걱거리는 의자, 얼룩진 더러운 테이블, 지나치게 좁거나 지나치게 넓은 상담실, 관리되지 않은 낮은 퀄리티의 매체 등이 불쾌경험을 강화한다.

좌절경험

내담자는 자신의 삶에서도 다양한 좌절을 경험한 채 미술치료실을 방문한다. 미술치료에서 제공되는 프로그램은 내담자의 성장을 위해 준비된 것이지만, 면밀하게 다뤄지지 않은 경우, 내담자는 오히려 좌절감을 느낄 수 있다. 따라가기 어려운 미술치료 프로그램 디렉션, 기대에 미치지 못하는 낮은 수준의 프로그램, 시간에 쫓겨 불만족스럽게 마무리한 작업, 집단 내에서 혼자 마무리하지 못한 상황, 수정하련 할수록 마음에 들지 않는 작업, 다른 내담자에 비해 혼자서만 미술 기술능력이 부족한 상황, 무언가 구체적인 대상을 그려야 한다는 압박감, 마음에 들지 않는 최종 작업물, 옷이나 손에 묻어 지워지지 않는 물감, 다루기 어려워 좌절스러운 매체 등이 좌절경험을 강화한다.

반감경험

미술치료사와 내담자, 그리고 집단원과 내담자의 관계에서 비롯되는 불편한 감정은 미술치료 시간을 부정적으로 인식하게 만든다. 상담 시작 전까지 본인의 할 일만 하고 있는 미술치료사, 자신의 이름, 과거 상담에서 이야기했던 중요한 내용을 기억하지 못하는 미술치료사, 열심히 작업했는데 작업물에는 관심 없고 내용만 묻는 미술치료사, 라포가 형성되지 않은 상태에서의 사적인 질문, 제공되는 관심 없는 피드백, 말을 이해하지 못하고 재차 반복 질문을 하는 미술치료사, 자신이 말하고 있는 도중 말을 자르고 들어오는 집단원, 미술치료사의 지나치게 화려한 네일아트나 액세서리, 미술치료사의 진한 화장, 은어나 약어 및 과격한 표현의 지나친 사용, 매체를 잘 다루지 못하는 미술치료사, 미리 공지받지 못한 추가 재료비 등은 반감경험을 강화한다.

가치경험 형성을 위한 노력

내담자를 이해하기 위해서는 내담자가 속한 문화를 분석하고, 내담자에게 필요한 미술치료를 제공하는 것이 맞지만, 표준화된 미술치료의 제공은 내담자에게 거부감을 줄 수 있다. 특히 내담자가 자신에 대한 많은 정보를 제공한 상황에서 누구에게나 사용할 만한 프로그램과 디렉션은 반갑지 않다. 같은 프로그램 구성이라 하더라도, 내담자에게 적합한 단어 사용과 표현방식의 권유, 그리고 재료의 선택을 해야 할 것이며, 날카롭고 도움이 되는 피드백이 이에 연계되어야 한다.

가치 있는 내담자 경험을 위해, 첫 회기에 내담자는 온전히 미술치료실에서 편안하게 환영받아야 한다. 다회차 상담일 경우 지난 일지를 내담자를 만나기 전에 읽어 숙지하는 것은 의무다. 사례개념화를 통해 상담 목표가 흐려지지 않게 하고, 내담자 분석을 통해 프로그램을 진행하며, 내담자와 신뢰관계를 구축하고, 지속적 피드백 요청을 통해 최적의 내담자 맞춤형 미술치료를 제공하는 것 역시 미술치료사의 의무다. 무엇보다 훌륭한 가치경험을 만드는 데 있어서 중요한 부분은 미술치료실에서의 60분간의 내담자가 아닌, 내담자의 삶 전체를 이해하려는 노력이다.

3. 내담자 경험 측정법

만족도 조사 **이탈요인 분석** **내담자 피드백**

<내담자 경험 측정법>

만족도 조사

내담자가 미술치료 시간을 가치경험이라 생각했는지, 낭비경험이라 생각했는지는 여러 가지 면에서 드러난다. 어떤 부분을 배워가서 좋았는지 말하거나, 과제를 통해 변화한 부분을 말할 수도 있다. 꾸준히 미술치료실에 방문하는 것, 내담자에게서 느껴지는 양적, 질적 변화도 그 증가가 될 것이다. 부적응 행동의 빈도나 횟수가 줄어들고,

다음은 미술치료실 이용 만족도에 대한 설문입니다.
더 좋은 미술치료 제공을 위한 소중한 자료로 활용되오니 솔직하게 응답해주시면 감사하겠습니다.

1. 미술치료실의 분위기에 대한 만족도는?

매우 불만족	불만족	보통	만족	매우 만족

2. 미술치료사의 어휘 선택에 대한 만족도는?

매우 불만족	불만족	보통	만족	매우 만족

3. 미술치료사의 말의 속도는?

너무 느림	느림	적절	빠름	너무 빠름

4. 사용한 미술매체에 대한 만족도는?

매우 불만족	불만족	보통	만족	매우 만족

5. 이번 미술치료 프로그램은 나에게 도움이 되었다.

전혀 그렇지 않다	그렇지 않다	보통	그렇다	매우 그렇다

6. 나는 다시 이곳에서 미술치료에 참여하고 싶다.

전혀 그렇지 않다	그렇지 않다	보통	그렇다	매우 그렇다

7. 기타 불편사항이나 개선사항이 있다면 편하게 말씀해주세요.

<미술치료 만족도 조사 예시>

내담자가 느끼는 삶의 질이 높아진 것이 여기에 해당한다. 미술치료사는 지속적으로 내담자를 관찰하고, 질문하고, 알아간다. 그러나 이것이 내담자의 마음을 모두 반영해주는 것은 아니다. 긍정적 부분은 미술치료사와 쉽게 공유되지만, 불편하거나 부정적 부분은 잘 드러나지 않기 때문이다.

현장에서 일할 자격을 갖춘 미술치료사는 자신의 미술치료 서비스를 평가하기 위해 시간을 많이 쓰지 않는 경향이 있다. 슈퍼비전이나 피어비전 등 타인의 점검도 중요하고, 일지를 면밀히 분석함으로써 개선점을 발견할 수도 있고, 자가 점검도 중요하지만, 서비스를 받는 내담자로부터 직접적인 피드백을 듣는 것 역시 중요하다.

만족도 조사는 가장 흔하게 쓰이는 측정법이다. 공기관에서 제공되는 프로젝트형 미술치료의 경우, 예산 집행 이후의 만족도 조사는 대부분 필수다. 만족도 조사가 시스템상 별도로 없는 미술치료실에서 일하는 경우, 익명으로 수집될 수 있도록 집단작업이 끝난 후 미술치료사가 부재하는 상황에서 설문지를 체크하여 수집함에 넣도록 하면 좀 더 솔직하게 체크할 수 있다. 단편적인 질문만을 묻는다는 단점이 있지만, 빠르게 내담자로부터 정보를 수집할 수 있다는 장점도 있다. 특히 단기 집단이나 워크숍 미술치료와 같이 여러 내담자들로부터 피드백을 받지 못할 경우 유용하다. 만족도 조사의 내용은 기관의 성격과 내담자 유형에 따라 달라진다.

이탈 요인 분석

내담자가 미술치료를 중단하는 사건은 누구에게나 일어날 수 있다. 숙련된 미술치료사에게도 내담자 이탈은 일어난다. 내담자가 상담을 그만두었을 때, 미술치료사는 재발 방지를 위해 해당 사례를 다각도로 바라보아야 한다. 내담자 이탈에는 경제적 문제, 미술치료실과의 거리, 내담자의 개인 일정 등 여러 이유가 있을 수 있지만, 미술치료사, 미술치료실, 미술매체 및 프로그램을 통해 낭비경험이 축적되었기 때문일 수도 있다. 미술치료사 입장에서는 직면하고 싶지 않은 문제겠지만, 이탈요인을 분석하여 보완하면 다음 내담자에게 더 좋은 미술치료를 제공할 수 있고 미술치료사로서도 성장하는 기회가 될 수 있다.

내담자가 미술치료실을 그만둘 때, 솔직하게 불편사항을 이야기하는 내담자도 있지만, 다른 핑계를 대고 상담을 중단하는 내담자도 많다. 굳이 다시는 보지 않을 사람인데 불편한 이야기 해서 뭐 하나 싶어 집안일이 있다거나 비용이 부담된다는 말로 실제 이유를 감추는 것이다. "혹시 어떤 불편사항이 있었다면 제게 말씀해주세요. 어떤 작은 것이라도 좋습니다. 말씀해주시는 부분은 제가 더 좋은 미술치료사로 성장하는데 큰 도움이 될 것이니 솔직히 말씀해주시면 정말 감사하겠습니다."라고 정중히 요청했을 때 내담자들은 자신을 불편하게 했던 내용들을 설명하기도 하고, 불편사항을 미술치료사가 수용하고 개선 가능한 경우 상담이 지속되기도 한다

내담자 피드백

설문지를 통한 정량적 측정은 빠르게, 수치화된 데이터를 수집할 수 있지만 더 깊은 내용은 확인하기 어렵다. 내담자에게 직접 묻는 정성적 측정을 통해 개인이 주관적으로 느낀 사항을 직접 듣는 것은 내담자와의 관계를 위해서도 추천하는 방법이다. 특히 개인상담의 경우, 상담의 성격이 내담자 개인 맞춤형으로 진행되기에 피드백은 자주 듣는 것이 좋다.

"오늘 상담 어떠셨나요?"라는 질문에는 "좋았어요."라고 답할 확률이 높다. 불편했던 점, 개선해야 할 점, 말의 속도나 고저, 제스처 등 다양한 방식으로 내담자의 미술치료 경험에 대해 묻고 직접적인 피드백을 받을 수 있다. 미술치료사는 내담자에게 다음과 같이 질문하며 피드백을 요청받을 수 있다. 물론 내담자의 상황과 성향에 따라 질문은 달라질 것이다.

- ✔ 사용하면서 가장 좋았던 매체와 가장 불편했던 매체를 알려주세요.
- ✔ 지금껏 상담 받으면서 아쉬운 부분 3가지를 고른다면 어떤 것이 있을까요?
- ✔ 가장 도움이 되었고, 가장 얻어가는 것이 없었던 프로그램은 무엇이었나요?
- ✔ (여러 기관에서 미술치료 경험이 있을 경우) 다른 기관과 비교했을 때, 이곳의 장점과 단점은 무엇이 있나요?
- ✔ 지금보다 개선되기를 희망하는 부분을 알려주세요. 들리는 음악, 앉는 자리, 온도, 미술치료사의 말투, 미술치료사가 쓰는 단어 등 뭐든 좋습니다.

4. 내담자와 '하나의 경험'

내담자의 삶 전체를 이해하려는 노력은 내담자의 미술치료실에서의 경험뿐만 아니라, 지금까지의 경험, 그리고 미술치료 회기와 회기 사이의 경험을 이해하려는 시도로 이어진다. 존 듀이는 '경험'이란 인간이 하나의 유기체로서 외부세계와 상호작용하고 적응하면서 환경을 문화로 재구성하는 과정이라고 설명한다(Dewey, 1934). 외부세계란 내담자를 둘러싼 물리적 환경과 내담자가 소속된 사회와 대인관계를 모두 의미한다. 미술치료실과 미술치료사, 그리고 자신이 창작한 작품 역시 내담자의 외부세계에 포함된다.

하나의 경험

내담자는 수많은 경험을 축적한 채 미술치료실에 도착한다. 생각해 보면 살아온 시간은 참 긴데, 어떤 것은 제대로 시작도 해보지 못한 채 끝나 버리기도 하고, 도중에 중단되기도 했기에, 살면서 겪은 시간들이 의도대로 끝난 경험은 많지 않은 것처럼 느껴진다. 시작과 끝이 분명해서 완결된 경험도 있지만, 표류하거나 목적을 잃은 불완전한 경험들도 많다. 삶의 목적을 잃은 내담자도 있을 것이고, 기계적으로 반복되는 움직임 속에서 의미를 찾지 못하고 살아가는 내담자도 있을 것이다. 그러나 불완전하다 하더라도 환경과의 상호작용은 계속 일어났고, 어떤 대상들에 대한 경험이 있기는 있었다. 다만 어떤 이름을 붙일 수 있는 경험이 되지 못해 뿔뿔이 시간 속에 흩어졌을 뿐이다.

듀이의 저서 『경험으로서의 예술』은 필자가 미술치료 박사과정을 밟을 때 수업교재로 활용되었던 도서인데, 당시 교수님께서는 듀이의 이론에서 딱 한 단어만 기억해야 한다면 하나의 경험(one experience)이라는 단어를 기억하라고 강조하셨던 기억이 난다. 어떤 경험들은 내용들이 일정한 진행과정을 따라서 처음 의도한 목적까지 구조적으로 도달한다. 경험을 구성하는 다양한 요소들이 최종결과까지 하나의 통일된 전체를 이루어 진행되는 것이다. 이러한 경험은 과거 불완전했던 다른 경험과는 구별되는 하나의 단락을 이루게 되며 듀이는 이것을 하나의 경험이라 명명했다.

미술치료실에서 치료 목적을 설정하고, 가설을 세우고, 내담자에게 의미 있는 개입을 하고, 적절한 프로그램과 매체를 제공하고, 내담자가 회기를 통해 통찰을 얻고, 목표를 향해 차근차근 나아가서 최종적으로 심리적으로 개선된 상태가 되는 것이 미술치료실에서의 하나의 경험이다. 더 작은 단위로 나눈다면, 60분간의 회기 동안 지난주에 내주었던 과제를 확인하고, 이번 프로그램을 들어가기 위한 인트로를 다루고, 본 프로그램에 집중할 수 있는 디렉션을 제공하고, 필요한 경우 심리교육이 들어가며, 내담자의 창작 과정을 따라 서술하고, 반영하고 의미 있는 질문을 통해 피드백을 받는 한 회기의 과정 역시 하나의 경험이다. 더 작은 단위로 나눈다면, 내담자가 디렉션에 따라 자신의 경험과 감정을 떠올리고, 심상화를 하고, 미술매체를 선택하고, 매체를 통해 만족할 만한 작품을 완성하는 것도 하나의 경험이다. 내담자가 과제를 일주일 동안 성실히 하면서 자신의 성장에 도움이 되는 의미 있는 발견을 하고 그 다음 회기에 나누는 것도 하나의 경험이다. 하나의 경험은 미술치료실에서의 가치경험을 상승시키게 되고, 미술치료 경험을 '좋은' 경험이라 인식하게 만든다. 일상에서 경험이 중단되거나 파괴되었던 내담자들은 미술치료실에서 만난 하나의 경험을 통해 일상에서의 하나의 경험을 회복하는 힘을 얻을 수 있다.

하나의 경험이 완결을 향해 가는 과정은 단절되지 않는다. 그렇기에 차라리 내담자에게 바보 같은(내담자에게 상처 주거나 불쾌감을 주는 것이 아닌) 질문을 하는 것이 머릿속이 하얘져서 내담자 앞에서 멈춰 서 있는 것보다 낫다고 말하기도 한다. 또한 내담자가 미술치료실에 와서 아주 적은 도움을 받아 가는 것이 상담을 아예 오지 않는 것보다는 낫다고 설명하기도 한다. 물론 하나의 경험을 향해 가는 도중에도 휴식은 존재한다. 미술치료사가 내담자의 작품을 감상하는 과정에서, 또는 내담자의 말에 피드백을 주는 과정에서도 멈춤이 있다. 내담자 역시 디렉션이 끝나고 나서 바로 작업을 시작하지 않기도 하고, 미술치료사의 질문에 바로 대답을 하지 않기도 한다. 미술치료사의 의미 있는 휴식은 그냥 아무것도 하지 않는 것이 아니라 지금 미술치료실에서 진행되는 경험의 목적과 이후 더 나은 개입을 생각하는 시간이다. 내담자의 휴식 역시 자신의 생각을 정리하고 표현하기 위한 재구성의 시간이다. 잠시 멈추어 내담자에게 필요한 다음의 단계를 구성하는 시간들은 지금까지 미술치료실에서 경험한 내용을 집약하고, 이 경험이 완결을 향해 나아갈 수 있도록 조절하고 통제한다. 내담자의 경험들이 불완전하게 흩어지거나 의미를 잃지 않게 하기 위해 미술치료사가 애쓰는 시간이기도 하다. 듀이는 단절이 아닌 휴식은 경험이 각 순간마다 가지는 독특한 숨결과 각 부분들이 지녀야 할 고유한 색깔을 유지하도록 돕는다고 설명한다.

하나의 경험은 어떤 이름을 붙일 수 있는 특성을 가진다. 경험 안을 들여다보면 다양한 요소들이 가득하지만, 이 경험의 요소들은 하나의 성질로 묶여 있다. 그래서 미술치료실에서 탄생하는 작품들도 이름을 가진다. 자신의 마음을 표현하여 세상에 보이는 작품에 이름이 붙여지는 순간, 작품은 하나의 경험으로 완성된다. 미술치료 회기 종료된 후, "오늘 참여하신 시간을 한 단어로 표현한다면 어떤 것이 될까요?"라고 묻는 것 역시 회기를 하나의 경험으로 완성시키는 일련의 과정이다.

질성과 미술치료

질성이라는 말은 한국어의 번역과정에서 만들어진 새로운 단어인데, 사실상 영문으로는 성질이나 질성, 모두 quality라는 단어로 적혀있다. 그러나 인간이 지각하는 새로운 느낌이라는 의미를 가진 질성은 기타 성질들과 완전히 구별되는 특징을 가지기에 별도의 단어로 표기되고 있다. 질성은 흘러 지나가는 경험을 감각적으로 하나로 묶어주는 역할을 한다.

처음 성질의 종류를 나눈 것은 영국의 철학자 존 로크였다. 제1성질은 어떤 대상이 지각되는 조건과 관계없이(지각이 되지 않더라도) 그 대상이 가지고 있는 자체적인 성질이다. 예를 들어, 높이 2m의 나무는 아무도 쳐다보지 않아도 그 자체로 2m의 높이라는 점이 변하지 않는다. 바람이 불면 갈대는 흔들리고, 불가사리는 언제나 별 모양이다. 민들레 씨앗은 가볍고 고래는 무겁다. 이것은 그냥 그 자체로 존재하며 과학의 영역에서 관심을 가지는 분야다. 제2성질들에 의해 규정되는 대상은 '인지'되는데, 여기에는 색, 맛, 소리, 촉감, 냄새 등이 포함된다. 초록색 나뭇잎은 '초록색'이라는 색이라고 보는 사람에 의해 규정되었다. 어쩌면 초록색이라고 규정한 무언가와 닮아있을 수도 있다. 제1성질은 인지하는 자에 상관없이 똑같이 인식되나, 제2성질은 인지하는 자에 따라 다르게 인식될 수 있다. 동물들마다 볼 수 있는 색이 다르며, 같은 냄새도 문화권에 따라 다르게 정의 내려진다.

제3성질인 질성은 대상을 통해 느껴지는 '느낌'이다. '우아해요', '섬세해요', '찬란해요'와 같은 설명에는 제1성질에 보이는 물리적 특징도 포함되지 않고, 제2성질인 색이나 감각적인 부분도 들어있지 않다. 질성은 경험자가 대상을 직접 지각할 때 느껴짐으로써 가지게 되는 것이며, 이런 느낌을 통해 어떤 사건이, 혹은 어떤 경험이 '재미있었다', 혹은 '끔찍했다'라고 기억된다. 완성된 하나의 경험은 하나의 질성으로 설명 가능하다.

예술 경험의 재료는 주로 질성이다. 반면에 지적 경험의 재료는 주로 기호와 상징이다(물론 예술에도 기호와 상징이, 지적 경험에도 질성이 포함된다). 내담자가 작품을 만드는 과정과 창작된 작품은 질성의 경험이지만, 작품을 통해 인식하고, 이해하고, 통찰하는 과정에서는 지적 경험이 필요하다. 지적 경험 그 자체도 분명 정서적 성질이 있다. 미술작업을 통해 언어적 구조화를 하는 체계적이고 조직적인 움직임이 내담자의 '미술치료 경험'을 완결시키는 역할을 하기 때문이다. 그렇기에 내담자의 사고와 마음을 지적 활동을 통해 서술하고 개입한다 하더라도 질성을 통해 완결되지 않으면 하나의 경험으로 통합되지 못한다. 지적 경험이 완결되기 위해서는 반드시 심미적 요소가 포함되어야 한다는 듀이의 주장에 따르면 내담자의 미술치료 경험 내에서 지적 경험과 심미적 경험은 결코 분리될 수 없다.

표상 경험

작품을 만들 때, 내담자들은 물감을 종이에 바르고, 점토를 떼어내고 붙여 어떤 모습을 만들어 낸다. 이때 내담자들은 매체의 형태를 바꾸게 된다. 그러나 물감은 여전히 물감이고, 점토는 여전히 점토다. 외부적인 매체가 형태를 바꾸는 것처럼, 내담자들이 자신의 마음속에 있는 그 무엇을 표현하려고 할 때, 내담자의 마음도 그 형태가 바뀐다.

표상한다는 것은 내담자가 자신의 세계를 경험한 것들을 미술치료사 혹은 집단원에게 제시하고 보여준다는 의미다. 내담자의 작품에 나타난 표상은 있는 그대로의 세계를 옮긴 것이 아니라 내담자가 경험한 세계에 대한 것이며, 그런 점에서 내담자는 지금까지 세계 속에 존재했던 것을 어떤 새로운 형태로 바꾸어 보여준다고 이해할 수 있다. 착즙기를 이용해 사과를 짜내 사과즙이 되었을 때, 사과즙은 사과와 다른 독특한 성격을 지닌 새로운 것이다. 그러나 사과즙은 재료가 된 사과와 공통점을 지니며, 사과즙을 통해 다른 사람들도 사과라는 본질을 이해한다.

프랑스의 야수파 화가 앙리 마티스는 '사진기는 화가들에게 신이 내린 축복'이라고 설명한 바 있다. 원래 사진기가 발명되기 이전 미술의 주요한 역할은 눈에 보이는 대상을 똑같이 옮겨 담는 것이었다. 초상화나 흉상이 가장 대표적인 복사의 미술이었다. 그런데 사진기의 발명으로 이제 화가들은 눈앞의 대상을 복사하는 임무로부터 해방됐다. 미술작품은 똑같이 그리는 사진과는 다른 것이며, 미술을 통한 표상은 있는 그대로의 복사가 아니게 되었다.

이미지는 진술적 역할과 표상적 역할을 모두 가진다. 진술은 일반화가 가능하며, 일반화되면 될수록 그 가치가 높다. 더 많은 사람들에게 동시 감각으로 접근하는 것이 진술적 이미지다. 표지판이나 화장실을 찾는 이미지가 여기에 해당한다. 대표적으로 진술적 이미지의 역할을 한 미술은 중세미술의 종교화였다. 중세미술은 알레고리를 이용하여 약속된 이미지들을 진술한다. 백합은 마리아의 순결을 나타내고, 천사와 마리아가 있으면 그 그림은 〈수태고지〉다. 진술은 구체적이고, 그렇기에 '이것은 무엇이다'라는 정의 내림이 가능하다. 그러나 내담자가 그려내는 감정은 진술적이지 않고 표상적이다. 예를 들어, 내담자가 자신의 분노 감정을 이미지로 표현했다면, 이미지는 '분노'라는 일반명사를 가리키는 것이 아니라, 그림을 그린 내담자가 가진 구체적인 화난 상태를 나타내는 것이다. 내담자의 표상된 이미지에는 그 작품에만 들어있는 고유한 분노가 표현되어 있기 때문이다.

내담자가 미술 매체로 표현한 분노의 모습은 색, 크기, 굳기, 움직임, 리듬을 가지고 있다. 실제로 분노라는 감정은 제1성질과 제2성질을 가지고 있지 않고 제3성질, 즉 질성만을 가지고 있다. 여기에 제1성질과 제2성질을 넣어서 표현한 것이 내담자의 작품이다. 내담자와 미술치료사의 눈을 통해 작품이 들어오고, 작품이라는 대상이 존재함으로써 이로부터 감정이 다시 생기고, 이 감정이 곧 그 작품의 모습과 성격을 결정한다.

내담자의 작품에는 주로 과거의 모습들이 표현되어 있다(미래를 표현한 작품에도 과거의 내용이 분명 담겨있다). 그렇기에 작품 안에는 내담자의 과거 경험들이 나타난다.

비록 내담자는 과거를 재현한 어떤 이미지를 보지만, 내담자는 현재 경험 속에서 다시 새롭고 다양한 의미로 과거 경험을 보게 된다. 내담자가 과거를 지금-여기에 가져왔을 때, 작품은 기억의 단순한 시공간의 이동이 아니라는 것이다. 그렇기에 내담자가 자신의 이야기를 표상하는 과정은 자신의 흘러간 시간들을 새로운 경험의 대상으로 변화시키고, 과거 자신이 경험한 것과 지금의 자신이 다른 경험을 하도록 만들어주는 역할을 한다.

창작과정에서의 방해요소

출판되거나 공개된 미술치료 프로그램들을 살펴보았을 때, '문제 해결능력 향상'이 목표 중 하나로 적혀있는 것을 자주 볼 수 있다. 미술 작업을 하는 것과 문제를 해결하는 것 사이에는 어떤 관련이 있을까.

내담자는 하나의 완결된 경험을 향해 나아가는 과정에서 방해 요소들을 만나게 된다. 여기서의 방해요소는 미술치료실에 소음이 들린다든가, 내담자의 휴대폰이 계속 울려서 작업에 집중하기 어려운 상황이 아니라 작업 과정 안에 존재하는 요소들을 의미한다. 예를 들어, 점토로 사람의 몸과 머리를 따로 만들었는데 이 둘이 잘 붙지 않을 수도 있고, 물감을 혼합하여 색을 만드는데 원하는 색이 만들어지지 않을 수도 있다. 천으로 인형을 만드는 과정에서 매듭짓는 것이 어려울 수도 있고, 집단에서 함께 종이접기를 하는데 따라가지 못할 수도 있다. 매체의 다룸이 아니더라도 무언가 떠오른 것이 이미지로 형상화되기 어려울 수도 있고, 어디까지 사생활을 공개해도 되는지 고민스러울 수도 있다. 이때 내담자는 다양한 수단과 방법을 동원하여 지금의 작업이 최종 결과물에 이를 수 있도록 기지를 발휘한다. 고민하고, 가설을 세워보고, 가장 적절한 것을 찾아 시도해 본다. 가설과 다르게 잘 되지 않았다면 이 과정을 반복하며 앞으로 나아간다. 만약 스스로 해결하기 어려운 문제라고 판단이 내려진다면 타인(미술치료사 혹은 집단원)에게 도움을 요청하고 도움을 받을 수도 있다. 듀이는 작품이 완결에 이르는 과정에서 저항을 만나고 극복하는 과정을 다음과 같이 설명한다.

"경험이 아무런 저항 없이 물 흐르듯 목표에 도달할 수 있다면 경험에는 발전이나 성취라고 불릴 만한 것은 존재하지 않을 것이다. 대상을 하나의 작품으로 완성하는 과정에는 저항이 있어야 하며, 저항이 있을 때 비로소 지성을 발휘한다. 구성 요소들이 적절한 상호작용을 하기 위해서 극복해야 할 난관에 봉착하면 지적으로 검토해야 할 문제가 등장한다. 특별히 지적인 성질이 지배적인 문제를 다루는 경험과 마찬가지로, 예술적 경험에서도 문제를 구성하는 재료들이 문제 해결을 위한 수단으로 전환된다. 지적 경험에서건 예술적 경험에서건 간에 완결된 경험의 과정에서 부딪치는 저항은 회피해야 할 것이 아니다. 그런데 예술적 경험에서 부딪치게 되는 저항은 과학적 경험에서보다 훨씬 더 직접적인 방식으로 예술작품에 표현되어 있다(Dewey, 1934, p.87)."

5. 경험의 표상을 바라보는 입장

내담자가 자신의 경험의 세계를 작품으로 만들어 냈다. 이제 미술치료사는 내담자와 함께 작품을 바라보는 입장이 되었다. 이때 미술치료사는 어떤 위치에서 어떤 태도로 작품을 바라보아야 할까? 여기에서는 미술작품과 관람자를 분리하는 고전적 관람이론과 미술작품과 관람자의 소통을 중시하는 듀이의 통합이론을 바탕으로 미술치료사가 취해야 하는 입장을 살펴보고자 한다.

고전적 관람이론 – 작품을 관조하는 입장

고전적 관람이론은 마틴 제이가 자신의 저서 『눈의 폄하』에서 언급한 데카르트적 원근법주의를 기반으로 한다(Jay, 1993). 과거 서구에서는 미술을 바라봄에 있어서 시각을 다른 감각보다 우위에 두었다. 르네상스에 이르러 원근법이 발명되면서부터 시각 경험은 더욱 중요하게 다뤄지게 되는데, 원근법은 창작자의 시점에서 만들어진 환영을 관람자가 어떤 개입 없이 그대로 수용하는 구조를 가진다.

라파엘로 <아테네 학당> 1511

라파엘로의 작품 〈아테네 학당〉을 보았을 때, 계단의 앞에 있는 사람이 계단 위에 있는 사람보다 더 앞에 위치하고 있다는 사실은 판단 없이 받아들여진다. 이런 이분법적인 데카르트적 원근법주의는 원근법을 표현한 사람과 나를 동일시하면서 마치 내가 저 시점에서 상황을 본다는 생각을 하게 만든다. 창작자가 바라본 대상과 창작자, 그리고 작품과 감상자를 엄격하게 분리하는 방식이며 이러한 이분법적 사고는 미술작품과 작가의 삶도 분리해 버린다. 영국의 철학자 섀프츠베리는 삶과 예술을 분리하여 예술을 그 자체로 평가하는 태도에 대해 '무관심성'이라는 단어를 사용한다(Shaftesbury, 1999). 칸트는 이 생각에 매우 동의했고, 미적 경험을 위해서는 무관심성과 보편타당성이 필요하다고 주장한다. 미적 대상은 그 자체로 고유한 가치를 지니기 때문에, 관람자의 가치관이나 도덕적 기준, 윤리적 잣대가 개입되는 것은 옳지 못하다는 것이 칸트의 입장이다.

전통적 관람이론은 내담자의 미술작품이 가지는 고유한 가치를 존중하는 입장이다. 미술치료사가 가진 가치관이나 윤리적 잣대가 배제됨으로써 내담자의 작품을 중성적으로 바라보는 입장을 지지한다. 전통적 관람입장에서 강조하는 '관조'는 미술치료사를 내담자의 작품에 어떠한 영향도 미치지 못하는 단순 구경꾼으로 전락시키는 개념으로 보일 수도 있으나, '관조하기'는 내담자의 작품과 거리를 두어 바라보아 초연한 태도를 유지함을 의미하기도 한다. 듀이는 '심리적 거리 두기는 특별한 충동으로 대상에서 떨어져 있기는 하지만 대상에 참여하기를 꺼리는 것이 아니다. 그것은 대상을 인식하는 데 완전히 빠져있는 것이 아닌 균형 잡힌 참여의 또 다른 형태'라고 설명한 바 있다.

초연함을 잃은 미술치료사는 내담자의 입장에 지나치게 몰입하고, 내담자의 편에 서게 되고, 내담자의 감정과 동일시하는 경험을 한다. 이는 역전이의 발판이 되기도 하며, 내담자와의 심리적 경계를 조절하지 못하게 만들기도 한다.

창작의 주체인 내담자가 자신의 작품을 바라볼 때에도 관조하기는 필요하다. 자신의 마음(어떤 문제나 다루어야 할 대상)을 거리를 두고 바라봄으로써 자신이 살고 있는 세상을 제 3자의 시선으로 객관적으로 인식할 수 있기 때문이다. 미술치료실에서 내면의 감정과 말로 설명하기 어려운 그 무언가를 시각적으로 만드는 이유는, 내 안에 늘 존재했지만 보이지 않고 설명되지 않아 다루기 어려웠던 부분이 있기 때문이다. 그렇기에 본인이 만든 작품이지만 스스로가 이를 낯설게 바라보면서 객관성을 유지하도록 한다.

내담자들은 종종 자신의 증상과 자신을 동일시하는 경향이 있다. 나라는 주체적 존재가 있고, 우울한 증상은 내가 잠시 겪는 증상일 뿐인데 '나 = 우울함'이라 여기며, 우울증이 내는 목소리에 귀를 기울이고 그 말에 힘을 부여한다. 그렇기에 분리가 필요하다. 미술작품으로 이를 눈앞에 탄생시키면(정확히는 내담자의 내면에 존재하는 것들이 다른 형태로 복제된 것이지만), 스스로와 거리를 두고 바라볼 수 있게 되는 것이다. 심리적 거리 두기가 가능해진 내담자들은 '저는 우울해요'가 아니라 '제가 느끼는 우울한 감정은요…'라는 다른 말을 쓸 수 있는 힘이 생긴다.

통합 이론 – 작품에 관여하는 입장

통합이론은 존 듀이의 전체론적 사고를 기반으로 한다. 듀이는 작품과 관람자를 이분법적으로 나누는 의견에 반대했다(Dewey, 1932). 이 관점은 관람자가 작품에 함께 참여하며 상호작용하는 경험의 가치를 중시한다(Shusterman, 1997). 관람자는 예술 작품 안에 능동적으로 참여하며, 관람자가 가진 경험과 지식, 그리고 감정을 기반으로 작품과 상호작용하며, 이런 과정을 통해 작품은 하나의 경험으로서 완성된다. 듀이는 모든 예술 작품은 다른 사람의 경험 속에서 작용할 때, 즉 의사소통할 때 진정한 의미에서 작품이 된다고 이야기한다.

듀이는 예술과 삶은 분리되어 존재하는 것이 아니라 경험의 연속적인 상호작용을 통해 만들어진다는 의미에서 '하나의 경험'이라 설명했다. 그렇기에 내담자의 작품은 미술치료실에서 뚝 떨어져서 만든 별도의 이미지가 아니라, 내담자가 경험하고 고민하던 세계의 연장선이다. 내담자가 작품을 만들면 작품은 내담자의 마음의 복제가 되고, 이 과정에서 내담자가 가진 갈등이 실체가 되어 드러난다. 내담자는 마음의 복제품인 미술 작품과 긍정적 혹은 부정적 전이를 경험하며, 이 과정은 내담자 자신의 고유하고도 깊은 의식을 발견하도록 돕는다.

미국의 철학자 아널드 벌리언트는 듀이의 이론을 계승하여 '관조'가 아닌 '관여'가 미적 경험의 전제라고 주장한다. 벌리언트에 따르면 미적 경험은 미술작품의 창작과 감상의 전 과정에서 일어나는 경험 그 자체를 의미한다(Berleant, 1992). 미술치료실은 미적 경험이 발생하는 장이고, 내담자의 미술작품을 중심으로 내담자와 미술치료사가 상호 소통을 하며 의도하지 않았던 새로운 의미가 생산된다. 내담자는 몰랐던 자신의 마음을 발견하기도 하고, 애써 회피해 왔던 불편한 마음을 바라보는 힘을 얻어가기도 한다. 미술치료사는 회기를 기획하고 목표를 세운 사람이지만, 작품과 소통하는 과정에서 계획에 없던 놀라운 의미들을 발견할 수 있다.

통합적 관점에서 바라보면, 미술치료사는 내담자의 작품과 소통하면서 이미지가 주는 에너지를 그저 겪기도(undergoing) 하고, 이미지에 개입하기도(trying) 한다. 미술치료사는 작품과 반응하고 소통하며 유기적 관계로서 연속적으로 상호작용을 한다. 표현의 주체인 내담자와 수용의 주체인 미술치료사의 경계는 그 위치가 고정되어 있지 않고 역동적이며, 표현의 주체인 내담자 역시 다시 자신의 작품과 소통하며 새로운 의미를 만들어 나간다.

독립된 유기체로서의 미술작품

종합적으로 미술치료사가 내담자의 작품을 바라보는 관점을 어떻게 정리해야 할까? 필자는 이 질문에 대한 답으로 **독립된 유기체**로서의 바라봄을 제안한다. 독립된 유기체는 관조를 통한 거리 두기와 관여를 통한 역동적 소통이 동시에 작용하는 대상으로서의 미술작품을 의미한다.

조이 샤버리엔은 내담자-작품-미술치료사의 삼각관계를 설명하면서 '작품 속의 삶'과 '작품의 삶'을 분리하여 접근한다(Schaverien, 2000). '작품 속의 삶'은 내담자가 작품을 제작하는 과정의 원동력이 되는 **내담자의 삶**이고, '작품의 삶'은 일단 만들어지고 나면 **별도의 객체가 된 작품**이 생명을 가진다는 의미다(부모가 아이를 낳았지만, 아이가 별도의 객체라는 관점으로 이해하면 쉬울 것 같다). 미술작품은 치료관계의 맥락 내에서 내담자와 미술치료사 모두에게 미적 감각을 관여시키고, 내담자에게 전이의 대상으로 존재하기도 하고, 미술치료사의 역전이에 영향을 미치기도 한다. 작품이 전이의 대상이 되기 위해서는 바라보는 자와 객체 간의 거리는 필수적이다.

미술치료사는 내담자의 마음이 복제된 작품에 가까이 다가가고 싶은 충동을 억제해야 하는 순간도 올 것이고, 어느 순간 정신을 차리고 보니 작품에 지나치게 감정적 반응을 하고 있는 자신을 발견하기도 할 것이다. 이때에는 한 발짝 물러설 줄도 알아야 한다. 미술 전시장에 가면 작품으로부터 점점 뒤로 움직이는 관람자들을 볼 수 있다. 입시미술을 할 때에도 내가 어떻게 그리고 있나 확인하기 위해 학생들은 그리던 것을 놓고 한참 뒤로 물러서서 작품을 바라본다. 전체적 관점에서 바라보아야 그 내용이 더 선명하게 보이기 때문이다.

객관적 거리를 유지하면서 동시에 미술치료사는 내담자의 작품과도 소통하는 존재다. 미술치료사는 내담자에게 작품의 의미를 묻고, 이미지 속에서 발견되는 새로운 이야기들을 확장해 나간다. 상징을 발견하기도 하고, 작품과 내담자가 서로 대화를 하도록 작품에 인격성을 부여하기도 한다. 내담자는 미술작품(예를 들어, 어린 시절 상처받은 마음의 이미지)과 대화하며 위로하기도 하고, 사과하는 시간을 가지기도 한다. 그리고 미술치료사는 때로는 미술작품을 대리하여 과거 어린 내담자의 목소리를 대변해주기도 한다. 미술치료사와 내담자는 함께 작품을 일부 수정하기도 하고, 덮기도 하고, 새로운 목소리를 입히기도 하면서 미술 작품을 하나의 살아있는 객체로서 대한다.

두 가지 관점이 시사하는 바를 종합하여 미술작품을 독립적 유기체로 보고 접근하기 위해 기억해야 할 두 가지 단어는 '심리적 거리 두기'와 '소통'이다. 전통적 관람이론은 작품을 손상시키지 않고 바라봄을 통해, 통합이론은 작품에 인격을 부여하고 들여다봄을 통해, 두 관점 모두 내담자의 작품을 '존중'한다는 공통점을 가지고 있으며, 이 태도는 내담자의 삶을 닮은 미술작품에 대한 미술치료사의 예우이기도 하다.

PART 3_
미술치료 시작하기

Chapter 8. 상담심리이론과 미술치료

미술치료를 기획하는 과정에서 뒷받침이 되는 이론적 배경은 다양하다. 로웬펠드의 미술발달이론은 발달과정에 맞는 미술적 개입을 고려하게 해 줄 것이고, ETC 표현미술치료는 내담자의 수준별 매체 개입 선택에 도움을 줄 것이다. 그리고 상담심리이론은 내담자를 분석하고 치료 방법을 결정하는 핵심적 역할을 하게 된다.

미술치료사는 주요 상담심리이론을 배우고, 자신의 상담 철학 및 가치관에 부합하는 상담이론을 선택하게 된다. 상담자에 따라 하나의 이론만을 배경으로 상담하기도 하고, 주요한 하나의 이론을 주축으로 다른 상담이론에서 필요한 기법이나 일부 개념 등을 취하기도 하며, 내담자에 따라 다양한 상담이론을 유연하게 적용하여 사용하기도 한다.

상담심리이론은 무수히도 많다. 학자에 따라서는 1천 개가 넘는 상담심리 이론이 있다고 말할 정도다. 처음 시작하는 미술치료사는 상담심리 이론 도서에서 소개하는 가장 핵심적인 이론들을 학습하면서 자신에게 와닿는 이론을 만나게 될 것이다. 그리고 그 이론에서 파생되거나 연계된 이론들을 더 알아가고 공부해 나가면 머릿속에 나름의 이론세계가 차곡차곡 정리될 것이다. 심리학 이론들이 만들어졌던 시기의 세상과 현재 내담자가 살고 있는 세상은 전혀 다르며 해당 이론이 발전 가능했던 문화적 배경도 내담자의 그것과 다르다는 것도 인식해야 한다. 이 챕터에서는 일반적으로 미술치료에서 이론적 배경으로 사용되는 대표적인 상담심리이론을 소개한다.

1. 정신역동적 접근

정신분석학(Psychoanalysis)

정신분석학은 오스트리아의 심리학자 지그문트 프로이트에 의해 창시된 이론으로, 인간의 마음을 구성하는 요소를 체계적으로 구조화한 초기 이론이다. 지나치게 성적인 부분과 어린 시절을 강조한다는 비판의 목소리도 있지만, 현대 심리치료 이론에 가장 큰 영향을 미친 이론이라는 점은 부정할 수 없다. 프로이트는 내담자가 그림을 그릴 때 드러나는 무의식과 꿈의 이미지에서 드러나는 상징을 강조했고(Freud, 1900), 상징을 통한 분석적 접근 방법은 초기 미술치료의 이론적 근거가 되었다. 미술을 이용한 창조적 작업은 우뇌를 활성화하여 이미지, 상징, 꿈을 통해 나타나며 좌뇌의 도움으로 이미지를 단어로 번역한다는 것이 정신분석학의 입장이다.

프로이트는 현재의 성격형성에 과거의 영향이 큰 비중을 차지하고 있으며 특히 생애 초기 6년간의 경험은 현재 갈등의 근원이 된다는 입장을 취하고 있다. 대부분의 성인이 가지는 전형적인 문제점들, 예를 들어 애정의 교류에 관한 문제, 분노와 원망, 공격성과 같은 감정인식의 어려움, 무능력함과 허무함, 독립과 의존 사이의 갈등 등은 어린 시절에 그 뿌리를 두고 있다는 것이다.

<나의 내면아이에게>

어린 시절 상처받아 여전히 어른이 되지 못한 내면아이를 형상화 하고 내면아이와 소통하는 작업은 초기 갈등을 발견하고 해소하기 위해 자주 활용된다. 내담자들은 자신의 내면 아이를 가엾이 여기기도 하고, 위로하기도 하면서 결핍되었던 요소들을 발견해 내고, 과거의 상처로 인해 여전히 현재의 자신을 상처입히는 연결고리를 끊어낸다.

미술치료의 선구자 나움버그는 정신분석학적 미술치료의 입장을 취하며 전이의 중요성을 강조했고, 크레이머 역시 치료적 동맹을 위한 전이와 미술적 활동을 통한 승화의 중요성을 정신분석이론으로부터 가져왔다(Rubin, 1999). 전이는 내담자가 과거 유의미하게 생각했던 대상에게 느낀 감정을 상담자에게 옮겨 생각하는 것을 의미한다. 내담자는 상담자에게 투사 반응을 하며 과거 경험을 재구성하고 양육자와의 관계나 갈등을 치료 현장에서 다루어나간다. 듀이는 전이를 "이전에 있었던 경험에 따라 모종의 변화가 생기고, 그러한 변화 때문에 현재와 같은 성격을 지니고 행동하게 된 사람이 새로운 경험에 참여하게 될 때" 나타나는 것이라 설명한다. 나움버그는 전이를 미술치료의 중요한 요소로 설명하였으나, 크레이머는 정신분석학의 전통적 전이 역할을 미술치료실에서 강조하지는 않고 치료적 동맹을 위한 과정으로 바라보았다. 내담자의 치료적 동맹에 대한 인식이 긍정적일수록 미술매체와 미술작품 및 예술적 경험에 대한 인식도 긍정적으로 변화하기 때문이다(Gazit, Snir, Regev & Or, 2021). 크레이머는 미술치료사와 내담자의 관계를 작품을 분석하는 사람과 분석을 위한 그림을 그리는 사람이 아닌, 더 나은 표현을 돕기 위해 함께 작업하는 예술적 동료관계(artistic partnership)라 설명했다(Kramer, 1971). 전이를 강조하지 않고 미술치료에서의 '미술'과 '창작'의 치유적 힘을 강조한 것은 미술치료가 독립적 분야로 인식되는 하나의 계기가 되었다. 반면 역전이는 내담자에 대한 상담자의 무의식적인 감정반응이다. 역전이는 상담자의 감정조절을 어렵게 만들기 때문에 프로이트는 치료과정에서 역전이를 극도로 피해야 하는 대상으로 간주했다.

프로이트는 '상담사는 도화지 같은 존재'가 되어야 한다고 설명했다. 그래야 내담자가 사용하는 전이를 받아들일 공간이 될 수 있다는 의미에서다. 미술치료에는 이미 도화지가 존재하며, 이 도화지 위에 서린 이미지를 통해 내담자는 수많은 전이를 경험하게 된다. 미술치료에서 전이의 대상은 미술 작품이 되기도 하고 미술치료사가 되기도 한다.

정신분석적 상담의 목표는 무의식에 억압된 감정을 정상적 통로를 통해 의식계로 방출하는 것이다(Freud, 1895). 프로이트는 히스테리와 같은 신경증은 의식의 영향을 받지 않은 무의식 속에 마음의 갈등이 억압된 결과로 본다.

<난화 속 형상 찾기>

<찾은 형상으로 그린 새로운 이야기>

미술은 무의식을 드러내고 방어를 낮출 수 있는 효과적인 수단으로 여겨졌다. 자유로운 선을 시작으로 겹쳐진 선 안에서 떠오르는 형상을 찾는 난화작업은 내담자에게 그림에 대한 부담감을 줄여주며 무의식 속 이미지를 찾는 미술치료 기법으로 1940년대부터 프로이트 학파에 의해 사용되었다.

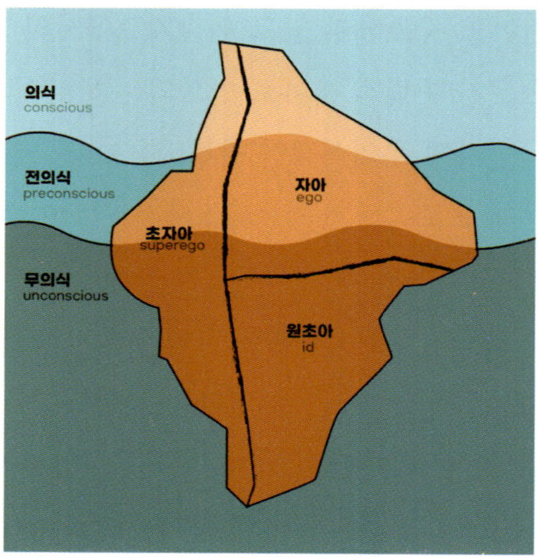

<마음의 지형학적 모델>

정신분석에서 인간의 마음은 구조적 모델과 지형학적 모델로 설명되어진다(Freud, 1916). 구조적 모델은 마음을 원초아, 초자아, 자아로 구분한다. 원초아는 인간이 출생 시부터 타고난 것이며, 원시적이고 본능적이다. 원초아는 정신에너지의 저장고이며, 전적으로는 무의식에 속하는 범주이다. 쾌락원리에 따라 움직인다. 초자아는 선악을 판단한다. 배변훈련 시기부터 생겨나며, 일부는 사회의 도덕률이나 금기로 구성되고 일부는 부모에게 받은 도덕교육을 토대로 구성된다. 사회원리에 따라 움직인다. 자아는 원초아와 초자아를 중재하며 내부 세계와 외부세계 사이에서의 기능이 잘 집행되도록 하는 역할을 한다. 현실원리에 따라 움직인다. 예를 들어, 길을 걸어가다가 현금이 들어있는 지갑을 주웠을 때, '갖고 싶다'는 원초아의 목소리와 '남의 것을 가지는 것은 도둑질이다'는 초자아의 목소리가 함께 들릴 것이다. 그리고 자아는 이 둘중 누구의 편을 들을 지 결정하거나 조율된 새로운 방법을 선택한다.

<내면의 방>

입체 박스는 원초아, 초자아, 자아를 다룰 수 있는 좋은 공간이다. 정신의 구조들은 분리된 것처럼 보이지만 결국 하나로 융합된다. 〈내면의 방〉은 바닥 부분을 욕구(원초

아)의 공간으로, 정면 부분을 심판자(초자아)의 공간으로 설정하여 에너지의 모습과 흐름을 표현하는 프로그램이다. 들춰 볼 수 있는 에너지들은 형태가 일정치 않은 천으로 묘사된다. 좌측과 우측의 벽에 붙은 포스트잇은 자신에게 들리는 천사와 악마의 목소리다. 결국 가운데 존재하는 내(자아)가 판단의 주체가 되며, 내담자들은 초자아와 원초아 중 자신에게 더 도움이 되는 목소리에 집중하게 된다.

지형학적 모델은 인간의 정신을 의식, 전의식, 무의식의 공간으로 분리하는데, 의식은 어느 순간에 우리가 알거나 느낄 수 있는 모든 경험과 감각을 의미한다. 프로이트는 정신생활의 극히 일부분만이 의식의 범주에 있다고 설명한다. 전의식은 지금 이 순간 의식의 영역에 들어있지 않지만 조금만 주의를 집중하고 노력하면 쉽게 의식될 수 있는 생각, 기억, 공상, 관념들을 의미한다. 길에서 만난 동창의 이름이 생각나지 않다가 기억을 더듬어 생각을 떠올리는 경우가 여기에 해당한다. 무의식은 인간 정신의 가장 크고 깊은 곳에 존재하면서 의식적 사고와 행동을 전적으로 통제하는 힘이다. 무의식은 프로이트가 심리학에서 가장 크게 공헌한 영역으로, 마음을 구성하는 사고, 감정, 본능, 욕구, 동기, 갈등 등의 원인이자 자료의 저장고이다. 그리고 갈등과 불안으로부터 자아를 보호하고자 방어기제를 사용하게 된다. 자아 방어기제란 삶의 위협으로부터 자신을 보호하기 위해 사용하는 심리적 장치로서, 자아가 경험하는 불안으로부터 오는 정서적 고통을 완화하기 위한 목적으로 사용된다.

분석심리학(Analytical Psychology)

스위스의 정신의학자 카를 융은 프로이트의 정신분석학에 대한 비판적 검토를 통해 창시한 심리학의 분파이다. 분석심리학은 인간의 정신 구조를 의식과 무의식으로 구분하고, 나아가 무의식을 개인 무의식과 집단 무의식으로 세분화한다(Jung, 1916). 집단 무의식은 융이 제안한 독창적 개념으로서 분석심리학의 핵심 개념이다. 집단 무의식은 인류가 역사와 문화를 통해 공유해 온 모든 정신적 자료의 저장소로, 생각과 행동에 영향을 미치는 수없이 많은 원형으로 구성되어 있다(Carl, 1959). 융은 다양한 문화권의 문화, 민속, 예술 등을 분석하고 보편적으로 등장하는 주제를 발견하였고, 인간이 보편적으로 체험하는 것들을 다양하고 무수한 원형으로 상징화했다. 원형은 어떤 형태를 가진 이미지나 내용은 아니지만, 시간, 공간, 문화, 인종, 지리적 조건의 차이를 막론하고 인간 누구나 가지고 있는 공통 감각이다. 사람에게는 원형 그 자체가 인식되는 것이 아니라 마음에 자주 등장하며 패턴화된 어떤 '이미지'가 인식된다.

<나의 가면>

<무력 괴물>

페르소나는 사회 속에서 살아가는 가운데 집단에 의해 요구되는 태도, 생각, 행동 규범, 역할, 외적 인격을 의미하는 원형이다. 〈나의 가면〉은 종이 가면에 자신의 페르소나를 형상화하고, 가면의 안쪽에는 타인에게 보이려 하지 않는 자아의 모습을 표현한 작품이다. 자신이 가지고 있는 여러 개의 페르소나를 작업한 후 가면을 바꿔 쓰며 여러 페르소나가 자신에게 미치는 영향을 탐색하기도 한다. 그림자는 무의식의 열등한 인격이자 자아의 어두운 면을 의미하는 원형이다. 자아로부터 배척되어 무의식에 억압된 성격측면으로 미숙하고 부정적인 감정을 일으켜 도덕적 갈등을 야기한다. 〈무력 괴물〉은 내담자가 스스로 미워하는 자신의 모습을 표현한 작품으로, 내담자는 작품을 완성한 후 그림자와 역할을 바꿔가서 소통할 수 있다. 융은 그림자는 배척의 대상이 아니라 화해하고 안아줘야 하는 대상이라 설명한다. 아니무스는 여성의 내면적 인격으로 여성 속의 남성성(판단, 생각, 지혜, 따지기, 파괴적 작용 등)에 대한 원형이다. 아버지나 남자형제에 대한 경험에 준거하여 관념이 구축된다. 아니마는 남성의 내면적 인격으로 남성 속의 여성성(감성적, 꼼꼼함, 다정함, 폭발적 감정, 변덕스러운 등)에 대한

원형이다. 자기는 자기실현의 종착점이자 시발점이며 의식과 무의식이 하나로 통합된 전체정신이다. 자기는 의식의 중심인 자아를 넘어서는 엄청난 크기의 정신인 핵심 원형이다.

<나의 행성-집단작업>

〈나의 행성〉 작업은 우주(살아가는 세계) 속 존재하는 행성(자아)의 모습을 표현한 것으로, 외부의 공격으로부터 스스로를 지키는 보호색(페르소나), 다른 행성에 비해 부족한 어두움의 영역(그림자), 우주에서 사라지지 않고 살아남을 수 있는 강점 등을 탐색하는 프로그램이다. 이를 통해 빛과 그림자라는 양극단의 모습이 모두 나라는 존재 안에서 통합되고 있다는 것을 확인하고, 유연하게 우주 안에서 더 잘 살아가기 위한 전략들을 모색한다.

<다양한 형상의 만다라>

융은 무의식의 심상화된 방식을 설명하기 위해 1916년경부터 그의 후년 학설의 중심이 된 만다라를 그리기 시작했다. 그는 꿈에서 본 만다라를 그리는 것은 '영원으로의 창'이라 설명했다. 특히 색채를 이용한 미술작업은 무의식의 기능을 자극하며, 무의식이 지니고 있는 자율적인 기능을 외부로 표현하는 역할이라 언급한다(Jung, 1961).

개인심리학(Individual Psychology)

사회적 과제 우정 구축 · **사랑/결혼 과제** 친밀감 형성 · **직업적 과제** 사회에 기여

<삶에서 요구되는 과제>

오스트리아의 심리학자 알프레트 아들러는 신경증의 원인을 어린 시절에서 찾은 프로이트와 다르게 삶에서 요구되는 과제로부터 회피한 결과라 설명한다. 인간은 사회적 관계에 의해 일차적으로 동기화되기에, 우울이나 불안 등의 '증상'은 사회적 관계를 추구하는 삶의 과제들을 하지 못함으로써 예견되는 불행한 미래로부터 자신을 보호하기 위해 나타난 것이라 주장한다(Adler, 1964). 신경증의 원인을 과거에서 찾는 것이 아니라 '지금' 무엇을 회피했고, 그래서 '앞으로' 어떻게 살 것인가에 대해 고민하는 목표지향적 상담관을 가지고 있다.

<나의 향기로운 미래>

<초인종 누르기>

열등감은 주관적이고 포괄적인 결핍에 대한 우리 자신의 평가에서 비롯되기에(Carlson, 2006) 부정적 개념으로 인식되기 쉬우나, 아들러는 열등감이 창조와 창의성의 원천이고, '내가 이게 부족하구나'라는 감각으로부터 인간은 숙련됨, 성공, 우월감, 완전함을 추구하게 된다고 설명한다. 이런 열등감을 통한 완벽함에 대한 추구가 삶의 목표를 결정하게 된다. 인간은 완벽한 것처럼 느껴지지만 구체적이지 않고 관념적이며 가상적인 삶의 목표(예를 들어 사랑, 행복 등)를 만들고, 이런 삶의 목표는 살아가는 동기가 된다. 아들러는 인간이 가진 자원들(건강, 경제력, 대인관계, 인간적 매력, 교육수준 등)은 모두 다르지만, '무엇'을 가지고 있는지보다 '어떻게' 이 자원을 사용할지를 강조했다. 그래서 아들러의 심리학은 사용의 심리학이라고도 불린다. 인간은 유전적으로 받은 자원과 경험으로 만든 자원을 사용하여 창조적 자아를 만들어 내는 능력이 있고, 이를 사용하여 자신의 문제 상황에 대한 능동적인 참여자가 될 수 있다는 것이 아들러의 의견이다.

〈나의 향기로운 미래〉는 석고 가루(자원)에 스스로 열등하다고 느끼는 요소(열등감)들을 적은 종이를 찢어 물과 함께 섞는 것으로 시작한다. 이들이 조합되어 단단하게 굳어짐으로써 꽃을 꽂을 수 있게 되며(우월성의 추구와 성장), 이런 단단함을 위해 내담자가 실천할 수 있는 사항들을 탐색하는 프로그램이다. 석고 혼합 시, 아로마 오일을 넣으면 성장과 과정에 대한 긍정적 감정을 강화할 수 있다.

개인심리학의 상담기법 중 하나인 〈초인종 누르기〉는 내담자가 유쾌한 경험과 불유쾌한 경험을 번갈아 가면서 하도록 하고, 각 경험을 주체적으로 경험할 수 있음을 훈련하는 프로그램이다. 유쾌함과 불유쾌함에 관련된 두 가지 이미지를 그리도록 하고, 내담자는 해당 이미지를 그리면서 최대한 그 감정에 몰입한다. 내담자는 유쾌한 이미지와 불유쾌한 이미지를 선택적으로 사용하는 훈련을 통해 일상생활에서도 감정을 조절하고 선택하는 힘을 얻는다. 긍정적 이미지와 감정을 앵커링하는 것이다.

2. 인본주의적 접근

인간중심 치료(Person-centered Therapy)

미국의 인본주의 심리학의 창시자 칼 로저스는 내담자를 스스로 탐색하고 변화할 수 있는 능력을 가진 존재로 인식하였으며 내담자를 비난 없이 있는 그대로 받아들임으로써 치료적 효과를 극대화할 수 있다고 주장했다(Rogers, 1942). 로저스는 치료기법 그 자체보다 치료적 관계가 변화를 촉진하는 주된 요인이라고 설명하였으며, 창조적으로 드러나는 관계적 과정에 대한 믿음을 통해 내담자는 성장하고 치유될 수 있다고 설명한다. 로저스는 내담자가 자신이 존중받는다는 감각을 경험하며 자신감을 회복할 수 있다고 설명하면서 진실성, 공감, 무조건적인 긍정적 존중과 수용의 자질을 강조한다. 로저스의 이론은 특정 기법이라기보다는 내담자를 대하는 상담자의 태도에 대해 설명하고 있다.

<모두 꽃이다>

〈모두 꽃이다〉 프로그램은 동요 〈모두 꽃이다〉를 듣는 것으로 시작한다.

> "산에 피어도 꽃이고 들에 피어도 꽃이고, 길가에 피어도 꽃이고 모두 다 꽃이야. 아무 데나 피어도 생긴 대로 피어도 이름 없이 피어도 모두 다 꽃이야…"

가사에 대한 생각과 감정을 공유한 후, 여러 꽃말 카드 중 자신과 어울리는 꽃말을 고른다. 새로운 형상으로 꽃의 이미지를 그린 후 오려서 꾸미고 포장한다. 자신에게 전하는 메시지 카드를 꽃다발에 부착하고, 집단원들은 서로에게 보내는 메시지를 선물한다. 내담자는 집단 안에서 존재 자체로 온전하게 수용받는 긍정적 경험을 하게 된다.

<폭력성이 드러난 작품들>

로저스는 저서 『내담자 중심 치료』에서 비판 없는 수용을 강조한다(Rogers, 1951). 수용받은 경험은 내담자가 자신을 자유롭게 표현하고 내면의 경험을 탐색할 수 있도록 돕는다. 폭력적 이미지라 하더라도 그 자체는 수용의 대상이다. 그리고 온전한 수용을 경험한 이후에 내담자는 자신의 관념과 표현에 대한 비판적 시각을 받아들일 준비가 된다.

내담자가 자신의 삶을 긍정적으로 바라보기 위해서는 자신에 대한 자각이 선행되어야 한다. 이는 고통스러운 과정이 될 수 있지만 로저스는 자신을 되돌아보며 자각할 수 있는 인간의 능력을 믿는다. 인간중심 치료는 진단기준에 따라 내담자를 분류하는 것을 거부하는데(예를 들어 우울장애, 불안장애 등), 이는 내담자에게 편견을 가질 위험성이 있고, 내담자는 모두 독특하고 개별적인 주관적 세계인 현상학적 장을 가지고 있기 때문이다. 로저스는 내담자가 안정을 유지하며 머무르기보다 목표를 실현하고 성장 경향성이 있는 존재로 바라봤다. 내담자는 자신이 가지고 있는 최대의 잠재력을 깨달으려는 타고난 추동이 있고, 이 특징을 통해 치료적 이점을 얻을 수 있다는 것이 그의 설명이다. 내담자들이 과거나 환경으로부터 영향을 받을 수 있지만, 인간은 스스로 결정하는 존재라 믿었고, 이런 긍정적 측면을 강화하는 치료적 핵심은 내담자의 주관적 경험에 대한 배려와 존중이라 보았다.

게슈탈트 치료(Gestalt Therapy)

게슈탈트 이론은 19세기 말 심리학적 미학의 한 방향으로 등장했다. 독일 베를린 실험 심리학 학교에서 게슈탈트 이론을 심리학과 연계하는 시도가 있었고, 심리치료 임상현장에 게슈탈트를 접목시킨 것은 독일의 정신과 의사 프리츠 펄스였다. 펄스는 우리가 감지하는 현실이란 우리의 지각작용, 즉 우리가 자기 경험을 바라보는 방식을 통해 만들어진다고 설명한다(Perls, 1969). 또한 경험하는 모든 것은 그 사건 자체가 아니기에 환경의 맥락 속에서 이해되어야 한다는 장이론을 설명한다.

게슈탈트 상담의 목표는 개인의 완전성과 성장을 촉진하는 것이다. 게슈탈트 상담은 개인이 현재 순간을 알아차림, 자신과 환경과의 상호작용을 통해 자기를 발견하고 변화하는 과정을 돕는다. 게슈탈트 심리학은 다양한 현상을 어떤 하나의 원리로 설명하려는 환원주의에 반대한다. 특정 요소들이 내담자의 현상을 결정하는 것이 아니라, '전체는 부분의 합보다 크다'는 전체론의 명제를 전제로 한다(Perls, 1973). 내담자가 가지는 기능에 대한 전체적 이해가 선행되어야 비로소 내담자에 대한 이해가 가능하다는 것이다. 상담자가 내담자를 바라볼 때는 명백하게 보이는 현상에 집중한다. 내담자의 경험에 가능한 한 가까이 머무르며 해석이 아닌 현상을 탐색한다. 펄스는 내담자를 판단하지 않고, 지금의 현상에 집중하며 내담자의 경험세계로 들어가는 것을 현상학적 접근이라 설명한다.

정신분석에서 설명하는 무의식을 게슈탈트에서는 전경과 배경의 개념으로 설명한다. 어떤 대상을 지각할 때 관심 있는 부분은 전경이 되지만, 나머지는 배경이 된다. 내담자가 특정 욕구나 감정을 다른 것과 선명히 구분하지 못하면 삶의 목표가 불분명하며 의사결정을 어려워한다. 중요한 욕구가 전경이 되지 못하거나 전경으로 떠올랐지만 해소되지 못한 경우에는 배경이 되지 못하고 중간층에 남아 자꾸 떠오르려 하는데, 이것이 미해결 과제다. 인간은 완결성을 추구하기에 미해결된 과제는 심리적 장애를 유발할 수 있다. 내담자가 자신의 욕구와 미해결과제를 알아차리고, 지금-여기에서 다룬다면 더 건강하고 만족스러운 대인관계를 형성하고 자신의 잠재력을 발전시킬 수 있다는 것이 펄스의 의견이다.

<빈의자에 당신을 앉혀요>

<인생 게임>

빈 의자 기법은 과거 미해결 과제를 지금-여기로 가져오는 작업이다. 여전히 마음에 남아 자신을 불편하게 만드는 사람을 종이인형으로 만들어 의자에 앉히고 그 사람에게 대화를 시도한다. 이때 중요한 것은 "저희 엄마는요…"라고 설명하는 것이 아니라 "엄마, 나는…"이라고 대상자에게 직접 이야기하는 것이다. 내담자의 전이를 활용하기 위해서 미술치료사가 종이인형의 인물이 되어 내담자와 대화하기도 하고, 내담자가 직접 상대방이 되어 스스로와 대화하는 방식으로 진행되기도 한다.

〈인생 게임〉은 전경과 배경을 다루는 작업이다. 종이컵 팝업에 이미 배경이 된 과거 전경이었던 주제를 표현한다. 내담자는 해당 주제를 해결하기 위해 사용했던 자신의 자원들을 찾아 나무의 열매로 만든다. 배경이 된 주제는 종이컵 팝업에서 내려 도화지 위에 납작하게 붙인다. 내담자들은 과거에 해결되어야 했지만 그렇지 못하고 아직도 자신을 불편하게 만드는 미해결 과제들을 팝업에 띄우고, 이를 배경으로 보내기 위한 자원들을 나무 열매에서 찾는다. 지금은 없지만 자신에게 필요한 자원이 있다면 추가해서 그려 넣어준다. 그리고 현재 자신의 전경이 되는 주제를 팝업에 띄운 후 이를 배경으로 보내기 위한 자원 열매를 추가한다. 이를 바탕으로 내담자들은 미래에 예측되는 전경들을 해결해 나가기 위한 자원을 확보할 수도 있다.

실존치료(Existential Therapy)

실존치료는 상담의 특별한 방식이라기보다는 하나의 사유방식으로, 규정된 특정 기법이나 체계적 상담 모델은 아니다. 실존치료는 인간은 환경을 선택할 수 있는 자유가 있는 존재라는 전제하에, 인간 실존의 네 가지 궁극적인 주제인 자유, 실존적 고립, 무의미함, 그리고 죽음에 초점을 맞춘 역동적 접근이다(Yalom, 1931).

실존치료는 내담자들이 자기 자신을 신뢰하고, 자신의 주변 세계와 자신에 대한 조망을 확장하며 현재, 그리고 미래에 부여할 삶의 의미를 명료화하는 것을 목표로 한다(Wong, 2005). 이를 통해 과거, 현재, 미래의 위기에 대해 편안해지고, 자신과 타인을 보다 더 이해하고, 타인과 의사소통하는 보다 나은 방법을 학습하는 것을 최종목표로 삼는다. 실존주의적 관점에서 인간은 삶의 방향을 결정지을 자유가 있고 자신의 운명을 만들어 나가는 데 있어 책임을 져야 하는 존재다. 인간은 비록 세상에 피투(彼投-

상황에 내던져져 살아가야 하는)된 존재이지만, 어떤 의미를 기반으로 어떻게 살아갈지 기투(企投 – 현존재의 가능성에 대해 몸을 던지는)하는 것은 개인의 선택이다.

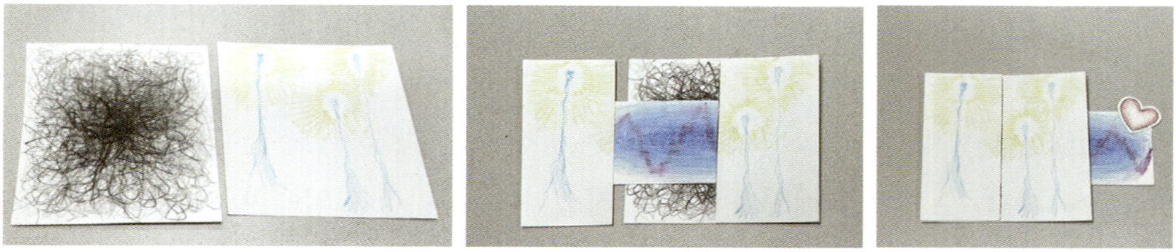

<나의 불안, 나의 이상>

실존치료에서의 실존적 불안은 현실적 불안과는 분리되는 '죽음, 고립감, 인생의 무의미, 자유에 대한 자각으로부터 경험되는 불안'을 의미한다. 이들은 직면할 때 피할 수 없는 산물이자, 동시에 잠재적으로는 교훈적 신호를 제공하는 기능을 한다.

〈나의 불안, 나의 이상〉은 내담자가 가지고 있는 실존적 불안을 다룬다. 엠보싱이 있는 종이에 실존적 불안의 모습을 표현하도록 한 후, 내담자가 생각하는 이상적 모습을 매끈한 두 번째 종이에 표현하도록 한다. 그 다음으로 완전한 모습을 반으로 나눈 후, 자신이 불안을 직면하고 받아들여 움직일 수 있는 사항들을 중간 도화지로 연결한다. 내담자들은 이상적인 완벽함이란 도달하기 어렵다는 것을 받아들이고 실존적 불안을 다루는 방법과 극복을 위한 삶의 실천사항들을 발견한다.

<죽음을 맞이하는 나에게>

<나의 작은 전시회>

〈죽음을 맞이하는 나에게〉는 남아있는 삶의 시간이 얼마 남지 않았다는 전제하에, 삶이 유한한 상황에서 선택할 행동들과 해결해야 하는 사항들을 발견하고 유서를 쓰는 프로그램이다. 실존적 접근에서 죽음이란 삶의 의미와 목적을 발견하기 위해 필수적이다. 내담자는 자신이 영위하고 있는 삶의 현실을 진지하게 받아들이게 되고 그 가치에 집중하며, 자신에게 가장 중요한 것이 무엇인지 질문하는 자세를 가지게 된다.

〈나의 작은 전시회〉는 자신의 불안과 선택 위에서 의미를 발견하는 프르그램이다. 자신의 실존적 불안을 바닥에 표현하고, 이를 극복하기 위해 선택한 것(혹은 선택할 수 있는 것)들을 뒷벽면에 표현한다. 이를 종합적으로 자신이 발견한 삶의 의미를 캔버스에 묘사하여 전시장을 완성한다. 내담자는 전시장의 도슨트가 되어 불안 속에서 지속되는 선택의 자유와 책임, 그리고 삶의 의미에 대해 설명한다.

실존치료적 관점은 내담자를 자신의 정체성을 찾기 위해 '나는 누구인가?', '나는 어디로 가고 있으며 그 이유는 무엇인가?', '나의 삶의 목적과 의미는 무엇인가?' 등에 대해 질문해 나가며 삶을 이해하는 존재로 보고 있다.

3. 행동주의적 접근

합리적 정서행동치료(REBT: Rational Emotive Behavior Therapy)

미국의 심리학자 앨버트 앨리스는 행동에 대한 인지의 영향력을 강조하며 정신분석학이 가지고 있는 한계점(지나치게 길게 소요되는 상담시간, 현재 증상과 탐색 사건과의 불연관성 등)을 극복할 수 있는 집중적이고, 간결하고, 논리적인 심리상담 기법을 발표한다(Allice, 1957). REBT는 불행한 결과를 경험하는 원인이 한 개인의 신념과 인지적 요인이라는 점을 강조하였다.

사고와 감정은 끊임없이 상호작용을 하고 서로에게 영향을 미치는 존재이며, 불행한 사건이 일어났을 때, 인간은 절대적이고 독단적인 생각으로 특징지을 수 있는 사건에 대한 비합리적 신념을 만들어 낸다(Allice, 1962). 앨리스는 변화를 바란다면 자신의 혼란스러운 생각, 감정, 행동에 대한 책임이 스스로에게 있음을 인정해야 하고, 자신이 혼란스러울 때 어떻게 생각하고 행동하는지를 관찰해야 하며, 변화를 가져오기 위한 힘든 작업에 전력을 기울여야 함을 주장한다.

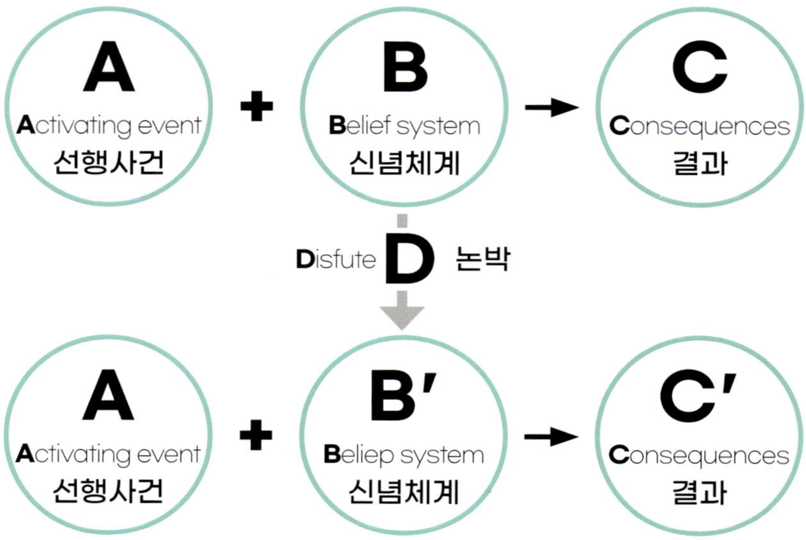

<REBT의 ABCD 이론>

REBT는 어떠한 사건이 직접적으로 결과에 영향을 미치는 것이 아니라, 사건과 결과 사이에 존재하는 신념이 영향을 미친다고 주장한다. 선행사건(A)은 누군가와 싸웠거나, 시험에 떨어졌거나, 많은 사람들 앞에서의 발표에서 실패한 것과 같이 특정 정서를 유발하는 어떤 사건을 의미한다. 신념체계(B)는 어떤 사건에 대해 개인이 가지게 되는 특정한 태도로서, 한 개인의 사고방식 및 신념체계로 정의될 수 있다. 이때 불행하고 부적응적인 결과를 경험하는 개인은 비합리적 신념체계를 가지고 있다. 결과(C)는 자극 사건에 직면했을 때 한 개인이 자신의 신념체계를 바탕으로 해석하여 느끼게 되는 행동적, 정서적 결과를 의미한다.

REBT는 내담자가 지닌 근본적인 신념체계를 검토하도록 한다. 내담자의 사고를 재교육하는 과정에서 상담자는 내담자의 비합리적 신념을 바꿀 수 있도록 내담자가 자신의 생각에 도전하고 그 논리들이 합리적인지에 대해 생각하도록 하기 위한 논박(D)을 사용한다. 이를 통해 스스로 파괴적인 생각에서 벗어나 합리적인 삶의 철학을 정립하고, 자신과 타인에 대한 폭넓은 수용을 통해 긍정적 효과를 이끌어낸다.

<4컷 신념 만화>

〈4컷 신념 만화〉는 ABC 이론을 적용하기에 아주 유용한 기법이다. 먼저, 내담자에게 4컷 만화 칸을 나누어 준 후, 스트레스를 일으키는 촉발요인(A)을 첫 칸에 그리게 하고, 이로 인해 만나는 자신이 원치 않는 감정이나 행동(C)을 마지막 칸에 그리도록 한다. 중간 두 칸은 사건과 결과 사이에 존재하는 신념과 사고의 흐름(B)을 늘려보는 것이다. 미술치료사는 내담자와 함께 신념들을 논박한다(D). 이후 새로운 4컷 만화 칸의 첫 칸에는 앞서 그린 만화와 동일한 첫 컷(A)으로 시작하되, 새로운 신념과 사고(B')를 사용하여 긍정적인 다른 결과(C')가 나오는 과정을 그리도록 한다.

인지행동 치료(CBT: Cognitive Behavior Therapy)

인지행동 치료는 행동심리학과 인지심리학의 기본원리를 조합한 것이다. 인지행동 치료를 이끈 미국의 정신과 의사 아론 벡은 인간은 무의식에 휘둘리는 존재가 아니라 자신의 의식적 경험에 근거하여 주체적으로 판단하고 행동하는 존재라 주장했다(Beck, 1975). 인지행동치료의 기본 가정은 내담자의 문제 행동, 인지 및 정서는 학습된 것이며, 부적응적 사고를 변화시킴으로써 행동과 정동을 변화시켜 정신장애의 증상을 해결한다는 것을 전제로 한다. 상담사와 내담자를 상하관계가 아닌 협력적 관계로 간주하며, 상담은 공격적이고 교육적인 특징을 보인다.

정신분석학에서 주장하는 심층분석을 통한 유아기 경험의 탐색과 기저의 역동 통찰 없이도 인지적 변화를 통해 고소공포증, 발표 공포증, 가족 간 갈등, 성적인 문제 등의 증상은 빠르고 적절하게 완화될 수 있다는 것이 CBT의 입장이다.

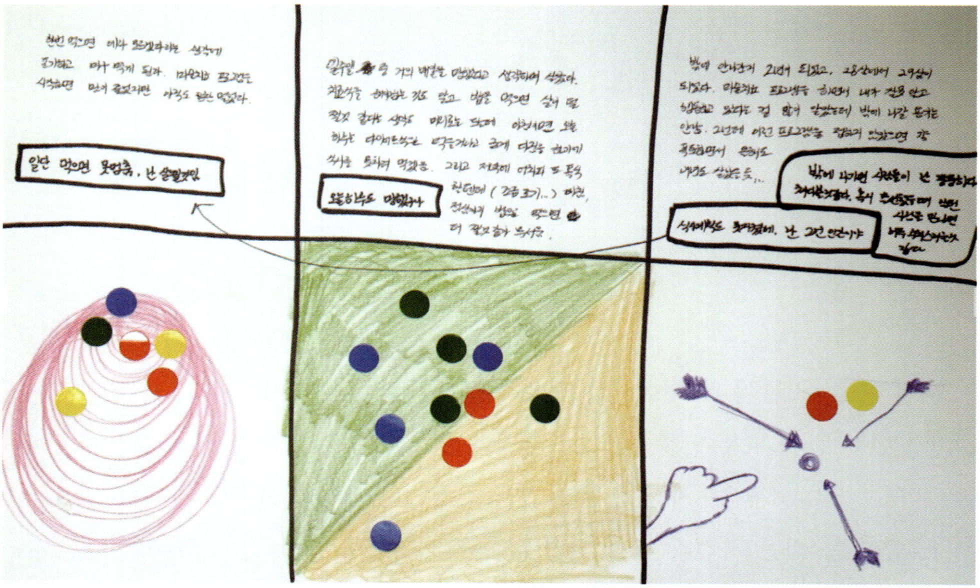

<일주일간 사용한 자동적 사고 투표하기>

인지행동치료에서는 한 개인의 감정과 행동에 결정적인 영향을 미치면서도 쉽게 의식되지는 않는 자동적 사고를 다룬다. 내담자는 자동적 사고에 포함된 인지왜곡을 다룸으로써 부적응적 결과를 줄인다. 〈일주일간 사용한 자동적 사고 투표하기〉는 스스로의 외모와 타인의 시선에 대한 왜곡된 지각때문에 외출하기를 어려워 하는 은둔형 내담자가 자동적으로 사용되는 인지왜곡들을 이미지로 만들어 자신에게 미치는 영향을 탐색한 프로그램이다. 상담과 상담 사이에 자동적 사고를 경험한 횟수를 측정하기 위해 작품을 집으로 가져가 하루 동안 해당 생각이 떠오른 횟수를 스티커로 붙이는 과제를 수행했다.

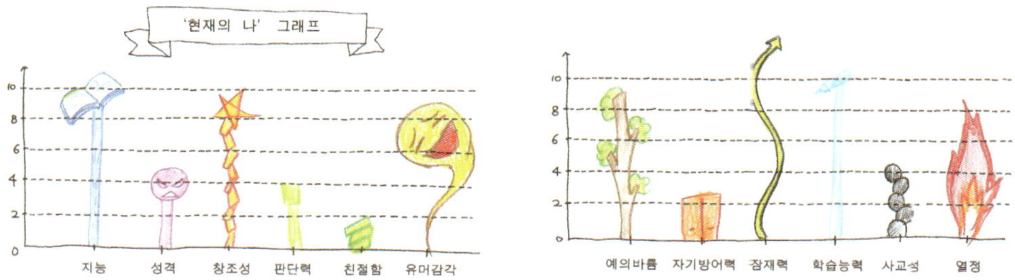

<현재의 나 그래프>

수치화는 인지행동 치료에 있어서 주요하게 사용되는 측정방법이다. 예를 들어, 우울감이 현재 9라고 측정한 내담자의 최종목표는 3이 되는 것일 때, 숫자를 줄이기 위해 할 수 있는 일을 목록화하고, 시도해본 방법들이 얼마나 도움이 되었는지에 대해서도 수치화할 수 있다. 이를 위해 상담에서는 과제를 적극 활용한다. 〈현재의 나 그래프〉는 내담자가 자신의 요소들에 대해 0부터 10까지의 그래프로 파악하고, 변화의 목표를 숫자로 설정하여 실천전략을 찾아나가는 프로그램이다.

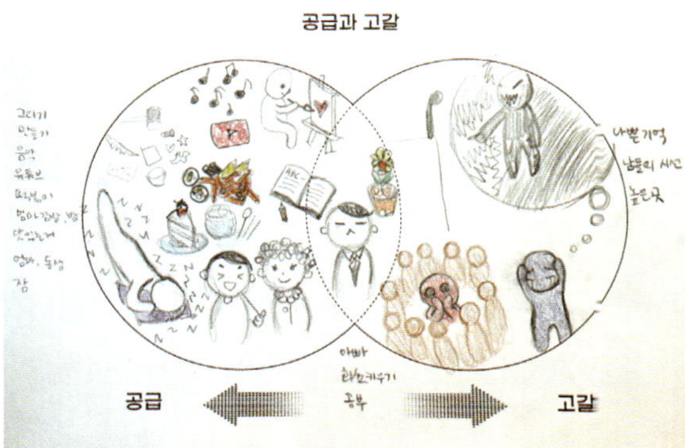

<공급과 고갈>

같은 상황에서 한 개인이 느끼는 감정과 생각, 이로 인한 행동이 다른 이유는 역기능적 사고 때문인데, 여기에는 인지왜곡이 관여를 하기도 하고, 경직된 사고가 관여하기도 한다. 사람마다 사건이나 상황에 부여한 개인적 의미는 모두 다르다.

〈공급과 고갈〉은 자신에게 채움을 주는 요소를 왼쪽 원 안에, 자신을 소진시키는 요인을 오른쪽 원 안에 그리는 프로그램이다. 공급의 크기가 더 클수록 왼쪽에, 고갈의 크기가 더 클수록 오른쪽에 그린다. 가운데 영역은 공급이 되기도 하고 고갈이 되기도 하는 영역인데, 주로 내담자와 가까우며 삶에 깊은 영향을 미치는 가족이나 일 등이 등장한다. 이 영역에 포함된 인지왜곡과 역기능적 사고들을 조절함으로써 삶을 보다 적응적으로 살아가도록 할 수 있다.

현실치료(Reality Therapy)

미국의 정신과 의사 윌리엄 글래서는 내담자의 문제에 대한 책임이 내담자 스스로에게 있다는 것을 인지시키고, 책임감 있는 행동과 대안적 해결책을 강구하는 현실치료를 발전시켰다(Glasser, 1965). 현실치료는 내담자의 감정보다는 행동에, 과거보다는 현재와 미래에 초점을 맞춘다. 현실치료의 핵심은 모든 인간은 스스로의 선택에 대한 책임을 져야 한다는 것이며 문제의 대부분이 현재에 관련되어 있기 때문에 과거를 탐색하는 데 너무 많은 시간을 쓰는 것은 불필요하다는 입장이다.

현실치료의 이론적 바탕은 선택이론이다. 선택이론은 모든 생물체의 심리적, 신체적 행위들을 설명해주는 생물학적 이론으로, 모든 행동은 외부의 자극에서 동기를 얻는다고 믿는다. 자극-반응 이론에 대비해서 선택이론에서는 선택은 내적으로 동기화된 것이라고 설명한다. 선택은 전체행동 중 행동과 사고를 통해 이루어진다(Glasser, 1989). 전체행동은 독특하지만 분리할 수 없는 4개의 요소, 즉 행동(말하기, 뛰기 등), 사고(자발적으로 떠오르는 생각이나 의도적 자기진술), 감정(우울, 기쁨, 슬픔 등), 그리고 생리(땀 흘리기, 통증 등)로 구성된다. 선택이론은 전체 행동을 선택하면서 네 가지 요소 중 일부를 선택하지 않는 것은 불가능하다는 가정에 근거한다.

<WDEP>

현실치료에서는 부적절한 행동이나 증상에 대한 진단보다 내담자의 행동이 욕구를 충족시키는지를 평가하고, 만약 효율적 행동이 아니라면 욕구 충족을 위한 현실적인 계획을 세우도록 돕는다. WDEP는 4단계에 걸쳐 욕구(W)를 탐색하고, 목표를 위한 자신의 행동(D)을 점검하고 이를 위해 자기평가(E)를 시도하고 최종적으로 계획(P)하고 다짐하도록 하는 현실치료의 대표적 기법이다.

<5가지 기본욕구>

<내 욕구으 가치파이>

현실치료에서 바라보는 인간은 5가지의 기본욕구를 가지고 있고, 그 욕구에 따라 자신이 이상적으로 생각하는 좋은 세계(Quality world)의 모습은 각각 다르게 형성된다 (Wubbolding, 2011). 내담자가 자신의 욕구를 파악하고 이를 바탕으로 자신과 타인을 이해하게 됨으로써, 관계에서 드러나는 근본적 갈등을 줄여나가는 힘을 얻게 된다. 〈내 욕구의 가치파이〉는 내담자가 5가지 욕구를 크기별로 나누어 자신에게 가장 가치 있는 욕구부터 순차적으로 시각화한 프로그램으로, 부부상담, 가족상담에서 활용될 경우, 서로의 가치관의 크기를 확인함으로써 갈등의 원인을 이해하는 통찰적 프로그램으로 사용되기도 한다.

Chapter 9. 미술치료 계획과 구조

미술치료는 미술을 매체로 사용하는 심리치료 서비스다. '서비스'라는 단어를 쓰는 것에 대해 불편함을 느끼는 미술치료사도 있는데, 엄연히 미술치료는 정신건강 서비스의 한 종류다. 좋은 미술치료 제공을 위해서는 내담자, 즉 서비스 사용자를 분석하는 것이 먼저다. 최적의 미술치료 경험을 위해서는 내담자를 만나기 전 내담자의 정보를 기반으로 첫 회기를 준비해야 하며, 치료 방향성과 목적, 프로그램과 매체의 선택은 수집된 데이터와 이론을 기반으로 이행된다.

사용자 경험(UX: User Experience) 설계는 서비스의 사용자를 분석하여 사용자의 사용성과 경험성의 질을 높이는 과학적 접근 방식 중 하나다. 사용자를 미리 분석하고, 서비스를 이용한 사용자의 경험을 수집하고, 이를 기반으로 도출한 아이디어를 바탕으로 사용자와 미술이 최적의 상황에서 만나게 만드는 과학과 미술, 그리고 인문학이 결합된 분야다. 이러한 인간 기반의 융합학문 모델을 미술치료에 적용한 내담자 경험 중심(CX: Client Experience) 미술치료 모델은 다음과 같다.

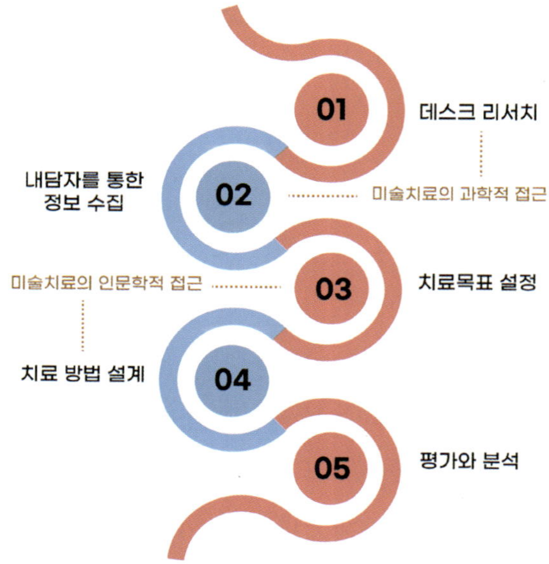

<내담자 경험중심 미술치료 모델>

1. 데스크 리서치

적절한 미술치료 서비스를 제공하기 위해 선행되어야 하는 것은 내담자 관련 데이터 수집이다. 정보취합과 분석은 내담자에 대한 이해도를 높이고 질 높은 미술치료 서비스 제공의 밑거름이 된다. 내담자에 대한 정보를 바탕으로 내담자를 분류하고, 다시 개별화한다. 내담자를 분류하는 것은 더 나은 접근을 위한 것이지, 라벨링을 하라는 말이 아니다. 데이터 수집은 어디까지나 최적의 방향을 찾기 위한 밑작업으로 활용된다.

데스크 리서치의 의미

데스크 리서치는 상담 시간 외에 출판물 및 인터넷 정보를 활용하여 내담자와 관련된 정보를 찾고 이해하는 전 과정이다. 내담자와 만나기에 앞서 내담자에 관련된 다양한 자료를 수집, 분석, 요약, 비교하며 내담자의 차트와 정보를 기반으로 첫 회기를 준비한다.

지속적으로 만나던 내담자들과 신규 내담자의 주 호소증상이 유사할 경우 연령과 성별 등 기타 차이점을 기반으로 첫 회기를 준비할 수 있다. 자주 접하지 않은 내담자 유형이라면 논문이나 서적, 뉴스, 기타 전문 자료 및 칼럼 등을 기반으로 첫 회기를 준비한다.

데스크 리서치는 내담자와의 상담 도중에도 사용된다. 내담자는 미술치료사에게 끊임없이 새로운 정보를 제공한다. 배경정보를 기반으로 더 많은 이해가 필요할 경우 데스크 리서치를 통해 내담자의 이해를 돕는다. 상담자에게 익숙지 않은 문화권의 내담자를 만날 경우 정보수집은 필수다.

증상과 상황의 이해

내담자가 어떤 '어려움'을 가지고 미술치료실에 의뢰되었을 때, 그 어려움, 즉 증상에 대한 이해는 내담자를 만나기 전 선행되어야 한다. 예를 들어, 반려하던 강아지와 사별한 20대 후반의 여성 내담자를 의뢰받았을 때, 제공된 정보를 기반으로 미술치료사는 자신의 수준을 평가해본다. 이미 지식으로 알고 있는 것과 의뢰된 내담자를 이해하기 위해 다시 보는 것은 다르다.

펫로스 – 먼저, 펫로스를 다뤄본 적이 없다면, 펫로스에 대해 학습한다. 펫로스는 반려동물과의 사별 이후 지속적 고통의 감정을 느끼는 상황으로, 교통사고로 남편을 잃은 내담자, 오랜 투병 끝에 딸이 떠난 내담자 등과 공통된 '애도'의 범주에 포함된다.

지속성 애도 장애 – 대상의 상실로 의뢰된 내담자를 다뤄본 적 없다면 애도에 대한 전문자료와 임상 자료들을 학습한다. '애도반응은 주요우울장애 증상에 동반된다'는 정보를 얻을 수 있다.

주요우울장애 – 주요우울장애에 대해 충분히 숙지하고 있는지 질문한다. 관련된 최신 연구나 영향력 있는 상담전문가의 인터뷰 자료 등도 활용한다.

병리적 차이 – 애도가 주요우울장애와 유사한 양상을 보인다 하더라도, 애도는 공허감과 상실의 느낌이 우세한 정동이라면, 주요우울 삽화는 행복이나 재미를 느낄 수 없는 상태와 우울감이 지속되는 것이 특징이라는 점에서 차이가 있다는 것을 확인한다. 만연한 비참함을 느끼는 것도 아니고, 자기비판적이거나 비관적인 반추가 아니라 주로 죽은 이와 관련한 생각이나 기억에 집중된 양상임을 확인한다.

내담자가 겪은 상황이 특수할 경우에도 데스크 리서치가 중요하다. 필자가 만났던 한 내담자는 동일본 대지진 때 일본에 거주 중이었고 이 사건으로 내담자의 어머니가 사망했다. 모두가 아는 사건이지만, 그 사건을 면밀히 이해하고 내담자를 만나는 것은 많은 차이를 만든다. 이 사건이 야기한 결과들과 당시 피해자들의 규모나 이후 삶에 대한 방대한 양의 자료를 조사했던 기억이 난다.

내담자 분류

같은 증상을 겪고 있다 하더라도 여성과 남성, 초등학생과 대학생, 그리고 시니어에게 접근하는 방식은 모두 다르다. 내담자는 복잡한 사고와 감정으로 구성된 존재이며, 개개인은 경험과 주관적 세계로 짜인 하나의 유기체라는 사실은 자명하다. 그러나 개별적 접근에 앞서 내담자가 속한 다양한 사회문화적 배경을 바탕으로 분류하는 작업도 필요하다.

DSM을 기반으로 한 병리적 분류도 일반적이지만 DSM 기준과 내담자의 상황이 일치하지 않는 경우가 상당히 많으며 DSM이 리뉴얼되듯 하나의 절대적인 기준은 존재하지 않는다. 최신 논문이나 전문서적, 그리고 다양한 학술행사를 통해 새로운 정보들을 보충하는 것도 중요하다.

<분류되지 않은 내담자>

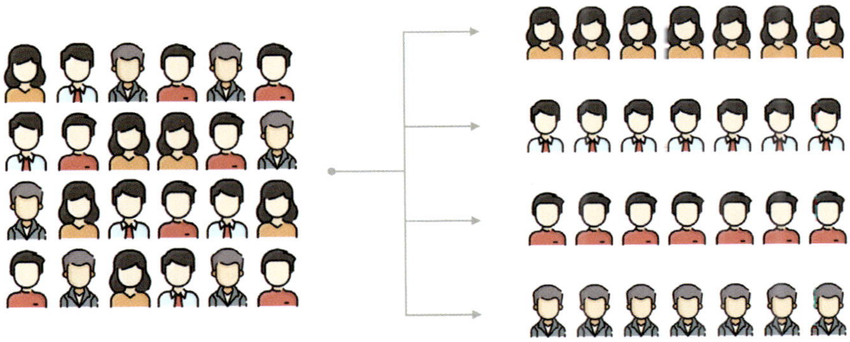

<분류된 내담자>

내담자들은 다양한 기준으로 분류될 수 있다. 먼저, 문제행동에 따라 분류할 경우, 자해 행동, 다른 사람이 쳐다보면 눈을 피하는 행동, 친구를 때리는 행동 등이 기준이 될 수 있다. 부적응 감정에 따라 분류할 경우, 우울한 감정, 지나친 죄책감, 그 어떤 감정도 느낄 수 없음 등이 기준이 될 수 있다. 인구통계학에 따라 분류할 경우, 성별, 나이, 사는 지역, 종교, 혼인 여부, 자녀 연령, 경제적 상황, 주거형태, 가구 소득 등이 기준이 될 수 있다.

미술치료사가 소속된 기관과 주 내담자층에 따라 새로운 분류 기준도 제공될 것이다. 예를 들어, 경도 치매를 겪고 있는 남성 노인의 우울증만을 다루는 지역센터에서는 성별, 나이, 지역에 따른 분류는 무의미하다. 그러나 거주형태, 배우자 및 동거인 유무, 경제적 수준, 현재 건강상태, 가족과의 왕래 빈도 등에 따라 추가적 분류가 가능하며, 이에 따른 개별화된 프로그램이 제공된다. 초반에 분류한 기준이 정확하지 않을 때도 있다. 내담자가 가지고 있는 정보들은 초기면접과 회기 진행을 통해 더 구체적으로 수집된다.

2. 내담자를 통한 정보 수집

초기 면담

내담자와 만나는 첫 번째 회기에서는 내담자의 다양한 정브를 수집하게 된다. 유능한 미술치료사라 하더라도 내담자에 대한 정보 없이는 치료 방향 설계가 어려울 것이고, 면밀한 개입도 어렵다. 미술치료사에 따라 초기 면담에는 면담만 하고 2회기부터 미술치료를 하기도 하고, 미술작업을 첫 회기부터 함께 진행하며 정보를 수집하기도 한다. 도화지의 중심에 내담자가 생각하는 현재의 나를 그리도록 하고, 주 호소문제와 목표를 구체화하기 위해 내담자의 불편사항, 영향을 미치는 요소, 도와줄 수 있는 사람들, 결심한 계기, 바라는 미래의 모습 등을 마인드 맵이나 기찻길처럼 그리면서 진행하기도 한다. 첫날 그림과 함께 진행을 하면 60분보다는 길어지는 것이 보통인데, "첫날은 다양하게 질문할 것들이 많아 다른 날보다 15-20분 정도 더 진행됩니다."라고 전달했을 때, 서비스의 개념이라 생각해서 좋아하는 사람도 있고, 힘든 시간이 길어진다는 생각에 불편해하는 사람도 있다.

면접은 구조화된 면접과 비구조화된 면접으로 나뉜다. 비구조화된 면접은 자유롭게 내담자와 대화하며 정보를 수집하는 방식으로, 그림을 그리면서 정보를 수집하는 방법도 포함된다. 편안한 분위기로 참여 가능하다는 장점이 있지만 비구조화된 면접은 자신의 가치관이나 신념에 매몰될 가능성도 있다. 또한 체크해야 하는 정보 중 일부를 누락하는 실수를 저지를 수도 있다.

구조화된 면접은 수집할 정보대상을 정해놓고, 반응에 따라 기록하며 정보를 수집하는 방식이다. 표준화되었기에 필요한 정보를 빠짐없이 수집할 수 있다는 장점이 있다. 면접자의 개입이 최소화되었기에 초보자들이 선택하기에 좋다. 특히 수동적이고 의존적인 내담자에게 유용하다. 비구조적 면접 자료에 비해 수량화되기도 쉽다. 다만 상담자의 태도나 진행에 따라 취조하는 느낌이 날 수도 있으며, 개별화된 질문이 아닌 모두에게 동일한 질문을 하게 된다는 단점도 있다. 아동 내담자의 경우 면접으로 얻어야 하는 정보는 부모를 통해 주로 얻게 된다. 다음은 일반적으로 구조화된 면접에서 사용되는 질문들의 예시이다.

- 처음 여기를 알아보고 예약하기까지 얼마나 걸리셨나요?
- 지금 가장 걱정되는 부분은 무엇인가요?
- 그 걱정에 대해 좀 더 자세히 설명해 주시겠어요?
- 이것이 문제라는 것은 언제부터 알게 되었나요?

- 이 전에도 이 문제로 상담을 받은 적이 있었나요?
- 지금 상담을 결심하게 된 계기는 무엇인가요?
- 방금 말씀하신 걱정 말고 또 걱정하고 있는 것은 무엇인가요?
- 이 중 가장 나를 괴롭히는 걱정거리는 무엇인가요?
- 방금 말씀하신 이 문제를 좀 더 구체적으로 설명해 주실 수 있나요?
- 이 문제가 얼마나 심각하다고 보나요?
- 이 문제를 해결하기 위해 시도해 본 것에는 무엇이 있나요?
- 이 문제가 나에게 어떤 영향을 끼치고 있나요?
- 이 문제가 있는 형제나 가족이 있나요?
- 이 문제를 가진 다른 사람과 비교해 보았을 때 나는 어떤 것 같나요?
- 이 문제를 악화시키거나 호전시키는 것은 무엇인가요?
- 미술치료를 선택하신 이유가 무엇인가요?
- 마지막으로 미술 재료를 사용해 보신 것은 언제이신가요?
- 무언가 그리는 것에 부담감을 가지는 부분이 있을까요?

면접을 통해 모든 정보를 수집할 수도 있지만, 설문지를 통해서도 정보를 획득할 수 있다. 일부 초보 미술치료사들은 학력이나 경제수준, 거주형태나 동거인 여부 등의 정보를 질문하는 것에 대해 불편함을 호소하는데, 이때에도 설문지의 활용이 도움이 된다.

관찰 정보

내담자와의 첫 회기를 진행하면서 미술치료사는 내담자에 관련된 방대한 양의 자료를 관찰하고 수집한다. 이러한 관찰은 차후 미술치료 회기에서도 지속적으로 이행되지만, 첫 회기는 가장 많은 양의 정보가 한꺼번에 쏟아지는 시간이다. 관찰 대상으로는 언어적 관찰요소(목소리의 크기, 말의 속도, 말의 고저, 어휘 반응 시간, 자발성, 목소리의 질, 말의 용이성, 말투, 유창성, 언어 일탈, 극단적 표현 등), 비언어적 관찰요소(자세 변화, 망설임, 기분변동, 시선접촉, 웃음 및 찡그림, 한숨 및 스트레칭, 표정과 내용의 일치성 등), 미술적 관찰요소(경계선, 생략, 크기, 재료 사용법, 재료 정돈, 색이나 재료의 선택 등)가 있다. 관찰요소를 기반으로 면접 내용을 이해하고 주요하게 다룰 이슈와 치료적 방향을 설정한다.

3. 치료목표 설정

주 호소증상

내담자에 대한 정보를 바탕으로 초기 면접을 진행했다. 그 과정에서 언어적, 비언어적, 미술적 요소들을 관찰하고, 내담자가 제공한 정보들을 바탕으로 정보가 정리된다. 내담자와의 첫 회기가 끝난 후, 먼저 해야 하는 것은 사례개념화다. 여기에서 '사례'는 내담자를 의미하며, '개념화'는 눈에 보이지 않는 추상적인 것들을 이해할 수 있는 언어적 형태로 표현하는 것이다. 사례개념화를 하지 않아도 상담은 진행되고, 내담자가 잘 회복하여 상담을 졸업하기도 한다. 그런데 사례개념화를 해야 하는 이유는 무엇일까?

사례개념화는 내담자를 이해하는 행위다. 내담자를 이해해야 내담자가 스스로를 이해할 수 있도록 미술치료사가 도울 수 있다. 내담자는 자신의 행동과 감정, 생각이 이해되지 않아 미술치료실을 찾아왔다. 대부분의 병리적 증상들도 자기이해의 부족에서 비롯된다. 단순히 증상과 원인을 머리로 이해하는 차원이 아닌 살아있는 유기체의 하나로 내담자를 이해하는 것이 사례개념화다. 사례개념화를 통해 초기에 정의 내려야 하는 것은 주 호소증상이다. 미술치료의 목표는 결국 주 호소증상을 개선하여 적응적인 삶으로 되돌리는 것이다. 목표는 내담자의 현재 삶에서 중요한 것이며, 성취 가능해야 하고, 구체적이고 명확한 행동적인 것이 포함되어야 한다.

집단원의 주 호소증상

집단 미술치료의 경우, 모집 시기에 주로 집단의 목표가 설정되어 있다. 예를 들어, '자존감 향상을 위한 집단', '애도를 위한 집단', '우울증상 감소를 위한 집단' 등이다.

공동의 목표는 있지만, 내담자 개인의 주 호소증상은 각각 다르다. 내담자는 자신의 주 호소증상을 기반으로 스스로 혹은 미술치료사와 함께 목표를 설정할 수 있다. 자존감 향상을 위한 집단의 공동 목표가 '자기 이해와 공감을 통해 현재와 미래의 과업을 적응적으로 수행하기'라면, 내담자의 개인 목표는 '어떤 상황이 발생할 때마다 나의 탓으로 돌려 우울감정을 느끼는 사고 습관을 줄이고, 내가 부당하다고 생각되는 상황에서 넘어가지 않고 내 의견 말하기'라는 구체적 목표가 설정될 수 있다. '나를 사랑하기'나 '자존감 향상하기'는 성취 가능한 행동이 명확하게 드러나지 않아 목표라 할 수 없다.

일반적으로 집단의 첫 회기에 개인적 목표를 각자 설정한다. 목표가 어느 정도 달성되었는지는 상담을 진행하는 과정에서 지속적으로 체크하고, 1차적 개인 목표가 달성되었다면, 집단의 최종 목표에 포함되는 2차적 개인 목표를 설정할 수 있다.

워크숍의 목표

워크숍 미술치료는 인원이 많고 대부분 1회성 미술치료다. 학부모를 위한 프로그램을 진행한 적 있었는데, 한 번에 1,000명을 동시에 만난 적도 있다. 인원이 많으니 미술치료사와 한마디도 나누지 못하고 돌아가는 사람도 많다.

워크숍 미술치료에서는 최대한의 인원이 공감할 수 있고, 도움받을 수 있는 목표가 설정된다. 예를 들어, 〈우울감정 감소를 위한 미술치료〉로 50명의 인원을 모집했을 때, 절망적인 우울감을 가진 사람도 소수 있을 것이고, 스트레스 지수가 높거나 일상생활은 가능하지만 특정 감정이나 생각들이 자신을 불편하게 한다고 생각하는 내담자가 대부분일 것이다. 그리고 그냥 호기심에 참여하는 사람도 몇 명 있을 것이다. 워크숍은 단발성이기에 ① 자신을 알아가고 ② 강점을 파악하고 ③ 계획을 세우는 단계를 2시간에서 3시간 안에 압축해야 한다. 예를 들어, 다음과 같이 진행할 수 있다. 먼저 우울감정의 개념적 소개를 한다. 첫 번째 활동으로 인생그래프를 그리게 하고, 마이너스 점에서 플러스로 상승하는 시기마다 도움이 되었던 자신의 자원들을 찾아 적도록 한다. 이 자원들은 지금과 앞으로의 힘든 시기를 이겨내는 자원이 될 수 있으므로 자신의 자원에 집중하는 것이 중요함을 알려준다. 두 번째 활동으로, 도화지를 반으로 나누어 한쪽에는 우울 감정의 모습을 그리고 한쪽에는 행복 감정을 그리게 한다. 이 둘을 표현하며 느낀 감정들이 선택적임을 강조하며, 원할 경우 행복한 감정을 꺼내 쓸 수 있는 앵커링 개념을 알려준다. 마지막 활동으로 우울감정을 느끼는 지금의 나에게 미래의 내가 편지 쓰는 활동을 한다. 지금의 상황으로부터 회복된 미래의 내가 되었다고 가정하고, 미래에 와보니 무엇이 중요하고 어떻게 회복되었는지 알려주도록 한다. 이렇게 회기를 진행할 경우, 참여자들은 미술치료사나 집단원과의 소통이 부재하더라도 깨닫고 알아가는 것들이 생긴다. 워크숍의 목표는 '자신이 인생의 힘든 시기마다 회복을 위해 사용해 왔던 강점을 파악하고, 감정을 선택하는 주체가 자신임을 학습하며, 회복된 미래의 모습 구체화하기'가 된다. 인원이 많아 공동의 목표 설정이 어렵다는 이유로 '긍정적 감정 표현하기', '매체를 다루며 힐링하기'와 같은 것을 목표라고 생각해서는 안 된다.

현상 읽기

현상은 객관적으로 기술가능한 영역이다. 내담자의 이름, 신상정보, 직업, 기능적 측면, 발달 사항, 기질, 성장 환경 등 내담자의 사회-인구학적 배경과 관찰 등을 바탕으로 현상이 기술되며, 이 현상이 내담자의 주 호소증상을 결정한다. 주 호소증상은 '자신감이 없다(상태)', '부장님이 너무 트집을 잡는다(외부요인)', '그림 속 인물이 작게 그려졌다(그림)'와 같은 내용이 아니다. 내담자가 실생활에서 어떤 어려움을 겪고 있는지는 현상으로 드러난다. 주 호소증상은 현상 안에 있다.

한 내담자가 섭식장애로 미술치료실을 방문한 상황을 예를 들어 보자. 먼저, 이 내담자가 보이고 있는 현상을 먼저 살펴보아야 한다. 음식을 많이 먹은 후 자발적 구토를 유발한다는 행동을 하고 거울을 보면 퉁퉁 부은 얼굴과 충혈된 눈을 보고 수치심과 죄책감의 감정을 느낀다. 사람들과 식사하는 자리에서는 먹고 토하는 것이 쉽지 않으니 사람과의 만남을 피하는 행동을 하고, 소외감과 우울한 감정을 느낀다. 다른 사람은 잘 먹고도 날씬하고 행복한 것 같다고 생각하며 SNS를 뒤지며 자신과 비교하는 행동을 하고, 이를 통해 자신은 먹고 토해야만 유지가 되는 것 같다는 무기력한 감정을 느낀다.

가설 세우기

내담자와의 초기면접을 통해 해당 현상이 무엇 때문에 일어난 것이라는 가설이 세워진다. 내담자는 과거 통통했던 어린 시절을 보냈는데, 다이어트를 성공하고 나니 사람들의 대우가 달라졌다. 이때 내담자의 인지문제는 자신은 달라야만 사랑받을 수 있다는 왜곡된 사고였을 것이고, 이 사고가 강화되면서 먹은 음식을 게워내는 신경성 폭식증을 앓게 된 것으로 생각된다. 가설은 상담 과정에서 수정될 수 있고 지속적으로 내담자의 성장을 목표로 더 면밀하게 추가될 수도 있다.

가설은 이론으로부터 나온다. 미술치료사가 내담자를 이해하고 적용하려는 이론에 대입하여 가설이 형성된다. 예를 들어, 인지행동 이론의 관점에서 미술치료사는 내담자의 비합리적 신념과 인지왜곡, 음식과 타인의 시선에 대한 자동적 사고가 지금의 섭식장애를 유발한다는 가설을 세울 수 있다.

목표는 구체적이어야 하며 행동, 인지, 감정의 측면에서 설정해야 한다. 장기목표는 자가 유발성 구토 행동을 하지 않고, 수치심과 우울감 등 부정적 감정을 감소시키고, 체중이 자신의 가치감을 결정하지 않는다는 인지의 개선이다. 단기목표는 폭식 후 구토가 일주일에 7번이라면 2주 뒤에 5번, 4주 뒤에는 3번 이하로 줄이는 행동적인 면이 될 수 있다. 매일 섭식일지를 빠지지 않고 써서 셀프 모니터링을 하기, 두려워서 피하던 피어푸드를 소량 도전해 보기가 한 주간의 행동 목표가 될 수도 있다. 모니터링을 통해 폭식 전 떠오르는 자동적 사고가 비합리적이라는 것을 인지하고, 피어푸드를 도전하며 해당 음식에 대해 가졌던 공포감정을 완화할 수 있다.

미술치료사는 이때 내담자의 촉발요인과 유지요인을 살펴보아야 한다. 이들은 증상을 악화시키기에 가능하면 피하거나 제거할 수 있는 방법을 찾아야 한다. 촉발요인은 내담자의 증상을 유발하는 특정 요인들이다. '트리거'라는 용어로 사용되기도 한다. 내담자는 자신이 통통했던 중고등학교 시절을 아는 사람들을 만나고 나면 폭식 후 자가유발 구토의 빈도가 높아졌다. "너 완전 예뻐졌잖아~"와 같이 지금의 내담자를 칭찬하기 위해 하는 말도 내담자 입장에서는 살이 절대 찌면 안 된다는 이야기로만 들릴 수 있다. 가장 가까운 고등학교 때 친구에게 지금의 상황을 알리고 둘이 만날 때 만큼은 자신의 외모에 대한 이야기를 하지 않도록 부탁하는 것도 방법이 될 수 있다. 치료과정

동안 만큼은 동창들과의 만남을 피하는 것도 도움이 될 수 있다. 유지요인은 내담자가 문제를 경험하도록 하는 과거의 문제와 관련된 개인적 요소, 문제 관련 내담자의 외적 요인, 대인관계 특성 등이다. 사람들의 평가로부터 민감한 내담자의 성향, 폭식할 음식을 쉽게 접할 수 있는 환경 등이 유지요인이 될 수 있다. 만약 핸드폰 배달앱을 통해 주로 폭식할 음식을 시켜 먹는다면 앱을 지우는 것도 하나의 방법이 될 수 있다.

미술치료사들은 내담자를 존중하고 신뢰하는 태도로 수용하고 경청한다. 그러나 내담자가 미술치료실에서 하는 이야기가 모두 진실이 아닐 수도 있다. 필자가 만났던 한 여성 내담자는 오래된 우울증을 회복하고 싶다며 미술치료를 의뢰했다. 매 회기마다 남편이 동행하여 필자와도 인사하고 건물 1층 카페에서 대기하고 있다가 데리고 가곤 해서 지원체계가 튼튼해서 다행이라는 생각을 했다. 분명 늘 하던 대로 현상을 읽고, 가설을 세우고, 치료목표도 설정했는데 벽에 막힌 듯 진행이 되지 않고, 몇 주째 비슷한 양상에서 맴돌고 있다는 생각이 들었다. 결국 이 불편한 마음을 내담자에게 말했고, 추궁 아닌 추궁에 내담자가 결국 내뱉은 것은, "제가 우울하지 않으면 남편이 절 떠나지 않을까요…?"라는 뜬금없는 질문이었다. 듣자 하니, 내담자가 어렸을 때 부모님은 늘 바빴는데 몸이 아플 때마다 어머니가 시간을 내어 자신을 돌봤다고 한다. 나이가 들어가면서도 늘 머리가 아프거나 소화가 안 된다는 이야기를 하며 지냈고(실제로는 아프지 않았지만), 몸이 아픈 것이 친구들에게 관심받는 도구가 되어왔던 것이다. 남성과의 관계에서 우울함은 더 강력한 무기가 되었다. 힘들고 불쌍한 자신을 위해 남자들은 배려와 돌봄을 쏟아주었다. '아프지 않으면 나는 사랑받지 못할 거야.'라는 비합리적 신념이 내담자의 마음에 뿌리를 내리고 있었다. 상담의 목표는 해당 신념을 삭제하고, 아픈 연기를 더 이상 하지 않으며, 대인관계에서 어떤 증상을 중간역할로 사용하지 않는 것으로 변경되었다. 가설은 틀릴 수도 있고, 도중에 목표는 변경되기도 한다.

4. 치료 방법 설계

치료의 목표를 설정하는 것과 방법을 설정하는 것은 다르다. 치료의 목표가 '무엇'

에 초점이 맞춰져 있다면 치료의 방법은 '어떻게'에 초점이 맞춰져 있다. 가끔 미술치료 임상을 처음 시작한 수련생 중 미술치료 프로그램을 운영하는 것 그 자체가 목표가 된 사례를 볼 수 있는데, 목표와 방법이 명확하게 구분되지 않았기 때문이다.

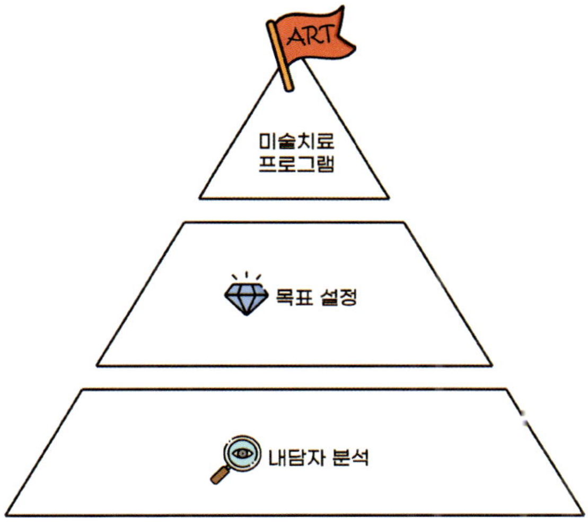

<미술치료 피라미드>

진단적 목적의 그림을 제외하고, 미술치료 프로그램은 내담자 분석과 목표 설정이 이루어진 이후에 제공된다. 내담자 분석이 이루어진 후 목표 설정이 가능하며, 목표 설정 이후 미술치료 프로그램을 구성하는 것이다. 가끔 프로그램이 그 모든 것을 압도하고 주인공이 되기도 하는데, 이는 워크숍 미술치료에서 누가 올지 모르는 상황에서 1회기로 진행되는 경우나, 프로그램을 공개하고 원하는 내담자를 모집하는 경우에만 허용된다.

내담자를 분석한 후, 목표를 세웠다면 이제는 적합한 미술치료 프로그램을 제공할 차례다. 프로그램은 내담자의 최종 상담목표와 결을 함께해야 하며, 내담자에게 최적화된 재료를 사용하여 내담자가 이해할 수 있는 수준의 단계와 복잡성을 가져야 한다.

미술치료 프로그램 계획서

<table>
<tr><td>날짜</td><td></td><td>____회기</td><td>미술 치료사</td><td></td></tr>
<tr><td>장소</td><td colspan="2"></td><td>보조
미술 치료사</td><td></td></tr>
<tr><td>프로그램
주제</td><td colspan="2"></td><td>내담자</td><td></td></tr>
<tr><td>내담자
상담목표</td><td colspan="4"></td></tr>
<tr><td>프로그램
목표</td><td colspan="4"></td></tr>
<tr><td>연계
이론</td><td colspan="4"></td></tr>
<tr><td>재료</td><td colspan="4"></td></tr>
<tr><td>도입</td><td colspan="4"></td></tr>
<tr><td>전개</td><td colspan="4"></td></tr>
<tr><td>마무리</td><td colspan="4"></td></tr>
<tr><td>예상
문제</td><td colspan="4"></td></tr>
<tr><td>차기
상담일</td><td></td><td>예상
프로그램</td><td colspan="2"></td></tr>
<tr><td>비 고</td><td colspan="4"></td></tr>
</table>

<미술치료 프로그램 계획서 양식>

프로그램 계획서를 작성할 때, 내담자가 미술치료 프로그램에 참여하는 주요 목표를 꾸준히 적어놓는 것은 도움이 된다. 연계이론을 적는 것은 미술치료 대학원에서 수업을 들을 때를 제외하고는 실무에서는 요구하지 않는다. 그러나 아직 익숙지 않은 수련생의 경우, 미술치료 프로그램을 최대한 구조화하여 내담자에게 최적화된 방식으로 준비하기 위해 이론과 연계하여 준비하는 것도 추천한다.

실제 현장에서는 매 회기 계획서를 작성하지 않고 프로그램을 진행하는 경우도 많다. 어느 정도 숙련된 이후에는 목표와 프로그램 구성을 자연스럽게 기획하고 진행할 수 있지만, 그런 단계가 되기 이전까지는 성실하게 계획표를 구성하기를 권한다.

내담자의 변화 예측하기

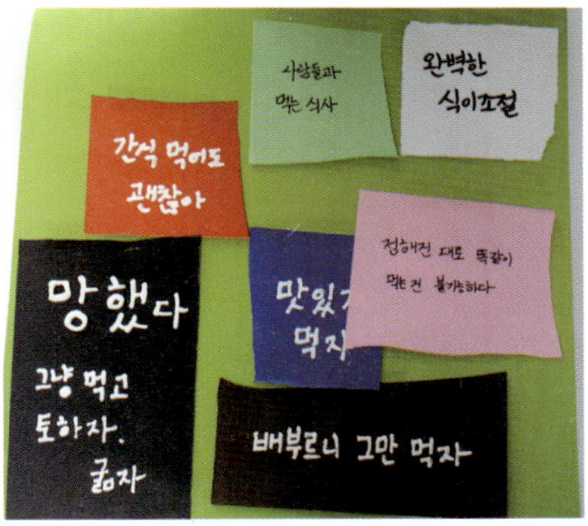

<흑백논리 늘려보기>

<나쁜 생각들 버리기>

치료방법은 내담자의 현상을 통해 가설을 세우는 데 적용하였던 상담이론을 바탕으로 구성된다. 이론은 가설을 통해 내담자의 행동을 예측할 수 있게 해 준다. 예를 들어 앞서 설명한 섭식장애 내담자를 인지행동치료적으로 접근한다면 내담자의 부적응적 인지가 문제가 된다. 이때 부적응적 인지를 수정하거나 삭제하고, 자신의 외모와 음식 먹기에 대한 인지왜곡을 변화시키고, 적응적 인지를 사용하는 훈련을 할 수 있다. 〈흑백논리 늘려보기〉는 일정수준의 음식 이상의 양을 조금이라도 넘으면 '망했다'고 생각하며 바로 자가유발성 구토로 연결되는 내담자의 생각을 늘려 접근한 방식이다. 여기에서는 다음이 예측된다.

'흑백이 아닌 회색지대를 인지할 수 있다면 자신의 기준을 소량 넘어간 식사량이 자동적 사고로 구토가 유발되는 것이 아니라 허용 가능할 것'

〈나쁜 생각들 버리기〉는 자동적으로 자신에게 들리는 부적응적 목소리, '오늘은 망했다', '난 이것도 못하나', '지금까지 노력한 건 다 쓸모없다'를 적고, 이 생각이 자신에게 어떤 피해를 주고, 어떤 생각으로 대체할 수 있을지 탐색하는 프로그램이다. 다음의 예측이 포함된다.

'자동적 비하 사고를 인지하고 삭제하려는 결심을 한다면, 해당 사고들로 인해 폭식행동을 하거나 우울 감정을 느낄 가능성은 줄어들 것'

내담자의 긍정적 변화가 예측된 상황을 위해 적용할 수 있는 수많은 미술치료 프로그램들을 비교하고, 사용 가능한 매체를 선정하여 내담자에게 제공한다. 여기에서 매체 이론은 내담자의 기능수준과 통제수준을 고려하는 데 도움이 된다.

행동과 감정 통제하기

<세상 밖으로>

긍정적 변화를 예측한 방법들은 내담자에게 실행되고, 이를 통해 가설을 검증한다. 미술치료사가 예측했던 방법이 내담자의 행동과 감정을 긍정적으로 조절할 수 있었다면 이제 통제가 가능해지는 것이다. 그리고 효과적이라고 판단된 방식은 지금의 내담자에게 다시 사용할 수 있고, 지금의 내담자와 유사한 상황에서 미술치료실을 방문한 내담자에게도 적용할 수 있다.

〈세상 밖으로〉는 '밖에 나가면 사람들이 나를 뚱뚱하다고 쳐다본다'라는 신념의 증거가 없다는 것을 확인하기 위해 2년째 은둔 중인 내담자가 외출을 하고 편의점에 다녀오는 길을 찍어 만든 작업이다. 내담자는 비대면 미술치료에 참여한 지 3개월이 되던 날, 편의점에서 반창고를 사면서 2년 만에 가족과 상담사가 아닌 사람과 대화를 시도해 보았고, 자신을 쳐다보는 시선은 스스로가 만든 것임을 확인했다.

내담자는 '문제'라 생각되는 부분을 가지고 방문하는 사람이지만 내담자의 건강한 부분들도 아주 많다. 내담자의 건강한 자아와 협력하여 강점을 살리고 단점을 보완하며 현 상황을 다루어나가는 것이 상담자의 역할이다. 사례개념화는 내담자를 객관적으로 바라볼 수 있게 만들고, 내담자를 더 명확히 이해할 수 있게 된다. 최종 목표는 내담자가 자신을 이해하는 것이지만, 내담자가 자신을 잘 이해하지 못한 상황에서 전문가를 찾은 것이니 미술치료사가 먼저 내담자를 이해하는 과정(즉, 사례개념화)이 선행되는 것이다.

5. 평가와 분석

<미술치료에서 일지의 위치>

미술치료 일지는 관찰자료를 수집하고 정리하는 총체적인 과정이다. 미술치료의 과정을 시간 순서대로 기술하는 것으로, 타 상담 일지와 차별적으로 작품사진이 일지에 포함된다.

일지 작성

<미술치료사의 3가지 주요 업무>

미술치료사가 미술치료실에서 해야 할 일은 크게 세 가지이다. 내담자와 만나 공감적으로 수용하며 상담 목표를 설정하고, 내담자의 상황과 수준, 그리고 치료 목표에 부합하는 프로그램과 매체를 제공하며, 마지막으로는 일지를 작성하고 보관한다.

일지에는 내담자의 작품 사진, 작품 제작 과정, 작품의 특징이 함께 기술되며, 이러한 기술을 통해 내담자에게 더 면밀하게 다가갈 수 있다. 이 기록은 내담자의 차기 상담을 시작하기에 앞서 읽으며 기억에서 왜곡된 부분을 수정하는 보조도구의 역할을 한다. 일지 작성은 프로그램 진행을 마친 후, 기억이 가장 생생히 살아있을 때 작성하는 것이 좋다.

임상 초반의 일지는 미술치료사의 성장과 발전에 큰 영향을 준다. 필자는 미술치료사로 근무한 후 1–2년간은 일지를 모두 출력하여 한 기관의 사이클이 끝날때 마다 제본을 맡겨 보관했다. 일지는 단순 기록이 아니라, 미숙한 부분과 성장한 부분을 모두 담은 소중한 자료다. 기관마다 일지의 양식과 요구사항은 조금씩 다르지만, 일지에 필수적으로 포함되어야 하는 정보들의 예시는 다음과 같다.

미술치료 관찰일지

<table>
<tr><td>날짜</td><td></td><td>____회기</td><td>미술 치료사</td><td></td></tr>
<tr><td>장소</td><td colspan="2"></td><td>작성자</td><td></td></tr>
<tr><td>프로그램
주제</td><td colspan="2"></td><td>내담자</td><td></td></tr>
<tr><td>프로그램
목표</td><td colspan="4"></td></tr>
<tr><td>재료</td><td colspan="4"></td></tr>
<tr><td>진행
순서</td><td colspan="4">▪ 도입
▪ 전개
▪ 마무리</td></tr>
<tr><td>내담자</td><td colspan="4">회기 관찰내용</td></tr>
<tr><td>이름
(나이)</td><td colspan="4">작품 이미지
▪ 참여 양상
▪ 제작 과정
▪ 작품 특징
▪ 집단 역동</td></tr>
<tr><td>프로그램
평가</td><td colspan="4"></td></tr>
</table>

<미술치료 일지작성 예시>

기본 정보

일지 작성은 디지털 파일로 대부분 이루어지기에 기관별로 폴더를 설정하고, 그룹, 혹은 내담자별로 다시 폴더를 생성하여 저장하는 것이 차후 자료 관리에 편리하다. 보조가 있을 경우 미술치료사 칸에 주 치료사, 보조치료사의 순서로 기입한다. 개인상담의 경우 보조치료사가 없는 경우가 대부분이고, 집단이라 하더라도 소수 집단은 보조 없이 진행되는 것이 일반적이다. 실습 훈련을 하는 경우에는 진행자와 작성자가 다른 경우가 많아 별도로 표기하나, 실무 현장에서는 미술치료 진행자가 일지까지 작성하기에 작성자 칸도 생략하고 사용하면 된다.

내담자 이름

개인 상담의 경우, 내담자 이름만 적어도 되나, 집단의 경우 총 인원수와 참여자 이름을 적는다. 닉네임으로 참여하는 익명집단의 경우 닉네임을 적는다. 이름을 모두 적기도 하지만, 기관에 따라 참여자의 이름은 일부 익명처리하거나 닉네임으로 작성하여 타인이 내담자를 명시할 수 없도록 하기도 한다. 일부 기관에서는 내담자 이름 작성법을 '김*울'과 같이 지정해주기도 한다. 집단의 경우 내담자의 순서는 가나다순으로 기입하며 매 회차 같은 순서로 적는다.

재료

재료는 프로그램을 계획했을 때와 다르게 사용되는 경우도 있다. 예상하지 못한 재료가 필요할 수도 있고, 준비했지만 사용하지 않을 때도 있다. 이런 상황들을 명확히 인지한다면 차후 재료 준비과정에서 더 효율적으로 재료를 준비할 수 있다. 재료의 변수는 프로그램 평가란에 적는다.

참여 양상

참여 양상에는 전반적인 활동 흐름을 간략히 요약하여 주제를 파악할 수 있도록 한다. 내담자의 활동 내용, 참여도 등을 시간순으로 기술한다. 반복적으로 관찰된 행동들은 반드시 기입한다. 문장은 존대어를 쓰지 않고 줄임으로 끝마친다. 관찰된 객관적 사실만을 적는다. '불안해 보였다'가 아니라 '자신의 차례가 되자 다리를 떨음' 이'라고 적어야 한다.

- (시작 전) 10분 일찍 도착하여 미술치료실에 비치된 〈미술치료학 개론〉 서적을 읽음.
- (디렉션이 끝난 후) "행복했던 기억이 너무 오래돼서 그리기 어려울 것 같아요."라고 말함.
- (작품 제작 중) 30초 정도 행동을 멈추고 작품을 응시함.

생각이나 감정을 말로 표현하거나, 집단원이나 치료사와 상호작용을 하거나, 중요한 이야기를 꺼내거나, 특정한 것을 지목하여 언급하는 내용이 포함된다.

제작 과정

내담자가 작품을 제작할 때 보였던 특이점, 재료 선택, 다시 그리기, 표정 변화 등 관찰한 내용들을 적는다. 무언가 몰두하는 모습, 작품을 찢거나 붙이는 등 다양한 방식으로 표현하는 내용이 포함된다.

작품 특징

내담자의 작품 속에서 특정할 만한 내용을 기술하고, 유의미한 표현도 함께 적는다. 예를 들어 여러 인물을 그리면서 자신의 얼굴에만 눈코입이 없는 점, 반복적으로 등장하는 아버지가 오늘도 빨간색으로 표현된 점 등을 기술할 수 있다. 또한 작품 공유를 하며 추가적으로 변화된 부분과 내담자가 작품에 대해 설명한 내용과 의미도 이 파트에 함께 기록된다. 추가됨, 설명됨 등 작품 특징에 관한 내용이 포함된다.

집단 역동

미술치료사와 내담자, 내담자와 내담자 간의 상호작용을 정리한 부분이다. 전체 상호작용과 회기에 대한 내담자 반응 등을 간략히 기술한다. 자리배치의 변화, 상호작용에서의 특이사항도 함께 기술한다.

작품 사진

기본적으로 집단 작업의 경우 한 내담자당 하나의 작품 이미지를 싣고 있으나, 작품의 중간과정에서 유의미한 변화가 있을 경우, 중간 사진도 촬영하여 함께 첨부한다. 내담자에게는 기록을 남기기 위해 사진을 찍는다고 양해를 구하고 촬영한다. 찢어서 사라지거나 덮어버리는 등 내담자의 최종 작품에 이미지가 사라질 경우에도 중간 이미지를 촬영하여 일지에 첨부한다.

평면 이미지는 최대한 정면으로 찍어 화면에 꽉 차도록 하며, 입체작품의 경우 다양한 각도로 촬영하여 여러 장을 함께 첨부한다.

프로그램 평가

회기에 대해 미술치료사가 평가하는 단계다. 이번 프로그램을 진행하면서 자신에게 질문한 내역들을 바탕으로 한 대답들을 적을 수 있다. 질문의 예시는 다음 파트 '미술치료의 평가'에 등장하는 내용들에서 확인할 수 있다.

일지 전체는 객관적 사실만을 적는다. 평가 역시 미술치료사의 주관적인 이야기가 포함될 수 있는 부분이나 '막막했다', '아쉬웠다'와 같은 감정 중심적 일기는 적지 않는다.

내담자는 미술치료사에게 일지 열람을 요구할 수 있다. 그렇기에 미술치료사는 객관적인 일지를 작성할 의무가 있다. 일지의 양식과 길이는 기관마다 요구하는 바가 다르며, 어떤 기관에서는 프로그램 제목 정도만 요구하기도 한다. 미술치료 일지가 기관을 위해 쓰는 것이 아닌, 내담자와 미술치료사 양측을 위해 적는 것임을 인지한다면 일지는 필히 작성되어야 한다.

미술치료의 평가

<미술치료 프로그램의 수행과정>

미술치료 프로그램을 이용하여 회기를 진행한 후에는 회기에 대한 결과를 분석한다. 다음은 프로그램의 결과를 분석하기 위해 사용될 수 있는 각 단계별 질문 리스트다.

목표 설정

✔ 기획했던 목표에 내담자가 가까이 다가갔는가? 만약 그렇지 않다면 무엇을 변화시켜야 하는가?

✔ 이번 프로그램의 목표는 내담자의 목표와 결을 함께하고 있는가? 그렇지 않다면 특별한 이유가 있는가? 그 이유가 납득할 만한가?

이슈 정의

✔ 내담자는 프로그램에서 다룬 주제를 중요하게 생각하고 있는가? 만약 그렇지 않다면 내담자에게 더 중요한 주제는 무엇인가?

✔ 내담자는 협조적이었나? 비협조적이었다면 그 이유는 무엇인가? 차기 상담에서 내담자를 더 적극적으로 참여하게 하기 위해 무엇을 할 수 있는가?

기법 정의

✔ 준비한 대로 내담자가 편하게 참여했는가? 그렇지 않았다면 어떤 부분을 변화시켰어야 했는가?

✔ 사용한 미술재료는 내담자에게 적합했는가? 만약 재료를 바꿀 수 있다면 오늘 어떤 재료를 어떻게 바꾸는 것이 더 좋았겠는가?
✔ 사용하는 심리상담 이론은 내담자의 이슈를 다루기에 적합한가? 그렇지 않다면 다른 대안은 무엇이 있는가?

수행

✔ 프로그램 진행에 어려움이 있었다면 어떤 부분이었는가? 다시 준비하여 그 부분을 진행한다면 어떻게 다르게 개입하겠는가?
✔ 충분히 숙지하고 진행했는가? 더 준비한다면 어떤 부분이 달라질 것인가?

결과 평가

✔ 상담이 종료된 후 미술치료사의 감정은 어떠한가? 만약 불편한 감정이 든다면 그 원인은 무엇인가? 원인은 미술치료사의 내부적인 문제인가, 외부적인 문제인가? 그 문제를 스스로 조절할 수 있는가?
✔ 내담자가 오늘 무엇을 얻었는가? 명확하게 말할 수 없다면 그 이유는 무엇인가? 다음 회기에 내담자에게 핵심을 전달하기 위해 무엇을 준비할 수 있는가?
✔ 일지는 사실을 기반으로 했는가? 사실을 적으려 했지만 주관성이 포함된 부분은 어느 부분인가? 이 문장을 어떻게 바꿀 수 있는가?

Chapter 10. 미술치료 프로그램 디렉션

미술치료 회기에는 프로그램이 포함된다. 내담자가 프로그램을 이해하고 작업에 몰입할 수 있도록 디렉션을 제공하는 것은 미술치료사의 중요한 역할이며, 디렉션 이해 정도에 따라 내담자의 프로그램 참여 양상은 달라진다. 디렉션의 깊이, 심상화 과정, 간결함, 전달력 등 디렉션의 질을 좌우하는 요소들은 많다.

디렉션(direction)은 방향과 목적지를 함께 의미하는 단어다. 필자가 미술치료 현장에서 한국에서 일반적으로 사용하는 용어 '지시'를 쓰지 않는 것은 '지시'에는 행위의 시킴이라는 강제성이 내포되어 있기 때문이다. 이 프로그램이 어디로 향하는지, 무엇을 필요로 하고 어떻게 하면 되는지, 우리의 목적이 무엇인지까지 모두 포함하는 개념이 디렉션이라 생각하는데, 안타깝게도 적절한 단어를 찾아내지 못해 영단어 디렉션을 사용하고 있다.

초보 미술치료사의 경우, 자연스럽게 내담자를 흡인할 수 있는 디렉션이 아직 습관화되지 않을 수 있다. 그렇기에 프로그램 진행 전에 대본을 적어보고 연습하는 시간도 필요하다. 이런 경우, 디렉션이 갖추어야 하는 요소들을 빠짐없이 넣어 연습하는 것이 좋다. 물론 국어책을 읽듯 외워서 읊으라는 말은 아니다. 현장에서 진행할 경우, 준비된 내용을 놓치는 경우가 더 많기에 준비단계를 더 철저히 대비하라는 의미다.

일상적인 말하기와 프로그램 디렉션은 다르다. 일상의 대화는 상대방과의 주고받음 속에서 자연스럽게 다음의 이야기가 이어지는 구조지만, 프로그램 디렉션은 정보를 전달하고, 무엇을 행동해야 할지 구체화하고, 무엇을 사용할 것이며 무엇을 조심해야 할지에 대한 모든 내용이 포함되어야 한다. PROJECT 모델은 미술치료 프로그램을 내담자에게 설명하는 디렉션에 담겨야 할 7가지 주요 원칙들을 설명하고 있다.

<미술치료 프로그램의 좋은 디렉션을 위한 PROJECT 모델>

1. 긍정적 마음 유도(Positive)

같은 프로그램에 참여하더라도 어떤 마음으로 참여하는지에 따라 그 결과는 달라질 수 있다. 미술치료 프로그램은 기대감이 있어야 하고, 집단에서 뒤처진다는 생각이 들지 않아야 하며, 안전하다는 느낌도 받아야 한다. 미술치료의 가치경험을 상승시키기 위해 긍정적 마음은 필수 조건이다. 흥미를 느끼지 못하는 프로그램 설명에 내담자들은 자발성을 잃을 수 있다. 그리고 낮아진 흥미는 내담자 이탈로 이어지기 쉽다.

여기서 설명하는 긍정적 마음은 내담자가 '이 프로그램은 좋은 프로그램이다! 우와!' 하고 느낀다는 의미가 아니다. 거부감이 들지 않고, 자신이 충분히 할 수 있다고 느끼는 즐거운 감각, 그리고 자신의 삶과 연계되는 중요한 의미를 발견하고, 작업을 통해 성취감을 느낄 수 있는 활동이 긍정적 마음을 가지게 한다.

하고 싶어지는 프로그램

디렉션을 들은 후 내담자가 '하기 싫다.' '재미 없겠다.' '막막하다.'라는 생각을 먼저 떠올린다면, 그 이유는 몇 가지로 나뉠 수 있다. 먼저, 내담자가 참여를 통해 얻어 가는 것이 별로 없거나, 부정적인 사고패턴만을 활성화시키는 적합하지 않은 프로그램일 수 있다. 혹은, 내담자에게 필요하지만 해당 주제를 다룰 만큼 집단 혹은 치료사에게 라포를 형성하지 못한 상황일 수도 있다. 또는, 내담자에게 필요하지만 과정이 복잡하거나 제작이 어렵게 느껴질 수 있다. 마지막으로, 과정이 흥미롭고 주제에 적합한 프로그램임에도 불구하고 진행자의 디렉션이 좋지 않은 경우이다. 다음 두 디렉션의 차이를 비교해 보자.

> "나눠드린 종이에는 '내가 하기 싫은 것'을 최대한 많이 적어보세요. 하기 싫은 이유는 다양할 수 있습니다. 능숙하지 않아 하기 싫을 수도 있고, 그 행동을 하는 것 자체가 나에게 불쾌해서 하기 싫을 수도 있고, 자존심이 상해서 하기 싫을 수도 있습니다. 내가 하기 싫은 것 중에는 나에게 도움이 되는 것도 있고, 또 내가 그 행동의 모든 것을 싫어하는 것이 아닐 수도 있습니다. 내가 하기 싫은 것을 새롭게 보기 위해 목록을 쭉 적어볼게요."

활동과 프로그램의 목적도 선명하고, 방식도 분명하나, 내담자들은 자신이 하기 싫은 것을 떠올리고 적고 나서 그 행동들을 다르게 보게 된다. 우선 싫은 과정을 해야 한다는 생각을 먼저 하게 되니 적극적으로 참여하고 싶은 마음이 잘 들지 않는다. 다음과 비교해 보자.

> "오늘은 '내가 하기 싫은 것'을 주제로 프로그램을 시작해 볼 건데요, 하기 싫은 것을 했는데 생각보다 재미있었던 경험, 하기 싫은 것을 이겨냈더니 나에게 도움이 되었던 경험, 하기 싫긴 한데 재미있기도 한 그런 일들도 있을 거예요. 과거에는 좋아했는데 지금은 하기 싫어진 것도 있을 것이고요. 내가 하기 싫은 것을 새롭게 보기 위해 나눠드린 종이에 이러한 '내가 하기 싫은 것'을 최대한 많이 적어주세요."

같은 내용을 이야기하고 있지만, 두 번째 디렉션은 '하기 싫은 것'의 긍정적 측면을 다각도로 떠올리며 쓰도록 하고 있다. 재미가 있었고 성장했던 경험과 함께 적는 '하기 싫은 것'은 즐거움을 유발할 수 있는 행동이다.

내담자가 프로그램에 긍정적 마음을 가지게 하기 위해 미술치료사들은 다양한 질문들을 떠올려 볼 수 있다. 먼저 자신이 준비한 프로그램에 내담자로 참여한다고 가정해 보자. 어떤 설명과 함께 디렉션을 받았을 때 더 즐겁게 참여할 수 있을지 떠올려 보는 것이다. 반대로 내담자 경험을 했을 때 가장 참여하기 싫었던 프로그램은 어떤 것이었는지 떠올려 보는 것이다. 그때 진행자의 디렉션을 떠올려보면서 무엇이 자신을 불편하게 만들었는지 생각해 보는 것도 도움이 된다. 반대로 가장 즐겁게 참여했던 프로그램을 떠올려보고, 그때 진행자의 디렉션을 떠올려보는 것도 도움이 된다. 자신을 기분 좋게 만들었던 디렉션 경험을 자신의 진행에 적용해 보는 것이다.

소외되지 않도록 이끌어주기

집단 작업에는 어떤 성향의 내담자가 참여할지 모른다. 적극적인 내담자도 있지만, 소극적인 내담자도 있고, 진행자의 말에 집중하는 내담자도 있지만, 집중하지 못하고 잘 수행하지 못하는 내담자도 있다. 일부 내담자들은 집단에서 자신이 잘 따라가지 못한다고 느끼거나 자신의 문제가 치료집단에서도 반복된다고 느낄 때 크게 좌절하기도 한다. 디렉션은 주로 특정 개인이 아닌 집단 전체를 향하는 것이 좋으며, 이해력이 낮거나, 서툴거나, 집중하지 못하거나, 수행이 느린 특정 내담자가 집단작업에서 이탈하지 않도록 재료나 참여에 있어서도 지속적으로 배려하는 디렉션을 해주어야 한다.

> "도화지에 내가 기대하는 나의 미래모습을 그려보겠습니다. 나의 자화상을 그리는 방법도 있지만, 내가 원하는 직업, 거주환경, 주변 사람, 취미생활 등 다양한 미래의 모습이 포함될 수 있습니다. 구체적인 대상이 아니라 원하는 감정과 생각도 함께 표현할 수 있어요. 색을 칠할 수도 있고, 선의 모양으로 추상적인 개념을 그릴 수도 있어요."

드로잉 작업에 거부감이 없는 내담자들에게 이 디렉션은 충분히 좋은 디렉션이다. 그러나 일부 내담자는 무언가를 '그린다'는 활동 자체가 부담이 될 수 있다. 드로잉이 배제된 추가적 재료 사용을 알려주는 디렉션이 있다면 이와 같은 상황을 대비할 수 있다(물론 준비한 추가 재료를 사용하지 않을 확률도 높다).

"내가 원하는 구체적인 모습을 꼭 '그릴' 필요는 없습니다. 앞에 놓인 잡지에서 이미지를 찾아서 잘라 붙일 수도 있습니다. 눈에 보이지 않는 느낌을 표현하고 싶을 때에는 앞에 놓인 색종이를 찢거나 잘라 붙여 표현할 수도 있습니다."

이 정도 디렉션이 주어지면 대부분의 참여자가 작업을 시작하지만, 한두 명이 여전히 시작하지 못하고 주변 눈치를 살피고 있을 수 있다. 그럴 경우 다시 설명을 이어 나간다.

"우리는 지금 '내가 기대하는 나의 미래 모습'을 떠올려보고 있습니다. 내가 어떤 사람이 되고 싶은지, 어떤 모습의 내 미래를 바라는지 생각해 주세요. 잘 떠오르지 않는다면 5년 뒤, 혹은 10년 뒤 내 모습은 어떨지 구체적인 시간과 함께 떠올려 보겠습니다. 예를 들어, 5년 뒤 오늘, 나는 어떤 장소에서 누구와 무엇을 하고 있을까요. 그때의 나는 무엇을 가장 좋아하고, 무엇에 열정을 쏟고 있을까요. 나의 감정은 지금과 어떻게 달라질까요. 그때의 너가 가지는 에너지는 어떤 모습을 하고 있을까요. 그 에너지가 형태가 있다면 어떤 형태이고, 색이 있다면 어떤 색일까요. 그 에너지는 어떻게 움직이고 있을까요."

미술치료실에서는 심상을 자주 사용하다 보니, 눈을 감고 오늘의 주제를 떠올리는 활동은 흔히 사용되고 있다. 그러나 일부 내담자들은 다른 사람들 사이에서 눈을 감는 행위에 불안감을 느끼기도 하고, 갑갑한 상황에서 아무것도 하지 못하는 상황에 공포심을 느끼기도 한다. 그럴 가능성을 대비하여 모두에게 눈 감는 것을 강요하지는 않는 것이 좋다.

"눈을 감는 것이 불편하게 다가오시는 분께서는 앞에 놓인 도화지를 지긋이 바라보시면서 제 이야기를 들어주시면 됩니다."

미술 매체의 올바른 활용법 숙지

매체의 사용법, 매체의 위험요소의 숙지는 프로그램의 참여를 더 긍정적으로 기대하게 만든다. 프로그램 디렉션에는 어떤 재료를 어떤 방식으로 사용할지, 접는 것인지 자르는 것인지, 묶는 것인지, 두드리는 것인지, 자유롭게 사용해도 되는지 등에 대한 활동 가이드가 포함된다. 그리고 재료를 다룸에 있어서 예상되는 어려움을 이해하고, 어려움에 직면했을 때 미술치료사에게 도움을 요청하면 좋을지, 좀 더 집중해야 하는 부분인지, 어려움을 그대로 경험해도 괜찮은 건지 등에 대한 사항도 포함된다.

매체를 사용하며 유의해야 할 상황에 대해서도 설명이 필요하다. 데이거나, 베이거나, 찔릴 수 있는 매체는 경계해야 하며, 옷이나 손에 묻어 잘 지워지지 않는 매체에 대해서도 특별히 주의를 기울여야 한다. 부서지거나 찢어지기 쉽거나, 서로 잘 달라붙어 조심스레 다루어야 하는 매체에 대한 설명도 필요할 것이다.

"본드는 냄새가 나니 얼굴을 가까이 가져가지 말고, 글루건은 델 수 있으니 주의하셔야 합니다. 편한 접착 재료로 자유롭게 작업해주세요."라는 설명은 부족하다. 본드로 붙이려고 했다가 빠르게 접착이 되지 않아 그 위에 글루건을 쏘는 내담자도 있을 것이라 예측해야 한다. 본드를 바른 자리에 직접적으로 글루건으로 열을 가하면 강력한 유독가스가 나올 수 있으니 절대 같은 자리에 사용해서는 안 된다는 구체적인 사항도 전달이 되어야 한다. 정보를 전달받지 못한 내담자는 매체를 잘못된 방식으로 다룰 수 있고, '망했다'고 생각되는 결과를 만나거나 부상을 입을 수도 있다.

2. 프로그램과 활동 이유 설명(Reason)

초보 미술치료사는 프로그램의 목적을 내담자에게 명확하게 설명하지 않기도 한다. 쭉 설명하고 진행하다 보면 결과물은 어쨌든 나오기 때문이다. 투사적 그림 검사를 진행할 때 "당신의 스트레스 정도와 대처능력 정도를 확인하기 위해 '빗속의 사람 그림 검사'를 해보겠습니다."라고 설명하지는 않는다. 목적의 설명이 내담자의 창작작업에 영향을 미치기 때문이다.

"자유롭게 난화를 그린 후 보이는 형태를 찾아 자신의 무의식과 어떤 이미지가 연결되는지 살펴볼 예정입니다."라고 설명했을 때는 활동의 목적이 내담자의 작품에 영향을 미치기도 하고 미치지 않기도 한다. 어떤 내담자는 자신의 무의식이 뭔지 평가받는 느낌이 나서 이미지를 필터링할 가능성도 있지만, 어떤 내담자는 디렉션을 통해 미술치료에 흥미를 느끼고 자신의 무의식을 발견할 생각에 기대할 수도 있기 때문이다.

이럴 때는 미술치료사가 내담자와 집단의 치료적 목표를 고려하여 결정한다. 그 외의 상황에서는 프로그램의 목표를 늘 공유한다.

내담자를 위한 목표

좋은 디렉션을 제공받았을 때, 내담자는 오늘 자신이 참여하는 활동이 자신에게 어떤 도움이 되는지를 알 수 있다. 또한 이 목표가 자신에게 이롭고 필요한 것이라는 인식을 통해 프로그램의 참여 동기가 부여된다. 이 프로그램을 통해 내담자에게 기대하는 바를 알려주고, 내담자가 무엇을 얻을지, 무엇을 배워갈지에 대해 알고 참여하게 된다면 하나의 프로그램을 통해 내담자가 얻어 갈 수 있는 것은 더 많아진다.

미술치료를 막 시작한 수련생의 경우, 공개된 프로그램을 현재 내담자의 개인적 특징이나 상황에 맞춰 응용하지 않고 그대로 사용하는 경우가 많다. 기존 프로그램을 사용하는 것은 상관없으나, 미술치료사 스스로 이 내담자에게 해당 프로그램을 사용하는 목적이 분명히 머릿속에 그려져야 한다. 이때 다음의 질문을 스스로에게 던져본다면 사용 이유와 목적이 확실해질 것이고, 디렉션도 더 정교해질 것이다.

- 내담자가 프로그램의 목표를 질문했을 때 한마디로 설명할 수 있는가. 프로그램북이나 다른 사람의 논문에 적힌 목표가 아닌, 나의 내담자를 위한 목표를 설명해보자.
- 프로그램의 디렉션을 단계로 나누면 총 몇 단계인가. 각 단계를 수행해야 하는 이유는 무엇인가. 단계가 너무 많을 경우 줄일 수는 없는가, 혹은 한 단계에 너무 많은 활동이 있을 경우 늘릴 수는 없는가.
- 각 활동과 프로그램의 목표를 강조하였을 때와 강조하지 않았을 때, 활동 과정과 결과는 어떻게 달라질 수 있는가.

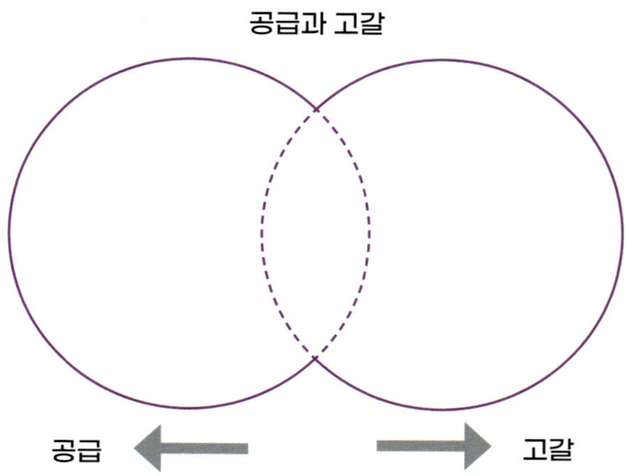

<공급과 고갈 도안>

공급과 고갈 도안을 나누어 주고, 미술치료사가 다음과 같은 디렉션을 했을 때, 밑줄 친 부분은 프로그램의 목표가 된다.

"오늘은 나에게 공급을 주는 요소와 고갈을 주는 요소를 하나의 종이에 표현해보겠습니다. 나에게 공급요소라고 생각되는 부분은 종이의 왼쪽에, 그리고 고갈요소라고 포함되는 부분은 종이의 오른쪽에 그려넣을게요. 그리고 가운데 영역은 내게 동시에 공급도 되고 고갈도 되는 요소들을 그릴 것입니다. 나를 채워주는 요소와 나를 소진시키는 요소들은 많은 부분이 겹쳐 있을 수 있습니다. 공급요소들을 찾으면서 내게 필요한 것들을 인식하고 일상에서 더 자주 만나는 방법을 생각해볼 것이고, 고갈요소들을 최대한 만나지 않으면서 공급요소와 연결 지을 수 있는 방법을 생각해볼 것입니다. 그리고 가운데 영역에서 내게 공급의 측면들을 어떻게 더 긍정적으로 볼 수 있는지, 고갈되는 감정을 어떻게 잘 다룰 수 있을지에 대해 생각해볼 것입니다. 이 과정을 통해서 우리는 같은 상황을 조금 덜 부정적으로 바라보는 방법을 알게 되고, 나의 삶의 질을 높이기 위한 수단들을 더 많이 찾아가게 될 것입니다."

단계별 작업의 이유를 설명하기

작업 목적을 아는 것이 방어를 만들어 프로그램의 목표를 훼손하기도 한다. 예를 들어, 내담자가 최근에 느낀 감정 10가지를 적게 하고, 부정적 감정과 긍정적 감정의 비율을 비교해 보고 부정적 감정을 다르게 바라보기 위해 프로그램을 진행할 예정이라고 가정해보자. 이 목표가 공유되면 내담자들은 일부러 부정적 감정을 줄여서 적거나 적지 않을 가능성도 있다. 그러나 이런 영향이 없을 경우, 내담자는 '내가 지금 이걸 왜 그리는지, 왜 자르는지, 왜 접고 있는지' 이유를 알고 있어야 한다. 예를 들어 다음과 같은 디렉션을 줄 수 있다.

"길이가 10cm, 폭이 3cm 정도 되는 기둥을 하나 잘라주시고, 지름이 3cm 정도 되는 동그라미를 5개 정도 잘라주세요…(내담자 작업하는 시간)…다 자르셨으면 이제 앞서 자른 기둥을 나무 기둥으로 놓고 동그랗게 자른 도화지를 주변에 열매처럼 붙이겠습니다. 결매 안에는 자신이 성취하고 싶은 소망을 각각 적어주세요."

<목적을 말하지 않고 자르게 한 경우>

<목적을 말하고 자르게 한 경우>

내담자들은 도화지를 동그란 형태로 5개나 자르면서도 자신이 왜 자르는지를 모르고 잘랐을 것이다. 그저 진행자가 시키니까 시키는 대로 노동한 것이다. 특별한 목적도 없이 이유를 모른 채 수행하는 활동에서 내담자들은 피로감을 느낀다. 내담자가 이 동그라미가 자신의 소망을 담을 열매가 될 것이라는 것을 알았다면, 좀 더 정성스럽게 하트나 별, 혹은 좋아하는 과일의 모양으로 잘랐을 수도 있다. 구체적으로는 다음과 같이 디렉션을 줄 수 있다.

"이번 시간에는 나의 소망을 담은 소망열매와 열매가 열릴 나무를 만들어 볼 거예요. 먼저 열매가 열릴 기둥을 흰 도화지를 이용해 10cm 정도 되는 길이로 잘라주고, 나의 소망이 담길 열매 5개 정도를 흰 도화지를 이용하여 잘라주세요. 열매는 동그랗게 잘라도 좋지만 자유로운 형태로 잘라도 좋습니다."

익숙한 방식을 다르게 바라보는 이유

미술치료사에게 미술치료실은 익숙한 공간이지만, 내담자에게는 낯선 공간이자 자신을 표현해야 하는 불편한 공간일 수 있다. 그렇기에 미술치료사는 미술치료의 공간이 내담자에게 안전하고 편안하게 느껴지기 위해 노력한다. 그런 맥락에서, 프로그램 디렉션도 내담자의 안전범위에서 벗어나지 않는 개념을 제공해야 한다.

프로그램의 디렉션은 내담자가 일반적으로 이미 학습된 익숙하고 친숙한 방식을 파괴하지 않는 접근을 포함해야 한다. 만약 그렇지 않은 방식을 선택한다면 그에 대한 부연 설명이 필요하다.

<인생북을 만든 무지 책>

한 미술치료 수련생 중 한 명이 집단 미술치료를 진행하면서 내담자들에게 5장으로 구성된 무지 책에 〈내 인생의 순간들〉을 그리도록 하며 다음과 같은 디렉션을 제공했다.

"자신의 인생에서 지금까지 영향을 미치고 있는 중요한 사건들을 시간순대로 오른쪽에서 왼쪽으로 그려주세요."

어떤 부분이 혼란스러운지 잘 모르겠다면 간단한 종이를 놓고 반을 접은 후 방향을 살펴보면 이해가 갈 것이다. 우리는 더 이상 오른쪽에서 왼쪽으로 문자를 읽는 문화를 가지지 않는다. 그렇기에 이 말을 들은 내담자들은 자신이 이해한 것이 맞는지 혼란스러워했다. 우리나라에서는 책을 왼쪽에서 오른쪽으로 진행하며 읽는 것이 일반적이기 때문이다.

실습이 끝나고 수련생에게 넘기는 방향에 대한 질문을 하니, "우리의 인생은 한쪽 방향으로 흘러간다고 생각되지만, 사실 중요한 것들이 시간에 상관없이 크기순으로 배열된 인생을 살고 있습니다. 이 부분을 알려드리려 했습니다."라고 대답했다. 그러나 이 설명은 내담자에게 해주어야 했던 설명이었다. 초보 미술치료사들은 자신이 창작한 특별한 의미를 혼자만 알고 내담자와 공유하지 않을 때가 있다. 긴장되어서 그럴 수도 있고, 프로그램 안에 잘 녹아들었을 것이라 생각해서일 수도 있다. 내담자들은 영문도 모른 채 오른쪽에서 왼쪽으로 작업하고 공유했다.

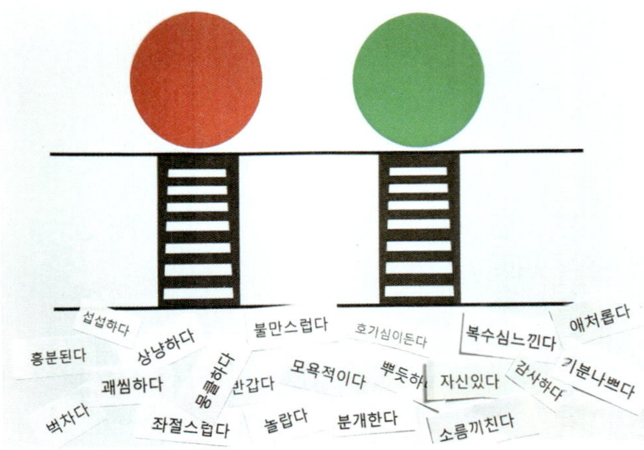

<감정 신호등>

또 다른 예를 함께 살펴보자. 〈감정 신호등〉 프로그램을 준비한 수련생은 내담자들에게 다음과 같은 디렉션을 주었다.

"지금 나눠드리는 도안은 감정 신호등입니다. 길 건너에는 여러가지 감정단어가 놓여 있고 신호등이 크게 그려져 있습니다. 내가 멈추고 싶은 감정은 녹색 불 앞에, 내가 마음에 들이고 싶은 감정은 빨간 불 앞에 배치해 주세요."

진행자는 내담자에게 어떤 감정을 붙였는지 묻고, 그 감정을 선택한 이유, 일상에서 느끼는 순간들, 이 감정을 더 긍정적으로 전환시키기 위한 실천사항 등을 물었다. 그러나 5명의 내담자 중 빨간색과 초록색의 위치에 대해 묻는 사람은 없었다.

이때도 마찬가지로 녹색 신호등은 통과, 빨간 신호등은 멈춤이라는 통상적인 상식에서 벗어난 디렉션을 하고 있다. 그럴 경우, 진행자는 의도를 내담자와 공유하여 친숙함을 깬 이유를 알려주어야 한다. 진행이 끝나고 물으니 "말해야 했는데 긴장돼서 까먹었어요."라고 울상을 지었던 기억이 난다. 통상 감각에서 벗어난 이유를 포함해서 구체적으로는 다음과 같이 설명할 수 있다.

"일반적으로 빨간색은 멈추는 신호, 그리고 파란색은 가도 되는 신호라고 약속되어 있습니다. 그러나 우리는 이에 반대되는 색을 선택해볼 것입니다. 삶을 살아가다 보면 내가 원치 않는 감정과 만나 그 감정을 견뎌야 하는 시기도 만나, 원하는 감정은 저 멀리 사라져버리는 경험을 하기도 합니다. 그럴 때 우리는 절망하기도 하고, 내 인생은 쉽게 풀리지 않는다며 좌절하기도 하죠. 그렇지만 만약 이런 상황에 대비가 된다면 갑자기 무너지는 것이 아니라 더 현명하게 대처해 나갈 수 있을 것 같아요. 그래서 원하는 감정과 함께하지 못할 때, 그리고 원치 않는 감정과 마주할 때를 이 자리에서 연습해 보려고 합니다."

3. 명확한 작업 방식 제시(Obvious)

디렉션을 통해 내담자는 자신이 무엇을 어떻게 해야 하는지 머릿속에 떠올릴 수 있어야 한다. 또한 자신이 이 프로그램 참여를 통해 무엇을 얻을 수 있는지도 디렉션을 통해 명확하게 알 수 있어야 한다.

나쁜 디렉션은 어떻게 참여해야 하는지가 머릿속에 쉽게 그려지지 않는다. 이해하지 못한 내담자는 멈추어 있거나, 주변의 눈치를 살피거나, 디렉션이 끝난 후 바로 시작하지 못하는 모습을 보인다. 좋은 디렉션은 내담자가 무엇을 먼저 하고, 그다음에 해야 할 과정을 순차적으로 떠올릴 수 있고, 마지막 스텝까지의 절차에서 어떻게 해야 하는지에 대한 의문점이 생기지 않는다.

과정을 명확히 이해하지 못한 내담자는 자신이 수행해야 하는 것들에 대해 질문을 하기도 하지만, 일부 내담자들은 나 혼자만 이해하지 못한 것 같은 수치심, 혼자 질문했을 때 다른 사람들로부터의 시선 등으로 인해 질문하지 않고 막연히 이해한 대로 참여하기도 한다. 결과적으로 내담자는 미술치료사가 원한 방향과 다른 방식으로 작업해 나간다.

과정을 잘못 이해한 내담자

<내 마음이 담은 상처의 말들>

〈내 마음이 담은 상처의 말들〉 프로그램을 진행하며 미술치료사는 최근 자신의 감정을 나타내는 이미지를 도화지에 그리게 한 후, 같은 크기의 A4용지에 상처받은 말들을 모두 적도록 했다. 그리고 상처받은 말들을 찢어 감정 안에 쌓아 놓도록 지시했다. 그러나 우측 하단 작업을 한 내담자는 "앞서 작업한 이미지 위에 적은 글들을 찢어서 올려주세요."라는 말을 정확히 이해하지 못했고, 감정을 그린 이미지를 찢어버렸다.

그림 그리기에 실수가 있을 때에는 덧그리거나 수정해서 그리면 되지만, 찢어버린 종이는 되돌릴 수도 없었다.

일반적으로 작업을 끝마친 후, 자신만 다르게 작업을 했다고 판단될 때, 내담자들은 주로 다음과 같은 행동을 보인다.

사과하기

"죄송해요, 제가 잘 못 알아들어서…" 사과하는 경우다. 이때 잘못은 디렉션이 명확하지 않은 미술치료사의 몫이지 내담자의 탓이 아니다. 그러나 내담자는 스스로를 자책한다.

내용 바꾸기

자신이 표현한 내용과 상관없이 원래 디렉션에 맞추어 설명을 시작한다. 내담자는 자신의 작품에 내포된 의미를 숨긴 채, 적당히 분위기를 보아가며 거짓 설명을 한다. 미술치료사는 그 사실을 모를 것이고, 내담자에게 수반되는 불쾌감은 온전히 내담자의 몫이 된다.

작품 감추기

작품 보여주기를 거부하는 내담자도 있다. 뒤집거나 접어서 이미지를 숨긴다. 자신이 다른 방법으로 작업했다는 사실을 알리지 않고, 민망한 웃음을 지으며 오늘은 공유하지 않겠다고 이야기한다. 내담자에게 미술치료 프로그램의 참여는 시간과 돈과 정신적 에너지를 낭비한 경험이 된다.

프로그램의 목표에 따른 디렉션 구체화하기

"도화지에 동그라미를 그리고 왼쪽에는 자신을 행복하게 하는 것을, 오른쪽에는 자신을 불행하게 하는 것을 그려주세요."

이 디렉션은 얼핏 특별한 문제가 있어보이지는 않는다. 그러나 명확하지는 않다. 이 애매함으로 인해 같은 집단 내에서도 내담자들은 다음과 같은 경우의 수로 작업을 할 수 있다.

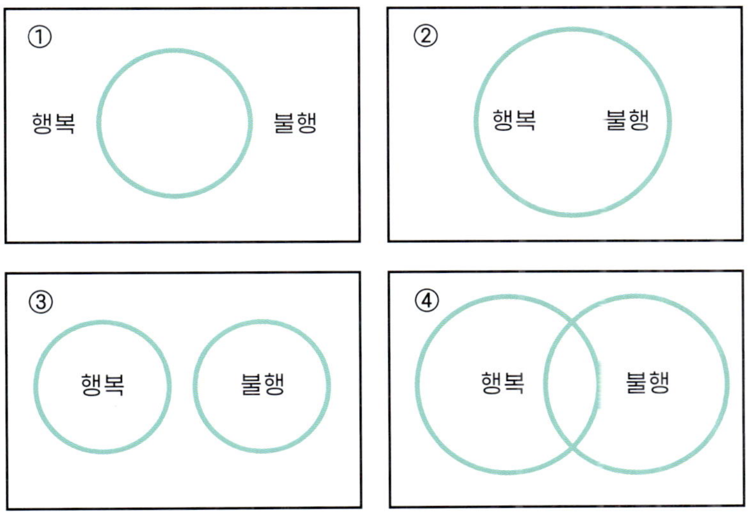

<디렉션에 따른 경우의 수>

이 네 가지 방식은 완전하게 다른 접근방식이다. 진행자는 분명하게 자신의 머릿속에 원하는 결과물의 모습이 있었을 것이다. 그러나 전달이 미숙했다.

네 가지의 각기 다른 결과를 원한다면 구체적으로 다음과 같이 디렉션을 줄 수 있다.

① "도화지 가운데에 동그라미를 하나 그리고, 동그라미 바깥의 왼쪽에는 나를 행복하게 하는 것을, 동그라미의 바깥의 오른쪽에는 나를 불행하게 하는 것을 그려주세요."

: 가운데 동그라미 안에는 행복과 불행을 조절하는 자신의 내면의 힘을 그림으로써

자신의 감정을 통제할 수 있는 개인적 자원을 발견할 수 있다. 동그라미의 바깥쪽에는 자신을 행복하게 하는 것, 그리고 불행하게 하는 것을 그림으로써 각 감정이 자신에게 미치는 영향을 에너지의 흐름으로 확인할 수 있다.

② "도화지 가운데에 큰 동그라미를 그리고, 동그라미 안쪽의 왼쪽에는 나를 행복하게 하는 것을, 동그라미 안쪽의 오른쪽에는 나를 불행하게 하는 것을 그려주세요."

: 행복과 불행이 모두 같은 영역 안에 존재함을 인식함으로써 같은 상황도 개인의 관점과 태도의 차이로 다르게 인식할 수 있음을 학습할 수 있다. 자신이 가진 비합리적 신념 및 자동적 사고가 불행한 요소들을 확대해석하는 인지왜곡을 유발함을 확인하고 이를 줄여나갈 수 있는 실천적 전략을 모색할 수 있다.

③ "도화지의 왼쪽에 동그라미 하나를 그리고, 도화지의 오른쪽에 동그라미 하나를 그려주세요. 이 두 개의 원이 겹치지 않게 해주세요. 그리고 왼쪽 동그라미 안에는 나를 행복하게 하는 것을, 오른쪽 동그라미 안에는 나를 불행하게 하는 것을 그려주세요."

: 행복과 불행은 별도의 존재임을 인식함으로써, 자신이 원할 경우 행복 감정을 불행 감정으로부터 분리하여 온전하게 선택하고 느낄 수 있음을 확인할 수 있다. 아들러의 초인종 누르기 기법으로 접근할 경우, 의도적으로 긍정적 감정과 부정적 감정에 번갈아 집중해 봄으로써 감정선택을 스스로 조절할 수 있음을 학습할 수 있다.

④ "도화지에 두 개의 원을 가운데 공집합이 생기도록 겹쳐서 그려주세요. 그리고 왼쪽 동그라미 안에는 나를 행복하게 하는 것을, 오른쪽 동그라미 안에는 나를 불행하게 하는 것을, 공집합 부분에는 나를 행복하게 하면서도 동시에 불행하게 하는 것을 그려주세요."

: 자신에게 행복을 주는 요소를 더 활성화하고, 불행을 주는 요소를 소거하는 방식을 탐색함과 동시에, 행복과 불행이 공존하는 영역에 대해 인식할 수 있다. 가운데 부분에는 주로 가족, 일, 육아, 돈과 같은 일상에 가까운 부분이 등장하는데, 이러한 요소들에서 긍정을 강화하고 부정을 다르게 보기 위한 전략을 탐색할 수 있다.

4. 전문용어의 적절한 사용(Jargon)

심리학 용어는 어떻게 사용해야 할까

미술치료 분야에 오래 종사하다 보면, 심리학 전문 용어를 부연설명 없이 사용해 버리거나, 미술매체의 사용법에 대해서도 적당히 설명하고 넘어가는 경우가 생기기도 한다. 너무 익숙해져 버린 탓에 다른 사람도 이 정도는 알 거라고 생각해버린 것이다. 내담자들이 어렵게 느끼는 전문용어들을 갑자기 디렉션에 사용하는 것은 지양할 일이다. 물론 심리학 용어들과 이론적 배경들을 설명하는 심리교육은 최근의 젊은 내담자들이 선호하는 경향이 있기에 어려운 심리학 용어를 무조건적으로 배제할 필요는 없다. 다만, 중요한 심리학 용어라면 그 용어를 내담자가 이해할 수 있는 방식으로 설명해주고 나서 숙지된 이후 다시 사용한다.

예를 들어, 인지행동치료적 접근을 하기 위해서는 내담자의 자동적 사고나 신념, 인지왜곡 등을 함께 다루게 되는데, 내담자가 해당 용어를 알아야 작업이 진행된다. 4컷만화로 비합리적 신념을 찾는 작업을 하려고 한다면, 다음과 같은 디렉션을 줄 수 있다.

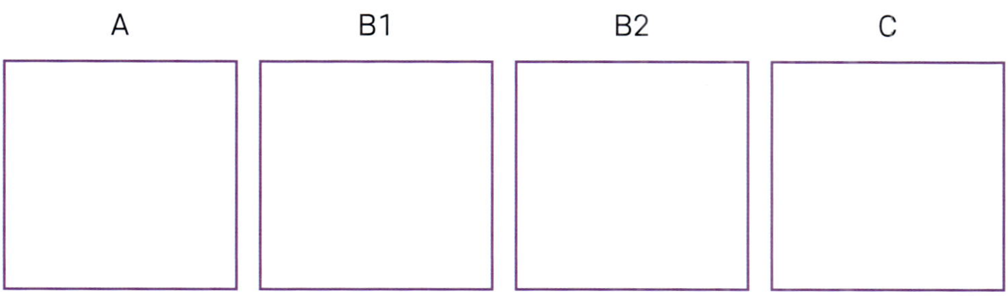

<4컷만화 도안>

"오늘은 내가 우울감을 느끼는 과정을 4컷 만화로 그려볼 건데요, 만화를 그리면서 각 컷마다 존재하는 신념을 한번 찾아볼 거예요. '신념'이라는 단어가 어떤 의미의 단어라고 생각이 드나요?(내담자의 대답) 신념은 합리적정서행동치료라는 심리치료 이론에서 사용되는 단어인데요, 혹시 베스트셀러였던 <긍정의 심리학>이라는 책 들어보셨을까요? 이 치료이론을 만든 학자가 책의 저자이기도 합니다. (내담자와 책에 대해 잠시 나눔) 이 심리학에서는 우리가 어떤 사건이

일어났을 때 느끼는 감정들이 모두 신념과 관련 있다고 이야기하고 있어요. (화이트보드에 A, B, C를 적거나 프린트물을 준비) 여기 A가 선행사건, 즉 어떤 사건이고, C는 결과예요. 예를 들면, '누군가가 길 가다 나를 쳐다봤다'는 사건이 있는데, 만약 B의 신념이 '누가 날 쳐다보는 것은 내가 이상하게 생겼기 때문이다.'라면 결과 C는 불쾌해지겠죠. 반대로 신념 B가 '사람들이 날 쳐다본다면 내가 빛나기 때문이다.'라면, 결과 C는 유쾌해지겠죠. 이렇게 같은 상황에서 다른 신념을 사용하여 다른 결과가 나오기 때문에, 내가 무엇 때문에 불편한 감정을 겪는지 알아보고 바꿔보기 위해 이 작업을 해볼 거예요."

상담 분야에 종사하는 사람들에게는 익숙하나 내담자들에게는 명확한 설명이 필요한 단어들은 무수히도 많다. 예를 들면, 신념, 부적응, 심상, 정서, 무의식, 통찰, 자동적 사고, 인지왜곡, 자아, 지각, 고착, 회기, 방어기제, 행동화, 도식화, 기질, 심리도구, 임상, 심리평가, 진단, 이상심리, 선택적 주의, 미해결 과제, 승화, 전이, 인지장애, 삽화, 귀인, 트리거, 자원체계, 회복탄력성 등이 있다. 사실 이외에도 너무 많아서 모두 나열을 못 할 정도다. 내담자의 입장에서 미술치료에 참여했을 때 어떤 표현이 어려울지, '신선한 귀'를 이용해서 들어보려는 노력도 필요하다.

미술적 표현 일반화시키지 않기

입시미술을 하고 미대를 졸업한 미술치료 준비생들은 미술재료를 다룰 때 쓰는 미술적 표현에 익숙하다. 그렇지만 그것은 몇 년에 걸쳐서 익숙해진 표현이며 미술 전공을 하지 않은 내담자들에게는 어색한 표현일 뿐이다. 내담자들은 자신이 이해하지 못한 표현을 미술치료사가 사용한다 하더라도 다시 되묻지 않고 넘어가는 경우가 많기에 자신이 사용하고 있는 용어를 점검할 필요가 있다. 다음은 미술전공자들에게 흔히 사용되나 일반적으로는 잘 쓰지 않는 표현들의 예시다.

- 배경을 <u>뭉개니까</u>(=묘사가 살지 않게 애매하게 표현하니까) 말씀하신 분위기가 사는 것 같아요.
- 주인공 감정이라 말한 부분을 더 <u>살려보면</u>(=강조하여 잘 보이게 그리면) 어떨까요?

- 물고기 가족화에서 엄마 물고기만 특별히 파서(=지나치게 묘사해서) 일어날(=종이의 표현이 벗겨질) 정도인데, 그리시면서 어떤 감정이었는지 설명해주시겠어요?
- 아직 시간이 더 있으니 밀도를 쌓고(=비어보이지 않게 선이나 터치를 더 많이 중첩하여) 계셔도 될 것 같습니다.
- 뒤쪽에 있는 사람들을 확 빼서(=아주 약하게) 그리신 이유가 있으실까요?
- 그림의 주인공을 기준으로 왼쪽은 죽이고(=명확하게 형체가 드러나지 않고 어둡게 그리고) 오른쪽 편은 날리셨는데(=희미하게 사라지게 처리했는데), 어떤 의미가 담겨 있을까요?
- 특별히 아버지를 표현할 때 덩어리를 살리셨어요(빛과 명암을 강조하여 입체적으로 표현하셨어요).

명사 대신 동사를 사용하기

일반적으로 한자로 구성된 전문용어를 사용하고 싶을 때 풀어 쓴 동사를 대신 사용하는 것은 더 듣기 편한 디렉션을 만든다.

> "부적응 섭식행동을 감소하기 위한 개인적 실천사항을 적어주세요."
> "앞서 제시한 타인과의 관계개선을 위한 여러 대인관계 기술들 중 내게 적용 가능한 것을 선택해주세요."

위의 두 문장을 내담자가 이해하지 못한다는 뜻은 아니다. 다만 전공서적에서 자주 접하던 단어가 치료사에게는 익숙하지만 내담자에게는 불편할 수 있다는 의미고, 더 편한 표현으로 바꾸면 더 좋다는 뜻이다.

> "먹고 게워내는 행동을 줄여나가기 위해서 내가 할 수 있는 것들을 적어주세요."
> "조금 전 다른 사람들과 더 잘 지내기 위해 여러 가지 방법들을 이야기 나눠 보았는데요, 나에게 가장 적용하기 좋아 보이는 것을 골라주세요."

내담자는 이미 다양한 자신의 증상과 문제를 다루며 불편함을 겪고 있다. 치료사가 익숙지 않은 언어를 사용해서 내담자의 불편감을 더 늘릴 필요는 없다.

마술적 이름 부여하기

내담자가 이해할 수 있는 수준에서 내담자가 참여할 활동, 재료, 개념 등에 마술적 이름을 붙이는 것은 프로그램에 대한 이해도를 풍성하게 만들 수 있다. 같은 공간, 종이, 매체라 하더라도 어떠한 의미를 부여하면 치료목적에 맞는 더 큰 힘을 가지게 되기 때문이다.

도화지를 제공하고 '나눠드린 도화지'에 감정을 그리라고 하는 것과, '도화지는 이제부터 우리의 감정을 담는 그릇'이라고 설명하고 그림을 그리는 것의 차이다.

내가 버리고 가고 싶은 감정과 가지고 가고 싶은 감정을 분류해서 작업할 때, 종이상자는 비록 종이상자지만 감정단어를 넣고 밀봉할 컨테이너가 된다.

<버리고 가고 싶은 감정, 가지고 가고 싶은 감정>

"왼쪽 육면체 상자에는 내가 앞으로 버리고 가고 싶은 감정들을 적어서 넣고, 오른쪽 육면체 상자에는 앞으로 내가 계속 가지고 가고 싶은 감정들을 적어서 넣을게요. 각 상자의 표면도 자유롭게 표현해주세요."

물론 문제 없는 디렉션이고 내담자들이 딱히 혼란스러울 지점도 없다. 그러나 다음처럼 바꾸면 더 이해가 쉽다.

"여기 왼쪽의 육면체 상자는 '나의 감정 쓰레기통'입니다. 내가 앞으로 버리고 가고 싶은 감정들을 적어서 쓰레기통 안에 버릴거예요. 오른쪽 육면체 상자는 '나의 감정 보물상자'입니다. 내가 계속 가지고 가고 싶은 감정들을 보물상자에 적어서 넣을 거예요 감정 쓰레기통은 어떤 모습이면 좋을지, 감정 보물상자는 어떤 모습이면 좋을지 생각하고 자유롭게 표현해주세요."

5. 생각과 감정의 심상화(Evocative)

'오늘 미술치료는 즐겁겠다'는 기대감은 심상을 떠올리면서부터 시작된다. 심상화 작업이 누락되거나 너무 짧은 디렉션은 작업을 막막하게 만든다. 디렉션이 끝나면 내담자들은 감정과 생각과 같은 추상적인 이미지들, 그리고 기억 속 내용들을 내담자들은 시각적 표현을 통해 옮겨야 한다. 미술치료사는 내담자가 눈에 보이지 않는 형상들을 눈에 보이는 실체로 옮기기 위해 떠올릴 수 있는 수많은 자극과 정보들을 제공해야 한다. 디렉션 과정에서 심상화가 이루어지지 않은 내담자는 "이제부터 20분간 떠오른 모습을 표현해보겠습니다."와 같은 시작 신호가 들려도 무엇을 그려야 할지 막막해 한다.

표현을 가능하게 만드는 심상화

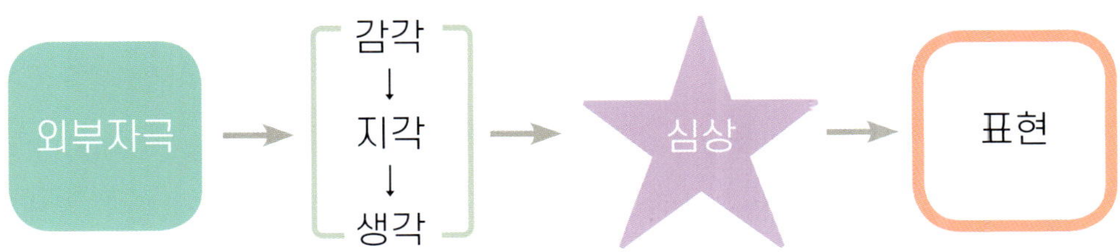

<표현의 과정>

미술치료 디렉션(외부자극)이 주어지면, 내담자의 귀는 디렉션을 듣고(청각), 사용할

재료를 살피고(시각), 지각을 통해 디렉션을 이해하고 생각을 바탕으로 심상을 만들어 낸다. 얼핏 생각하면 감각과 지각만으로도 심상이 만들어질 것 같지만, 심상은 분명히 사고를 통해 이루어지는 과정이다. 그렇기에 생각이 '떠오르지' 않으면 심상이 되지 않으며, 표현까지 도달하지 못한다. 하나의 디렉션을 예를 들어 생각해 보자.

외부자극 미술치료사가 내담자에게 주는 디렉션이 청각자극으로 전달되는 것을 의미한다. "이 상자 안에 남들에게는 보이고 싶지 않은 나의 마음의 모습을 색점토로 만들어서 넣어주세요."

감각 우리의 몸 안에서 일어나는 모든 전기신호를 의미하며 외부세계를 인지하는 능력이다. 청각자극과 시각자극을 통해 디렉션을 접수하면 감각인상이 발생한다. 들었던 디렉션이 머릿속에 복사해서 들어오고, 내담자의 눈은 상자와 색 점토를 본다.

지각 디렉션에 대한 개념 및 지식, 그리고 해당 주제에 대한 개념 및 지식을 바탕으로 디렉션을 구조화한다. '상자가 열고 닫고의 개념이 있듯 내 마음속에도 내가 열어보면 존재하는 무언가가 있겠구나.' '상자는 10×10cm 정도니까 점토는 그보다 작게 만들어야겠네.'

생각 이성을 바탕으로 하여 사고하고 추론하는 과정이다. 경험하고 체험한 것들을 기억하고 끄집어내는 행위를 포함한다. '난 유약한 내 모습을 남들한테 보이고 싶지 않아. 당당한 모습을 보이고 싶거든. 그래서 늘 강한 척하느라 그것도 참 피곤하긴 해.'

심상 떠올린 생각을 머릿속에서 이미지화한다. '유약한 모습은 어떻게 표현하면 좋을까. 내가 생각했을 때 가장 유약해 보이는 색은 뭐지? 아이보리색이 좋겠어. 형태는 뭔가 흘러내리는 느낌…'

표현 미술매체를 이용한 창작과정을 통해 내담자의 표현이 탄생한다. 색점토를 이용하여 흘러내리는 느낌을 만들고 상자 안에 넣는다.

내담자가 프로그램에 참여하는 첫 번째 단계는 디렉션을 듣고 이미지를 떠올리는 것이다. 예를 들어, 미술치료사가 흰 도화지를 나누어주고, 다음과 같은 디렉션을 한다고 가정해보자.

"자유롭게 여러분이 생각하는 '행복'의 모습을 표현해 주세요."

갑자기 던져진 키워드와 바로 작업해야 하는 부담감은 내담자에게 유쾌하지 않은 경험이다. 이러한 디렉션은 오늘 저녁에 먹을 음식이 어떤 것인지, 어떤 곳에서 먹는지에 대한 아무런 정보 없이 만나자마자 알지도 못하는 음식을 입에 욱여넣어주는 것과 같다. 구체적으로 심상을 떠올리게 하는 디렉션은 다음과 같다.

"행복이라는 단어를 들으면 무엇이 떠오르나요? 최근에 내가 행복을 느꼈던 순간을 떠올려 보겠습니다. 예전 기억까지 거슬러 올라가 살면서 가장 행복했던 기억을 찾아볼게요. 그때 나는 몇 살이었고, 나는 어디에 있었나요? 행복할 때의 나는 누구와 무엇을 하고 있나요? 행복이 만약 모습을 가지고 있다면 나에게 어떤 색깔, 어떤 모양, 어떤 질감으로 느껴질까요? 행복이 크기가 있다면 얼마나 크고, 얼마나 작을까요? 내가 행복할 때 나의 다음은 어떤 모습을 하고 있을까요? … 이제 내가 떠올려본 행복의 모습을 자유롭게 표현해 보겠습니다."

심상화의 임계치

귀로 소리를 듣고, 머리로 그 내용을 이해했다고 해서 바로 손으로 그림이 그려지는 것이 아니다. 내담자의 마음속에 도화지에 옮길 이미지가 충분히 떠오르고 가득 찼을 때, 그제서야 손이 움직인다. 이것은 심상화가 임계치를 넘어가야 한다는 것이다. 조금 이해하기 쉽게 임계치에 숫자를 한번 붙여보자. 내담자들이 평균적으로 그림표현으로 전환되는 심상화가 5-10점 사이라고 가정해보자. 이디지로 전환이 빠른 내담자는 5점에도 그림을 그릴 수 있지만, 전환이 어려운 내담자는 10점을 채워야 그림을 그릴 수 있을 것이다. 다음의 문장들이 1점부터 차곡차곡 합쳐지면서 점차 심상화가 구체화되는 것을 확인할 수 있다.

심상화 1점

"여러분의 불안의 감정을 도화지에 그리겠습니다."

→ 아무도 그림을 그리지 않을 것이다.

심상화 3점

"불안이라는 감정이 눈에 보이지는 않지만 '내가 느끼기에 내 불안은 이렇게 생겼다'라고 각자 생각하는 모습을 표현해주시면 됩니다."

→ 그리는 방법을 간략하게 설명했다. 내담자들은 아직도 아리송해하고 있을 것이고 표현전환이 빠른 소수만이 미술재료를 잡을 것이다.

심상화 5점

"이제 내가 최근 불안했던 때를 떠올려 볼게요. 그때 나는 누구와 있었고, 주변 분위기는 어땠고, 나의 숨소리 나의 표정은 어땠나요. 어떤 모습의 불안이 내게 다가왔나요?"

→ 불안했던 순간을 지금-여기에서 느끼도록 했다. 일부 내담자는 그림 그리기를 시작할 수 있다.

심상화 8점

"불안할 때 나는 어떤 느낌인가요? 무겁고 큰 무언가에 압도당하는 느낌인가요, 아니면 뾰족하고 얇은 무언가 위에 올라가 있는 위태로운 느낌인가요? 불안이 나를 채찍질하는 느낌이 들 수도 있고, 불안이 검은 물처럼 나를 잠식한다는 느낌이 들 수도 있습니다."

→ 불안의 모습을 구체적으로 떠올리도록 했다. 많은 내담자들이 그림을 그리기 시작할 것이고 일부 내담자는 머뭇거릴 것이다.

심상화 10점

"내 감정마다 색이 있다고 생각해 볼게요. 누군가에게 행복은 핑크색, 분노는 빨간색일 수 있어요. 그럼 불안은 어떤 색일까요? 불안이 어떤 형태를 가지고 있다면 어떤 모습일까요?

끝도 없이 펼쳐지는 듯할 수도 있고, 갑자기 뚝 하고 떨어지는 느낌이 날 수도 있고요. 내가 불안할 때의 감정이 어떤 패턴이나 질감을 가지고 있다면 어떤 모습일까요? 불안 감정으로부터 소리가 난다면 어떤 소리가 날까요? 불안 감정이 내 앞에 놓여 있다고 생각하시고 그 모습을 표현해 주세요."

→ 불안 감정을 공감각적으로 접근했다. 이제 특별한 경우가 아니고서는 내담자들은 모두 그림을 그리기 시작할 것이다.

집단 작업에서는 10점의 심상화를 다 했는데도 작업에 착수하지 못하는 내담자도 있다. 내담자마다 디렉션을 받아들여 작업에 몰입하는 속도는 모두 다르기 때문이다. 이때 미술치료사는 특정 내담자에게 전달하기보다는 전체적으로 지속적 심상화를 유도한다. 작업이 대부분 시작되었으나 한두 명은 아직 망설이고 있을 때 집단에게 다음과 같이 말할 수 있다.

"지금 우리는 나의 불안의 모습을 그리고 있습니다. 불안한 순간의 느낌도 좋고, 내가 불안을 느낄 때 불안이라는 감정이 어떤 캐릭터라면 이렇게 생겼겠다고 느꼈던 모습도 좋습니다. 정답도 없고, 그렇기에 틀린 것도 없습니다. 내가 불안하다고 느끼고, 불안이 조절되지 않던 그 순간 느꼈던 그 무엇이든 표현할 수 있어요."

6. 내담자 맞춤형 눈높이(Customized)

디렉션에서는 적절한 표현이 사용되어야 한다. 적절한 표현이란 청산유수와 같은 말솜씨나 명언을 의미하는 것이 아니다. 내담자 중심으로 생각했을 때, 내담자가 이해하기 쉽고, 그들의 수준에 맞는 표현이 좋은 표현이다. 내담자의 연령과 인지수준에 따라, 내담자의 관심도나 배경 지식에 따라 디렉션에서 사용하는 표현은 달라진다. 결국 프로그램에 참여하는 것은 내담자이기에 디렉션은 내담자가 가장 잘 이해할 수 있는 범위에서 설명되어야 하는 것이다.

연령에 따른 디렉션의 차이

어린이를 대할 때, 자동적으로 어린이 용어를 잘 쓰는 사람도 있지만 그렇지 못한 사람도 많다. 아이를 양육한 경험이 있는 분들은 익숙하게 아이를 다루지만, 젊은 미혼의 미술치료사들은 아이들을 어떻게 대해야 할지 난감해하기도 한다. 한 미술치료 수련생이 7살 아이들 4명을 대상으로 하는 프로그램을 다음과 같이 설명한 적 있었다. 이 수련생은 어린이 내담자를 처음 다뤄보는 상황이었다.

"여러분께서 오늘 사용하신 감정을 도화지에 표현해 주세요. 감정마다 색을 부여하여 표현하시는 것을 추천합니다."

수련생은 잔뜩 긴장하여 도화지를 양손에 들고 해당 디렉션을 어린이들에게 주었다. 어린이에게 익숙지 않았던 20대 수련생은 수준 설정에 실패했다. 한 명의 아이도 작업을 시작하지 않았고, 당시 함께 수련 중이던 유치원 교사에게 디렉션 바꾸어서 아이들에게 설명해 달라고 요청했다.

"우리 친구들, 오늘 기분이 어때요? 무슨 일이 있었어요? (아이들 대답) 아아~ 짜증이 났어요. 무엇이 우리 친구를 짜증 나게 만들었을까?(아이들 대답) 우와 그랬구나. 짜증 나는 기분을 이번엔 여기 크레파스에 있는 색 중에 골라볼 거예요. 어떤 색이랑 제일 비슷할까? 우리가 짜증나! 하면 떠오르는 색을 여기 크레파스에서 골라볼 거예요. 여러 개 골라도 돼요. 어떤 색이 좋을까?"

아이들에게는 쓰는 용어도 달라진다. 형태는 모양, 색은 색깔 등 단어들은 최대한 쉬운 단어로 바꾸어야 하고, 질문과 디렉션은 짧고 명확하고 반복적이어야 한다. 이 유치원 교사는 어린이 프로그램 진행에는 익숙했지만 성인 앞에서 리딩해본 경험은 부족했다. 그다음 주, 성인집단을 운영하며 다음과 같은 디렉션을 주었다.

"자, 여기 도화지 가운데에 커-다란 동그라미를 그릴 거예요. 자, 제가 뭘 그린다고 했죠? 네 맞아요. 동그라미예요. 여기 가운데에 동그라미를 크-게 그려볼 거예요."

어린이에게 사용하는 언어를 성인에게 사용할 경우, 성인들은 치료사가 자신을 하찮게 보거나 무시한다고 여길 수 있으니 어린이에게 익숙한 진행자는 성인 내담자와 작업할 때에는 성인 대상 언어로 바꾸어야 한다.

필자가 건강보험공단에서 진행하는 수급자 대상 미술치료프로그램 교재에 집필위원으로 참여했을 때였다. 자신이 가지고 있는 성격적 장점과 단점을 집단 내에서 서로 교환하고 거래하여 자신의 단점을 다른 사람들은 긍정적으로 볼 수 있다는 것을 경험하는 〈마법의 가게〉 프로그램을 포함시켰는데, 프로젝트 팀에서 프로그램명이 시니어에게 와닿지 않는다는 의견이 있었다. 평균 80세 노인을 대상으로 하는 프로그램에서 〈마법의 가게〉는 〈희망 장터〉라는 이름으로 변경되어 출판되었다.

내담자의 배경 지식 고려하기

많은 디렉션은 내담자가 어느 정도 기대수준의 지식을 가지고 있을 것이라는 전제하에 진행된다. 그러나 함께 동의하는 수준의 이해가 선행되지 않을 경우, 추가적인 설명이 필요하다. '이런 것도 몰라?'가 아닌 '아~ 이걸 모를 수 있다는 것을 내가 간과했구나.'라는 태도로 접근하길 권한다. 반대로 심리치료 전문가나 전문 미술가의 경우, 오히려 더 많이 아는 것이 미술치료의 방해물이 되기도 한다. 이 때에는 너무 분석적으로 접근하지 않도록, 또 완성도나 잘 그리는 것에 몰두하지 않도록 특별히 더 신경 써야 한다. 교육 배경, 경제 수준, 문화향유 수준 등에 따라 디렉션은 달라질 수 있다. 이는 내담자에 대한 문화의 이해도와도 연결되는 부분이다.

국내에 거주하며 근무하는 외국인 근로자들이 한국에 더 잘 정착하기 위한 프로젝트에 8회기의 미술치료 프로그램이 들어간 적이 있었다. 주로 서양권에서 온 근로자들이었고, 미술치료 프로그램에 앞서 한국의 식문화와 예절, 법률, 기본 인사말 등의 생활기술들에 관련된 수업이 있었다.

한국에 정착하여 함께 공동체를 만들어 사는 외국인 근로자들에게 '우리만의 명절'이라는 프로그램을 진행할 때 다음과 같은 디렉션이 제공되었다.

"각자의 나라마다 크고 작은 명절들이 있습니다. 영어권에서는 이것을 Holiday라고 부릅니다. 매년 함께 모여서 즐기거나 기념하는 이날은 문화권에 따라 New year와 같은 설날이 되기도 하고, 혹은 Christmas가 되기도 합니다. 또는 Thanks Giving의 형태로 존속되기도 하고 Halloween과 같은 축제의 모습이 되기도 합니다. 한국에서는 Thanks Giving과 유사하게 가을에는 '추석'이 있고, New year를 기념하는 '설날'이 있습니다. 회사가 창립을 하게 되면 창립 기념일이 생기고, 남녀가 결혼을 하면 결혼기념일이 생기듯, 우리는 우리의 공동체를 위한 명절을 기념해볼 예정입니다. 그리고 이 명절에 필요한 문구와 그림 등을 함께 제작할 거예요. 크리스마스에는 트리와 루돌프가 있고, 핼러윈에는 호박이 있는 것처럼, 우리만의 명절에는 무엇이 필요할까요? 명절의 이름은 무엇으로 지으면 좋을까요? 우리를 위한 명절의 모습을 팀원들끼리 상의해서 만들어 주세요."

7. 예측 가능한 작업 시간 공지(Time)

프로그램 디렉션이 끝나면 내담자들은 창작작업에 몰입한다. 그러나 그 활동을 언제까지 해야 하는지에 대한 디렉션이 없다면 충분한 몰입은 어려울 수 있다. 그리고 불안한 내담자는 "이거 언제까지 해요?"라고 질문한다. 작업은 내담자가 자신이 사용 가능한 시간을 예측할 수 있는 안정적인 상황에서 시작되어야 한다.

작업 시간 알려주기

"나의 차분한 감정색 그래프 그리기는 10분 정도 시간 동안 진행해 보겠습니다. 그러나 작업할 시간이 부족할 경우 시간은 더 쓸 수 있으니 시간이 더 필요하면 편하게 말씀해 주세요."

핸드폰을 꺼내 보거나 시계를 보면서 계속 체크하지 않는 이상, 내담자들은 10분이라는 시간 중 얼마나 시간이 지났는지를 잘 모를 것이다. 몰입하다 보면 10분이 금방 지나가기도 하고, 10분이 지났을 때 "이제 곧 마무리합니다."라는 말을 들으면 당황할 수도 있다.

5분 정도 지났을 때

시간이 반정도 지났음을 공지한다.

"이제 시간이 5분 정도 지났습니다. 지금까지 작업한 시간만큼 앞으로 더 시간이 있습니다. 작업이 많이 진행되신 분들은 아직 표현할 시간이 있으니 천천히 작업해 주시고, 작업이 빨리 끝날 경우에는 추가적으로 더 넣고 싶은 것들을 생각해서 그려주세요."

8분 정도 지났을 때

연장 작업 시간여부를 결정하는 시간이다.

"이제 2-3분 정도 시간이 남았습니다. 시간이 더 필요하신 분들은 말씀 주세요."

대부분 작업이 끝나갈 경우

다음 스텝으로 넘어가기 위해 정리의 시간을 가진다.

"이제 말씀드린 시간에서 1분 정도 남았습니다. 먼저 마치신 분들께서는 주변 정리를 먼저 하고 계실게요."

먼저 끝마친 내담자

시간에 관련해서는 특별한 경우가 아니면 특정 인물에게 이야기하지 말고 전체공지를 한다.

"먼저 끝나신 분이 계시면 추가로 그려 넣을 것이 있는지 생각해 보고 떠오르는 것을 더 그려 넣어 주세요. 만약 그림 그리기가 끝났다면, 그림이 어떤 상황인지, 인물은 어떤 생각을 하고 있는지 앞에 놓인 메모지에 적어주세요."

그럼에도 시간이 많이 남는다면 지금의 주제에 이어서 작업할 수 있는 추가 작업을 준다.

"지금 저희가 과거 시간 속 나의 가장 자랑스러웠던 순간을 그려보았는데요, 먼저 작업이 끝나신 분들께서는 나눠드리는 같은 크기 도화지에 앞으로 내가 만나고 싶은 미래의 자랑스러운 내 모습을 그려볼게요. 어떤 순간의 나를 만나고 싶은지 과거의 자랑스러운 모습과도 연결 지어 생각해 보시면 좋을 것 같아요."

작업이 느린 내담자 독려하기

이 역시 특정 인물에게 이야기하지 말고 전체공지를 한다.

> "이제 시간이 3분 정도 남았습니다. 아직 작업이 많이 남으신 분들께서는 서둘러 주시고, 만약 시간이 더 필요하시면 말씀 주세요. 도움이 필요하신 분도 말씀 주시면 제가 도울 수 있는 부분은 함께 할게요."

시간을 설명하는 과정에서 내담자에게 '시간이 얼마 없으니 빨리 해라'라는 느낌으로 전달되어서도 안 될 것이다. 강압적이지 않은 목소리로 내담자를 배려하는 느낌을 충분히 전달해야 한다.

특정 내담자만 작업이 끝나지 않는 경우

2-3분 정도는 추가로 특정 내담자를 위해 시간을 줄 수 있다. 그러나 한 사람을 위해 나머지 집단원이 언제까지고 기다려 줄 수는 없다. 이때 미술치료사는 특정 내담자가 부담을 덜 가지고 나머지 내담자들이 불편해하지 않도록 절충적 방안을 사용할 수 있다.

> "먼저 작업을 끝마치신 예원 님부터 어떤 작업을 했는지 공유해 볼게요. 아직 작업에 시간이 더 필요한 분들은 다른 분들 작업 이야기 들으시면서 지금 하시는 작업 마무리해 주시면 될 것 같습니다."

지각한 내담자의 작업 시간

어떤 내담자는 인트로 작업을 끝마치고 공유할 때 즈음 집단에 합류하기도 한다. 내담자가 지각하는 것은 현장에서 흔히 있는 일이다. 다른 내담자가 공유하는 시간에 올 경우, 작업 이미지 없이도 참여할 수 있도록 유도한다.

> "지금 저희가 오늘 나의 기분 색을 골라서 빈 유리병 도안 안을 채우고 공유하고 있었어요. 혜미 님께서는 오늘의 기분 색을 선택해야 한다면 어떤 색을 선택하시겠어요? 작업이 없어도 괜찮으니 말로 설명 부탁드릴게요."

본 프로그램을 작업을 하던 중간에 들어온 지각한 내담자의 작업은 다른 내담자들이 작업을 끝마쳤을 때 완성되지 않을 확률이 높다. 지각한 내담자를 위해 연장시간을 주는 것은 시간을 맞춘 다른 내담자들에게 불쾌감으로 다가올 수 있으니, 가능하면 지각한 내담자를 위해 추가시간을 할애하는 일은 지양한다(물론 집단의 분위기가 허용적이라면 시간을 어느 정도 추가로 주는 것은 가능하다).

구체적인 시간 표현

치료사가 사용하는 시간 표현은 구체적이어야 한다. 그렇기에 자신만이 설정한 추상적 시간관념을 내담자에게 설명하는 것은 피한다.

- 이제 잠시 후 → 1-2분 후
- 잠깐 시간을 드릴 테니 → 30초 정도 시간 동안
- 충분히 지금의 감정에 집중해 보고 → 약 1분간 지금의 감정에 집중해 보고

작업시간이 정해지지 않을 경우 이유 설명하기

작업 시간이 예상되는 경우도 있지만, 내담자에 따라 어느 정도 걸릴지 예상이 되지 않는 경우도 있다. 그럴 경우에는 시간을 정하지 않고 작업하는 이유를 공유한다. 개인상담의 경우는 자유도 높게 진행할 수 있으나, 집단의 경우에는 가능하면 시간은 공지하기를 추천한다.

> "이번 작업은 사람에 따라 시간차이가 많이 나는 작업이다 보니, 제가 진행하는 과정을 따라가면서 시간을 정하려고 합니다. 편하게 작업하시다가 어느 정도 진행되었다고 생각되면 그때 5분 정도 마무리 시간 남기고 말씀을 드릴게요."

짝이나 집단 작업으로 그림 릴레이를 그릴 경우에 10초나 30초 등 시간을 정하는 것이 일반적이지만, 그렇지 않은 경우에도 이유를 설명한다.

"오늘의 작업은 예상치 못한 순간에 나의 작업이 멈추고, 또 자신이 완성하지 못한 이미지를 상대방이 돕고, 다시 내가 도와 협업으로 하나의 그림을 완성해가는 것이 중요한 프로그램입니다. 그래서 정해진 시간이 아니라 랜덤으로 다음 사람에게 턴을 넘기는 시간을 결정하려고 합니다. 제가 '다음'을 외치면 아쉽더라도 그리던 손을 멈추고 상대방에게 턴을 넘겨주세요."

여러 활동이 포함될 경우의 시간 공지

다양한 활동이 하나의 프로그램에 포함되는 경우, 시간 안배에 대한 설명도 포함한다. 하나의 프로그램이 세 개의 단계로 구성될 경우, "시간이 부족하신 분께서는 말씀하세요."라고 설명하면서 계속 시간을 주어버릴 때, 마지막 단계까지 작업할 시간이 부족할 수도 있다. 세 개의 단계가 한 번에 진행되어야 의미가 완성되는 프로그램에서 중간에 끝날 경우, 내담자에게 부정적 영향을 미치며 프로그램이 종료될 가능성도 있다.

<열등감을 이겨낸 지금의 나 - 미완성>

〈열등감을 이겨낸 지금의 나〉 프로그램은 유년기의 열등감 – 청소년기의 열등감 – 성인기의 열등감을 떠올려 표현한 후, 각각의 열등감을 극복하기 위해 자신이 했던 노력들과 열등감을 결국 성장으로 사용한 자원들을 탐색하는 작업이다. 그러나 내담

자가 열등감만을 표현한 채 시간상의 이유로 작업이 종료된다면 내담자는 자신의 시기별 열등했던 모습을 마주한 채 일주일을 보내야 한다.

내담자를 재촉하면 안 된다는 생각, 내담자에게 불안감을 조성하면 안 된다는 생각이 작업시간을 명확하게 조절하지 못하게 한다. 물론 무엇이 맞다는 절대적인 기준은 없다. 내담자가 작업 도중 자신에게 의미 있는 발견을 하거나, 중요한 이슈들을 초기에 다루었을 때, 발견한 주제로 이번 회기를 이끌어 갈 수도 있다. 그다음 주에 뒷부분을 다루기 전에 내담자에게 이 부분을 생각해오도록 과제를 내주어 프로그램을 더 풍성하게 만드는 것도 미술치료사의 재량이다. 그럴 경우, 이번 회기에 진행하려 했던 프로그램을 2회에 걸쳐 진행할 수도 있고, 다음 회기의 인트로 부분에서 나머지를 다루고, 다른 프로그램을 진행할 수도 있다.

그러나 집단 작업일 경우에는 한 사람을 위해 모두가 기다릴 수는 없다. 어떤 기관에서는 초기에 제출한 계획서에 맞춰 프로그램을 진행해야 해서 2회기에 걸쳐 하나의 프로그램을 진행하는 것이 불가능하기도 하다.

다음은 세 가지 단계가 포함된 소망나무 프로그램이다. 전체 작업 시간을 20분으로 설정했을 때, 각 단계를 모두 설명한 후, 전체 시간을 다음과 같이 공지할 수 있다.

<오늘의 감정색과 소망나무>

"오늘 저희는 나의 소망이 열리는 소망나무를 만들 예정입니다. 먼저 앞에 놓인 하얀 도화지에 오일 파스텔을 이용하여 '오늘 나의 감정색'을 칠해주세요. 이 작업은 3분 정도 짧게 진행될 예정이기에 구체적으로 무엇을 그리지 말고 색 위주로 속도를 올려서 칠해볼 것입니다. 색이 칠해진 이 도화지가 바로 나무의 몸통이 될 것입니다. 가위로 나무의 몸통을 잘라 검은 도화지에 세로로 붙일 것입니다. 나눠드린 소망잎에 새해가 밝으면 이루고 싶은 소망들을 5개 적어 나무 주변에 붙여주세요. 아주 사소한 소망이라도 괜찮습니다. 나무 몸통 색을 칠하고 소망을 붙여 소망나무를 완성하는 것까지 20분 정도 시간을 사용할 예정입니다."

Chapter 11. 내담자의 표현

빈 도화지와 오일 파스텔이 있다. 이 둘은 아무런 의미를 가지지 않지만, 미술 매체가 내담자의 생각과 감정을 만나 구체적인 형태로 변하기 시작하면 내담자에게 의미 있고 특별한 어떤 모습이 된다.

그러나 자유롭게 표현하라고 해도 이내 부담을 느끼면서 무얼 그려야 할지 모르겠다고 말하는 내담자도 많다. 특히 자신은 '표현'이라는 것을 거의 해본 적이 없어서 이런 과정이 익숙지 않다고 말하기도 한다. 그러나 이들이 오해하고 있는 것이 있다. 표현은 내담자의 삶에서 아침부터 밤까지 지속되어 온 자연스러운 행위고, 단지 미술이라는 매체를 활용하려니 안 해본 것처럼 어색하게 느껴지는 것뿐이다.

표현을 의미하는 영단어는 ex–press로 짜내는 것, 혹은 압력을 가해서 원재료가 밖으로 나오게 하는 것을 의미한다. 사과가 착즙기를 통해 사과즙이 되어 나오듯 원재료가 무언가 매체를 통해 밖으로 다른 형태로 나오는 것이 표현이다. 내담자의 마음속에 있는 그 무언가가 미술매체를 통해 바깥으로 어떤 형태를 갖추어 만들어지는 것이다.

미국의 인류학자 엘렌 디사나야케는 아무것도 없는 빈 공간에 자신의 목소리를 채워 넣어 대화를 만드는 것, 머릿속에서 맴도는 노래의 음정을 흥얼거리는 것, 식재료에 불과하던 채소와 고기를 하나의 요리로 만든 것, 불안해하는 일이 잘 풀리기를 기도하는 것, 이 모든 것은 표현이자 삶을 정교하게 만드는 예술의 영역이라 설명한다(Dissanayake, 2012). 특별한 의미가 없는 것들을 자신에게 의미 있는 무언가로 정교하게 변형시켜 태어나도록 하는 모든 행위가 예술적 행위라면 내담자는 미술매체가 아닌 다른 매체를 통해 늘 창조적 작업을 해왔던 사람들인 것이다. 필자가 플로리다주립대학교에 재학 중이던 시절, 디사나야케가 특강 연사로 학교를 방문한 적이 있었다. 함께 식사할 기회가 생겼을 때 '미술의 치유적 힘'에 대해 한마디로 설명해 달라는 다소 무례한 요구를 한 적이 있었는데, "인간은 늘 창조적으로 다양한 표현을 하고 사는데, 그것을 가장 눈에 보이는 시각적 형태로 만드는 것이 미술이다."라고 설명해주었던 기억이 난다. 즉, 미술은 표현의 가장 정교한 단계라는 것이다.

미술치료실에서는 미술 매체를 이용해 내담자들에게 감정과 생각을 표현하도록 한다. 미술치료사는 내담자가 가지고 있는 마음의 재료가 미술 매체와 만나 구체적 형태를 가질 수 있도록 돕는 역할을 한다. 그러나 준비한 프로그램에 적극적으로 참여하기를 기대한 미술치료사의 기대와는 달리, 어떤 내담자들에게는 표현이 너무나도 어렵게만 느껴진다. 이럴 때 미술치료사는 어떻게 해야 할까. 삶의 모든 과정은 표현이니 미술로도 할 수 있다고 밀어붙여야 할지, 관조하며 내담자의 독립성을 키워야 할지, 양육적인 태도로 도와줘야 할지 다양한 고민이 있을 것이다. 이 챕터에서 다루는 내용은 내담자가 더 잘 표현하기 위해 '무엇이 필요한지'에 초점을 맞추고 있다. 모든 내담자의 경우를 담을 수는 없겠지만, 표현이 어려운 내담자와의 만남에서 고려 가능한 여러 접근법들을 통해 현장에서 내담자들을 도울 수 있는 다양한 방식들을 제시해 보고자 한다.

1. 작업을 시작하지 못하는 내담자들

그림에 자신이 없는 내담자

미술치료가 부담스러운 대표적 이유는 그림 실력에 대한 부담감일 것이다. 대부분의 미술치료사들이 "잘 그리고 못 그리고는 중요하지 않습니다." 또는 "여기는 실력을 평가받는 자리가 아닙니다."와 같은 설명을 한다. 그러나 이 설명이 내담자로 하여금 표현의 부담을 완전히 내려놓게 만들지는 못한다.

한국의 교육환경에서 무언가를 그린다는 것은 곧 수행평가로 연결되었고, (선생님이라고 부르게 되는)미술치료사가 지켜보고 있다는 사실은 부담스럽다. 특히 완벽주의 성향이 있는 내담자들은 자신이 잘하지 못하는 것을 남들 앞에서 수행하는 것 자체에 불편함을 느낀다. 평가에 민감하고 타인의 시선에 예민한 내담자일수록 그림의 기술이 미술치료의 장애물처럼 느껴질 것이다.

필자는 이 감각을 한 음악치료 세션에 참여하면서 유사하게 경험했다. 음악치료 집단에서 음악치료사가 악보를 나누어 주고 자신이 먼저 피아노로 연주하고 노래를 부르면서 참여자들에게 곡을 익히게 했다. 그러고 나서 기존 가사를 자신에게 응원을 줄 수 있는 가사로 개사하여 본인 이름을 넣어 한 사람씩 부르도록 했다. 전체는 다 함께 부르되 후렴구 부분만 돌아가면서 부르는 것이었다. 당연히 음악치료사는 노래를 잘 부를 필요가 없다고 설명했으나, 스스로 노래를 못 부른다는 생각이 강했기에 상당히 스트레스를 받았던 기억이 난다. 아마도 미술치료에 참여하는 내담자들도 동일하지는 않겠지만 유사하게 표현의 스트레스를 경험할 것이라 생각된다.

미술치료실의 내담자에게 요구되는 사항은 감정을 끌어올리는 기술도 아니고, 매체를 능숙하게 다루는 전문 기술도 아니다. 가장 중요한 것은 불분명하고 아직 구체적으로 설명하기 어려운 정서를 표현매체를 통해서 최대한 눈에 보이게 드러내는 것이다. 그러나 표현된 작품을 통한 감정과 생각의 주고받음이 중요하고 최종 이미지 완성이 활동의 목적이 아님을 강조해도, 내담자들은 다른 집단원과 자신의 그림을 비교하거나 스스로의 실력을 못마땅하게 여기곤 한다. 벽에 걸려있는 회화 기술이 뛰어난 샘플 작업과 자신의 그림을 비교하는 내담자들도 종종 있기에, 미술치료실에 기술이 너무 뛰어난 샘플 작품은 가능하면 걸지 않는 것이 좋다.

집단 초기 작업의 경우, 콜라주나 마인드맵과 같은 그림 실력이 비교되지 않는 프로그램이 부담감을 줄여준다. 못 그려도 된다지만 도대체 어느 수준까지 못 그려도 되는지 감이 잡히지 않을 내담자를 위해 종이를 꺼내고 미술치료사가 먼저 무언가를 보여주는 것도 방법이다. 이곳에서는 별도의 기준 없이 뭉개거나, 그저 칠하거나, 멈추지 않는 선을 긋거나, 정리되지 않은 어떤 이미지라도 괜찮다는 것을 인지하면 부담감은 확실히 줄어든다.

미술을 너무 잘 아는 내담자

반면에 미술을 전공했거나 미술 계통에 종사하는 내담자는 완성도에 대한 기준이 남들보다 높다. 미술전공자들은 어릴 적부터 그림을 그리면 잘 그렸다는 평가를 자주 듣고 성장해 왔다. 같은 미술전공자들 사이에서는 경쟁도 있고, 비교도 있겠지만, 비전공자들 사이에서는 미술로 인해 빛나는 삶을 살아왔을 것이다. 그러다 보니 미술치료사가 어떤 말을 해도 '그래도 그림은 내가 여기서 제일 잘 그려야지.' 혹은 '그래도 와, 진짜 잘 그리시네요~라는 말을 들어야지.'라고 자동적으로 결심을 한다. 때로는 미술을 잘 모르는 사람보다 오히려 너무 잘 아는 사람들이 미술의 기술적 부담을 내려놓기를 더 어려워한다.

필자는 미술에 익숙한 내담자가 미술치료를 더 폭넓게 경험할 수 있다는 의견에 대해서는 전적으로 동의하는 입장이다. 자신에게 편한 언어로 표현하는 것이나 마찬가지이기 때문이다. 그러나 너무 잘하는 것이 오히려 역효과를 일으키기도 하기에, 초기에 이 부분을 깨뜨리고자 눈 감고 그리기, 왼손으로 그리기 등을 통해 이곳에서의 미술은 그동안의 미술처럼 정교할 필요 없고, 때론 엉망이어도 괜찮다는 것을 경험하게 할 수도 있다.

다른 주제에 몰입된 내담자

그림에 자신이 없거나 너무 잘하려는 부담이 있는 상황이 아니더라도 어떤 내담자들은 디렉션이 끝났음에도 작업을 시작하지 못한다. "10분 동안 그려볼게요. 자, 시작해 주세요."라고 디렉션이 끝났을 때, "아, 죄송해요, 뭐 하라고 하셨죠?"라고 되묻는 경우가 대표적이다. 다른 생각이 내담자를 압도한 상황, 즉 한마디로 딴생각을 하느라 집중되지 않는 것이다.

내담자가 단지 피곤해서, 주변이 산만해서 등 다양한 이유로 디렉션을 놓친 경우라면 다시 설명해 주어도 무관하나, 만약 내담자가 다른 중요한 이슈로 인해 생각이 다른 방향에 몰입되어 있다면 지금 내담자에게 필요한 주제로 변경하는 것도 방법이다(물론 개인 회기에 한해서). 집단작업일 경우 해당 내담자가 꺼내는 이야기가 집단의 주요한 이슈에 연결되어 있다면 내용을 다소 변경해도 괜찮다. 예를 들어, 우울감정 회복을 위한 집단에서 한 내담자가 '대인관계' 이슈를 꺼낸다면 모두가 함께 다룰 수 있는 주제가 된다. 그러나 특정 금융상품에 투자한 것이 나쁜 결과가 나온 상황 등 사적인 사건 때문에 다른 생각에 빠진 상황이라면, 복잡한 심경임에도 집단에 참여한 것에 대해 지지하고, 해당 주제에 대한 간략한 피드백을 해준 후, 다시 집단의 큰 주제로 돌아오게 만든다.

도벽으로 특별교육을 받는 과정에서 의무 심리치료 시간을 채우기 위해 미술치료실을 방문했던 여학생이 있었다. 이날은 미술치료를 시작한 지 3주 차가 되는 날이었는데, 들어오는 순간부터 얼굴에는 근심이 가득했다. 무슨 일이 있었는지 물었을 때 "그냥 잠을 못 잤어요."라고 대답했지만, 이전 회기의 모습과는 다르게 미술치료사가 하는 이야기를 놓치거나 되묻는 모습을 보였다.

미술치료사: 지금 네 얼굴이 무슨 걱정이 있는 사람처럼 보여. 너는 잠을 못 잤다고 이야기를 했는데, 다른 무언가가 있지 않나 생각이 되네.

내담자: 아니에요. 피곤해서 그래요.

미술치료사: 걱정이든, 잠을 못 잔 컨디션이든 뭐든 좋아. 선생님이 아까 그리라고 한 건 잊어버리자. 선생님은 지금 네가 느끼는 것이 더 궁금해. 여기 동그라미 안에 지금 막 느껴지는 컨디션을 한번 그림으로 그려볼까?

내담자: (웃으면서) 그런 걸 왜 그려요~

미술치료사: 네가 가진 마음이 궁금하니까 그러지~(같이 웃음)

결국 아이가 그려낸 〈오늘 내게 느껴지는 감정〉은 여러 무리 안에서 어울리지 못하는 듯한 자신의 모습이었다.

<오늘 내게 느껴지는 감정>

내담자는 *학교 밖 청소년 신분으로 무대연출을 돕는 일을 하기 시작했는데, 아이는 그 안에서 만난 언니들이 자신을 소외시킨다는 생각을 하고 있었다. 어떤 사건이 있었던 것은 아니지만 은연중에 자신이 모르는 이야기를 다른 사람은 알고 있는 상황, 다들 웃는데 자신은 왜 웃는지 모르는 상황 등이 반복되는 듯 느껴지면서 불편한 마음이 들기 시작했다고 한다.

어린 시절부터 부모로부터 수용받지 못했던 아이가 의지할 대상은 또래집단이었고, 학교에서 거부당한 아이는 새로 소속된 곳으로부터 거부당할지 모른다는 유기불안을 겪고 있었다. 미술치료사가 준비한 주제보다 지금 내담자의 삶에 스며든 이야기가 더 중요할 경우, 내담자에게 더 중요한 주제로 바꿔 작업하면 지금 내담자에게 필요한 이야기를 다룰 수 있다.

* 학교밖 청소년: 초등학교 · 중학교 · 고등학교를 졸업하여 정규 교육과정을 마치기 전에, 퇴학, 자퇴, 유예, 미취학, 미진학을 한 청소년

심상화가 임계치 이하인 내담자

피곤한 것도 아니고, 다른 중요한 주제가 전경으로 떠오른 것도 아닌 상황에서 무얼 그려야 할지 막막하다면 그것은 디렉션에서 심상화가 빈약했기 때문일 수도 있다. 내담자들은 집에서부터 준비해온 이미지를 그리는 것이 아니라 미술치료사가 그 자리에서 제공한 주제와 디렉션에 맞춰 움직이기 시작한다. 너무 짧거나 부실한 심상화로

구성된 디렉션은 내담자를 멈추게 만든다. 디렉션에서의 심상화는 챕터 10에서 자세히 다루었다.

표현이 차단된 내담자

프랑스의 인상주의 화가 빈센트 반고흐가 동생 테오 반 고흐에게 쓴 편지에는 다음과 같은 내용이 등장한다.

> "감정이란 때로 너무 강렬하여 내가 그림을 그리고 있다는 것조차도 인식하지 못하게 해. 별로 의식하지 않고도 자연스럽게 말하거나 글을 쓰는 것처럼 감정에 사로잡힌 몸놀림이 내가 의식하지도 못하는 사이에 일관성을 가지고 질서정연하게 그림을 그려나가."

이 내용만 보면 감정 표현은 그냥 숨 쉬듯 가능한 것처럼 보인다. 그러나 존 듀이는 자연스럽게 감정을 미술로 표현 가능한 것은 현재 주어진 경험 상황을 잘 아는 사람, 관련된 내용들을 평소에 자주 관찰하고 심사숙고했던 사람, 상상력을 가지고 보고 듣는 것을 진지하게 재구성하는 사람들에게만 생길 수 있는 일이라고 한정 짓는다.

내담자가 다른 주제에 몰입한 것도 아니고 디렉션이 부실한 것도 아니었는데 여전히 표현으로 연결되지 않을 수도 있다. 10점의 심상화를 했지만 여전히 그림으로 전환되지 않는 내담자는 그림을 포함하여 표현 전반이 차단되었을 가능성이 있다. 사고패턴이 빈약한 내담자는 그림으로 나타내는 것이 어려울 뿐만 아니라 말이나 글로 자신의 감정을 나타내는 것 역시 어려워한다.

내담자가 침묵하고 있을 때, 내담자는 '아무것도 하고 있지 않는' 것이 아니다. 내담자는 '침묵' 행위를 하고 있다. 침묵의 이유는 다양하다. 생각의 전환이 느려 아직 표현까지 도달하지 못했을 수도 있고, 저항일 수도 있고, 해당 주제가 내담자에게 불편할 수도 있다. 그러나 미술치료사가 기다려 주어야 하는 상황이거나 저항을 다뤄야 하는 상황이 아니라 "선생님, 뭘 어떻게 해야 할지 모르겠어요."라며 그저 주눅 들어 있다면 표현의 경험이 부족한 유형일 수 있다.

이러한 상황은 지지받지 못한 어린 시절과 성장 과정에 귀인할 가능성이 높다. 자기주장을 한 아이가 경청받지 못하거나 꾸지람을 들었을 때, 아이는 자신의 이야기를 표현하면 상처받거나 혼난다는 것을 학습한다. 그리고(상처받거나 혼날 사건을 만들지 않음으로써) 표현을 최소화하며 지내는 것이 자신의 생존에 더 유리하다는 것을 파악한다. 프랑스의 정신분석가 조이스 맥두걸은 표현이 단절된 내담자들은 고통스러운 초기 외상이 무의식적으로 감정을 억압하고 있어서 내면에서 들리는 목소리를 따르지 못한다고 설명한다(McDougall, 1989). 이런 상황은 전형적인 심리적 외상보다는 누적발달외상(CDT: Cumulative Developmental Trauma)으로 볼 수 있다.

존 듀이는 많은 사람들이 자아를 표현할 수 있는 적절한 행위의 기술을 가지고 있지 않기에 고문을 당하는 듯한 내면의 고통을 겪는 불행한 사태에 처한다고 설명한다. 감정표현이 서투른 사람들은 불안정한 애착을 형성했을 가능성이 있고, 어린 시절 정서적 발달이 훼손되어 감정이 차단되었을 것이다. 감정이 수용된 경험도 없고(있어도 기억에서 삭제되었고), 표현이 존중받는 안전한 환경에 머무른 적도 없을 것이다. 보유한 알맹이는 있지만(없는 사람은 없다), 그것이 외부세계와 연결되지 않는다. 미술치료사는 내담자 안에 존재하는 살아있는 이야기들이 알을 깨고 나올 수 있도록 이야기가 마음에 머무를 수 있는 시간을 주어야 한다(서두르거나 압박하면 내담자는 도망간다). 듀이는 마음속에 존재하는 것들이 출구를 찾을 수 있도록 적당한 문을 만드는 시간과 노력은 필수라고 설명한다. 이 공간에서는 무언가 도전해봐도 괜찮겠다는 낯선 느낌을 느끼도록 하는 것이다. 그 낯섦도 그대로 존중받고 수용받는 경험으로부터 한 걸음씩 내담자는 안전하게 자신의 마음을 보여주는 방법을 훈련하게 될 것이다.

감정과 생각에 압도당한 내담자

표현이 차단된 것과 반대로 생각과 감정이 너무 가득 차서 쉽게 미술로 전환되지 않기도 한다. 이런 경우에는 말로 표현하는 것도 역시나 어려워하는데, 압도된 상황은 크게 두 가지로 나뉠 수 있다. 첫째는 정신적 과잉상태 둘째는 무기력감을 느끼는 경우다.

먼저 정신적 과잉상태의 경우, 정신활동의 양이 많다는 의미보다는 생각들이 어떤 쉼이나 멈추는 틈 없이 '쏟아져 들어오는' 상황이라고 생각하는 것이 더 맞을 것이다. 프랑스의 심리치료사 크리스텔 프티콜랭은 저서『나는 생각이 너무 많아』에서 이런 경향을 정신분석학계에서는 ADHD 환자나 감정통제가 어려운 환자로 보는 경향이 있는데, 이들은 정신질환자가 아닌 '정신적 과잉행동인'일 수도 있다고 설명하고 있다(Petit-collin, 2010). 이런 경우에는 내담자에게 무언가를 더 '넣는' 것이 아니라 '멈추는' 과정이 필요함을 알려주는 것도 좋다. 무언가를 심상화하고 떠올리는 작업보다 선행해야 하는 것은 현재의 자신에게 집중하고, 멈추어서 감정과 생각들이 요동치는 것을 떨어져서 관찰하는 것이다. 자신의 내면에서 일어나고 있는 일을 제3자가 되어 천천히 설명하거나, 관찰되는 부분 중 일부만을 떼어내어 집중하도록 할 수도 있다. 그리고 생각의 호흡이 안정됨을 느낄 때 이 장면을 표현하도록 하는 것도 좋은 방법이다. 작품이 탄생하기 위해서는 점토가 형상을 갖추고, 물감이 종이에 칠해져야 하는 것처럼 매체에 변형이 일어난다. 내담자의 마음속에 있는 것들도 이와 같은 변화를 겪을 시간이 필요하다. 울고 싶고 소리 지르고 싶은 마음이 어떤 모습이 되기 위해서는 신중한 재구성의 과정을 겪어야 하기 때문이다.

두 번째는 자신의 감정은 다룰 수 없는 거대한 존재라 인식하고 무기력감을 느껴 다루지 못하는 경우다. 아마도 내담자는 지금 자신이 느끼는 감정과 마주하거나 감정을 조절하는 과거의 도전들이 성공적이지 못했던 경험이 있을 것이다. 유사한 감정이 느껴질 때마다 학습된 무기력이 내담자를 아무것도 못 하게 멈춰 세울 것이다. 이때 필요한 것은 과거의 경험과 현재의 경험을 분리하기 위해 안전하게 내담자를 지킬 수 있는 미술치료사의 마음의 힘이다. 내담자는 과거의 사건을 다루는 과정에서 전이를 일으킬 수도 있고, 퇴행할 수도 있으며, 분노하거나 좌절할 수도 있다. 이 감정들을 미술치료사는 수용적으로 받아서 보유할 수도 있고, 미술치료사가 이해한 나름의 방식대로 소화하여 이미지로 보여줄 수도 있다. 어떤 내담자는 경험해 보지 않았던 낯선 감정(예를 들어, 가족과의 사별로 인한 애도 감정이나 성폭행으로 인한 수치심과 죄책감의 혼합된 감정 등)에 어떤 방식으로 접근해야 하는지 모르기도 한다. 새로운 감정에 불안함을 느낄 수 있는 내담자를 위해 감정에 대한 심리교육을 진행하는 것도 도움이 된다. 마지막으로 생각과 감정의 덩어리가 너무 방대하다고 느껴져서 어디서부터 어떻게 시작해야 할지 모르는 내담자에게는 하나의 상황 속에 포함된 요소들을 분리하여 쪼개서 접근해보는 것을 권한다. 버겁게 느껴지는 상황들도 더 작은 단위로 나누어 접근하면 충분히 다룰 수 있는 크기로 분해되기도 한다.

2. 미술적 접근을 바꾸어 초대하기

미술치료사는 망설이고 있는 내담자를 작업으로 초대하기 위해 다양한 방법을 시도해 볼 수 있다. 먼저 앞서 설명한 상황적 가능성을 하나씩 해결해보고, 그래도 여전히 망설인다면 미술치료실 내에서 미술적 접근을 변화시키는 것을 고려해보는 것이다. 내담자의 표현을 가로막는 요소를 변화시키고, 온전히 미술작업으로 내담자를 초대하기 위해 미술치료사가 고려해볼 수 있는 경우의 수는 다양하다.

내담자에게 더 편한 매체 찾기

주어진 매체가 내담자에게는 어렵게 느껴질 수 있다. 조심성이 높은 내담자들은 연필로 스케치를 하고 색을 칠하는 것을 선호하고 스케치 없이 굵은 오일 파스텔로 바로 종이에 그리는 것을 부담스러워할 수 있다. 필요에 따라서는 자신이 계획한 대로 그림이 그려지지 않을까 봐 두려운 마음을 가지고 있는 내담자의 강박적 사고를 완화하기 위해 의도적으로 비계획적 이미지와 만나게 하기도 한다. 그러나 그런 목적이 아닌 경우 내담자가 매체를 어려워한다고 판단되면 매체를 바꿔주거나 직접 쓰고 싶은 매체를 선택하도록 할 수 있다. 일상에서 실패경험이 많은 내담자들은 미술치료실에서조차 실패경험을 쌓고 싶지 않기에 시작을 망설인다.

미술전공자가 아닌 사람들에게 캔버스와 이젤, 아크릴물감은 작가들이 쓸 것 같은 고급재료로 여겨지는 경향이 있다. 그렇기에 대부분은 매체에 흥미를 보이고 결과물도 만족스러워한다. 그러나 한 번도 써보지 않은 캔버스와 붓을 부담스럽게 생각하는 내담자도 있다. 수정이 가능하다는 설명을 해도 써보지 않은 재료이기에 망칠까봐, 혹은 이런 재료를 쓰면 잘 그려야 한다는 생각이 들어 선뜻 물감을 바르지 못한다. 내담자에게 지금 느끼는 감정을 묻고, 부담스럽다고 한다면 내담자가 조금 더 편하게 작업할 수 있는 익숙한 매체를 제공한다.

0부터 시작하는 부담감 줄이기

어떤 내담자는 아무것도 없는 빈 종이에 그리는 행위 자체가 부담스럽기도 하다.

자신이 온전히 처음부터 끝까지 책임져야 하는 감각은 의존적이거나 회피적인 내담자들에게 불편하다. 내담자가 타인에게 의존하지 않고 모든 과정을 책임지는 경험 학습을 목적으로 할 경우에는 미술치료사가 안전하게 지지하며 내담자가 스스로 선택해 나가도록 할 수 있다. 이때는 인내하며 심상화를 지속해야 하지만 그런 목적이 아니라면 내담자에게 안정감을 느끼게 해 줄 시작점을 제공해 주는 것도 방법이다.

예를 들어, 그림에 동그라미를 그리고, 동그라미로부터 시작된 무언가를 그리도록 할 수도 있고, 잡지에서의 이미지를 하나 잘라 붙이거나, 미술치료사가 간단한 형상을 하나 그리고 여기에서부터 시작하도록 할 수도 있다. 이 시작점은 불안이 높은 내담자들에게 안정감을 제공한다.

이집트는 과거 끝없이 펼쳐진 사막과 함께 살아갔던 나라였다. 나일강은 늘 범람하며 그 무엇도 경계가 명확하지 않았고, 끝이 보이지 않는 사막은 인간에게 막연한 공포로 다가왔다. 미술사학자 보링거는 이때 이집트인들이 이러한 자연의 공포를 없애기 위해 세운 것이 피라미드라고 설명한다(Worringer, 1907). 피라미드는 사막이라는 도화지 안에 그린 하나의 동그라미였고, 눈에 보이는 기준이 생긴 인간은 막연한 공포로부터 벗어날 수 있었다.

비어있는 흰 도화지를 부담스러워하는 내담자 중 일부는 색지에 작업할 때 더 편안하다고 설명하기도 한다. 흰 도화지에는 흰색이 채워져 있지만, 흰색은 아무것도 없는 것으로 인식되는 경향이 있기 때문이다. 검은 도화지나 녹색 도화지 등은 특정 색이 채워져 있다고 인식돼 작업의 부담을 낮춘다.

점토와 같은 입체 작업을 할 때도 마찬가지다. 빈 공간에서 점토로 무언가를 창조하는 것은 부담스럽지만 점토를 넣어 찍는 모양틀을 제공하거나 바닥 판(혹은 종이 접시)이나 나무젓가락으로 세운 기둥 등을 제공하고 그 위에 작업하도록 하는 것은 부담감을 줄일 수 있다.

도안 제공은 백색 도화지의 공포를 없애는 훌륭한 방법이다. 도안은 내담자의 감정과 생각이 한정된 방식으로 표현된다는 단점이 있지만, 창작의 부담을 낮추고 미술치료사가 의도한 방향대로 내담자가 참여하기 수월하다는 장점이 있다.

선택지의 제공

표현이 빈약한 내담자들은 자신이 자발적으로 생각해서 무언가 창조하는 것을 무에서 유를 창조하는 것만큼이나 어려워한다. 이때는 내담자가 선택할 수 있는 무언가를 함께 제공해 주는 것도 좋다. 표현이 풍부한 내담자는 어떤 재료와 주제를 주어도 알아서 작업을 진행한다(A4용지와 펜만으로도 상당한 것들을 표현해낼 정도로). 표현이 어려운 내담자들은 잡지나 콜라주 등 선택할 수 있는 재료들이 제공되면 멈춰있던 손을 움직이기 시작한다.

예를 들어, '나에게 보내는 긍정적 문구'를 한마디씩 적으라고 했을 때 쉽게 적지 못한다면 긍정 문구들이 출력된 종이를 주고 그 안에서 잘라 쓰도록 하면 훨씬 쉽게 작업한다. 자신의 감정을 떠올려 자화상 옆에 적으라는 말을 들었을 때도, 무언가 마음속에 감정이 있긴 있는데 그것을 어떤 단어로 표현하기 어려워한다면 잘린 감정단어를 제공하고 그 안에서 고르게 하면 더 편하게 작업한다.

함께 그리기

소수 집단이나 개인 미술치료의 경우, 무언가를 그리는 것을 미술치료사가 보고 있는 것 자체를 부담스러워하는 내담자도 있다. 어떤 내담자는 "선생님, 저쪽에서 딴 거 하고 계시면 안 돼요?"라며 작업 과정을 아예 숨기고 싶어 하기도 한다.

어쩌면 미술치료사가 내담자의 창작 과정이나 비언어적 요소에서 정보를 수집하려는 욕심이 과해 뚫어져라 쳐다보는 모습에 부담을 느꼈을 수도 있다. 내담자가 시선에서 불편함을 크게 느낀다면 미술치료사가 해당 주제에 대해 동료 예술가가 되어 함께(along-side) 작업하는 것도 좋은 방법이 될 수 있다. 미술치료사는 같은 공간에 머물면서 내담자의 작업 과정을 지켜볼 수도 있고, 내담자는 미술치료사의 그림 그리는 시간이나 속도 등을 모델링할 수도 있다. 또한 미술치료사가 제작한 작품을 내담자와 공유할 경우, 적절한 자기개방을 통해 상담 질의 향상도 기대해 볼 수 있다.

어떤 내담자는 디렉션을 이해하지 못했음에도 자신이 이해하지 못했다는 것을 누군가에게 알리는 것이 불편해서 그냥 적당히 작업하기도 한다. 미술치료사가 함께 작업하는 과정을 관찰하며 내담자는 현재 자신의 작업이 요구된 방향으로 진행되고 있는지 확인할 수도 있다. 다만 함께 작업할 경우, 자신의 작업을 하면서 내담자의 작업 과정을 관찰해야 하니 눈이 바빠진다.

미술치료사가 그림을 함께 그리거나 자신이 미리 작업해본 샘플 작업을 공유하는 것에는 장단점이 있다. 일반적으로는 샘플 작업은 내담자가 비슷하게 따라 그릴 확률이 있고, 생각을 고정시켜 자신이 처음에 표현하려 의도한 것과 다르게 표현될 수 있다는 단점이 있다. 그러나 샘플은 프로그램 과정에 대한 이해를 돕기도 하고 미술치료사의 사전 작업을 공유함으로써 내담자는 '이 정도까지는 내 마음을 보여줘도 되겠구나'라는 심리적 영역을 가늠할 수 있다는 장점이 있다. 샘플 공유의 판단 기준은 '내담자에게 지금 필요한 것이 무엇인가'에 대한 대답이다.

은유의 사용

자신에 관련된 날것을 다루는 것이 불편한 내담자들은 은유적 주제를 그릴 때, 이전보다 수월하게 표현하는 자발성을 보인다. 은유는 사물의 본뜻을 숨기고 주로 보조 관념들을 제시하여 핵심(결국 이것이 내담자의 이야기가 되겠지만)을 이야기하는 방식이다. 미술치료의 맥락에서 미술 표현과 미술 제작 과정은 필연적으로 은유를 내포한다. 내담자의 인식, 경험, 신념, 감정을 포함한 무언가를 설명하기 위해 이미지는 시각적 은유로 활용되기 때문이다.

영국의 철학자 데이비드 흄은 "아름다움이란 기존의 대상을 통해 성취될 수 없는 충동이 억제된 상태에서 성취를 기다리는 순간이며, 기다리면서 성취를 염원하며 조금씩 나아가는 떨림의 상태이며, 이런 순간과 상태 속에서 다른 대상을 통하여 대신 황홀한 성취를 맛보는 것"이라 설명한 바 있는데, 미술의 은유에 대해 정말 세련되게 표현된 문장이란 생각이 든다.

역사적으로 미술치료 분야는 내담자가 만든 미술 표현의 시각적 은유에 접근하는 방식으로 정신분석적 틀을 채택했고, 프로이트도 자신의 생각을 공식화하고 설명하기 위해 자주 은유를 사용했다(Freud, 1900). 은유를 사용하는 수준은 내담자의 발달수준과 일치해야 하고, 내담자의 경험이나 사회 집단과 연령에 공통적인 지식이 연계되어야 한다. 수용 및 전념치료는 상징과 은유를 심리치료에 적극 도입하여 내담자가 자신의 상황을 간접적으로 이야기하고 다루도록 하고 있으며(Hayes, Strosahl & Wilson, 2016), 변증법적 행동치료(DBT)는 유추, 일화, 신화, 이야기 형태의 은유를 사용한다. DBT는 내담자에게 새로운 의미를 창조하도록 돕고, 이에 따른 새로운 행동이나 가능성을 도입하기 위한 수단으로 '변증법적 사고'를 사용한다. 그리고 이 사고를 열기 위한 방식이 은유다(Esmail, 2020).

배고픈 호랑이 은유

<배고픈 호랑이와 나>

"어느 날 아침에 일어나보니 사랑스러운 아기 호랑이가 집 앞에 있었습니다. 너무 귀여워서 아기 호랑이에게 문을 열어주었습니다. 그리고 집에서 키우기로 결심했죠. 함께 있다 보니 아기 호랑이가 우는 것은 배가 고픈 상태라는 것을 알게 되었습니다. 그래서 호랑이에게 소시지를 나누어 주었습니다. 호랑이가 울 때마다 점점 더 많이 주게 되었죠. 며칠이 지나자 호랑이는 소시지로는 충분히 배부르지 않았습니다. 그래서 이제 삼겹살을 한 줄씩 주게 되었어요. 점점 호랑이는 더 자라고 있었습니다. 점점 으르렁거리는 모습이 무서워졌고, 최악을 피하기 위해 더 많은 고기를 주어야 했어요. 지금 이 상황을 그림으로 표현하면 어떤 모습일까요?"

〈배고픈 호랑이와 나〉는 우울증을 겪던 40대 여성내담자가 그린 그림으로, 상당한 공포심을 느끼면서도 고기를 계속 주는 손이 표현되어 있다.

내담자: 고기값이 너무 비싸서 작은 고기밖에 준비 못 했어요.

미술치료사: 그럼 호랑이가 배가 고플 텐데요? 호랑이가 배고파지면 어떻게 되나요?

내담자: 음… 얘는 배고프면 더 으르렁거려요.

미술치료사: 그럼 어떡하실 건가요? 호랑이와 이 사람이 같은 공간에 있어서 위험해 보여요.

내담자: 내쫓다가 물리면 어떡해요.

미술치료사: 그럼 억지로 내쫓지 말고, 이 사람을 안전하게 만들려면 어떻게 할 수 있을까요?

내담자: 창살? 울타리? 같은 걸 만들어요.

미술치료사: 좋아요, 그럼 이 그림 안에 그려볼까요?

호랑이의 은유는 자신을 괴롭히는 생각의 은유다. 특정 생각에 더 많은 의미를 두면 둘수록 그런 생각들이 커지기 시작한다. 그런 생각들에 힘을 쏟을수록 생각들은 인생의 많은 부분을 통제하게 된다. 원치 않는 고통스러운 감정이 찾아왔을 때, 내담자들은 이를 회피하거나 억압하는 경우가 많으나 이는 호랑이에게 고기를 주는 것처럼 잠시 안도하는 것일 뿐, 부정적 정서는 더욱 강해지고 참기 어려운 순간까지 도달한다.

원치 않는 감정과 생각이 찾아왔을 때, 가장 좋은 방법은 새끼 호랑이를 내보내거나 다시 찾아오지 못하게 높은 울타리를 치는 것이다. 으르렁 소리에 고기를 주는 것이 아니라 호랑이를 없애는 것. 즉, 감정의 원인이 되는 사건을 해결하는 것이 가장 좋은 방법이라는 것을 알려줄 수 있다. 이미 호랑이를 들였던 과거는 어쩔 수 없고 내가 쓴 시간과 고기도 아깝지만 어쩔 수 없다. 앞으로 어떻게 할지가 중요한 것이다.

구멍과 삽의 은유

<구멍에 빠진 나>

"당신이 상당히 깊은 구멍에 빠졌다고 상상해 봅시다. 당신이 탈출을 위해 사용할 수 있는 유일한 물건은 삽밖에 없습니다. 이 상황에서 어찌해야 할 바를 모르겠고 절망적인 마음이 들지만 일단 삽질을 시작했습니다. 조금씩 구멍 깊숙이 들어갑니다. 흙을 제거하면 할수록 구멍이 더 깊어져 빠져나가기가 점점 어려워지는 것 같습니다. 다른 방법을 사용하는 것이 더 좋지 않았을까? 누군가 도와주러 오지 않을까? 생각해 봅니다. 지금 이 상황을 그림으로 표현하면 어떤 모습일까요?"

〈구멍에 빠진 나〉는 작가로 활동하는 30대 여성의 작품이다. 내담자는 원고 마감이 코앞에 다가오면 스트레스가 극심해진다고 설명하면서 갑자기 여행을 떠나거나, 약속을 잡으면서 원고 마감의 스트레스에서 벗어나려고 도망 다닌다고 설명했다. 그리고 마감을 미루고 나서 더 스트레스를 받아 폭음하고 침대에서 벗어나지 못한다는 이야기도 했다. 처음에 "이 구멍 속 상황과 비슷한 경험을 한 적이 있었나요?"라고 물었을 때, "아, 이거 말하기 좀 창피하긴 한데…"라며 어렵게 이야기를 꺼낸 후, 결국 더 극심한 스트레스를 만나기 전에 마감 전에 작업했더라면 몇 주 내내 그렇게 고생하며 지내진 않았을 거라 말했다.

이 방식은 경험적 회피로 일어나는 일이다. 어려운 상황에서 벗어나고자 하는 데에서 오는 불안감이 어려운 상황에 더 깊이 빠지게 만든다. 이것을 수용하는 것은 처음에는 불편할 수 있지만, 장기적으로는 해결에 도움이 된다.

장미 은유

<내가 장미라면>

> "이 세상 사람들이 어느 순간 장미꽃으로 변했습니다. 당신도 장□ 꽃이 되었습니다. 당신은 어떤 장미가 되었을까요? 장미는 무리를 이루어 피기도 하고, 홀로 피기도 하고, 탐스럽게 피어 있기도, 꽃이 지기도 합니다. 장미에게는 가시도 있고 다양한 색도 있습니다. 사는 곳도 다양하고, 향기도 다양합니다. 당신은 어떤 장미인가요? 그림으로 표현해 주세요."

장미는 아름다움과 뾰족함을 동시에 지닌 존재이자 다발, 넝쿨, 그리고 단독으로도 존재하는 꽃이다. 장미를 은유로 사용하는 것은 양가적 측면을 많이 담고 있기에 자신을 어떤 존재로 인식하고 있는지에 대해 확인할 수 있는 편리한 접근방식이다.

〈내가 장미라면〉을 그린 내담자는 어린 시절부터 가족들로부터 정서적으로 단절되었다고 설명했는데, 주요한 대인관계에서도 불안정한 애착 관계를 형성하고 있었다. 내담자는 장미를 담장을 넘지 못하게 둘러놓은 가시철조망처럼 그렸고, 꽃잎은 모두 담장 아래로 떨어진 모습을 나타냈다. 자신을 표현하는 글에는 다음과 같이 적었다.

"나는 내가 늘 누군가에게 상처 주고 상처받기만 하는 철사라고 생각했어. 그런데 꽃이 다 지고 나서 보니까 나도 꽃이더라. 내가 꽃이라는 사실을 너무 늦게 알았지만, 이제는 꽃이란 걸 알았으니까 괜찮아. 나는 철사가 아니었어."

3. 비자발적 내담자와의 작업

일반적으로 임상현장에서는 상담서비스를 요청한 내담자가 미술치료실을 방문한다. 그러나 자신이 변화하기를 원하지 않은 내담자와도 현장에서는 만날 수 있다. 어떤 법적 문제를 피하기 위해, 부모의 강요에 의해, 학교가 요구하여, 복지 시스템을 위해 참석하는 내담자는 변화의 필요성을 느끼지 못하거나 변화를 거부하기도 한다. 이들은 상담에 방문한 '내담자'가 아니라 상담을 당하는 '피상담자'의 위치에 놓이게 된다. 비자발적 내담자라는 단어가 사용되기 이전에는 적대적 내담자, 저항하는 내담자, 동기가 없는 내담자, 역기능적인 내담자 등으로 불리기도 했으나 지금은 비자발적 내담자라는 용어를 일반적으로 사용하고 있다(Brodsky, 2011).

청소년 내담자의 경우 미술치료사가 자신을 돕는 사람이 아니라 부모에게 협조하는 사람이라 여기며 더욱 저항적인 태도를 보이기도 한다. 만약 미술치료 참여에 선택권이 있다면 불참할 확률이 높다.

자발적 동기로 상담을 요청한 내담자는 상대적으로 자신의 문제에 대한 해결 의지가 높고, 예후가 좋다. 그러나 비자발적인 내담자는 문제 해결 의지가 낮고 상담은 상대적으로 비효율적이다. 불편한 감정은 상담에 부정적 영향을 미치고, 조기종결의 원인이 되기도 한다.

대화의 눈높이 맞추기

비자발적 내담자와 작업을 시작하기 위해서는 대화를 내담자의 눈높이에 맞추고, 내담자의 언어와 문화를 이해해야 한다. 필요할 경우, 자기개방을 통해 내담자에게 먼저 자신의 이야기를 할 수도 있다. 대화 진행이 어렵다면 미술치료사와 내담자가 하나의 종이 위에 함께 그림을 그리며 접촉을 시도할 수도 있다.

교실에서 소외된 아이들은 방과 후나 주말에 게임 이외에 다른 유희적 활동을 전혀 하지 않는 경우가 많다. 필자가 부적응 청소년 미술치료 진행을 맡았을 때, 기획을 담당한 선생님께서 "어머, 무슨 얘기를 그렇게 속닥속닥 했어요? 저한테는 한마디도 안 하는 애인데."라며 신기해한 적이 있었다. 웃으며 그냥 이것저것 물었다고만 했지만 사실 그날의 주제는 게임이었다. 자신을 표현하고 소통하고 싶은 욕구는 누구에게나 있지만, 가족 내에서도 학교에서도 아이는 소통할 사람이 없었다. 심리적으로 도망칠 곳이 게임밖에 없는 아이는 부모나 학교로부터도 게임은 하지 말아야 한다는 이야기만 듣다가 게임을 궁금해하는 어른을 처음 만났던 것이다. 필자는 핸드폰에 아이가 하고 있다는 게임을 다운 받고 사용법을 알려달라고 했다. 라포 형성은 여기서부터 시작되었다.

구치소에서 스토킹 사범을 위한 집단 미술치료를 진행했을 때, 교도관들은 젊은 여자 치료사분들이 오시면 너무 긴장해서 오히려 분위기가 딱딱해졌었다며 우려를 보였다. 비자발적 참여다 보니 10명이 참여하면 2–3명은 아예 팔짱을 끼고 그리지 않겠다는 표시를 하기도 한다. 필자는 온몸에 문신이 가득한 내담자에게 "몸에 그림이 많은 걸 보니 이미 미술과 친하시네요. 이제 종이에도 그려주세요."라고 말하며 분위기를 웃음으로 전환시켰고, 내담자는 씩 웃으면서 '그래 내가 그려 준다~'는 표정으로 색연필을 들고 그리기 시작했다.

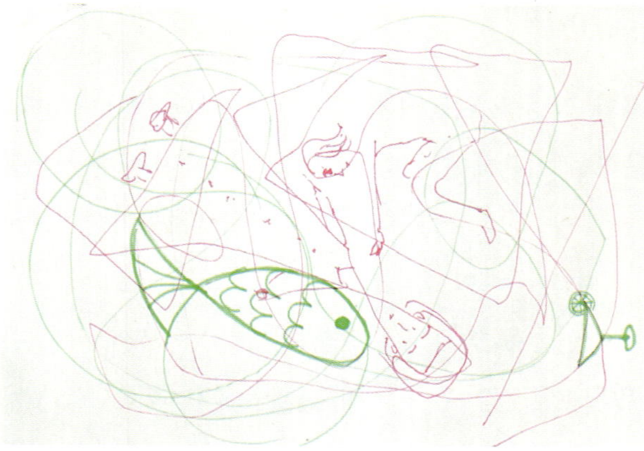

<그림으로 인사해요>

낯가림이 있는 아동이나 라포형성에 오랜 시간이 걸리는 청소년 내담자의 경우 미술매체로 함께 다가가며 눈높이를 맞추는 것도 방법이다. 〈그림으로 인사해요〉라는 그림은 미술치료사의 질문에 '네', '아뇨', '모르겠어요'와 같이 짧은 단답식으로만 답하던 9세 내담자와 함께 그린 작업이다. 서로 하나씩의 마커를 선택한 후, 말없이 마음 가는 대로 마커를 종이 가득 칠하도록 했다. 이후 각자 이미지를 찾는 작업을 했는데, 아동은 물고기와 술잔을, 미술치료사는 두 명의 여성을 난화에서 찾아냈다. 미술치료사와 아동은 발견한 이미지로 스토리를 만들기 시작했고 아동은 집에서 늘 술을 마시던 어머니, 그리고 낚시를 핑계로 집으로 들어오지 않는 아버지의 이야기를 꺼내기 시작했다.

불안감을 완화시키는 매체

비자발적 내담자들은 미술치료에 대해 알아보려 하지도 않았고, 잘 모르는 상황에 놓이기에 상황 자체에서 불안감을 느끼기도 한다. 미술치료사는 내담자의 불안감을 완화시키는 방법을 총동원해야 한다. 미술치료실의 음악과 분위기를 내담자에게 친숙한 방식으로 변화시킬 수도 있고, 부드러운 촉각재료를 제공하여 무언가 만들지 않더라도 대화하는 도중에 계속 주무르게 하는 것도 방법이다.

색점토를 보여주고 하나의 색을 선택하게 한 다음, 주무르게 한다. 그냥 다른 이야기 없이 주무르고만 있을 수도 있다. 그리고 내담자가 선택한 색과 혼합되었을 때 발색이 좋은 색을 주고 섞는 작업을 계속 하도록 할 수도 있다. 자신의 이야기가 아닌 색점토의 촉감, 두 개의 색이 혼합되며 변해가는 과정 등에 대해 미술치료사와 내담자가 함께 다루는 것은 좋은 시작이 될 수 있다. 자발적 내담자라 하더라도 불안이 높아 보이는 경우, 색점토나 슬라임과 같은 말랑하고 축축한 것을 손이 쥐게만 해도 감정은 매체에 흡수되고 자신의 이야기는 더 쉽게 터져 나온다(일부 내담자는 축축한 느낌과 슬라임의 미끄러운 느낌을 싫어하기도 하지만).

비자발적 내담자에게 복잡해 보이는 매체를 제공하는 것은 어떤 의미에서는 흥미를 끌 수 있으나, 어려워 보이면 하기 싫어지는 마음도 동시에 발생한다. 쉽게 참여할 수 있는 느낌의 매체들은 작업의 부담을 낮춰 준다.

유희적 요소가 포함된 프로그램

상담의지가 높은 내담자는 평범한 매체를 이용해도 내용 자체에 몰입하여 참여할 수 있으나, 비자발적인 경우, 매체 자체에서 느낄 수 있는 유희적 요소는 회기에 더 적극적으로 임하도록 돕는 역할을 한다. 내담자의 성향과 관심사에 대한 정보를 조금이라도 획득했다면, 이 정보를 바탕으로 내담자가 관심을 더 가질 수 있는 매체와 프로그램을 준비할 수 있다.

<명화 주사위로 만드는 스토리텔링>

심리교육을 의무적으로 들어야 하는 학교폭력 가해학생들의 경우, 회기 시작과 동시에 책상에 엎드리기도 하고, 그 어떤 활동에도 흥미가 없다는 식으로 앉아 있기도 한다. 〈명화 주사위로 만드는 스토리 텔링〉은 처음에 도안을 자르고 풀로 붙이는 공예적 방식으로 대화 없이도(학생들은 손은 바쁘게 움직이면서도 자신이 아무 말도 하고 있지 않으니 반항 중이라 생각한다) 작업에 참여하게 한 후, 짝을 지어 주사위를 굴리고, 나온 이미지로 스토리를 이어 만들며 진행되는 프로그램이다. 짝 작업이기에 본인이 진행하지 않으면 상대방에게 피해를 주는 의무감의 부여, 자신의 이야기가 아닌 명화 속 이야기를 이어가는 투사를 통한 부담감 완화, 또래와 스토리를 이어나가며 비논리적인 상황으로 몰입하는 재미 등을 고려하여 본 프로그램 이전에 인트로로 작업하기에 좋다. 참여가 유도된 아이들은 다음 프로그램에 쉽게 몰입하는 모습을 보인다. 특히 특별교육상담의 경우에는 1회기성이 대부분이기에 학생들이 참여를 하지 않는다면 아무리 좋은 프로그램을 준비한다 하더라도 보여줄 기회가 없다.

미술치료사의 인내

비자발적 내담자의 경우, 한 장의 그림을 그리기까지 예상보다 더 오랜 시간이 걸리기도 한다. 이때 필요한 것은 미술치료사의 인내다.

미국의 노숙자 중독센터에서 만난 50대 후반의 백인남성은 미술치료나 다른 프로그램의 참여 의지가 전혀 없었다. 간암 말기를 진단받은 상황에서 나라에서 지원해주는 보조금과 푸드뱅크를 받기 위해 매주 상담에 출석했다는 증명이 필요했을 뿐이었다. 첫 상담 회기 때 그는 미술치료사에게 이렇게 말했다.

내담자: 내 메디컬 기록 이미 봤지? 나 간암 말기이고 뭔가를 하고 싶은 생각이 없어. 그렇지만 내가 이번 주 먹고살려면 미술치료에 출석해야 해. 그러니 너는 이 시간 동안 네 일을 하고 나는 그냥 가만히 앉아 있다가 시간 되면 나갈게.

첫 세션에 내담자가 단호하게 선을 그었고, 준비해 간 어떤 프로그램도, 그림도, 상담도 하지 못한 채 끝이 났다. 그다음 주 상담 때, 내담자의 태도는 동일했지만 미술치료사는 그림으로 자신을 소개하기 시작했다.

미술치료사: 오늘은 저를 소개하려고 해요…(중략)…. 지난 시간과 오늘 제가 준비했던 프로그램에 대해서도 설명해 볼게요…(중략)…. 전 서로를 알아가기 위해서 각자 자신의 이야기를 그려보려고 했고, 이런 주제를 이야기해보고 싶었어요.

그리고 미술치료사가 혼자 작업을 하기 시작했다. 내담자는 미술치료사를 제대로 보지도 않고 죽음을 앞둔 자신이 어떤 이야기를 하길 바라냐며 자신에 대해 알고 싶으면 파일을 읽어보라고만 했다. 그는 다시 대화를 차단했다. 두 번째 회기도 별 성과 없이 끝이 났다. 매주 프로그램을 준비해 갔지만 비슷한 패턴으로 차단되었고, 아무런 창작활동도 하지 못하고 10주가 지나갔다. 그 10주 동안 미술치료사는 조금 방법을 바꿔서 자꾸 무언가를 하려고 하기보다는 내담자가 원하는 것이 무엇인지, 무엇에 관심이 있을지에 대해 관찰하는 시간을 가졌다. 보통 내담자가 한 시간 내내 했던 것은 인터넷도 느리고 화면도 작은 플립폰으로 매번 무언가를 보는 것, 혹은 메탈리카 음악을 듣는 것이었다. 내담자가 귀에 이어폰을 끼고 음악을 듣는 중에는 할 수 있는 것이 없었지만 핸드폰을 볼 때는 미술치료사가 자신의 핸드폰도 보여주면서 이야기를 이끌어 나갔다. 그리고 미술치료사 자신에 대한 이야기도 계속 하면서 종이에 낙서도 하고 끄적이기도 했다. 내담자는 어느 순간 피식 웃음을 보이기도 했고 처음처럼 완벽하게 차단하던 분위기는 사라지는 것처럼 보였다. 그러나 여전히 활동에 참여하거나 그림을 그리는 자발적인 모습은 보이지 않았다. 그렇게 10주가 지난 어느 날, 내담자가 처음으로 미술치료사에게 먼저 말을 걸었다.

내담자: 너 핸드폰 잘 알아? 너는 젊으니까 나보다 나을 것 같아서. 그때 네 핸드폰으로 이것저것 잘 검색해서 보여줬잖아.
미술치료사: 저한테 처음 말을 먼저 걸어줬는데 잘 몰라도 잘 안다고 말해야죠.

이 기회를 놓칠 수 없었다. 무슨 일인지 묻자, 페이스북에 잘 보이던 사진이 며칠

전부터 보이지 않는다며 자신이 뭘 잘못 눌렀는지 모르겠다고 했다. 페이스북에 잘 보이던 사진이 어느 날부터 보이지 않는다는 건 이 내담자가 뭘 잘못 누른 게 아니라, 친구가 끊겼거나 페이지 당사자가 공개범위를 바꿨다는 이야기일 텐데, 둘 중 어떤 상황도 내담자에게 긍정적인 상황은 아닐 것이라는 생각이 들었다.

미술치료사: 음… 잘 모르겠네요. 혹시 어떤 페이지인지 보여줄 수 있나요?

내담자가 사진을 보여주었다. 화면에는 팔에 문신이 가득한 백인 금발 여성의 프로필 사진이 있었다. 이때 문득 내담자의 메디컬 파일에서 읽었던 딸이 생각났다.

미술치료사: 우와. 이 여자 누구예요? 이분도 비슷하게 온몸에 문신이 있네요.
내담자: 내 딸이야. 날 닮아서 얘도 문신 좋아하는 거 봐.

내담자는 신이 나서 대답했다. 그때부터 딸의 이야기가 시작되었다. 미술치료사는 "그렇군요~ 머리가 곱슬인 것도 닮았네요."라며 맞장구를 쳤고, 딸에 대한 이야기들을 물어보면서 대화가 시작되는 것을 느꼈다. 이때 내담자가 갑자기 미술치료사에게 이렇게 말했다.

내담자: 그림 그릴 것 좀 줘봐.

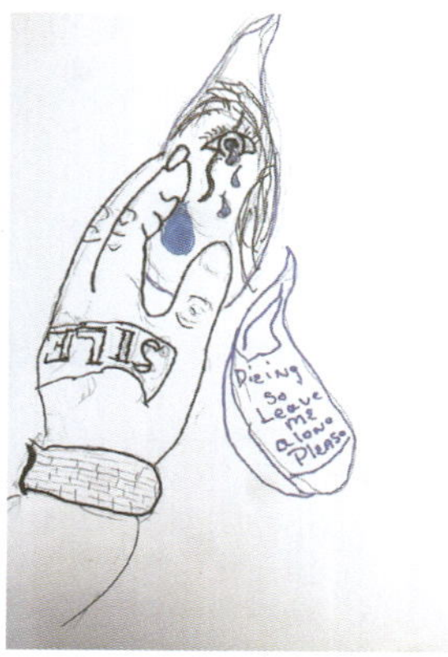

<비자발적 내담자의 작품>

미술치료사는 이때 당황했는데, 10주가 지나다 보니 재료를 잔뜩 들고 와도 참여하지 않았기에 가지고 있는 것이 기본 재료들뿐이었다. 그래서 재료를 준비하지 못했다고 솔직하게 이야기했더니 종이와 펜만 달라고 말했다. 내담자에게 Letter용지(A4와 유사한 사이즈의 미국사무용지)와 기본 펜과 사무용 마커를 주었다. 그는 5분 정도 그림을 그리더니 미술치료사에게 아무 말도 하지 않고 보란 듯이 휙 그림을 주었다. 위의 그림은 그때 내담자가 그린 그림이다. 자발적으로 그림을 그린다고 한 것도 놀라운 일인데, 그림을 상당히 능숙하게 그린 것도 놀랐다고 이야기했다.

내담자: 날 보면 모르겠어? 나는 예술적인 사람이야.

그는 자신의 바지에 걸린 체인도 보여주고, 문신도 보여줬다. 그리고 자신은 음악뿐 아니라 미술도 좋아한다고 설명했다. 그림에 대한 설명을 부탁했더니 자신은 평생을 살면서 딸에게 좋은 소식을 한 번도 전해준 적이 없다고 이야기했다. 늘 감옥에 가거나, 돈이 필요하다고 연락하거나, 마약을 했다는 나쁜 소식들만을 전해 줬는데, 이번에는 가장 최악인 자기가 곧 죽을 것이라는 소식을 전해줘야 한다고 담담하게 설명했다. 눈물 속 얼굴은 자신의 딸이고, 눈물을 닦아 주는 손은 자신의 손이었다. 수많은 문신 중에 왜 이 글자만(silly–멍청이) 그려 넣었냐고 물었다.

내담자: 그냥… 다 그리기엔 너무 많잖아. 핸드폰에는 '난 죽어가니 날 내버려둬'라고 적혀 있었는데, 맞춤법은 다 틀렸지만, 뭐 그건 중요하지 않고, 내가 비록 죽어가지만 넌 신경 쓰지 않아도 된다는 역설적인 마음이 담겨있어.

2주 후 내담자를 호스피스로 옮기기 위해 딸이 찾아왔을 때 이 그림을 보여주며 이야기를 전해주었고, 내담자는 옆에서 멋쩍어하며 웃음을 지었다. 그리고 몇 개월 뒤 내담자는 사망했다. 딸이 내담자의 서류들을 정리하러 찾아왔을 때 그때 아버지가 그린 그림을 자신이 가져갈 수 있는지를 물었다. 그 그림은 자신이 살면서 아버지의 진심을 들어본 첫 기억이라고 설명했다.

<비자발적 내담자를 위한 줄탁동시>

비자발적 내담자는 처음에 깨어나지 않을 것처럼 보이는 알 속에 부화되어 있는 아기 병아리와도 같다. 미술치료사는 억지로 알을 깨는 것이 아니라 깨지지 않게 부드럽게 품고 따듯하게 부화시키는 시간을 가져야 한다. 이때 너무 세게 누르면 깨질 수도 있다. 병아리와 어미 닭이 알의 안과 밖에서 부리를 모아 동시에 껍질을 깨는 것을 4자 성어로 줄탁동시(啐啄同時)라 한다. 미술치료사는 알을 면밀히 살피는 어미 닭이 되어 아기 병아리가 나오려 하는 적기를 놓치지 않아야 한다. 충분히 품어주는 시도-접촉의 시기가 지나고, 인내-전환의 시기를 맞이하면 내담자의 진심이 담긴 표현과 만날 수 있게 된다(Strauss & Corbin, 1998).

4. 미술치료사의 대리 표현

미술치료사가 프로그램 디렉션을 주고, 내담자가 창작작업을 하는 것이 미술치료의 큰 틀이다. 그런데, 경우에 따라서는 미술치료사가 내담자의 그림에 도움을 주기도 하고, 때로는 함께 그리기도 하고, 미술치료사가 작품 전체를 모두 그리기도 한다.

미술치료사가 내담자의 작품에 손을 대지 말아야 한다는 것은 미술교육적 관점에서의 이야기이다. 미술학원에서는 강사들이 학생들의 그림을 '봐준다.' 봐준다는 것은 눈으로 본다는 것이 아니라 학생이 자신이 원래 앉던 의자 뒤에 앉고 강사가 학생이 그리던 이젤 앞에 앉아서 잘못된 방향으로 가는 그림을 수정하며 모델링 하는 것을 의미한다. 입시 강사들은 4시간 내내 학생들의 그림을 돌아가면서 봐준다. 이렇게 수정하는 방식은 곧 '너의 그림은 지금 틀렸어. 내가 제대로 된 방향을 알려줄게.'라는 교육적 목적을 가지기 때문에 미술치료의 목적과는 맞지 않다. 그러나 자아가 유약한 내담자가 작업 도중에 좌절할 수 있는 상황을 막기 위한 '봐줌'은 치료적 목적에 부합하기에 괜찮다. 재차 언급하지만, 내담자의 작품에 대리표현하는 것은 어떤 목적인지를 명확하게 인식한다면 지금 해도 되는 것인지, 하지 않는 것이 나은지 판단이 된다.

미술작품의 주체성에 관한 이슈는 1970년대에 개념미술이 등장하면서부터 시작되었다. 개념미술은 미니멀 아트 이후 대두한 현대미술의 경향이며, 완성된 작품 자체보다 아이디어나 과정을 예술이라고 생각하는 미술제작 태도를 의미한다(Gombrich, 1995). 마르셀 뒤샹은 "미술가의 역할은 물질을 교묘하게 치장하는 데 있지 않고 미의 고찰을 위한 선택에 있다."고 설명한 바 있다. 결국 제작에 전혀 참여하지 않고 작품의 제작 의도와 개념만을 집어넣어도 예술가의 작품이라고 설명한 것이다. 개념미술에서 미술가들은 미술 연출자의 역할을 한다. 일부 개념미술은 어떻게 작품을 만들지에 대한 아이디어를 적은 종이를 전시하기도 했다. 개념미술적 관점에서 보았을 때 내담자의 의도가 포함되고 내담자의 지휘 아래 제작된 예술작품은 누가 제작을 하더라도 내담자의 것이 된다.

'이거 하나만 그려주세요'의 양면성

그림을 그리다가 막힐 때, 그림을 그려달라는 내담자도 있다 "저… 사람 못 그리는데… 여기 사람 한 명만 그려주세요.", "여기 토끼 한 마리 그려 줘 봐. 나는 눈이 침침해서 못 그려. 여기 토끼 한 마리 있음 좋겠네."와 같이 직접적으로 요구한다. 사람 한 명이나 토끼 한 마리를 그려서 내담자가 원하는 방향으로 작품의 의미가 완성될 수 있다면 충분히 그려주어도 된다. 그러나 매번 작은 도전이 있을 때마다 미술치료사에게 반복적으로 의존하거나, 미술치료사의 대리표현이 내담자의 의존을 강화하고 쉽게 포기하는 습관을 더한다 판단된다면 그려주지 않는 것을 추천한다. "안 됩니다."라고 강하게 부정하기 보다는 납득되는 수준에서 거절할 수 있다.

"글쎄요. 저도 사람 그리는 데엔 자신이 없어요. 그리고 제가 원하는 대로 그려드리지 못할까 봐 그것도 걱정이 되네요."

묘사하는 기술적 수준이 높은 미술치료사의 경우, 도움의 요청을 받았을 때, 인정받고 싶은 욕구가 발동하면서 혼신의 힘을 다해 그리기도 한다. 그리기가 끝나고 나면 "우와~ 역시 선생님, 진짜 잘 그리시네요!"라는 말과 함께 찬사도 들을 것이다. 그러나 지나치게 높은 기술적 역량을 뽐내고 나면 내담자의 나머지 그림이 초라하게 느껴질 수 있다는 것도 명심해야 한다. 내담자의 작품 안에서 충분히 녹아들면서 내담자가 기술적으로 미흡한 부분을 보충해 주는 수준의 대리표현이 되어야 내담자의 작품 경계를 크게 벗어나지 않는다.

손을 움직이지 못하는 내담자

뇌성마비 복지관에서 아이들과 작업할 때 양손의 기능이 현저히 낮은 아이들과 만나는 일이 종종 있다. 미술치료를 통해 손가락 소근육의 기능적 운동을 목표로 하는 아이들도 있지만, 손의 기능이 낮다는 이유로 낮은 감각 수준의 작업만을 할 필요는 없다. 아이들도 이미지로 표현하고 싶은 것들이 있다. 또는 움직임이 불가에 가깝거나, 마음을 다루는 것이 목표가 되는 아이들은 미술치료사가 아이들의 손이 되어 작품을 만들 수 있다.

<미술치료사가 내담자를 대신하여 그린 그림>

"저~기 책상 위에는 책을 펼쳐놔 주세요… 음, 연필이랑 지우개도 그려주세요." 아이는 자신이 생각하는 가장 편안한 시간을 설명하기도 했고, 휠체어를 통해 움직일 수밖에 없는 상황이지만 언젠가 의학이 발달해서 구두를 신고 춤을 추고 싶은 미래의 모습도 함께 그려달라고 요청했다.

그림 그리기가 어려운 내담자

필자와 만났던 내담자 중 기억에 오래 남는 40대 중반의 남성 내담자가 있다. 고아로 자라 가족이 없는 상황에서 거친 일들을 하며 지내왔고, 강아지 한 마리를 가족이라 생각하고 함께 살아왔는데 강아지가 눈앞에서 차에 치여 사망한 상황이었다. 내담자가 오래 끌어오던 재판을 뒤집을 수 있는 결정적인 근거가 되는 서류를 창고에서 강아지가 물어왔던 기적도 얼마 전에 있었다. 차에 치인 후 내담자는 강아지를 안고 근처 동물병원까지 뛰었고, 도착한 동물병원에서 먼저 처치 중이던 강아지를 수의사가 돌보고 있는 사이, 아이는 차가운 바닥에서 허덕이다 사망했다. 결국 이 사건은 내담자가 삶을 포기할 수도 있겠다는 생각이 들 정도로 위기로 다가왔다.

내담자는 파주에서부터 잠실까지 매주 왕복 15만 원의 택시비를 내고 다녔는데, 운전을 하지 못하는 이유는 과거 상대 조직과 폭력이 오가던 상황에서 크게 다쳐 고개가 거의 돌아가지 않았고(얼굴은 정면만을 거의 향해 있었다) 팔의 움직임도 자유롭지 않았기 때문이었다. 테이블을 내려다보는 것이 어려워 이젤을 준비했으나, 몸을 불편하게 하면서 무언가를 그리는 것에 거부감을 드러냈다. "선생님이 그려주세요. 저 애기 사진도 가지고 왔어요."라며 내담자는 미술치료에 쓸 사진까지 꺼내놓았다.

내담자는 아이와 자신이 함께 산책을 하던 평화롭던 일상을 찍은 사진이 한 장도 없다며(누군가가 찍어줘야 하는 상황인데, 일상적인 대인관계는 부재했다) 그림 속에 아이와 자신을 함께 그려주기를 요구했다. "날씨가 좋은 날, 자전거를 타고 있고요… 애기가 자전거를 앞질러서 뛰고 있고요… 선생님, 나무도 몇 그루 그려주세요." 내담자는 자신이 기억하는 가장 좋았던 순간을 그림으로 만들어냈고, 그 그림을 집에 가져갔다. 내담자의 추억과 소망이 담긴 이미지는 그에게 살아갈 힘을 주는 에너지로 전환되었다. 5개월간의 미술치료 동안 단 한 장의 그림도 그리지 않았지만, 자신이 원하는 모습을 미술치료사가 이미지로 전환한 작품들은 아이와 잘 이별하고 다시 살아가기에 충분한 힘을 주었다.

5. 망친 그림에 숨은 이야기들

그림을 그리다가 기존에 그리던 그림을 접거나 슬쩍 뒤집고 "종이 한 장 더 주세요."라고 말하는 내담자도 있고, 말없이 그냥 뒤집어서 뒷면에 그림을 그리는 내담자도 있다. 또는 "선생님, 망쳤어요…"라고 울상을 짓기도 한다. 여기서 그림을 '망쳤다'는 것은 무엇을 의미할까.

망친 그림은 더 이상 그려나가고 싶지 않은 그림을 의미한다. 즉, '더 이상 나의 감정과 생각을 담고 싶지 않은' 공간이 되었다는 것이다. 내담자들은 자신의 감정과 생각을 심상화하여 하나의 살아있는 생명을 만들어나가기 시작한다. 그런데 어느 시점에서 갑자기 뚝 하고 그 흐름이 끊기더니 멈춰버린 것이다. 이때 미술치료사는 어떤 선택을 하는 것이 좋을까. 내담자에게 새로 종이 한 장을 더 주는 것은 어려운 일이 아니다. 굳이 지지하고 설득하는 귀찮은 시간도 견딜 필요 없이 넘어갈 수도 있다. 그리고 그것이 맞는 대처일 때도 많다. 다만, 내담자의 망친 그림이 다른 무언가를 이야기하는 상황이라면, 단순하게 새 종이를 주는 것이 아니라 내담자에게 더 의미 있는 도움을 줄 수 있을지 살펴보기를 권한다.

오점 하나도 실패입니다

조금만 자신의 마음에 들지 않아도 처음부터 다시 해야 하는 사람들이 있다. 이들에게는 중간영역은 존재하지 않고 실패와 성공만이 존재한다. 그렇기에 마음에 들지 않는 그림은 망친 그림이 돼버리고, 다시 성공을 향해 새 종이를 집는다. 작은 실패에도 취약하고 결점을 견디는 내면의 힘이 취약하다. 여러 가능성이 있겠지만, 무언가 잘못되었을 때 수정하며 견뎌낼 기회를 부모가 주지 않아서일 수도 있고, 부모가 대리하여 어린 시절의 실수를 처리해주었던 것이 학습되었을 수도 있고, 완벽주의적인 교육환경이나 기질이 이런 태도를 만들었을 수도 있다.

이유가 어찌 되었든, 내담자에게 필요한 것은 실패와 불완전함이 미술의 일부이자 곧 삶의 일부가 될 수 있다는 경험이다.

미술치료사는 내담자가 설정한 '망침'으로부터 다시 시작하는 제안을 할 수도 있다(물론 이것이 상담의 목표와 맥락을 함께한다는 전제하에). 지금까지 만든 작업에서부터 새롭게 선을 긋거나 무언가를 붙이거나, 지금까지 그린 것을 자르거나 접어서 새로운 무언가를 만들고 수정해 나갈 수 있다. 그런데 내담자가 이 과정을 자발적으로 하는 일은 거의 없으니 미술치료사가 여기에서는 기지를 발휘해야 할 것이다. 중요한 것은 내담자가 지금까지 그리거나 만든 것을 어느 정도는 살려야 한다는 것(완전히 접거나 덮어서 작업할 경우 새 종이를 주는 것과 다를 바 없으며 오히려 덮어서 없애야 하는 실수로 인식될 수 있다), 그리고 미술치료사가 개입은 할지언정 내담자가 스스로 작품을 수정하고 발전시키는 주요한 역할을 했다고 인지할 수 있어야 한다. 그렇지 않을 경우, 망친 상황을 부모가 대리처리해 주던 삶의 패턴이 반복될 수 있다.

모든 걸 통제해야 마음이 놓입니다

오일 파스텔이나 굵은 색연필, 또는 파스텔과 같은 매체를 주었을 때, 연필을 찾는 내담자들이 있다. 아동 내담자들의 경우, 아직 손의 기능이 섬세하지 않기에 연필과 지우개로 먼저 스케치를 한 후에 색채작업을 하도록 교육받아 와서 습관적으로 달라고 하기도 한다. 그런데 이 시기의 발달이 지나고 난 후 청소년이나 성인 내담자가 연필을 찾는다면 아마 이 내담자는 그렸다 지웠다를 반복하며 자신이 계획한 방식대로 그려야지만 안심이 되는 사람일 확률이 높다. 내담자는 우선 미술치료사가 굵은 재료를 주니 그리기를 시도하지만, 자신이 원하는 방식대로 선이 그어지지도 않고, 섬세한 표현을 하려고 하니 뭉개지면서 잘 되지 않는 것에 스트레스를 받을 수 있다. 그러고는 '망쳤다'며 울상을 짓는다. 모든 것이 통제하에 있지 않으면 불안한 사람이다.

미술치료에서의 매체 이론들을 가볍게 접하다 보면 '강박적인 내담자에게는 통제가 낮은 재료를, 산만한 내담자에게는 통제가 높은 재료를' 주어야 할 것 같은 생각이 든다. 그러나 이러한 이론들은 어디까지나 일반적인 내용이지, 개별화되지 않은 부분임을 명심해야 한다. 예를 들어, 오늘 회기의 상담 목표가 내담자의 상처받았던 과거 자신을 표현하고 그때의 감정과 기억을 지금-여기로 소환하여 다루는 것이라 가정해 보자. 이때 미술매체는 가장 내담자에게 편해야 하고, 내담자가 억눌러 왔던 기억들과 마주하기 위해 기억 속 아이를 종이 위에 탄생시킬 수 있어야 한다. 그런데, 매체가 불편하고 우선 표현 자체가 걱정이 되는 상황이라면 내담자는 어린 시절의 자신에게 집중하기는커녕 매체에 우선적으로 집중하게 될 것이며 매체는 상담의 목표에 다가가는 것을 막는 장애물이 되고 말 것이다.

그러나 같은 내담자를 대상으로 하더라도, 회기의 흐름과 목적에 따라 매체는 다르게 사용될 수 있다. 과거에 권위적인 부모님으로부터 억압되어 스스로 시간이나 감정, 생각 등을 통제하는 것이 유일한 탈출구라 생각했다가 이제는 자신을 옥죄는 무언가가 없음에도 불구하고 지속적인 강박으로 일상의 불편함을 겪고 있는 내담자를 떠올려 보자. 어린 시절 자신에게 필요한 것이 무엇인지를 알고, 스스로를 안아준 내담자는 이제 강박적인 대상을 긍정적 대상으로 일부 치환하고(예를 들어 업무처리나 납기일 맞추기 등), 이제는 자신에게 불편함으로 남은 잉여 강박들을 제거하고 싶을 것이다. 이때가 통제가 낮은 매체를 제공할 적기다. 내담자가 해당 매체를 쓰고 싶어하지 않을 것이 예상되기에 프로그램의 목표는 반드시 설명되어야 한다. '망친 것'이 아니라 통제를 조금 벗어난 것뿐이며, 이런 불완전함을 견디고 받아들이는 훈련을 통해 유연한 사고를 확장할 수 있으며, 최종적으로 삶에서 경험되는 불편함이 줄어들 것이라 설명한 후 매체와 마주하도록 한다.

실수하면 관심 받았거든요

스스로 실패와 학대를 야기하면서 타인의 관심을 이끌어 내는 유형의 내담자들은 실패의 대상을 작품으로 치환하기도 한다. 특별히 문제가 없는 작업임에도 뭉개버리거나, 찢어버리는 행동을 보이기도 하고, 그저 의기소침한 모습으로 더 이상 못 하겠다고 이야기하는 것이다. 미술치료사를 권위 있는 인물, 예를 들어 아버지나 어머니를 투사한 대리인으로 여기고 작업을 망침으로써 미술치료사로부터 보호와 양육을 받는다(Carol, 1993). 이때 내담자에게 미술치료사의 애정 어린 관심과 응원은 스스로를 망치며 타인의 애정과 관심을 모으는 행동의 강화가 될 수도 있다.

그렇다면 내담자가 정말로 도움이 필요한 사람인지, 아니면 양육적 태도를 이끌어 내기 위한 전략의 표현인지 어떻게 구분할 수 있을까. 사실 이 부분을 초기에 발견하는 것은 어려울 수 있지만, 미술치료사가 작품을 망친 내담자에게 그들이 원할 것이라 기대하는 서비스를 제공(예를 들어, 새로운 종이를 주거나, 지금의 작품이 크게 망친 것이 아니라 충분히 괜찮음에 대한 설명) 하였음에도 불구하고 자기 비하적이고 염세적인 표현을 지속함으로써 양육적 태도를 이끌어내고 있다면 내담자에게 휘둘리는 것을 멈춰야 한다. 밖에서 보자면 이 모습은 미술치료사가 내담자에게 쩔쩔매는 모습처럼 보인다. 초보 미술치료사는 오늘 그리기로 한 그림만 잘 그려내면 내담자가 마음을 가라앉힐 거라 생각하고, 지금 내담자가 속상해하는 것은 자신이 적절치 않은 미술매체를 제공했거나 내담자가 실패의 길로 가고 있는데 잘 지켜보지 못하고 놓쳐버린 자신 때문이라며 자책하기도 한다.

필자가 만났던 한 내담자는 특별히 문제가 보이지 않는 상황에도 그리기를 멈추고 울상 짓기를 반복했다. 처음에는 격려도 하고 지지도 해주었는데 내담자의 그림 멈춤이 상담의 흐름을 지나치게 끊고 있다는 생각이 들었고, 이 공간에서의 지지가 내담자에게 별로 도움이 되지 않는다는 판단이 내려졌다.

> "지금 그림이 잘 진행되지 않아 저에게 속상하다고 말씀하고 계시는데요, 이 공간에서의 미술작업은 우리 일상의 작은 축소판이라고 볼 수 있습니다. 저는 배정 님께서 그림을 계속 망칠 때마다 어떤 기회를 발견한 듯 다소 기뻐하는 느낌도 받았는데요. 제가 너무 지나치게 해석한 걸까요?"

내담자는 적잖이 당황하면서 "망친 걸 좋아하는 사람이 어딨어요."라고 대답했다. 고개를 끄덕이며 다음과 같이 이어나갔다.

> "조금 확장해서 말해보자면 여기에서의 미술작업은 바깥에서의 다양한 행위들과도 연결될 수 있을 것 같아요. 하는 일이 잘되지 않거나, 실수했을 때 주변 사람의 반응이 어땠는지 알고 싶어요. 어릴 때 몸이 아팠을 때, 부모님이 어떻게 대해 주었는지를 생각해 보는 것도 좋을 것 같고요."

내담자는 한참을 머뭇거리다가 "부모님이 이혼을 해서 초등학교 때부터 아빠랑 살았는데요, 아빠는 엄마처럼 뭘 챙겨준다거나 그런 게 잘 없다 보니까, 뭔가 제가 그릇을 깬다거나, 손을 데인다거나 다칠 때 유독 관심을 주셨어요."라고 말을 꺼내기 시작했다. 어린 시절의 경험은 자신이 실수하거나 서툰 모습을 가까운 주변인에게 보이며 관심을 받는 방식으로 학습되었다. 미술치료실에서는 미술작업이 그 실수의 대상이 되었고 아버지로부터 받고 싶었던 관심을 미술치료사를 통해 받으려 했던 것이다.

"그랬구나, 더 관심을 줬어야 했는데 그래서 일부러 다쳤던 거구나."라며 부모와 미술치료사의 중간에 머무는 말투로 내담자의 말에 반응했고, 내담자는 전이를 경험하며 자신의 소외되었던 어린 시절로 거슬러 올라갔다. 아이처럼 퇴행하며 울먹인 내담자는 자신이 반복해서 자신을 해하거나 무언가를 '망치는' 것이 아버지로부터 받고 싶었던 관심과 애정을 채우는 행위라는 것을 인식하게 되었다. 이곳에서는 스스로를 망칠 필요가 없다는 것, 미술치료사는 이곳에서 당신이 그런 행동을 하지 않더라도 충분히 당신에게 집중하고 있을 것이라는 든든한 확신도 필요했다. 내담자는 이 사건을 계기로 작업을 관심 끌기 도구로 '이용'하지 않고 작업에 '몰입'할 수 있게 되었다.

Chapter 12. 미술치료의 과정과 개입

내담자가 심상을 떠올리고 작업을 시작했을 때, 미술치료사는 무엇을 해야 할까. 초보자들은 다음 프로그램 디렉션을 적은 노트와 준비한 질문리스트를 훑어보고 싶은 욕구를 느낀다. 그러나 프로그램에 대해 열심히 적은 내용은 회기가 시작되기 전까지 준비해야 할 사항이고, 시작한 이후부터는 내담자에게 집중하는 시간이다. 내담자가 재료를 선택하고, 다루고, 그리고, 만들고, 망설이고, 움직이고, 한숨 쉬는 모든 비언어적 행동과 움직임을 관찰해야 한다. 이 관찰은 작업이 끝나고 나서의 의미 있는 반영과 질문들로 연결된다.

1. 미술치료 시작하기

내담자에게 미술치료 소개하기

미술치료사는 미술치료의 과정과 방식을 알고 있지만, 내담자들에게 미술치료는 대부분 생소하다. 그렇기에 내담자와의 첫 회기에 내담자가 미술치료실에서 어떤 권리를 가지고 있는지 정보를 제공해야 하며, 자신의 역할과 내담자의 역할을 구분 지어 설명해야 한다. 이러한 내용은 구두로 전달될 뿐 아니라 합의된 서류형식을 갖추어 동의 표기를 한다. 내담자가 미성년자일 경우에는 내담자와 보호자 양측의 동의를 받도록 한다.

미술치료의 과정 소개

내담자에게 미술치료의 과정을 설명하는 것은 중요하다. 어떤 내담자는 미리 상담에 참여하기 전에 미술치료의 과정을 묻기도 하지만, 미술치료사가 알아서 설명해 줄 거라 생각하고 기다리는 내담자가 더 많다. 미술치료사가 진행 전반에 대한 사전설명 없이 상담을 진행할 경우, 내담자의 불안은 높아질 수 있다. 당장 앞으로 60분간 우리가 뭘 해야 할지 모르기 때문이다. 말로 설명해도 좋지만, 간단히 어떤 식으로 진행되는지 설명된 출력물이 제공된다면 시작 전에 기다리면서 미리 마음의 준비를 할 수 있을 것이다. 다음은 미술치료의 전반에 대해 설명하는 간단한 예시다.

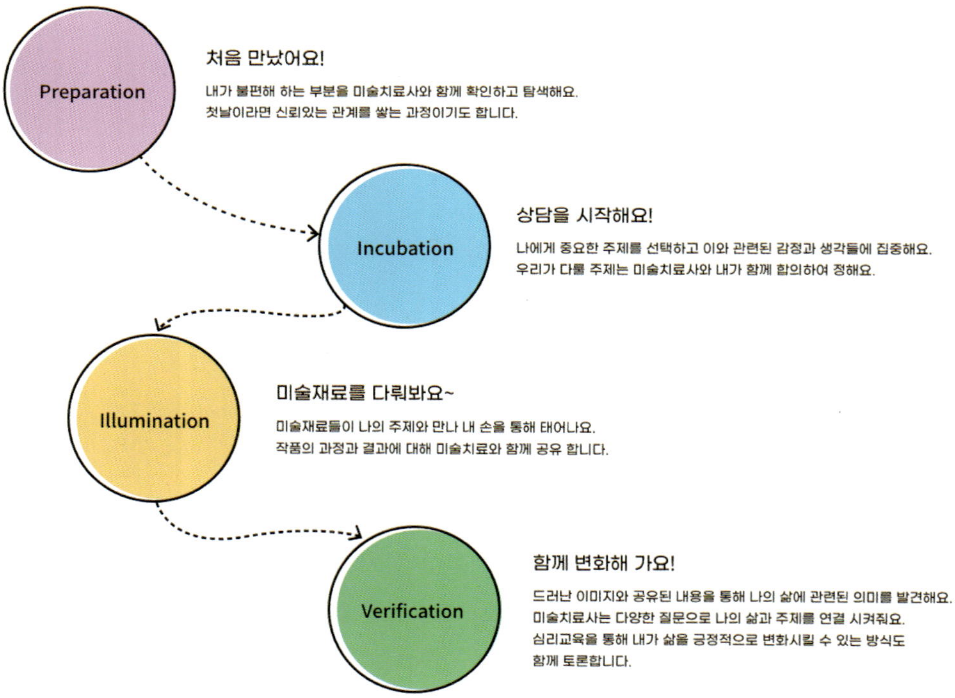

<미술치료 과정의 이해를 돕기위한 이미지 예시> 출처: 플로리다마음연구소 홈페이지

미술치료 종류 소개

내담자가 미술치료를 신청하는 경로는 다양하다. 기관에서 올린 모집글을 보고 신청할 수도 있고, 검색을 통해 집에서 가까운 기관에 문의하고 첫 상담을 올 수도 있다. 내담자에게 개인상담과 집단상담, 대면상담과 비대면 상담의 장단점을 설명하고 안내해 주어 자신에게 필요한 미술치료의 형태를 파악하고 최대한 이용할 수 있도록 한다. 미술치료사가 운영되는 집단에 내담자를 추천할 수도 있고, 몸이 아프거나 외출이 어려울 때 비대면으로 참여할 방법이 있다는 것도 알려준다. 완전한 익명성을 요구하는 내담자에게는 손과 작업 과정만을 보여준 채 진행하는 화상 미술치료나 미술작업을 과제로 내어주고 이를 기반으로 진행하는 텍스트 미술치료도 설명해줄 수 있다.

미술치료의 한계

미술치료를 통해 내담자의 현재 문제점이 완전히 사라지는 일은 없다. 미술치료를 받기만 한다면 불안이 사라지거나, 전보다 나은 결혼생활을 하거나, 행복해질 것이라는 기대는 차후 내담자에게 큰 실망을 안길 수 있다. 미술치료사는 내담자가 실제로 도달할 수 있는 목표를 설정하고 설명해주어야 한다. 또한 최종적인 치료의 성공과 실패는 언제나 내담자에게 달려있다는 것을 알려주어야 한다.

미술치료의 위험성

미술치료를 받는 과정에서 내담자가 정서적 위험과 물리적/화학적 위험에 노출될 수 있음에 대해 설명한다. 내담자가 오랜 시간 무시해 온 감정과 생각들이 자극되면 상담을 받기 전보다 더 나빠졌다고 느낄 수도 있다. 피해왔던 감정을 꺼내고 마주하는 과정을 통해 느껴지는 상황은 다루기 어렵고 고통스럽게 느껴질 수 있음을 알려주어야 한다. 이러한 공지가 없었을 때 내담자는 고민 끝에 다음과 같은 연락을 할 수 있다.

"선생님, 정말 고민 많이 하다가 연락드려요. 지난 시간에 가족화 작업을 하면서 아버지와 대화하면서 그 자리에서는 좋았거든요. 뭔가 하지 못했던 이야기도 전하게 된 것 같고… 그런데 집에 오고 나서 계속 생각이 더 나는 거예요. 그러니까 그때 아버지는 나에게 왜 그렇게 나쁘게 대했을까 하면서 오히려 잊고 지냈던 기억들이 계속 저를 덮쳐와서 잠자는 것도 힘들고… 제가 지금 상담받으면서 더 안 좋아진 것 같다는 생각이 들어서요. 저 괜찮은 건가요?"

내담자가 혼란스러움을 표현한다면 그 내용을 함께 치료현장에서 다룰 수도 있다.

물리적/화학적 위험성은 매체에 의한 위험성이다. 특정 재료와 도구는 베이거나 화상을 입는 등의 외상을 입힐 수 있다. 내담자에게 주의를 기울이도록 해야 하며, 알레르기를 유발하는 물질을 사용할 경우에는 내담자에게 매 회기 해당 사항을 알려주어야 한다(자세한 내용은 챕터 6 참고).

작품의 소유

미술치료 회기를 마치고 나서 "선생님, 제가 그린 거 가지고 가도 돼요?"라고 묻는 내담자도 있다. 작품의 소유권에 대한 설명이 누락된 것이다. 미술치료에서 작품의 소유권자는 누구일까? 이 질문에 대한 대답은 간단하다. 내담자가 지불한 서비스 금액에는 상담, 재료비, 그리고 작품까지 소유권이 함께 포함된다. 이 지불액은 미술치료실에서 자신의 작품을 보관해주는 비용까지 고려된 금액이다. 그렇기에 각 기관마다 작품의 보관 기간에 대해 언급하고 동의서를 작성하는 것이다.

도예작업을 포함한 작업실의 경우에는 즉각적 소유권, 즉 바로 찾아가도록 하는 규칙이 있는 경우가 많다. 입체작업이기에 크기가 크고, 무거우며 깨질 우려가 있기 때문이다. 또한 굽기 전에 버려진 흙으로만 이루어진 작업은 재사용한다는 언급을 하기도 한다.

만약 미술치료사가 지정한 기간마다 내담자의 작품을 모아서 진행의 흐름을 되짚어보는 것을 선호한다면, 내담자에게 해당 지점마다 작품을 가져갈 수 있다고 설명해주고, 횟수가 정해진 집단미술치료의 경우 일반적으로 마지막 회기에 함께 전시회를 하거나 작품을 모아보며 그동안 밟아온 흔적들에 대해 다루기에 마지막 날 가져갈 수 있다는 것을 설명한다.

미술치료실에서의 약속

내담자와 미술치료사 두 사람의 신뢰는 미술치료가 성립되기 위한 기본이다. 미술치료사는 내담자와 약속한 부분에 대해 이행해야 하고, 내담자 역시 미술치료사와의 약속을 지켜야 할 것이다. 그러나 내담자가 미술치료사와 한 약속은 내담자 스스로와의 약속이기도 한 점을 상기시키는 것이 중요하다. 내담자가 과제를 해 오지 않을 경우, "죄송해요, 과제를 못 했어요…"라고 이야기하는데, 이때 "미안해해야 할 사람은 제가 아니라 나 자신이에요. 지금보다 덜 불행해지기 위해 나 자신과 했던 약속이었잖아요?"라고 말하며 이것이 단지 돈을 내고 상담해주는 사람과의 계약만이 아님을 알려주는 것도 동기부여에 도움이 된다.

시간 지키기

미술치료사는 약속된 시간에 미술치료실에서 내담자를 맞이할 준비가 되어 있어야 한다. 60분 상담을 약속했을 경우, 55분, 혹은 1시간 5분이 아닌 60분을 지키는 것도 중요하다. 내담자들은 상담이 시작하기 전에 미술치료실에 도착해야 한다. 미술작업이 시작되고 나서 들어왔을 때, 작업 속도를 따라가기 어려운 점, 한 사람을 위해 다른 집단원이 지각한 내담자의 작품이 완성될 때까지 시간을 낭비할 수 없다는 점에 대해 알려준다. 또한 시간을 지키지 못할 경우, 미리 정해진 연락채널을 통해 알려줄 것을 요구한다. 참여하는 내담자 수에 맞춰 준비해야 하는 재료들도 있기 때문이다.

일부 내담자는 늦으면 안 된다는 생각에 미술치료실에 너무 빨리 도착하는데, 미술치료사가 준비되지 않은 채로 내담자를 만나게 될 수도 있고, 앞 내담자와 동선이 겹칠 수도 있다.

복장

미술치료사는 단정하고 노출이 심하지 않은 옷을 입어야 하며, 지나치게 진한 화장이나 화려한 장식은 피하는 것이 좋다. 특히 매체들을 계속 만지면서 함께 손을 보는 일이 많기 때문에 화려한 네일아트도 피한다. 내담자가 물감 등 묻을 수 있는 재료를 사용하는 날에는 미리 알려주어 치렁치렁 흘러내리는 옷을 입지 않을 수 있도록 한다. 큰 동작이 필요할 경우에는 움직임을 방해하지 않는 옷, 바닥에 앉아 작업할 때에는 짧은 치마는 피할 수 있도록 한다.

재정적 문제

상담사들은 내담자에게 돈 이야기를 꺼내기를 일반적으로 불편해한다. 그러나 재정적 이야기를 분명히 하지 않을 때, 오해가 발생할 수 있으며 이 부분은 서로에게 더욱 불편한 상황을 만들 수도 있다. 재정에 관하여 미술치료사는 다음을 정확히 안내해 주어야 한다. 정확한 상담 금액, 결제 방식, 미술 재료비, 카드결제 시 할부 가능 여부, 여러 회기를 동시에 결제한 경우 도중하차 환불규정 등이 이에 해당한다. 내담자가 당일 취소할 경우 차감되는 부분이 있는지, 미술치료사가 당일 취소할 경우 보충 상담이 있는지도 설명하여 차후에 발생할 문제를 예방한다. 당일 취소의 개념이 밤 12시 이전인지, 상담시간으로부터 24시간 이전인지는 기관에 따라 다르기에 이 부분도 명시한다.

비밀보장

미술치료 현장에서 일어난 일은 현장 밖으로 가지고 나가지 않는 것이 원칙이다. 그렇기에 집단상담을 할 경우에는 미술치료사뿐 아니라 내담자들도 집단원의 정보를 밖으로 유출하지 않겠다는 서약을 해야 한다.

예외적인 경우가 존재함에 대해서도 설명해야 한다. 슈퍼비전을 받거나, 더 나은 상담을 위해 케이스를 다른 전문가와 공유할 수 있음도 알려야 한다. 사회복지사나 정신보건간호사와 같은 기관 담당자에게 일지를 문서로 전송하는 과정에서도 내담자의 정보는 공유된다. 내담자의 익명성을 보장한 채 내담자의 작품 이미지를 교육 등을 위해 사용하려 한다면 동의 후 서명을 받아야 한다. 또한 내담자가 스스로, 혹은 타인을 해하려 할 때, 내담자가 위기상황이라고 판단될 경우 비밀보장은 지켜지지 않을 수 있다. 필자가 운영하는 미술치료실은 자살시도 등의 위기상황이라고 판단될 경우 경찰에 신고할 수 있다는 설명을 하고 내담자의 주민등록증상 주소 정보를 받는다.

그러나 스스로를 해한다는 것은 객관적인 기준치가 없기에 미술치료사의 개인적 주관성이 개입될 수 밖에 없는 부분이다. 자신을 해치는 행위 때문에 미술치료실에 방문한 내담자는 자신을 다시 해칠 것이라는 예고를 할 가능성이 높으며, 미술치료사는 이것이 오랜 시간 반복된 관성적인 행동인지, 미술치료사의 양육적 태도를 위해서인지, 실제 위험 상황인지를 예민하게 판단해야 한다.

규칙 설정

개인 미술치료를 진행할 때도 규칙 설정은 있으나, 집단에서는 여러 내담자가 함께 참여하는 만큼 더 많은 규칙이 필요하다. 일반적인 심리치료 현장에서도 처음 시작할 때 비밀보장, 시간엄수, 금전약속 등의 규칙을 언급하지만, 미술치료실에서는 미술매체와 다양한 위험요인들이 추가적으로 존재하기에, 미술치료실의 규칙은 좀 더 많은 편이다. 이는 내담자의 정서적 물리적 안전을 위해서이기도 하며, 더 일관성 있고 효율적인 미술치료 진행을 위해서이기도 하다.

아동 집단의 경우, 규칙보드를 매번 붙이고, 집단 내에서 문제가 발생하면 규칙보드에 추가해 나가며 집단의 규칙을 상기시킬 수 있다. 일반적으로 미술치료 집단에서 사용되는 규칙들은 다음과 같다.

- 다른 사람의 재료를 허락 없이 쓰지 않기
- 회기 도중 돌아다니지 않기
- 비난하거나 비아냥대는 말투로 다른 내담자 대하지 않기
- 남의 작품을 훼손하지 않기
- 재료를 소중히 다루기
- 다른 내담자가 작품을 공유할 때 경청하기
- 다른 내담자가 말할 때 재료를 만지작거려서 소음 발생시키지 않기

미술치료사와 내담자의 약속은 구두로 주고받아지는 부분도 있지만, 확실하게 짚고 넘어가야 하는 부분은 동의서를 받는다. 동의서를 작성한 내담자에게 사진으로 동의서 내용을 촬영해 가도록 할 수도 있다. 동의서 내용은 기관과 내담자군에 따라 달라질 수 있다.

동 의 서

내담자 성명		(미성년자의 경우) 보호자 성명	
생년월일		전화번호	
이메일		비상연락망	

1. 본 미술치료실은 보다 앞서 나아가고 전문적인 상담치료를 하고자 노력하고 있으며, 상담치료 중에 본인에 의해 발생 되는 문제에 대해서는 본 기관에서 책임을 지지 않습니다.
2. 본 미술치료실에서 상담치료 과정에 대한 평가 기록지, 사진, 작품, 비디오촬영 소유권은 본 기관에 있으며, 이는 연구 및 교육 목적으로만 사용되어질 것입니다. (미술치료의 경우, 상담치료 중 제작되어지는 작품에 대해서는 무기명으로 사용되어 질 것입니다)
3. 상담시간은 매주 __요일 _____ ~_____이며, 상담은 주 __ 회기 ____분 동안 진행됩니다.
4. 상담비용은 _______원입니다. 모두 예약제로, 상담 ___일 전까지 결제 부탁드립니다.
5. 본 상담에서 다루어진 내용에 대해서는 비밀보장의 원칙을 지킵니다. 그러나 내담자가 스스로를 해하거나 타인을 해할 가능성이 있다고 판단될 때, 아동학대를 알게 된 경우, 범죄의 가능성이 있을 때, 그리고 더 좋은 상담을 위해 본 상담건에 대해 수퍼비전을 받게 될 경우, 5번사항은 지켜지지 않을 수 있습니다.
6. 상담을 통해 정서적으로 자신을 들여다보는 과정은 더 혼란스럽거나 강한 부정적 감정을 유발할 가능성도 있습니다. 불편한 감정을 만나게 된다면 미술치료사에게 말씀해주세요.
7. 참여자는 언제라도 상담을 거부할 권리가 있습니다.
8. 상기 미술치료사와의 소통은 __________을 통해 이루어집니다.
9. 상담의 디지털화된 파일은 __년간 보관되며, 내담자가 가져가지 않은 작품은 __개월간 보관 후 파기됩니다.

상기 내용을 충분히 숙지했으며, 상담의 규정에 동의합니다.

년 월 일

내담자 서명 (인)

상담자 서명 (인)

2. 이미지의 반영

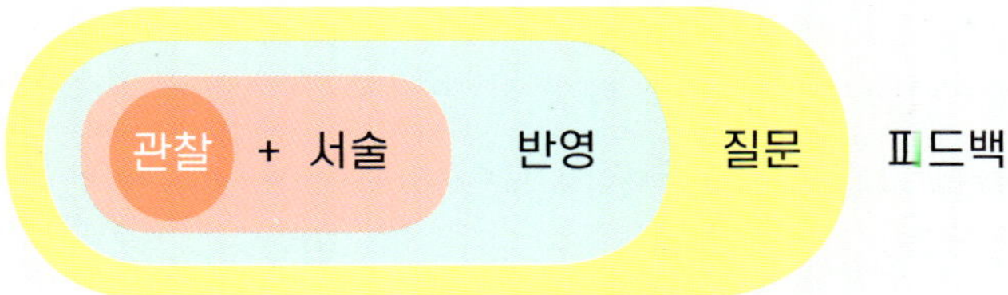

<내담자 작품에 대한 미술치료사의 반응>

관찰과 서술 = 반영

내담자가 매체를 선택하고 작업을 시작하면, 미술치료사는 내담자의 작업 과정부터 비언어적 요소까지 관찰을 시작한다. 모든 내용을 기억하기엔 어렵고, 또 기억했다 하더라도 질문과 피드백을 하는 과정에서 유실될 수도 있기에, 중요하게 반영할 내용들은 메모해 놓는 것도 좋다. 미술치료에서 서술은 내담자의 그림이나 말에 대해 미술치료사가 관찰하고 이해한 것을 언어로 돌려주는 과정을 의미한다. 반영은 관찰한 내용을 사실에 기반하여 서술하는 것이다.

반영을 통해 내담자는 미술치료사와 더 좋은 상호작용을 하게 되고, 자신의 그림과 말에 내포된 감정과 상태를 이해하고, 미술치료사로부터 수용받았다는 감각이 활성화된다. 반영을 하라는 것은 내담자의 비언어적 요소들을 읊으라는 뜻이 아니다. 미술치료사가 판단하기에 유의미한 요소들을 내담자와 공유하라는 의미다. 내담자는 자신이 보였던 언어적 · 비언어적 요소들을 인지하고 있을 수도 있지만, 인지하지 못하고 있을 수도 있다. 그리고 인지하더라도 자신의 삶과 연결 지어 의미를 찾지 못할 가능성이 있기에, 미술치료사가 이 부분을 반영하여 내담자의 삶과 함께 다루어나간다.

무엇을 반영해야 할까

미술치료 과정은 무수히도 많은 요소들이 가득 차 있는 시간이기에 모든 것을 반영하겠다는 태도는 서로에게 부담만 될 뿐만 아니라 불가능하기도 하다. 내담자가 작업하는 과정에서 유의미하다고 판단되는 눈에 띄는 요소들, 그리고 내담자의 삶과 의미

있는 연결이 가능한 요소가 반영의 대상이다.

초보 미술치료사들은 '어디까지 반영해야 하는지'에 대해 궁금해한다. 미술치료 과정에서 유의미하고 무의미한 것에 대한 구분이 아직 어렵기 때문이다. 필자는 대학원 수업시간에 반영을 연습시키기 위해 학생 한 명에게 대표로 종이에 그림을 그리게 하고, 나머지 학생들이 그림 그리는 사람의 모든 행동을 실시간 '말'로 서술하도록 한다. 작은 움직임, 한숨, 재료의 선택, 망설임도 모두 말하도록 하는데, 이러한 연습은 관찰과 반영의 영역을 구분하는 데 도움이 된다.

먼저, 내담자가 그림을 그리면서 보인 행동에 대해 반영할 수 있다. "종이를 세로로 반듯하게 접으셨네요.", "그림을 그리다가 종이를 뒤집고 다시 그리셨어요.", "소망열매를 그리기 전 몇 초간 멈춰 계셨어요.", "시작한 지 2분 만에 그림을 완성하셨어요."와 같이 접고 뒤집고 멈추고 완성하는 과정을 서술한다.

내담자의 재료 선택은 중요한 메시지를 전할 때가 많다. "파란 색지를 골라 그리기 시작하셨어요.", "아버지를 그릴 때에는 마커로 바꿨어요.", "스팽글을 들고 붙이려고 하다가 놓고, 스티커를 선택하셨어요.", "가장 큰 종이를 선택하셨네요."와 같이 매체를 선택하고 망설이는 과정을 다룰 수 있다.

같은 마커를 선택하더라도 다시 이 안에서는 색에 대한 선택이 뒤따른다. "빨간색을 잡았다가 결국 노란색으로 아버지를 칠하셨어요.", "그림 속에서 나만 초록색이고 다른 사람들은 모두 빨간색이네요.", "그림 전체를 초록색으로만 작업하셨어요."와 같이 색의 선택과 변화, 특정 대상의 색, 주로 사용된 색 등을 이야기한다.

공간 안에서 대상이 놓인 위치와 크기도 유의미한 반영요소다. "아버지를 나와 가장 가까이에 그리셨어요.", "집을 도화지 가장 아래에 그리셨네요."와 같이 창작된 대상 간의 거리감, 종이에서의 위치 등을 다룬다.

표현된 것뿐만 아니라 생략된 부분도 서술한다. 생략이란 다른 대상을 그릴 때에는 그릴 수 있지만 특정 대상에서는 보이지 않는 것, 혹은 응당 있어야 하는 것이 없는 것 등을 의미한다. 가족화를 그리라고 하고 "할아버지도 없고, 삼촌도 없고, 이모도 없네요."라고 서술하는 것은 아무 의미도 없다. "가족화에 어머니가 그려져 있지 않네요.", "이 사람은 손이 없네요."와 같이 일반적으로 생략하지 않는 것들을 반영한다.

과거와 다르게 변화된 표현의 등장은 아주 중요하게 다룰 수 있는 부분이다. "지난 시간까지는 그림을 종이 아래쪽에만 그렸는데, 오늘은 가운데에 처음으로 그렸어요.", "사람을 그릴 때 입이 생략되어 있었는데, 오늘은 입이 등장했네요.", "어두운색이 주를 이루고 있었는데, 오늘은 밝은색이 주를 이루고 있어요."와 같은 이미지의 변화는 내담자가 긍정적으로 변해간다는 치료적 단서가 되기도 한다.

미국의 학자 실반 바넷은 저서 『미술품의 분석과 서술의 기초』에서 작품에 대한 생각을 얻어내기 위해 던질 수 있는 질문들을 소개한다. 미술치료 현장에서 사용 가능한 목록을 일부 추린 다음의 질문들은 내담자의 작품을 바라보는 관점을 더 풍부하게 만들어줄 것이다.

- 작품에 대한 나의 첫 번째 반응은 무엇인가.
- 작품 안에 어떤 일이 일어나고 있는가.
- 인물이 등장한다면 크기, 표정, 시선, 자세, 시점, 함께 등장하는 물건, 배경은 무엇인가.
- 그려진 물체나 인물은 공간을 어떻게 차지하고 있는가.
- 두 명 이상의 인물이 등장한다면 두 인물은 서로를 쳐다보는가. 만약 그렇지 않다면 시선이 만나지 않음은 무엇을 의미하는가.
- 등장하는 인물들은 조화롭게 연결되는가, 혹은 서로 다른 방향으로 어긋나게 대립되어 있는가.
- 자화상을 그렸다면 어떤 부분이 내담자와 연결되는가.
- 풍경을 그렸다면 등장하는 인물과 자연의 관계는 어떠한가. 인간이 자연에 위축되어 보이는가, 혹은 자연을 즐기고 있는가.
- 윤곽선이 강하게 배경과 대상을 분리하고 있는가. 혹은 불규칙하여 물체나 인물들이 주변 공간과 섞여 보이는가.
- 선을 꼼꼼하게 정성 들였는가, 혹은 빠르게 그렸는가.
- 내담자가 선택한 매체는 작품에 어떤 영향을 주었는가.
- 등장하는 형태는 외형을 그대로 묘사했는가, 혹은 추상화되었는가.
- 실제 대상과 다른 색을 썼는가.
- 도구를 어떻게 다루고 사용했는가.

3. 반영이 내재된 의미 질문

내담자가 창작활동을 하는 동안 미술치료사의 관찰이 수행되고, 이를 서술하여 반영이 이루어진다. 반영된 바를 바탕으로 미술치료사는 내담자에게 의미 있는 질문을 통해 작품을 더 들여다보고, 작품에 드러난 상징과 표현을 내담자의 삶과 연결 짓는다.

질문은 미술치료 현장이 아닌 일상생활에서도 무수히 등장하는 언어적 활동이다. 일반적으로 대화하고 있는 두 사람을 관찰해 보았을 때, 대화의 상당 부분이 질문으로 구성된다. 그러나 상담에서의 질문은 일상에서의 질문과는 다르다. 상담에서의 좋은 질문은 내담자의 작품과 삶에서 의미 있는 내용들을 이끌어 내는 기술이다.

사실을 기반으로 한 반영

반영의 기본은 서술이다. 미술치료사는 내담자의 작품과정 및 결과물을 통해 느낀 것, 그리고 자신이 생각한 것을 혼합하여 삼키고 소화한다. 그리고 이것을 내담자에게 다시 되돌려 주며 질문을 만들어 간다. 예를 들어, 다음과 같은 순서로 반영 – 생각 – 질문을 하게 된다.

반영: 소망나무 열매를 그리기 전에 멈추어 한숨을 쉬셨어요.
생각: 소망을 떠올리는 게 당신에게는 편하지 않다는 생각이 들었어요.
질문: 혹시 불편한 부분이 있었을까요?

반영: 다른 가족은 오일 파스텔로 표현했는데 아버지만 마커로 칠하셨어요.
생각: 아버지를 다른 가족과 다른 존재로 여긴다는 생각이 들었어요.
질문: 아버지만 다른 재료로 칠했다는 것은 당신에게 어떤 의미일까요?

많은 초보 미술치료사들의 실수는 반영 영역에서 자신의 의견이나 해석을 포함시키는 것이다. 예를 들어 "소망나무 열매를 그리기 전에 멈추어 한숨을 쉬셨어요."라는 반영 단계에서 "소망나무 열매를 그리기 전에 답답해하셨죠."라고 말한다면 해석이 포함된다. 사실의 영역에 의견이 들어가는 것은 일지를 쓰는 과정에서 자주 범하는 실수이며, 일지는 언어로 적힌 부분이기에 차후 피드백을 받을 여지가 있다. 그러나 내담자 앞에서 사용한 언어는 휘발되고, 이후에 다시 읽고 자신에게 유리한 방향으로 왜곡되어 기억될 수도 있다. 결국 실수가 반복될 수 있다는 의미다.

자신이 사용하는 상담 용어나 문장 사용이 익숙지 않은 경우, 내담자에게 동의를 구하고 녹음해 보는 것도 방법이다. 이때 내담자에게 녹음의 목적은 더 나은 상담을 위해 상담 내용을 자신이 체크하는 용도라는 것을 정확히 명시한다. 이미지나 재료 사용 등의 영역에서 반영과 질문의 방식들을 복기해보고, 변화하야 할 부분들을 정리해 놓는 것은 성장에 큰 도움이 된다.

질문의 기본, 육하원칙

〈정글북〉의 저자이자 노벨문학상 수상자인 영국 작가 키플링은 다음과 같은 말을 남겼다.

> "나에게는 여섯 명의 성실한 비서들이 있다. 내가 알고 있는 모든 것은 그들이 가르쳐준 것이다. 그들의 이름은 What, Why, Where, When, Who, How다."

당연히 모든 질문마다 6가지 요소들을 넣을 수도 없으며, 반드시 지켜야 하는 것은 아니다. 다만 어떤 미술치료사는 "이건 뭘 그린 건가요?", "이걸 그린 이유는 무엇인가요?"와 가령 반복해서 내담자가 어떤 이미지를 그린 이유를 묻고, 어떤 상담사는 반복해서 앞으로 어떻게 할 것인지에 대해서만 묻는다. 육하원칙을 생각하는 것은 자동적으로 사용하던 습관적 질문 패턴을 변화시켜 다각도로 접근하도록 돕는다. 내담자가 표현한 이미지를 바탕으로 사용할 수 있는 육하원칙의 질문 예시는 다음과 같다.

- What 6가지 감정 중 가장 표현하기 어려웠던 감정은 어떤 것이었나요?
- When 그림 속 상황이 실제로 내 삶에 구현되는 것은 언제 즈음일까요?
- Where 당신이 표현한 편안한 공간의 이미지와 가장 유사한 곳은 어디일까요?

- Why 다른 가족과 다르게 어머니만 눈코입이 없는 이유가 무엇일까요?
- Who 그림 속 나무를 보면 누가 떠오르나요?
- How 그림 속에 등장한 내용을 당신의 삶에 어떻게 연결 지을 수 있을까요?

표면 질문

표면 질문의 예시

Q. "오른쪽 위에 그린 파란색 이 부분은 무엇을 표현한 것인가요?"
A. "파랑새요."

Q. "어머님이 돌아가신 것은 언제였나요?"
A. "작년 11월이요."

표면 질문은 처음 만난 사람과 편하게 나눌 수 있는 가벼운 질문이다. 내담자와 처음 만나 라포를 형성할 때 유용하며, 매 회기 시작하기에 앞서 제공하는 질문들에도 사용될 수 있다. 질문의 가벼움을 판단하는 사람은 상담자가 아닌 내담자다. 가볍다고 생각하고 던진 질문이더라도 받아들이는 사람이 불편함을 느꼈다면 그것은 결코 표면 질문이 아니다. 표면 질문은 최종적으로 의미 질문을 하기 위한 밑거름이 되기도 한다. "가운데 그린 빨간 동그라미는 무엇을 의미하나요?"와 같은 질문은 정보 수집을 위한 표면 질문이 되기도 하고, 때에 따라서는 더 깊은 이야기를 다루기 위한 의미 질문이 되기도 한다. 다음은 자신이 사용한 질문이 내담자에게 불편함을 주지 않는 표면 질문인지를 확인하기 위한 체크리스트이다.

✔ 내담자가 대답하기 쉬운 질문인가?
✔ 대답을 하면서 기분이 좋아지는 질문인가?
✔ 내담자에게 익숙한 화제인가?
✔ 내담자 입장에서 불쾌한 부분은 없는가?

의미 질문

의미 질문의 예시

Q. "파랑새는 당신에게 무엇을 의미하나요?"
A. "일상에서 느끼는 행복을 놓치며 지내지 말자는 의미에서, 제가 가진 것에 대한 감사의 의미예요."

Q. "어머님이 돌아가시면서 당신에게 어떤 변화가 있었나요?"
A. "제가 이 세상에서 갑자기 뿌리를 잃은 느낌이랄까요...어머니에게 많이 의지하고 있다는 것을 알았고, 이 공허함을 누구도 채워주지 못할 것이라는 두려움이 있었어요."

의미 질문은 깨달음이 있는 질문이다. 의미 질문은 생각과 감정을 변화시켜 새로운 사고와 행동을 이끌어낸다. 질문은 내담자가 믿고 있는 것을 표현하도록 하고, 생각을 실행에 옮기게 하며, 타인의 말을 수동적으로 받아들이는 태도에서 벗어나게 한다.

내담자가 대답하고 싶어 하지는 않으나 어떤 깨달음이 있는 질문, 내담자의 성장에 필요하고 직면하고 싶지 않던 부분에 대한 질문이 여기에 포함된다. 바로 다음에 소개되는 나쁜 질문과는 달리 질문의 목적이 상담자와 내담자 사이에 공유된다. 질문의 목적을 안내받은 내담자는 나쁜 질문과 같은 유형의 질문이더라도 상담자가 질문을 하는 이유를 알기에, 자신의 성장을 위해 필요한 질문이라는 것을 인식하고 대답한다. 물론 목적이 공유되더라도 상담사와 내담자 사이의 신뢰가 없다면 의미 질문은 나쁜 질문이 될 수 있다.

나쁜 질문과 의미 질문은 한끗 차이이다. 나쁜 질문도 의도를 공유하면 의미 질문이 될 수 있다. 예를 들어 "취업 준비는 어떻게 되고 있니?"와 "취업준비가 길어지면서 네가 지치지 않을까 걱정되는구나. 도와줄 것이 있는지 알고 싶네(의도). 취업 준비는 어떻게 되고 있니?"의 차이는 무엇일까? 첫 번째 질문은 의도가 없고, 두 번째 질문은 의도가 포함되어 있다.

내담자에게 "사실은 아버지를 미워한 것이 아니라 사랑받고 싶었던 것 아닐까요?"라고 물었을 때, 내담자는 강요된 직면에 불편함을 느낄 수 있다. 미술치료사는 다음과 같이 의도를 공유한 후 질문할 수 있다.

"가족 점토인형을 만들고 배치를 자유롭게 했을 때, 결국 아버지를 가장 나의 옆에

두었어요. 미운 사람이라면 다른 가족보다 더 멀리 둘 수도 있었는데 말이에요. 어쩌면 아버지에 대한 풀리지 않던 감정의 해답을 우리가 찾을 수 있을지도 모르겠어요(의도). 사실은 아버지를 미워한 것이 아니라 사랑받고 싶었던 것 아닐까요?”

욕구에 대한 질문

의미질문의 대표적 유형은 욕구에 대한 질문이다. 욕구에 대한 질문은 내담자가 자발적으로 자신에 대해 생각하게 만든다. “이 가족화를 어떻게 변화시키고 싶나요? 어떤 부분이 바뀌면 좋을까요?”, “내가 그린 가치파이가 나에게 더 편하게 다가오려면 나는 가치파이의 어느 부분을 바꾸면 좋을까요?”와 같이 내담자가 표현한 이미지의 모습을 내담자에게 더 좋은 방식으로 변화시키기 위한 질문이다.

관점에 대한 질문

관점에 대한 질문은 자신의 행동이 가지는 의미를 생각하게 하고, 현상에서 벗어나 더 높고 깊은 차원을 다룬다. 예를 들어 다음과 같은 질문들이 여기에 포함된다. “나 자신을 표현한 꽃이 다른 나무들로 둥글게 둘러싸여 그려진 모습은 당신의 대인관계와 어떤 식으로 연결되어 있을까요?”, “아버지가 밉다는 이야기를 하면서도 점토 인형을 내 점토 인형 바로 뒤에 두었습니다. 이는 아버지에 대한 어떤 마음의 반영이 될까요?”, “주제가 달라져도 그림이나 작품에는 늘 물음표가 등장했어요. 이것은 무엇을 의미할까요?”와 같은 질문이다.

정체성 질문

정체성 질문은 자신에게 중요한 것을 확인하고 자신과 연결된 주변 인물을 생각하게 한다. “필름 컷 안에 당신의 인생에서 중요하게 생각했던 것들을 그려나간다면 어떤 장면을 그리고 싶나요?”, “당신을 중심에 두고 취미, 좋아하는 것, 중요하게 여기는 것 등을 마인드맵처럼 그려나간다면 어떤 것들부터 시작하면 좋을까요?”, “손가락 안에 그린 당신의 장점 중 가장 큰 장점이라고 생각되는 것은 무엇인가요? 실제로 그 장점을 어떻게 활용하고 있나요?”와 같은 질문이 여기에 해당한다.

나쁜 질문

질문에는 표면 질문과 의미 질문만 존재하지 않는다. 질문받은 내담자가 불쾌해지는 나쁜 질문도 있다. '이런 걸 왜 물어보지?', 혹은 '내가 뭐 잘못했나…'라는 의문이 들게 만들 수 있다. 다음은 미술치료실에서 자주 만날 수 있는 나쁜 질문의 유형들이다.

강요형 질문

옳다고 여기는 가치관의 강요가 포함된 질문이다. "배경을 칠하면 완성된 느낌이 나지 않을까요?"라는 질문에는 '그림은 빈칸 없이 칠해야 완성이다.'라는 가치관이 포함된다. "오일 파스텔을 러프하게 칠하셨는데, 꼼꼼하게 채우면서 칠해보면 어떨까요?"라는 질문에는 '거칠게 그린 그림은 보기 좋지 않고, 꼼꼼하게 그린 그림이 보기 좋다.'라는 가치관이 포함되어 있다.

해석형 질문

말이나 표현, 의도한 것을 조작하는 질문이다. 자화상을 푸른색으로 그린 내담자에게 "자신의 모습을 우울한 색으로 표현한 이유가 무엇일까요?"라는 질문은 '파란색 = 우울한 색'이라는 해석을 이미 하고 이를 강요하고 있다. 노란색 동그라미를 그린 내담자에게 "도화지 가운데 해는 무엇을 의미할까요?"라고 묻는 것도 마찬가지다.

유도형 질문

원하는 행동을 유도하는 질문이다. "사람을 한 명만 그리니 외로워 보이는데, 오른쪽에 한 명을 더 그리는 건 어떻게 생각하세요?", "아버지가 그림 속에서 상대적으로 작게 그려진 것 같은데, 평소에도 아버지를 나약하다고 생각했었나요?", "오른쪽은 내가 중요하게 여기는 가치들을 그리는 곳인데 가족이나 건강 같은 건 어떤가요?"

'왜' 질문

심문하는 느낌을 주는 공격적 질문이다. "왜 배경을 검정색으로 칠했나요?", "왜 뒷장에 다시 그리신 건가요?", "왜 색연필로 그린 걸 마커로 다 덮은건가요?", "이건 왜 그린 거예요?"와 같은 질문이 여기에 해당한다. 취조당하거나, 무언가 잘못하여 지적받는 느낌을 줄 수도 있다. 내담자들은 이때 "아, 죄송해요, 이건…"이라며 사과를 하고 설명하기도 한다.

신기해하는 질문

호기심 충족만을 위한 질문이다. "덧칠할 계획이었는데도 아까 그렇게 열심히 그린 거예요?", "본인을 때리는 사람인데도 사랑한다는 마음이 여전히 드는 거예요?", "아, 파란색을 열정의 상징이라고 설정하신다는 거죠?"와 같은 질문은 무시받는 느낌을 줄 수 있다.

무의미한 질문

내담자의 말을 반복하거나 당연한 내용을 묻는 질문이다. "너무 우울하고 힘들어요."라고 말한 내담자에게 "우울하고 힘드신 거군요?"와 같이 단순히 복사해서 질문하거나, "우울함으로부터 벗어나고 싶으신 건가요?", "우울함을 극복하려는 이유가 뭔가요?", "우울한 것이 싫으신 건가요?", "우울하지 않을 방법을 알고 싶은 거군요?"와 같이 너무 당연하고 대답할 말도 없는 질문을 하면 당황스럽기만 할 수 있다.

4. 변화를 이끌어내는 피드백

<PERFECT 모델>

피드백은 상담에서 내담자의 언어, 행동, 이미지 표현 등에 대해 미술치료사가 관찰한 것을 반영하고, 이해한 방식대로 전달하여 지지하고 변화시키는 기술이다. 미술치료에서의 피드백은 내담자의 언어뿐 아니라 내담자의 작품, 그리고 작품에 대한 내담자의 의견까지도 포함된다. 미술치료에서의 좋은 피드백을 위한 PERFECT 모델은 다음의 7가지 원칙을 제시하고 있다.

- P(Pespective) 관점의 변화
- E(Esteem) 내담자 존중
- R(Result) 내담자의 의도로 인해 발생한 결과 강조
- F(Fact) 사실기반
- E(Elasticity) 해석의 탄력성 고려
- C(Concreteness) 구체적 행동 제시
- T(Timeliness) 적시 제공

관점의 변화(Perspective)

심리치료 분야는 매체 사용도, 주력 이론도, 다루는 내담자군도 다양하기에 상담의 목적도 그에 따라 다양할 수밖에 없다. 그러나 모든 상담이 가지는 공통 목표가 있다면 내담자의 '관점'을 변화시키는 것이다.

내담자의 입장에서는 너무나 익숙해서 인지하지 못했던 개인적 상식을 발견하거나, 자신의 모순을 발견하게 하는 것도 여기에 해당한다. 인지장애를 겪는 내담자의 경우 시야가 좁아진 채 오래 생활하다 보면 자신의 논리가 합리적이지 않다는 것을 깨닫지 못하기도 한다. 섭식장애는 대표적인 인지장애다. 신경성 폭식증을 겪고 있던 20대 여성 내담자는 〈과거의 나와 현재의 나〉를 같은 공간에 그린 후, 말풍선으로 각자 지금 원하는 것을 표현했다. 미술치료사는 작품을 보고 다음과 같은 피드백을 주었다.

> "과거 다이어트를 시작했을 때의 나는 '사랑받고 싶다', '뚱뚱하고 자신감이 없는 모습을 버리고 사람들과 어울릴 수 있는 밝은 에너지를 가지고 싶다', '뚱뚱하다는 시선에서 벗어나 사람들과 자연스럽게 밥을 먹고 싶다.' 이런 욕구를 적어주셨어요. 지금의 나는 '우울하기 싫다', '폭토 그만하고 싶다', '살찌기 싫다'를 적었고요. 그런데 지금은 어떤가요? 음식을 모두 먹고 토하는 스스로조차 미워하고 있고요, 사람들과 밥을 먹는 건 살찌는 것이니 무서워서 밥도 못 먹고 있고요. 오히려 이전보다 더 우울하다는 표현도 하셨죠. 그럼 내가 처음 가지고 있는 욕구와 정반대로 가고 있는 것 같은데요, 과거의 내가 가진 욕구와 현재의 내가 가진 욕구를 둘 다 들어줘 보는 건 어떨까요?"

<나를 꽃으로 표현한다면>

이미지 속에 표현된 내용을 다르게 바라봄으로써 관점을 바꾸는 것도 가능하다. 미혼의 30대 여성 내담자는 자신이 이제 나이가 어느정도 있음에도 불구하고 아버지와 어머니가 자신에게 지나치게 간섭한다고 설명했다. 부모님이 자신을 아직 어리다고 생각해서 돈 관리나 대인관계에 있어서도 잔소리가 심하고, 독립도 못 하게 한다는 것이 그녀의 불만이었다. 부모님은 자신을 위해 그렇게 한다고는 하지만 본인이 그 돌봄을 원치 않는다는 내담자는 그림을 그리고 나서 "장미는 저고, 저를 둘러싼 나무들이 부모님처럼 보여요. 감옥 같은 느낌도 나고, 감시하는 느낌도 나는 거 같아요."라고 이야기했다. 미술치료사는 다음과 같이 피드백을 주었다.

"장미를 나무가 가두었다…라고 표현하셨는데요, 그림 속 나무는 그렇게 빽빽하지도 않았고 장미는 충분히 활력 있게 표현된 것처럼 보이기도 해요. 그리고 소중하게 보호받고 있다는 느낌도 있고요. 어쩌면 강한 비가 내려도 나무 덕분에 장미가 안전할 것 같다는 생각도 드는데요?"

내담자는 한동안 말이 없더니 "물론 제가 도움을 많이 받고 있긴 하죠…"라며 말문을 열었다. 취업이 어려운 상황에서 아버지의 회사에서 일하게 된 것, 월세 걱정 없이 부모님 집에서 함께 살며 늘 따듯한 집밥을 먹고 있는 것 등 내담자가 누리는 혜택은 많았고, 마음 한편에는 안전한 이곳으로부터 벗어나고 싶지 않은 마음도 있다는 것을 발견할 수 있었다.

내담자 존중(Esteem)

피드백의 대상은 내담자 자체(Human being)가 아닌 내담자의 그림, 행동, 말 등(Human doing)이다. 내담자의 특정 요소에 대해 말해야 하는데 그 대상을 마치 내담자 자체인 것처럼 이야기해서는 안 된다는 의미다. 내담자는 자신이 변화해야 할 부분에 대한 피드백이 아닌 자신이라는 사람 자체에 대한 피드백을 들을 경우, 자존감이 하락되거나 무엇을 해야 할지 모르는 상태에서 비난만 받는 경험을 할 수 있다.

피드백의 대상 = Human being	피드백의 대상 = Human doing
수연님은 너무 소심해요. (무엇을 해야 하는지 알 수 없이 비난만 당함)	수연님은 그림을 그릴 때 여러 번 선을 겹쳐서 사용하고, 자주 지우는 모습을 보여요. 이 모습은 다른 사람들 앞에서 의견을 분명하게 표현하지 못하는 모습과도 닮은 것 같습니다. 내 의견을 조금 더 적극적으로 자신감 있게 표현하는 것도 필요할 것 같아요.
유미님은 집단미술치료 출석이 엉망이네요. (엉망이라는 판단적 표현)	집단미술치료가 한 달에 네 번 있는데요, 지난달에 한 번 결석을 하고, 두 번 지각을 하셨어요.
혜윤님은 약속을 안 지키는 게 습관인가 봐요. (존재 자체의 비아냥거림)	우리가 상담을 나오지 않는 날은 감정일지를 쓰기로 약속했는데, 2주 연속 공란으로 가져오셨어요.

<대상에 따른 피드백의 차이>

좋은 피드백의 조건은 내담자의 작동 여부다. 내담자가 피드백의 내용을 받아들이고 변화하겠다는 마음이 우러나오는 것을 의미한다. 아무리 좋은 피드백이라 하더라도 작동하지 않는 피드백은 머리로만 이해되는 피드백이다. 사실상 내담자는 상담사가 하는 말 중 절반 이상을 이미 알고 있다. 좋은 피드백의 조건을 갖추기 위해서는 내담자는 옳은 소리를 듣는 상황이 아니라 자신이 존중받는 느낌을 받아야 하며, 이것이 행동과 생각의 변화로 연결되어야 한다.

비판이 아닌 비평

피드백은 긍정적인 관점으로 접근해야 하며 초점은 내담자의 성장과 개선이다. 이 관점은 문제점을 지적하는 것이 아니며, 옳은 소리로 충고하는 것도 아니고, 현재 상태를 평가하는 것도 아니다. 피드백은 현상에 대해 함께 다루고 어떻게 개선할 수 있는지에 대한 방향을 함께 탐색해야 한다. 또한 피드백을 제공하는 과정에서 내담자를 실망시키거나 무력하게 만들지 않는 것도 중요하다. 예를 들어, 내담자가 그림에서 인물화를 작게 그린 경우, 그림에 대한 다음 두 가지 피드백은 내담자에게 다른 영향을 미친다.

<인물이 작게 그려진 빗속의 사람 그림 검사>

내담자를 무력하게 만드는 피드백

"자신의 모습이 그림에서 작게 그려진 것을 보니 많이 위축되어 있고 스스로에 대한 자신감이 없으신 것으로 보여요. 요즘 회사생활에서 어려움을 겪는 것도 이와 연관되었을 것 같네요. 아무래도 스스로 위축된 감정은 다른 사람과 소통할 때에도 보이니까요."

성장과 개선에 초점을 맞춘 피드백

"지금 여러 가지 요인들로 인해 인물화가 작게 표현될 만큼 심리적 부담이 있는 것 같은데요, 이런 사람의 크기는 상황에 따라 커지기도 하고 작아지기도 합니다. 지금의 내가 조금 더 자신감을 찾기 위해서 필요한 것은 무엇이고, 그것을 위해 무엇을 할 수 있을지 생각해 볼까요?"

내담자의 이미지 놓치지 않기

초보 미술치료사들은 종종 내담자들이 시간과 노력을 통해 표현한 이미지들에 대해 언급조차 하지 않고 넘어가 버리는 실수를 저지른다. 미술치료사가 내용에 대해서만 피드백을 하고 표현한 이미지들에 대해서는 피드백 없이 넘어가버린다면, 내담자들은 '왜 그리라고 했지? 그럼 그냥 말로 설명해도 되었던 것 아닌가?', '이럴거면 그냥 흰 종이에 검정 마커로 그리는 거랑 뭐가 다르지?'라는 의문을 품을 것이다.

때론 이런 실수도 발생한다. 집단미술치료에서 나머지 4명의 내담자의 작품에 대해서는 그림 속 요소들에 대해 다뤘는데, 한 명은 깜빡하고 그냥 내용만 주고받고 넘어가버린 것이다. 물론 정해진 시간 안에 내담자가 하는 이야기를 요약하고 명료화하고 다시 질문하기 위해 정리하다 보면 머릿속이 복잡할 것이다. 그리고 일부 내담자는 이미지 피드백을 받지 않더라도 스스로 감정과 생각을 시각화하면서 스스로 통찰을 경험했을지도 모른다. 그러나 자신의 이미지가 다루어지지 않은 내담자는 실망할 것이고, 그림을 그린 후 작품의 존재는 뒤로한 채 언어상담을 하는 기괴한 미술치료 형태를 보일 수도 있다. 만약 한 내담자의 작품을 놓치고 지나갔음을 다음 내담자를 다루며 깨달았다면, 지금 소통중인 내담자의 이야기를 마무리한 후 다시 해당 내담자에게 돌아갈 수 있다. "제가 깜빡하고 작품을 함께 보는 것을 잊었습니다. 죄송합니다. 작품에 대해 설명 부탁드릴께요."라고 사과하는 것은 부끄러운 일이 아니다.

내담자의 의도로 인해 발생한 결과 강조(Result)

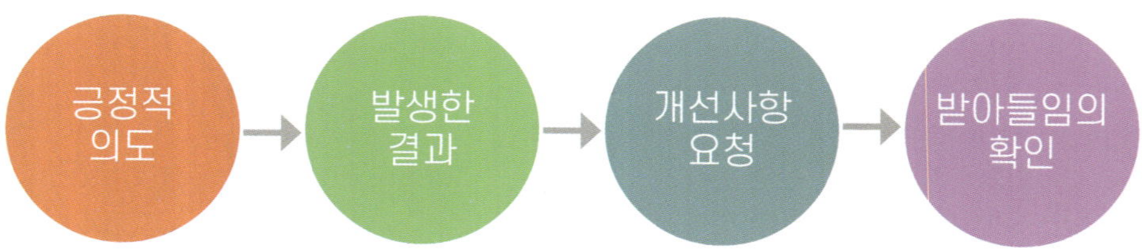

<결과의 반영과 피드백>

내담자의 생각이나 행동을 교정적으로 피드백하고 싶을 때는 지금의 생각이나 행동으로 인해 발생한 결과를 피드백에 포함시켜야 한다. 상담자는 내담자의 좋은 의도를 알아주고, 이로 인해 발생한 결과를 알아주어야 한다. 그에 이어 개선사항을 요청하고 내담자가 어디까지 받아들이고 있고 동의하는지를 묻는다.

내담자가 문제행동을 했다 하더라도 그 안에는 분명한 포함되어 있다. 아내를 때리는 남편도 '존중받고 싶다'는 의도가, 자해를 하는 청소년도 '살아있음을 느끼고 싶다'는 의도가, 그리던 작업을 모두 찢어버리는 내담자도 '내 이야기에 누군가 귀 기울여주었으면 좋겠다'는 긍정적 의도가 있을 것이다. 내담자가 가지는 의도를 알아주는 작업을 우선시하고, 이를 통해 어떤 결과가 발생했고, 어떤 부분이 변화하기를 희망하는지를 설명한다. 그리고 이를 내담자가 어떻게 받아들였는지 확인하는 것이 마지막 작업이다.

<가족화>

7세 아동이 그린 〈가족화〉를 살펴보면, 내담자는 동생의 이미지에 경계선을 그어 심리적 거리감을 표현했고, 동생 이미지 위에 X표시를 하여 존재를 부정하고 있는 모습을 보인다. 이때 미술치료사는 다음과 같은 피드백을 할 수 있다.

"엄마 아빠한테 더 많이 사랑받고 싶었는데(좋은 의도 읽기) 동생에게 사랑을 뺏긴다는 생각이 들어서 화가 났구나(감정 공감). 그런데 우리 수민이가 동생을 미워하고 자꾸 때리니까 엄마 아빠도 속상하고 동생도 너무 힘들어하고 있어(결과). 사실 엄마 아빠는 수민이를 덜 예뻐하는 게 아니라 수민이가 어렸을 때는 더 많이 사랑했는데, 동생이 지금은 너무 어리니까 잠깐 손이 더 가는 것뿐이야. 수민이가 동생을 괴롭히지 않고 엄마 아빠가 사랑한다고 말하는 것을 믿어주면 수민이도 덜 짜증 날 거고 가족들도 더 평화로워질 거 같아(개선 요청). 수민이는 선생님 말에 대해 어떻게 생각해(확인)?"

사실기반(Fact)

피드백을 할 때는 해석이나 판단, 평가를 섞지 않고 시작하는 것이 중요하다. 일지에 평가를 쓰지 않는 것처럼 질문과 피드백에서도 관찰과 평가를 구분하여 사용하는 훈련을 해야 한다. 처음에는 평가와 관찰의 경계가 모호할 수 있다. 그러나 이렇게 생각해 보면 쉽다. 사람에 따라 다르게 느껴지는 부분이 있는 것이 평가, 모두가 동일하게 받아들이는 것이 관찰이다. 다음 설명 중 관찰은 몇 번인가? 개인의 주관적인 평가가 포함되지 않은 것만이 관찰이다.

① 감정 일지 과제를 너무 소홀히 하시는 거 같아요.
② 출석시간을 거의 지키지 않으셨어요.
③ 저에게 늘 불평을 털어놓으시네요.
④ 제가 빨간 동그라미에 대해 질문하니 갑자기 화를 내셨죠.
⑤ 집단미술치료 시간에 다른 집단원 작품에 거의 관심이 없으시네요.
⑥ 점토는 전혀 안 쓰셨네요.
⑦ 오일 파스텔로 배경을 칠하실 때 지루해하시더라고요.
⑧ 제가 '안녕하세요'라고 인사를 했을 때 창밖을 보고 계셨어요.
⑨ 눈빛이 불안해보이세요.
⑩ 물감을 쓸 때 물을 안 쓰시네요.

주관성이 배제된 ⑥, ⑧, ⑩번만이 객관적 사실이다.

해석의 탄력성 고려(Elasticity)

긍정적 측면	감정단어	부정적 측면
적극적인, 열성적인, 패기 있는	의욕적	나서는, 설치는, 욕심 많은
따뜻한, 지지적인, 넉넉한	공감 잘 하는	정에 약한, 마음이 여린
합리적인, 논리적인, 분별력 있는	이성적인	매정한, 냉정한, 날카로운
자립심 강한, 당당한	독립적인	독불장군, 자기중심적
협조적인, 모범적인	복종적인	수동적인, 의존적인
주도적인, 리더십 강한	지배적인	독재적인, 강압적인, 강제적인
센스있는, 눈치빠른, 민감한	감수성이 높은	변덕이 심한, 신경질적인, 과민한
세밀한, 분명한	분석적인	따지는, 까다로운, 깐깐한
영리한, 유머있는, 순발력 있는	재치있는	약삭빠른, 간사한, 기회주의적인
협력적인, 전체적인, 조화로운	협조적인	줏대없는, 우유부단한
꿈이 있는, 이상적인	야망있는	허황된 비현실적인, 욕심많은
넉넉한, 여유로운, 너그러운	배려하는	마음만 착한, 실속없는, 정에 약한
능동적인, 솔선수범하는, 활발한	활동적인	분주한, 어수선한, 산만한
착하고 온순한, 수용적인, 인내심있는	소극적인	추진력 없는, 박력 없는, 수동적인
소신있는, 뚜렷한, 확고한	주관적인	독선적인, 고집이 센

<감정단어의 양면성>

감정단어들은 양면성을 가진다. 미술치료사는 피드백을 할 때 다양한 감정단어를 사용한다. 그러나 사용하는 단어들은 상담사의 주관적 경험을 바탕으로 재해석될 수 있으며, 내담자의 경험을 바탕으로 다르게 해석되기도 한다. 다양한 단어들이 상황에 따라 다르게 적용되는 방식을 훈련하고 내담자에게 자신의 주관에 따른 단어를 사용하여 피드백하지 않도록 주의해야 한다. 예를 들어 미술치료사가 여러 재료로 빠르게 작업을 끝낸 내담자에게 "혜미 님께서는 상당히 의욕적으로 작업을 하시네요"라고 피드백 하였을 때, "아, 죄송해요. 제가 재료를 너무 많이 썼죠…"라는 사과를 받을 수도 있다.

<나를 가로막는 것들>

내담자가 사용하는 색에도 양면성이 존재한다. 등교거부로 미술치료실에 의뢰된 고등학교 2학년 남성 내담자는 〈나를 가로막는 것들〉에 파란색만을 사용했다. 미술치료사는 다음과 같은 피드백을 줄 수 있다.

"파란색은 신뢰의 색이자 안정의 색이기도 합니다. 반면에 영어에서 우울하다는 표현을 "I am blue"라는 문장으로도 쓰듯 짙은 파란색은 우울함을 나타내기도 해요. 지금 부모님과 선생님께서 원하는 것은 학교를 나오는 것이지만, 밴드공연을 하고 싶은 열정적인 마음이 앞서 설명한 태풍처럼 휘몰아치는 이런 형상으로 그려졌어요. 그렇지만 학교는 졸업해야 한다는 부담감도 정적으로 표현되어 있고요. 이 두 개의 마음 중 어떤 마음의 편을 더 들어주고 싶나요?"

투사적 그리기 검사를 진행하게 될 경우, 미술치료사는 내담자와 함께 그림에 담긴 의미를 해석해나가는 시간을 가진다. **그림해석**은 한 가지 방향으로 해석되는 경우도 있지만 그렇지 않은 경우도 많다. 그림의 표현에서 생략된 부분, 감춘 부분에 대한 해석적 피드백을 줄 때에도 다양한 가능성이 있음을 언급하며, 미술치료사의 개인적 해석에 내담자의 그림을 맞추는 일은 없도록 주의해야 한다. 그림에서의 생략과 강조는 양면적 측면이 적용되는 경우가 많으며, 다양한 해석적 여지를 내담자와 공유 한다. 예를 들어 문이 열려 있는 집 그림을 보고 미술치료사는 다음과 같은 질문을 할 수 있다.

> "문이 열려 있다는 것은 다양한 의미로 해석이 될 수 있습니다. 어떤 상황에서 집의 문이 열려 있을까요?…(내담자의 대답을 듣는다)… 네, 맞아요. 주인이 없는 상황에서 도둑이 들 수도 있고, 환기를 시키기 위해 문을 열 수도 있고, 손님들이 많이 오는 경우에도 문을 열어놓기도 합니다. 그러니 문이 단순히 열려 있다는 것 만으로는 어떤 상황인지를 알 수가 없겠죠. 지금 그림 속 이 문은 어떤 이유에서 열려있는 걸까요?"

미술치료사의 해석이 틀릴 수 있음을 설명

미술치료사는 내담자의 그림에 해석적 피드백을 할 때, 매뉴얼이나 자신의 임상적 경험에 근거하여 전달하게 된다. 그러나 그림 검사는 통계에 근거한다는 점, 그리고 미술치료사가 이해하고 느낀 피드백도 틀릴 수 있다는 것도 전달해야 한다. 그렇기에 "검사는 통계에 근거하며, 또 개인의 경험에 따라 다르게 해석되는 부분이 있으니 제가 말씀드리는 부분 중 '어? 나랑은 안 맞는 이야기인 것 같은데.'라는 생각이 드는 부분이 있으면 바로 알려주세요."라고 말을 하고 시작하는 것도 괜찮다.

예를 들어, 잘린 해를 그린 내담자에게는 다음과 같은 피드백을 줄 수 있다.

> "해는 통상적으로 권위자를 상징한다고 합니다. 한국에서는 부모 중 아버지일 확률이 높고요. 잘린 해는 권위자로부터의 돌봄에 대한 불만족스러움을 나타내는 경우가 많은데요, 말씀드렸듯 해석은 통계적인 부분이기에 학습된 부분이나 잔상으로 인해 그린 그림은 해석에 넣지 않고 있어요. 지금까지 계속 아버님을 미워한다고 계속 표현하셨는데, 아버님으로부터의 돌봄에 관한 것도 그 미움에 포함될 가능성이 있을까요?"

구체적 행동 제시(Concreteness)

피드백은 추상적이거나 모호하지 않아야 한다. 내담자가 그림을 그렸고, 또 어떤 이야기를 했는데 뭐라고 얘기해야 할지 스스로 확신이 서지 않으면, 그럴싸하지만 딱히 무엇을 말하려는지 모르는 피드백이 나온다. 누군가 살을 빼고 싶어서 다이어트 업체에 갔는데 전문가라는 사람이 "식단이 가장 중요하니 체계적으로 잘 챙겨 드셔야 하고, 운동은 규칙적으로 꾸준히, 그리고 스스로 할 수 있다고 자신감을 가지는 것도 중요하고요."라고 설명했다고 생각해 보자. 그럴듯한 이야기를 하는 것처럼 보이지만, 그래서 뭘 어떻게 하라는지 배워 가는 것이 없다.

미술치료사의 피드백은 구체적이고 명확한 예시와 함께 내담자가 개선할 수 있는 지점이나 강점을 강조해야 한다. 구체적인 피드백은 내담자가 어떤 행동 변화를 해야 할지를 알려준다. 반면에 추상적 피드백은 무엇을 하라는 것인지 인지하지 못한 채 얻어 가는 것도 많지 않다.

추상적 피드백	구체적 피드백
내가 아닌 무언가를 더 표현해 볼까요?	가운데에 나를 표현한 후, 내 감정에 영향을 미치는 것이 딱히 없는 것 같다고 표현하셨어요. 긍정이든 부정이든 느끼는 감정에 영향을 미치는 요소들을 알게 된다면 여기서부터 감정을 조절해 나가는 작업을 시작할 수 있습니다.(개선 지점) 가족이나 직장 같은 현재 존재하는 대상을 만들어도 좋고, 과거 사건과 같이 존재하지 않는 것을 만드셔도 좋습니다.(행동 제시)
더 행복해질 수 있으면 좋겠네요.	오늘 10가지 감사 목록 어려웠지만 결국 모두 찾아냈어요.(강점 강조) 스스로의 단점을 찾기보다 감사 목록에 더 집중할 수 있으면 좋겠어요.(행동 제시)
이번 주는 잘 지내오신 것 같네요.	이번주에는 정신과 약물도 빠뜨리지 않았고, 외출해서 다른 사람과 만나기로 한 과제도 잘 수행했어요.(강점 강조) 그리고 오늘 표정도 밝아보여 좋은 한 주를 보냈다는 생각이 들어요.

<추상적 피드백과 구체적 피드백>

다음은 20대의 불안장애를 겪고 있던 남성 내담자가 미술치료 3회 차에 그린 〈지금의 나〉이다. 내담자는 작은 일도 예민하고 크게 받아들이고 최악의 상황을 자주 가정하며 불안감을 증폭시키는 경향이 있었다. 24색 색연필을 선택했지만 실제로 사용한 색은 검정색 하나뿐이다. 도화지를 한참 바라보던 내담자는 자신의 모습을 먼저 그린 후, 팔을 떨 듯이 휘두르며 자신을 압도하고 있는 몇 배 큰 형상을 그렸다. 그림 속 주인공이 지금 어떤 행동을 하는 중인지 묻자, "이 사람은 지금 멈춰있고, 어떻게 해야 할지 모른 채 막막해요. 앞뒤가 다 괴물인 느낌…"이라고 설명했다. 이때 추상적인 피드백과 구체적인 피드백은 다음과 같이 나뉠 수 있다.

<지금의 나>

추상적 피드백

"그림을 그리신 것을 보니 전체적으로 억압된 느낌이 나거든요. 조금 더 자신을 풀어줄 필요도 있을 것 같아요."

구체적 피드백

"그림 속 주인공이 지금 커다란 괴물로 인해 궁지에 몰린 상태이고 무기력하게 멈춰서 있다고 설명하셨어요. 늘 쫓기듯 살아가는 자신의 모습과도 닮아 보이는데요, 실제로 나를 압박하는 괴물이 내 삶에서는 무엇인지 구체적으로 살펴보고, 그 괴물이 정말로 이렇게 나를 무기력하게 만들 정도의 존재인지, 혹시 막연하게 불안해하는 부분이 많지 않았는지 확인해 보는 것도 좋을 것 같아요. 사실 확인해 보니 생각보다 별거 아니었는데 지레 겁먹어 버린 분들도 계시거든요. 그럼 괴물이 자꾸 더 크게만 느껴지기도 하죠. 앞만 보고 달린 사람들은 뒤에 무엇이 있는지 확인조차 하지 않고 계속 달리는 경향성이 있습니다."

적시 제공(Timeliness)

피드백은 긍정적 강화와 마찬가지로 적시성을 놓쳐서는 안 된다. 즉시 제공하면 가장 좋겠지만, 내담자가 자신의 이야기를 끝맺음하지 않은 상황일 수도 있기에 상황상 가장 적절한 적시에 제공하라는 의미다. 예를 들어, 부정적인 시선으로만 자신을 바라보던 내담자가 자신의 작품 속에 긍정적인 희망의 메시지를 표현했을 때, 미술치료사는 이때를 놓치지 말고 내담자가 보인 변화를 내담자의 작품을 설명하는 턴 안에 언급해야 한다. 집단으로 진행된다면 집단원들에게 이를 알리고, 박수를 통해 응원해 주는 것도 방법이다.

"회기를 마무리 짓기 전에, 앞서 소민 님께서 그리신 그림 속에 우리는 처음으로 희망에 대한 이야기가 등장한 것을 확인할 수 있었어요. 우리 축하의 박수를 치면서 오늘 마무리할게요."라고 한다면, 적시성을 놓친 피드백이 된다. 내담자가 작품 속 내용을 공유했을 때 축하의 시간을 함께하는 것이 더 좋았을 것이다. 물론 피드백을 누락하고 회기를 끝내는 것보다는 낫지만 적절한 타이밍은 피드백의 효과를 배가시킨다.

좋은 피드백은 긍정적 지지와 공감이 함께하는 피드백이지만, 그것이 피드백의 모든 것은 아니다. 내담자가 스스로 마주해야 하는 타이밍이 왔다면 직면에 도전할 기회다.

직면은 심리적으로 도전적이라 내담자의 입장에서는 인정하기 싫고 스스로 보고 싶지 않았던 부분을 받아들인다는 점에서 불편할 수 있다. 그러나 즉시성을 놓친다면 기회가 사라질 수도 있는 것이 직면이기도 하다.

<과거의 나와 지금의 나>

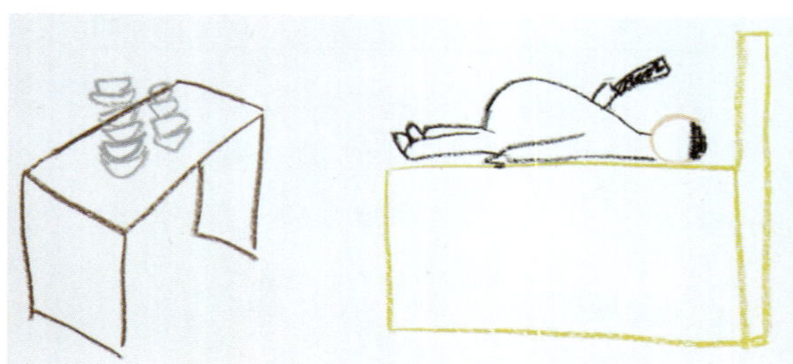

<우울증과 함께하는 나>

박사과정을 밟고 있던 30대 중반의 여성 내담자는 감정적 폭식, 우울, 무기력, 자존감 하락으로 미술치료를 의뢰했었는데, 자신은 우울감이 오기 전 자신감이 넘치고 자신의 연구 분야도 즐겁게 공부하던 사람이라 설명했다. 〈과거와 지금의 나〉에서 과거의 자신은 구름을 타고 날아다니는 손오공으로, 지금의 자신은 번개에 맞아 부러진 나무로 표현했다. 나무를 부러뜨린 것은 압박하는 교수님, 결과가 나오지 않는 논문, 나보다 더 먼저 잘나가는 후배들, 부담감을 주는 가족들이라 언급했다.

초기 상담에서는 자신을 인정해 주지 않는 교수님, 그로 인해 우울해져서 배달음식들을 폭식하는 자신, 그리고 사람을 만나지 않게 되고 침대에 누워서 핸드폰만 보는 상황에 대한 이야기를 했다. 그리고 자신을 이렇게 만든 주변 사람들에 대한 원망과 분노의 표현이 자주 관찰되었다.

<주변 사람으로부터 듣고 싶은 이야기>

<내가 그 이야기를 듣는다면>

박사과정을 끝마치고 나서 교수님이나 주변 사람 등에게서 듣고 싶은 말은 “여기까지 오면 진짜 좋으니까 자꾸 늘어지지 말고 열심히 해. 네가 능력이 없는 건 아닌데 자꾸 미루고 집중을 안 하니까 늦어진 거야. 열심히만 하면 다 이룰 수 있어.”였다. 그리고 지금의 힘든 시간이 지나고 나서 빨리 그 시간이 되었으던 좋겠다는 이야기도 했다. 현재의 불행함도 이야기했고, 원망의 대상들도 모아졌고, 원하는 모습도 그려졌다. 대부분의 불행을 만드는 것은 상황을 바라보는 내담자의 태도와 생각이 만들어낸 감정들이다. 지속적으로 외부에서 불행함의 원인을 찾는 자료들이 모아지고 내담자와 라포가 형성되었을 때, 미술치료사는 이렇게 피드백을 주었다.

"능력이 없는 게 아닌데 미루고 집중을 안 하니 늦어진다는 이야기도 들었지만 열심히 하면 다 이룰 수 있다는 이야기도 미래에서는 들리고 있네요. 지금 내가 부러진 나무가 되어 집에만 누워있는 것이 교수님, 논문, 후배들, 가족들 때문이라고 설명했고… 자, 좋아요. 다시 침대에 누워있던 나에게로 가볼게요. 우리 지난주에 이 그림을 함께 그렸었죠? 이 두 그림을 나란히 놓아볼게요. 나를 힘들게 하는 사람들이 이런 긍정적 목소리들을 지금의 나에게 들려주고 있습니다. 어떨 것 같나요? 침대에 누워있는 나는 어떤 생각과 감정이 들지 표현해 주세요."

그때 내담자는 그림에 '거짓말'이라고 적었다. 이 '거짓말'의 의미를 설명하면서 내담자는 마주하고 싶지 않은 진실과 마주해야 했다. 결국 자신을 부러뜨리고 누워있게 만든 것은 교수님이나 주변 상황이 아닌 자신이었고, 결국 나를 믿어주지 않은 것도 스스로라는 사실을 받아들여야 했던 것이다. 본인이 스스로의 가능성을 낮추고, 원하는 미래를 오지 않을 것이라 생각하고 있었기에 고통스러웠던 것이다.

그다음 회기에서는 지난 시간에 직면한 내용들을 바탕으로 구체적으로 스스로를 믿어주지 못한 것들을 적어보고 쓰레기통에 버리는 작업을 했다. 내담자는 '결과물을 내놓는 것만이 중요하다는 생각', '논문을 쓰고 학위를 따야 내 인생이 정상적으로 돌아가기 시작할 것이라는 생각', '내 인생/정체성이 연구활동으로만 결정되는 것 같다는 생각'을 적었다.

<불편함으로부터 벗어난 나>

자신이 버려야 할 것을 마주한 내담자는 자신에게 가장 필요한 것은 교수님의 인정이나 주변의 상황이 아니라, 나 자신이 내 편이 되어주고 믿어주는 것이었다는 것을 깨달았다. 그다음 시간 내담자는 우울하게 누워있던 침대 위 모습을 다르게 표현해보고 싶다고 이야기했다. 공허한 마음에 폭식하거나 핸드폰만 보던 스스로를 안아주고 자신을 힘들게 한 것들을 떠나보내며 편안해진 모습을 그렸다.

기대하는 바의 표현

피드백을 통해 미술치료사는 내담자에게 기대하는 바를 함께 표현할 수도 있다. 예를 들어, 내담자가 저항하며 아주 간단한 그림만을 그리고 "다 그렸어요."라고 말할 경우 다음과 같은 피드백을 줄 수 있다.

> "30초도 되지 않아 그림을 모두 끝마쳤네. 선생님은 준우가 더 표현하실 수 있을 것 같은데, 아직은 마음을 표현하기에는 이 자리가 편하지 않을 수 있겠다는 생각이 들어. 선생님은 준우를 더 잘 이해하고 싶으니까 이곳과 선생님이 준우한테 더 편안해 질 수 있는 방법이 있다면 선생님에게 알려줘."

5. 집단 내에서의 작품 공유

<집단 내에서 공유중인 모습>

집단 내에서 작품을 공유할 때 중요한 것은, 미술치료사뿐만 아니라 다른 집단원도 공유하는 내담자의 작품과 이야기에 집중하는 것이다. 모두가 '아~ 그렇구나'라는 열린 마음으로 경청하고 내담자의 작품설명을 끝까지 듣는다. 집단 초기에 규칙 설정을 할 때, '한 내담자가 작품을 공유할 때 집중하기'와 같은 것을 적는 이유도 이 때문이다.

작품공유 시간의 분배

작품을 공유할 때 모두가 같은 분량으로 공유하지 않는다. 누군가는 집단을 독점하려 하기도 하고, 누군가는 아주 간단한 이야기만을 하기도 한다. 집단 초기에 공동분배에 대한 규칙을 이야기하고, 미술치료사는 집단원 모두가 비슷한 시간으로 돌아가며 이야기할 수 있도록 격려해야 한다. 지나치게 자신의 이야기만을 하려 하는 내담자의 경우, 중요한 이야기를 요약-마무리 짓고 다른 내담자에게 참여의 기회를 준다.

미술치료사의 개입을 통해 특정 내담자가 집단을 독점하거나 소외되는 것이 개선되면 다행이지만, 그렇지 않을 때도 있다. 최후의 보루로 3분짜리 모래시계를 놓고(집단 크기와 집단시간에 따라 5분이 될 수도 있음) 이 시간 동안 설명하는 규칙을 만들 수도 있다. 독점하는 내담자는 시간을 줄이고 침묵하는 내담자의 참여를 장려하기 위함이다. 그러나 이것은 어디까지나 마지막 수단이며, 사용하게 된다면 게임을 하는 것 같은 유쾌함을 함께 제공해야 한다. 모래시계는 강제성으로 내담자의 공유시간을 제지하는 것이기에 우선순위가 될 수는 없다.

내담자의 참여 이끌어 내기

대부분 초기 집단의 참여율은 저조하다. 한 내담자의 작품 공유가 끝난 후 다른 내담자들이 자발적으로 작품에 대해 느낀 점을 이야기하거나 질문하는 모습을 보기란 쉽지 않다. 서로에게 줄 수 있는 긍정적 피드백이 있다 하더라도 내담자들은 침묵할 수 있는데 굳이 나서고 싶지 않기 때문이기도 하고, 혹시나 어떤 언급이 상대에게 불유쾌할 수 있다는 걱정 등 때문일 것이다. 미술치료사는 다른 내담자들이 작품을 공유 중인 내담자에게 집중하고, 자신이 표현한 부분과의 공통성을 찾거나, 다르게 생각한 부분들을 수면 위로 떠올리고, 의미 있는 질문과 피드백을 서로 할 수 있도록 격려해야 한다.

한 내담자의 작품 공유가 끝난 후, 미술치료사는 반영, 명료화, 요약 및 질문 등을 통해 더 깊이 있는 이야기를 이끌어 내고 발견할 것이다. 이후, '이 작품에 대한 설명을 듣고, 공감 가시는 부분이나 질문 있으실까요?"라고 집단에 물어볼 수 있으며, 아무도 대답하지 않을 경우, "하은 님께서는 이 작품 설명을 듣고 어떤 생각이 드셨나요?"라고 특정 내담자에게 물을 수도 있다. 집단의 라포형성을 위해 랜덤으로 연결시킬 수도 있으나, 해당 내담자가 공유 중인 내담자와 연결점이 있다고 생각될 경우에는 그 부분을 바로 질문할 수도 있다. 예를 들어 다음과 같이 연결시킬 수 있다.

> "방금 수민님께서 보여주신 작품을 보면 내가 듣고 싶은 이야기에 "쉬어도 돼."가 크게 적혀 있어요. 그런데 예준님께서는 비슷한 말인 "쉬어. 괜찮아."라는 말이 듣고 싶은 이야기 쪽에 적혀있어요. 이 두 목소리는 어떻게 다를까요?"

성실하고 솔직한 작품 설명

미술치료집단에서 작품을 공유할 때 그림을 잘 그리고 못 그리는 기술적인 수준에 대해 언급할 필요는 없으나 내담자가 '어차피 못 그렸으니 대충 말하자'와 같은 생각보다는 최대한 자신이 표현하고자 한 것에 대해 구체적으로 설명할 수 있도록 한다. 내담자가 성실히 창작하는 것, 그리고 창작한 이미지를 솔직하게 공유하는 것은 내담자의 의무임을 전달하는 것도 방법이 될 것이다.

주관적 평가의 배제

내담자가 집단 내에서 작품을 공유할 때 미술치료사는 주관적인 평가를 하지 않도록 주의해야 한다. 주관적 평가로 자주 등장하는 것은 "우와, 그림 진짜 잘 그리셨어요~" 혹은 "우와, 화가 작품 같아요~"와 같은 것들이다. 초보 미술치료사들은 이런 표현이 긍정적 반응이기에 괜찮을 것이라 생각할 수 있으나, '잘' 그렸다는 기준을 만드는 표현이기에 다른 집단원들은 무의식중에 자신의 그림과 잘 그린 사람의 그림을 비교하게 된다. 미술치료에서의 그림은 모두가 소중한 마음의 기록이며, 기술적으로 잘 그리는 표현이 아니라 그 안에 담긴 내용들이 주인공이다.

<보라색 강아지가 그림의 우측 상단에 그려진 그림>

미술치료사는 '왜'가 포함된 이미지 질문을 하지 않도록 주의해야 한다. 이유가 궁금할 때에는 완곡한 질문으로 우회하여 물어볼 수 있다. 또한 자신의 주관성이 포함된 이미지의 해석도 지양해야 한다. 예를 들어 미술치료사가 다른 집단원의 작품을 보면서 "이 강아지는 왜 보라색이에요?" 또는 "왜 한쪽에만 몰아서 그림을 다 그렸는지 궁금하네요." 등의 질문을 던지게 되면, 그림의 상징성을 찾거나 그림의 의도를 들어볼 기회가 사라질 수 있다. 내담자는 무언가 자신이 잘못했다는 생각을 하고 자신이 표현하고자 하는 의도가 아닌, 자신을 변호하는 변명에 가까운 설명을 할 수도 있다. 한 집단원이 다른 집단원에게 공격적인 질문을 할 때에는 미술치료사가 중간에 개입을 하거나 다시 질문을 만들어 되돌려 줄 수 있다.

앞선 질문들은 "강아지가 보라색으로 표현되어 있는데, 어떤 이유가 있을 것 같아요."라든가 "그림이 오른쪽 위에 주로 그려져 있네요. 이쪽에는 빈 공간이 있고요. 어떤 이야기가 담겨 있을까요?"와 같이 바꾸어 질문할 수 있다.

집단에서의 작품 공유 사례

다음은 집단미술치료에서 내담자의 작품을 공유할 때 미술치료사가 내담자가 작품을 중심으로 이끌어가는 진행의 예시다.

<탈출 중>

<탈출 중 추가작업 후 이미지>

미술치료사: 네~ 작품 제목을 〈탈출 중〉으로 정하셨어요. 내용들이 궁금해지는데요, 어떤 내용들이 담겨있을까요?

내담자 미애: 제가 우울로부터 탈출하는 내용을 그렸어요. 여기 주인공이 우울로부터 탈출하는 과정인데, 탈출하는 길에 있는 장애물들은 불안, 낮은 자존감, 인간관계, 외로움 같은 것이 있어요. 불안은 저를 덮쳐오는 이미지로 뾰족한 창살처럼 그렸고, 낮은 자존감을 구겨진 종이뭉치같이 표현하고 싶었어요. 인간관계는 어렵고 두려운 느낌이 들어서 폭탄으로 그렸어요. 패배감은 다른 사람의 말이 폭언이 아닌데도 제가 폭언으로 크게 느끼는 부분이 있는 걸 알면서도 잘 고쳐지지 않고, 그럴 때 마다 느껴지는 감정은 외로움인것 같아요.

미술치료사: <u>다양한 요소들이 지금의 우울함을 표현하고 있네요</u>(반영). 나를 표현한 주인공의 발 밑에는 분홍색이 궁금해요. 좀 더 설명해 주실래요?

내담자 미애: 빨리 벗어나고 싶은 마음에 발에는 로켓처럼 불을 그렸고, 장애물로부터 묶인 고리를 끊고 탈출 중이에요.

미술치료사: 네~ <u>방금 탈출 중이라고 표현하셨는데요</u>(중요한 단어에 대한 확인), <u>내가 우울로부터 탈출해서 어디론가 향하고 있는 중이라고 받아들여도 될까요?</u>(이

해한 바를 요약하며 질문)

내담자 미애: 네 맞아요. 지구처럼 그린 곳이 도착지이고 거기에 도착하면, 행복, 자신감, 미래와 같은 것들이 있어요. 거길 향해서 가고 있어요.

미술치료사: 네, 우울로부터 탈출하게 되면 행복, 자신감, 미래와 같은 목표에 도달할 것이라는 거군요(요약)~ 설명 감사드려요. 도착지를 지구처럼 표현한 이유가 있을까요?(상징적 이미지에 대한 의미 질문)

내담자 미애: 그냥 지금 우울증을 치료하고 있는 제가 공허한 우주 속을 헤매고 있는 것 같다는 생각을 자주 해요. 그래서 우울증 때문에 제가 겪는 어려움들이 내가 지구에 도착하는 것을 방해하는 장애물로 표현하고 싶었어요.

미술치료사: 네 그렇군요~ 이야기해주셔서 감사해요. 작품 속에 크게 세 가지 파트가 등장해요. 탈출 중인 나, 목적지인 지구, 그리고 장애물들이 등장하네요(반영). 미애 님의 작품을 보고 설명을 들어보셨는데, 다른 분은 세 개의 파트 중에 어디가 가장 공감이 되실까요?(다른 집단원의 의견 질문)

내담자 수희: 저는 장애물이요. 인간관계가 두려워서 폭탄처럼 그렸다는 게 와닿았어요.

내담자 진아: 장애물이 다 다른 의미고 그 의미에 따라서 이미지를 다르게 그렸다는게 디테일이 느껴졌어요.

미술치료사: 두 분 모두 장애물에 대한 이야기를 해 주셨어요(반영). 미애 님~ 그림을 그리실 때는 어땠나요? 어떤 부분을 그릴 때 가장 집중이 되셨을까요?(의미와 행동의 연결)

내담자 미애: 저도 장애물을 그릴 때였던 것 같아요. 하나하나 어떻게 표현하면 좋을까 많이 생각했어요.

미술치료사: 네~ 그렇군요~ 이 작품의 주제는 우울로부터 탈출 중인 '나'인데 나보다 장애물들이 더 크고 디테일하게 표현되어 보여요. 또 실제 더 많은 시간과 공을 들인 것 같은데요. 제가 말씀드린 부분에 대해서 어떻게 생각하세요~?(미술치료사의 주관적 이해의 피드백과 확인)

내담자 미애: 네… 그런 거 같네요… 왜 그럴까요? 제가 잘못 그린 걸까요?

미술치료사: 아뇨~ 잘못한 그림이라는 건 없어요. 그 이유는 우울이라는 것에 대한 생

각, 장애물로 그려진 것들이 지금의 나에게 더 익숙하기 때문이에요. 우리의 뇌가 우리에게 유익하고 좋은 것을 선택해 주면 좋은데, 대부분 우리의 뇌는 익숙한 것을 선택해요. 내가 우울로부터 벗어난 후의 상황, 벗어나는 나를 생각하고 상상하기보다, 장애물들에 대해서 생각하고 경험한 것이 지금의 나에게 익숙할 뿐이에요(증상 및 상황에 대한 심리교육). 잘못이 아닙니다.

내담자 미애: 네… 그렇군요.

미술치료사: 다른 분들은 내가 우울을 벗어나는 데에 어떤 것들이 장애물이 된다고 생각이 드시나요?(중요한 주제어를 집단 전체에 질문하기)

내담자 진아: 저는 일상으로 돌아가는 것에 대한 두려움이요. 몇 년을 사회와 단절되어 살다 보니 나으면 사회로 돌아가야 하는데 그게 두려우니 치료를 피하게 되는 거 같아요.

내담자 수희: 저도 미애 님이 말씀하신 것처럼 낮은 자존감이요. 그런데 낮은 자존감 때문에 우울한 건지, 우울해서 자존감이 낮은 건지 그게 이제는 헷갈려요. 저도 지구라는 목적지에 빨리 도달했으면 좋겠어요. 그림상에서는 엄청 멀어보이지는 않아서 미애 님은 곧 도착하실 것 같아요.

미술치료사: 진아 님은 다시 되돌아가는 것의 두려움, 그리고 수희 님은 낮은 자존감을 말씀해 주셨어요(요약). 말씀 감사합니다. 다들 각자의 장애물들을 가지고 있어요. 그게 나를 여기 머물게 하기도 하고 변화를 가로막기도 하죠. 그리고 장애물이 지금은 더 익숙하고요. 그렇지만 우린 여기에서 안주하지 않을 것이고, 우울로부터 벗어나는 나, 그리고 우울로부터 벗어나면 만나게 될 삶을 더 자주 이 자리에서 접할 거예요. 그 모습을 더 익숙하게 만들어 주고 강조해 주면 좋을 것 같습니다(구체적인 행동 변화를 요구하는 피드백).

내담자 세 명: 네(고개를 끄덕인다).

미술치료사: 그런 의미에서 수정 작업을 해 볼거예요. 우리는 생각도, 감정도 모두 변화시킬 수 있는 존재고, 미술 매체들은 그것을 가능하게 해 주는 매개체가 될 거예요(이미지 수정을 통한 감정과 생각의 수정 연결). 이제 각자의 그림 이야기를 들었으니, 서로의 작업에서 어떤 부분이 변화되면 좋을지 아이디어를 주는 시간을 가져볼께요. 모두 반영해도 좋고, 일부만 반영해도 좋고, 들으면서 생

각난 새로운 생각만 반영해도 좋습니다. 서로를 위해 최대한 아이디어를 내주세요. 그리고 응원의 메시지도 함께 부탁합니다(집단원간의 연결 이끌기). 미애 님 작업부터 이야기해 볼까요?

내담자 수희: 음… 우선 지구가 도착하는 곳이니까 더 생동감 있는 색을 넣거나 주변이 반짝이게 하면 좋을 것 같아요.

내담자 진아: 저는 더 빨리 탈출할 수 있게 더 부스트업해주면 좋을 것 같아요.

미술치료사: 미애 님의 회복을 부스트업해줄 수 있는 것들은 실제 어떤 것들이 있을까요?(작품의 내용과 내담자의 삶을 연결시키기)

내담자 미애: 음… 가족과 주변의 응원, 내가 나를 믿는거? 그런거요.

미술치료사: 좋습니다. 그럼 두분 미애 님께 응원의 메시지도 전달해 주세요.

내담자 수희: 미애 님, 잘 하고 있어요. 저 역시 얼마나 힘든지 아니까… 치료에 참여한 거 자체로 이미 한 발 내딛으신 거라고 생각해요.

내담자 진아: 저는 미애 님이 우울을 치료하는 과정이 너무 힘들지 않게 웃으면서 가시길 바라는 마음이고… 활짝 웃으시는 게 아름다우세요.

미술치료사: 네, 감사합니다. 미애 님은 들으시고 나서 어떤 생각이 드셨나요?(다른 내담자의 지지에 대한 반응 질문)

내담자 미애: 같은 입장이신 분들께서 말씀해 주시니 힘도 나고, 감사합니다.

미술치료사: 좋아요. 그럼 여러분의 이미지가 어떻게 변화될지 궁금합니다. 응원을 받은 힘까지 합쳐 수정작업은 10분 정도 해보겠습니다(내담자들이 작업한다).

미술치료사: 네 수정작업이 마무리되었어요. 작품이 어떻게 변화되었나요?

내담자 미애: 우선 저는 발판 주변에 두 분이 해주신 응원의 말들을 다 적어 넣었어요. 저에게 힘이 나게 해주고 진짜 우울로부터 벗어날 수 있을 것 같은 마음이 들어서요. 그래서 저를 부스터업해주는 발판에 적어주었어요. 그리고 장애물들을 사슬로 꽁꽁 묶어서 표현했어요.

미술치료사: 네 그렇군요~ 장애물들을 사슬로 묶어서 표현하신 것이 인상적이에요(내담자의 중요한 표현 강조) 어떤 의미가 있을까요~?(상징 이미지의 의미질문)

내담자 미애: 오늘 상담을 통해서 저도 모르게 부정적인 생각과 습관들이 많이 익숙하구나 하고 느꼈어요. 그래서 그동안 무의식중에 강조되어있던 장애물들이 이

제는 그만 커지고 그만 강조되었으면 좋겠다는 의미로 장애물들을 다 사슬로 묶어버렸어요.

미술치료사: 네 좋습니다. 미애 님께서 소망하시는 부분을 일상의 생각습관에도 적용한다면, 우울감을 대하는 태도도 긍정적으로 달라질 것이라 믿어요(구체적 방향을 제시하는 피드백과 긍정적 지지). 다른 분들께서는 수정된 미애 님의 작품을 보니 어떠세요?(다른 집단원의 의견 질문)

내담자 수희: 장애물들이 다 사슬로 묶인 이미지일 뿐인데 뭔가 그전에는 둥둥 떠다니고 부딪힐까 봐 불안한 느낌이 있었는데 그런 느낌이 없어진 거 같아요.

내담자 진아: 저는 정말 미애 님이 쭉 일직선으로 지구를 향해 나가실 것 같은 느낌? 장애물이나 방해 없이 좀 더 쭉 뻗어 나가는 느낌이 들어요.

미술치료사: 네 맞아요~ 저도 우울을 벗어나는 주체인 미애 님이 조금 더 눈에 들어오고 강조된 게 보이네요(강조와 공감). 오늘 그림으로 표현하고 수정하면서 경험하고 보고 느낀 것들이 앞으로 여러분들이 우울을 벗어나기 위한 예시가 되었으면 좋겠어요. 내가 익숙한 것들로부터 벗어나고, 내가 원하는 것들을 익숙하게 바꾸는 작업이요. 익숙한 것이 더 이상 나에게 유익이 아니라는 것을 알게 되었으니, 오늘부터 멀어지는 연습을 하면 좋겠습니다(구체적 방향 제시). 그러기 위해서 이번 한 주간은 익숙하지만 나를 우울로부터 벗어나지 못하게 하는 생각들을 다르게 바라보는 과제를 내 드릴게요. 감정일기장에 매일 내게 떠올랐던 습관이 된 생각들, 혹은 행동들을 적어주시고, 이것이 어떻게 변한다면 더 편해질 수 있을지에 대해서도 함께 적어주세요. 만약에, 이번 시간에 배운 내용을 토대로 생각이나 행동을 바꾸어 본 것이 있다면, 그렇게 바꾸었을 때 어떤 감정과 생각이 들었는지도 구체적으로 적어와 주세요(과제 부여). 다음 주에 시작할 때, 감정일기장을 함께 보면서 어떤 시도를 해 보셨는지를 살펴보고, 공유하는 시간을 가지겠습니다. 오늘 스스로를 또 서로를 응원하면서 느낀 마음을 잘 저장해 두셨으면 합니다. 그게 앞으로 우울로부터 멀어지는 연습을 위한 연료가 될 거예요. 감사합니다. 다음 시간에 뵙겠습니다.

6. 미술치료의 종결

미술치료에서의 '끝남'에는 두 가지가 있다. 첫 번째는 한 회기가 마무리될 때이며, 두 번째는 내담자와의 만남이 마무리 될 때다. 먼저, 회기 종결의 경우, 미술치료사는 한 회기 동안 있었던 스텝을 요약하고, 중요하게 다루어진 바를 언급하며, 내담자가 구체적으로 변화할 수 있는 제안을 한다. 다음 회기 프로그램이 계획되어 있다면 미리 알리고, 한 주 동안 내담자가 해올 과제나 한 주 동안 기억하고 수행하기를 바라는 바를 설명하며 회기를 마무리한다. 개인상담에서 내담자의 이야기를 마치거나 집단상담에서 마지막 내담자의 이야기를 들은 후, "네~ 이제 끝날 시간이 다 되어서, 오늘 회기는 여기서 마무리 하겠습니다. 감사합니다."와 같이 요약과 마무리가 없이 끝맺어서는 안된다는 의미다.

두 번째 종결은 내담자와 미술치료사가의 상담이 끝나며 내담자가 이제는 미술치료사와의 만남 없이 지내게 되는 시간이다. 미술치료에 시작이 있다면, 종결은 피할 수 없는 부분이다. 종종 내담자에게 미술치료사는 자신의 이야기를 온전하게 털어놓은 유일한 사람일 때도 있고, 때문에 지나치게 의지하게 되어 관계의 종결에서 고통받는 모습을 보이기도 한다. 연구논문을 위해 개인미술치료 내담자로 참여했던 한 고등학생이 있었다. 초기에 설정한 21회기가 끝날 때 즈음 추가로 3회기를 더 요청하여 상담이 연장되었고, 마지막으로 다음 회기가 진짜 종결회기임을 알렸을 때 다음과 같은 반응을 보였다. 미술치료사가 상담의 종결은 계약된 회차의 종결이며, 내담자가 느끼는 유기의 관점이 아님에 대해 명확하게 언급하지 않았기 때문에 일어난 일이다.

> "선생님, 제가 선생님 논문에 도움이 안 되어서 그래요? 선생님, 제가 더 잘 그릴게요. 혹시 지난번에 그린 그림이 논문에 쓰기에 너무 못 그려서 그런 거면 제가 다시 그려드리면 안 돼요? 선생님, 저 안 버리시면 안 돼요?"

의존적 내담자의 종결지연

내담자가 상담사에게 의존하는 것은 흔한 일이다. 그리고 의존도가 지나치게 낮을 경우에는 상담 진행이 어렵기도 하다. 그러나 의존을 상담자가 일부러 만드는 경우도 있다. 미술치료사는 왜 내담자를 의존적으로 만들려 하고, 왜 상담을 종결하지 않으려

할까.

가스라이팅을 하는 미술치료사는 의존적 내담자와 궁합이 잘 맞는다. 내담자는 미술치료사가 자신을 위한 답을 가지고 있다고 생각하고, 미술치료사가 진정한 자신을 위한 사람이라 생각하며 판단력 없이 의지한다. 상담자는 내담자의 시간을 착취하며 자신의 업무시간을 편하게 떼운다. 내담자의 미성숙한 의존이 미술치료사의 개인적 욕심을 채우는 것이다.

내담자가 상담시간 이외에 하는 모든 연락을 받는 것도 내담자를 미성숙하게 만들 수 있다. 물론 미술치료사는 개인적 시간을 사용하면서까지 내담자에게 잘해주려고 한 긍정적 의도가 있을 것이다. 그러나 내담자가 일상에서 손을 뻗을 때마다 미술치료사가 있다면, 내담자 자신의 삶을 지나치게 미술치료사에게 지나치게 의지해 버리고, 미술치료사 없이는 아무것도 하지 못한다는 착각에 빠질 수 있다. 때로는 채팅방에 실시간 느끼는 기분을 상담사에게 적고싶어 하는 내담자도 있는데, 내담자의 표현 욕구가 강할 경우에는 채팅방에 그때 그때 느낀 감정을 적도록 하고, 상담시간에 이 내용을 다룰 수 있다고 전달할 수도 있다.

일반적으로 상담의 종결은 다음의 경우 발생한다.

① 내담자에게 미술치료 서비스가 더 이상 필요하지 않을 때
② 내담자가 더 이상 치료에서 이익을 얻지 못할 때
③ 내담자가 치료에 참여하기 어려울 때
④ 기관에서 제도적으로 서비스 제공을 제한할 때

4회기, 혹은 12회기로 공지되고 모집된 그룹이나 개인상담은 시간 종료와 함께 프로그램이 끝난다. 1인가구 지원센터 등에서는 1인 개인상담 2회, 집단 4회 등의 제한을 두어, 한정된 예산 안에서 최대한 많은 사람들이 혜택을 받을 수 있도록 결정하기도 한다.

③번의 경우 내담자의 이사, 스케줄 변동, 경제적인 이유가 포함될 수 있다. 그러나 ①번과 ②번 이유는 판단이 명확하지 않다. 내담자가 이익을 얻지 못한다는 것의 기준은 무엇인가. 그것을 누가 어떻게 판단하는가. 이 기준은 미술치료사가 분명하게 설정하고 있어야 할 것이다. 많은 내담자는 상담자로부터 치료가 더 필요하다는 이야기를 들었을 때, 판단 없이 수용한다.

그러나 상담자와 내담자의 마음이 항상 같지는 않다. 상담자가 보기에는 내담자의 문제가 해결되어 종결을 생각해도 내담자는 그렇게 생각하지 않을 수 있다. 이 차이를 어떻게 조율하고 극복할 것인가도 상담자가 끊임없이 고민해야 하는 부분이다.

집단 미술치료의 마무리

집단 미술치료의 마지막 주에는 그동안 작업했던 작품들을 모아서 미술치료실에서 전시를 하는 경우가 많다. 그동안의 회기를 훑으며 좋았던 점, 인상적이었던 부분을 다루고, 그때와 지금 달라진 점이 있다면 그 내용을 공유한다. 이때 긍정적으로 달라진 점이 있다면 집단원과 함께 큰 박수를 보내며 격려해 준다. 작품 결과물이 남지 않고 소멸된 작업의 경우, 찍어두었던 사진을 출력하여 전시에 함께한다.

마지막 주의 프로그램은 집단경험을 되돌아보고 정리하며 종결 이후에 발생하는 어려움에 대비할 수 있는 내용을 담으면 좋다. '지금까지의 회기를 통해 배운 것들', '앞으로 기대하는 나의 모습'과 같은 주제가 마지막에 포함될 수 있다.

종결단계에서는 이별이 필수로 수반된다. 상담의 종료가 내담자들에게 무엇을 의미하는지, 이별에 대한 감정이 어떠한지도 함께 다룬다. 종결단계에 접어들 때 미술치료사는 남은 회기를 집단원들에게 명확하게 알려주어 갑작스러운 이별을 겪지 않도록 주의한다.

일부 내담자들은 미술치료시간에 배운 자기표현 기법들을 집단의 종결 이후에도 개인적으로 하고 싶어 한다. 이때 내담자에게 사용 가능한 미술재료의 이름과 구입처, 혹은 개인적으로 구매할 때 좋은 대체재료 등을 알려줄 수 있다.

PART 4_
미술치료 더 알아가기

Chapter 13. 미술치료사의 전문성

미술치료에 대한 기초적인 지식을 익히고 미술심리상담사 민간 자격증을 취득하거나 대학원에 진학하고 나면 임상 현장에 나갈 수 있는 기본적인 자격을 갖추게 된다. 현장에 나가게 되면 설레는 마음도, 걱정스러운 마음도, 부담스러운 마음도 있을 것이다. 필자는 수업시간에 학생들이 실습 전 진행할 프로그램 계획서와 대본을 가져오면 리뷰해 주고, 미술치료 진행 과정을 지켜본 후 한 시간 정도 피드백을 해준다. 바꿔 써야 하는 단어, 목소리 톤의 안정감, 손가락 제스처, 앞서 했던 뭉툭한 질문을 뾰족하게 바꿔보기, 내담자 이미지에서 놓친 부분, 시간 분배 등 대학원에서 2년 정도의 피드백이 쌓이면 학생들은 어느 정도는 미술치료 진행에 자신감을 얻어간다. 만약 자신의 진행상황을 피드백 받을 기회가 없다면 진행 과정을 촬영하거나 녹음한 후, 미술치료 학회에 슈퍼바이저로 계시는 분들께 별도의 슈퍼비전을 신청해서 받을 수 있다. 소속된 기관에서 기관장이나 선임 미술치료사가 슈퍼비전을 제공해 주는 경우도 있다. 의무로 슈퍼비전에 매주 참여해야 하는 기관도 있는데 만약 별도의 비용 없이 제공해 준다면 초보 미술치료사들에게는 정말 큰 혜택이다.

실무현장에 투입되면서 전공 서적은 고스란히 책장 속에 방치되는 경우도 많은데, 전공 서적은 홀로 싸우는 임상현장에서 힘이 되어 주는 가이드이니 스스로에게 의문이 생길 때마다 전공 서적을 가까이하기를 권한다. 상담심리이론은 미술치료 계획 수립에 있어서 아주 중요한 역할을 한다. 자격증 취득 과정에서, 그리고 학위 졸업 과정에서 이론들을 달달 외었겠지만, 현장 경험 6개월 차에, 1년 차에, 또 3년 차에 다시 읽어보는 이론들은 다르게 다가온다. 생텍쥐페리의『어린 왕자』를 어렸을 때, 대학생 때, 나이가 들어서 읽었을 때 모두 다르게 다가오는 것과 같다. 인생의 경험과 연차에 따라 소설이 다르게 다가오듯, 미술치료 경험에 따라 전공 서적은 다른 부분이 더 중요하게 읽히고 이해된다.

1. 실무능력 향상을 위한 노력

처음 실습을 시작하면 예상치 못한 돌발상황들을 만날 수도 있고 내담자의 작품에 피드백을 주는 것이 어려울 수도 있다. 시작과 디렉션까지는 집에서 대본도 쓰고 준비할 수 있지만 내담자의 작품과 이야기는 그 자리에서 탄생하기 때문이다. 또한 열심히 공부한 이론이 현장에서는 어디에 사용된다는 것인지, 이론과 실제 사이에서 혼돈을 겪기도 한다.

실무 능력은 임상 시간이 쌓이며 향상되는 부분도 있지만, 지속적으로 외부 자원들을 가져와 사용할 수도 있고, 자신이 스스로 연구해서 단단하게 쌓아갈 수도 있다. 당장은 임상시간에만 열심히 하는 것과 임상시간 외에 추가적으로 다양하게 역량을 강화하는 것이 큰 차이를 보이지 않겠지만, 이 시간이 쌓이면 미술치료를 이해하는 깊이가 아주 큰 폭으로 달라짐을 경험하게 될 것이다.

지속적인 이론과 기술의 학습

"미술치료사가 되려면 자격증만 있어도 되나요?", "대학원은 필수인가요?" 이 질문은 미술치료 분야에 최소 몇 년 이상 계신 분들이라면 들어봤을 법한 질문이라 생각된다. 정확히 답이 정해진 분야가 있겠냐마는 미술치료 분야는 하나의 정해진 루트로 설명되기 여전히 어렵다. 자격증 없이도, 대학원 졸업장 없이도 미술치료사로 활동 가능하다. 지역마다 미술치료사에 대한 수요도 다르고, 미술치료 학부를 졸업하고 바로 취업한 미술치료사는 대학원에 갈 필요가 없기도 하다(사실 이분들이 대학원에 진학하여 미술치료학 개론부터 배울 필요도 없다). 미술치료사는 다양한 루트를 통해 취업되고, 자격증과 대학원 졸업장은 '있으면 기회가 많은 것'이지 필수는 아니다.

이런 상황이다 보니, 미술치료사로 근무하고 있으면서도 무언가 더 채우려는 니즈가 다른 분야보다 더 많은 곳이란 생각도 든다. 자격증만을 보유하고 있는 미술치료사가 대학원 과정에 진학하거나, 그 반대의 경우는 흔히 볼 수 있다 새로운 교육을 통해 다양한 교수진과 실무 운영자들로부터 이론적 · 기술적 측면을 배우게 되며, 이를 활용하는 방법들도 익힐 수 있다. 또는 임상심리사, 청소년 상담사 등의 추가적인 자격증 공부를 통해 지식을 탄탄하게 익히기도 한다. 미술치료를 공부하는 분들이 자주 하시는 이야기 중 하나가 "공부를 해도 해도 끝이 없어요." 인데, 이는 학문적 갈증이 많은 분들이 뛰어드는 분야라는 뜻이기도 하고, 좋은 미술치료사로 성장하는 단일한 루트가 없기 때문이기도 하다.

자격증이나 대학원 졸업장을 모두 취득한 이후에도 공부할 것은 정말 많다. 필자가 미술치료를 처음 시작하며 논문을 찾아보려 했을 때는 국립중앙도서관에 방문해서 논문 복사본을 신청해야 했지만, 이제는 인터넷으로 전문정보를 쉽게 접할 수 있는 시대다. 모든 미술치료사가 연구자가 될 필요는 없다. 선배와 동료 미술치료사들이 연구한 것을 실무중심 미술치료사들은 자주 접하고 습득하면 된다. 공부를 하긴 해야하는데, 지금 내가 무엇을 봐야 할지 잘 모르겠다는 생각이 들 때는 도서관이나 서점에 가서 자신의 시점에서 참고할 만한 미술치료 도서를 3권 골라보고, 이 도서들이 자신에게 어떤 부분에서 도움이 될지 생각해 보는 것도 좋다.

연수 및 워크숍 프로그램을 통해 미술치료사는 다른 전문가들과 함께 자신의 기술을 공유하고, 이를 향상시키기 위한 전문적인 교육을 받을 수도 있다. 이제는 다양한 기관에서 웨비나(온라인 세미나)를 열어 더 많은 미술치료사들이 저렴한 가격에 연수에 참여할 수 있고, 이동거리의 부담도 적어졌다. 여러 학회에서 진행하는 학술대회, 사례발표, 전문가 워크숍 등이 있다면 찾아보고 필요한 부분이 있다면 참여할 수도 있다.

프로그램 및 매체 연구

미술치료사에게 있어서 프로그램과 매체는 무기와도 같다. 책이나 논문에 소개된 미술치료 프로그램은 이미 많기에 프로그램을 잘 선택하고 내담자에게 제공하면 된다. 그러나 기재된 프로그램은 특정 내담자에게 맞춤형으로 설계된 것이 아니며, 같은 진단명을 가진 내담자라 하더라도 개인에 따라 집중해야 할 부분은 현저하게 달라진다. 소속된 기관에서 요구하는 시간과 제공되는 매체에 따라 프로그램은 또다시 변형이 필요해진다.

미술치료사는 시중에 나와 있는 프로그램을 자신이 더 잘 다룰 수 있는 방식으로, 내담자에게 더 효율적인 방식으로 수정해서 사용하는 훈련을 해야 한다. 같은 프로그램이라 하더라도 내담자에 따라 인트로를 어떻게 달리 구성할 것인지, 색채 도구는 어떤 것을 사용하게 할지도 달라진다.

하나의 프로그램에 자신이 선호하는 상담심리 이론적 관점을 어떻게 접목시킬지 생각해 보고 새로운 프로그램 계획서를 세우는 것도 도움이 된다. 미술치료 커뮤니티나 함께 공부한 동료들과 지속적인 스터디를 여는 것도 방법이다. 새롭게 사용해본 매체나 프로그램을 소개하고 경험을 공유하는 것은 전문가로서의 성장을 도울 것이다. 매체의 물성이 중요한 상황이 아니라면 스터디가 힘을 얻기 위해서는 지속성이 가장 중요한데, 온라인 회의실을 이용한 학술교류는 시간과 공간의 제약을 줄일 수 있다.

<날 행복하게 해주는 생각들>

<인간관계 마인드맵>

하나의 미술 매체를 가지고 어떻게 다른 관점에서 접근할 수 있을지 생각해 보는 습관은 매체와 프로그램을 유연하게 다루는 데 큰 도움이 된다. 예를 들어, 다양한 색의 띠종이는 길고, 잘 말리고, 얇고, 선처럼 사용할 수 있는 특징들이 있다. 이를 종합하여 머릿속에서 뻗어 나오는 기분 좋은 생각들을 표현하는 프로그램을 구성할 수도

있고, 언제든지 잘라내고 더 견고히 만들 수도 있는 관계의 끈의 상징으로 사용할 수도 있다.

매체는 자신이 잘 활용할 수 있는 부분의 강점을 살리는 것이 좋다. 일부 미술대학 전공생들은 전문가의 재료와 미술치료의 재료를 지나치게 구분하려 하기도 한다. 자신이 이미 잘 다루는 재료가 있다 하더라도 '이건 전문 작업용 매체야.'라고 선을 긋는 것이다. 미술대학 졸업생의 경우, 학부의 세부전공에서 활용했던 매체 활용 중 미술치료에 적용하였을 때 효과적인 부분은 적극적으로 활용해도 괜찮다.

미술 전공자가 아니더라도 자신에게 익숙한 재료들을 미술치료에 접목할 수 있는 창의적인 방법을 자주 생각해 보기를 권한다. 아이 양육 경험이 있는 미술치료사라면 아이들이 사용하던 교구에서 힌트를 얻을 수도 있고, 바닷가나 산 등 자연물이 가까이에 있는 사람이라면 떨어진 나뭇잎이나 조개껍데기도 좋은 매체가 된다. 요리를 좋아하는 사람이라면 식재료를 사기 위해 마트에 갈 때 다양한 형태와 색의 식재료로부터 영감을 얻을 수도 있다. 휴지심이나 우유갑 같은 재활용품도 다양하게 활용 가능한 매체다. 하나의 매체를 다각도로 바라보고 응용해 보는 것, 직접 내담자가 사용할 도안을 그리고 만들어보는 것은 매체와 더 가깝고 친하게 지낼 수 있는 방법이다. 화방이나 문구점에서 미술용으로 판매하는 매체들도 대상에 따라 어떻게 다르게 제공할지 유연하게 생각해 볼 수 있다. 예를 들어 다음의 매체를 해당 내담자에게 제공할 때 어떤 방식이 좋을지 구상해보는 것이다. 이때 조금 더 구체적인 상황을 설정하고 접근하는 것은 더 면밀한 사용법을 예측하게 만들 수 있다.

OHP 필름과 유성매직

- 낯가림이 심한 7세 아동
- 소속된 회사의 팀원들로부터 소외감을 느끼는 30세 남성
- 자녀를 독립시킨 후 중년의 우울감을 호소하는 55세 여성

색종이

- 손의 소근육 운동이 필요한 뇌성마비 아동

- 연인의 외도로 상처 입은 30세 남성
- 삶의 의미를 잃어버린 60세 여성

종이컵

- 동생이 태어난 후 불안 수준이 높아진 5세 아동
- 직장 내 대인관계 스트레스로 인해 이직을 고민하는 28세 남성
- 강아지와 사별한 35세 여성

2. 미술치료사가 되려는 동기

미술치료 공부를 선택하고 미술치료사가 되려는 개인적 동기는 사람마다 다르다. 한 가지 동기 때문에 선택한 것도 아닐 것이고, 처음에 설정했던 동기들이 공부를 하고 내담자를 만나면서, 혹은 자신을 들여다보며 달라질 수도 있지만 핵심적인 동기는 분명 존재한다. 자신이 무엇을 위해 미술치료사의 길을 선택하려 했는지에 대해서 인지하고 있는 것은 중요하다. 미술치료사가 되려는 동기는 미술치료를 공부하고 진행해 나감에 있어서 지속적인 에너지원이 될 뿐만 아니라 추후 자신이 소진되거나 목적을 잃었다는 생각이 들 때 다시 목적지로 향해갈 수 있게 만드는 힘이 되어주기 때문이다.

이 욕구를 점검해 보기 위해 먼저 자신이 생각하는 '좋은 미술치료사'가 어떤 모습을 하고 있는지 스스로에게 묻는 것도 좋은 시작이다. 필자가 대학원생 1학기 차 학생들에게 내주는 과제 중 〈내가 미술치료실을 처음 방문해서 미술치료사와 만나 나의 이야기를 꺼내는 과정을 상상해 보고, 어떤 미술치료사의 모습을 기대하는지 구체적으로 묘사하기〉가 있다. 이 모습은 자신이 되고 싶은 미술치료사의 모습과도 연결되는 부분이다. 그리고 미술치료사라는 직업에 자신이 가지고 있는 어떤 이미지를 반영해 주기도 한다.

직업적 이미지

직업을 선택할 때 직업이 개인에게 주는 이미지는 아주 중요하다. 미술치료사라는 직업에서 느껴지는 긍정적인 이미지가 스스로에게 만족감을 준다고 생각되어 직업으로 선택될 수 있다. 또한 마음이 힘든 사람들을 돕는 직업이라는 시선에서 '좋은 일 한다'는 평가를 받을 것이라 기대할 수도 있다.

미술치료사는 미술치료 분야를 잘 모르는 사람들에게 신비로운 직업처럼 느껴질 수 있고, 미술과 심리라는 보편적으로 사람들에게 호감을 주는 두 분야가 합쳐져 있다는 점에서도 직업을 소개할 때 호기심을 불러일으킨다. 여성의 경우, 직업에서 느껴지는 여성스러운 이미지가 좋아 선택할 수도 있고, 어느 정도 나이가 들어 도전하는 경우, 베풀며 살 수 있을 것 같은 직업적 이미지에 매력을 느낄 수도 있다.

자신에게 '미술치료사'는 사회적으로 어떤 이미지라고 생각되는지 글로 적어보는 것도 좋은 시작점이다. 또한 개인적으로 가지는 미술치료사의 이미지도 있을 것이다. 지인 중에 미술치료를 하시는 분이 있거나, 상담을 받아본 경험이 있을 수도 있고, 미술에 대해 가지는 개인적 경험도 다를 것이다.

경제적 요인

일을 하고 나면 크든 작든 그에 따른 보상이 따른다. 그리고 그 보상의 수준이 자신에게 만족스럽다고 판단될 때 그 직업은 자신에게 추가적인 가치를 가진다. 처음 시작할 때는 임상 실습 시간을 채우거나 경력을 만들기 위해 일정 기간 동안에는 무급으로 프로그램을 진행하는 경우도 많다. 그러나 유급으로 전환될 경우, 미술치료사의 시급은(기관에 따라 다르지만) 시작점에서도 최저 시급보다는 더 높으며, 경력이 쌓이면서 기관과의 계약조건도 좋아진다. 일반적으로 비정규직 미술치료사의 경우 월급형태가 아니기에 〈미술치료사 : 기관〉의 비율을 계약상 설정한다(예를 들어 3 : 7, 4 : 6). 미술치료사의 경력에 따라 상담 비용의 35~70%가 미술치료사의 수익으로 측정될 수 있다. 학위과정을 마치고 어느 정도 경력이 쌓인 후 자신의 센터를 연다면 자유로운 수입 경로를 만들어 낼 수도 있다. 학술과 교육활동을 병행해 가면서 초보 미술치료사나 입문자를 대상으로 강의를 하거나, 학교, 도서관, 복지관, 사기관 등의 외부 출강을 통해 더 많은 수익을 창출할 수도 있다.

그러나 미술치료사가 경제적인 요인에 집착하게 되면, 자신의 가치관과 어긋나더라도 계약금액이 좋다면 수락할 수 있고, 상담을 종료해도 되는 시점에서 상담을 끌어가기도 하고, 내담자에게 추가적인 재료비를 부과하기도 하는 등 내담자의 심리적인 부담을 증가시킬 수 있다. 자신이 운영 가능한(하루에 몇 회, 일주일에 며칠)회기 수를 고려하지 않고 시급만을 고려하여 더 많은 내담자를 받을 경우, 상담자는 피로감을 느끼며 집중력이 떨어진 상담을 진행하게 될 것이다.

자신이 기대하는 미술치료사의 수익을 어느 정도는 생각해 보는 것도 중요하다. 미술치료사라는 직업이 멋져 보여서 석사에 이어 박사학위까지 수료했는데, 현장에서 생각보다 수익화가 되지 않는다며 써버린 지난 시간을 아까워 하는 미술치료사를 만난 적도 있다. 실무에 뛰어들면 현실적인 부분을 배제하긴 힘들다. 한 회기에 어느 정도를 예상하는지, 한 달 수입을 어느 정도를 예상하는지도 생각해 보고, 현장에서 일하는 선배 미술치료사들에게 현실적인 조언을 듣는 것도 좋다.

내담자를 연구하고 한 회기를 위해 적어야 하는 서류작업도 생각보다 많아지면 쓴 시간에 비해 수입은 적다고 생각될 수도 있다. 미술치료사의 업무량이 어느 정도일 거라 예상하고 있는지 확인해 보는 것도 권한다. 병원, 복지관, 학교, 개인미술치료실 등 기관형태에 따라 서류 작성량도 달라진다. 출근해서 회기 진행을 하고 퇴근하는 것이 아니라, 내담자를 위한 데스크 리서치, 매체와 프로그램 연구, 일지 작성, 성장을 위한 워크숍이나 세미나 등의 참여, 상담자가 변경되는 내담자를 위한 리퍼 보고서, 미술매체 정리와 구매, 미술치료실 청소 등 업무에 포함될 수 있는 요소는 많다.

미술치료는 일반적인 근무시간에만 진행되는 것도 아니다. 회사원들과 학생들은 퇴근, 하교 후에 미술치료실을 방문하고, 주말을 더 선호한다. 기관에 따라 다르지만 오후 10시에 마지막 상담이 끝나기도 하고, 주말은 오전 일찍부터도 상담이 잡힐 수 있다. 처음에는 열의가 넘쳐서 평일에도 꽉 채우고 주말에도 꽉 채워 상담을 잡을 수도 있지만, 장기간 지속하기는 쉽지 않을 것이다. 자신이 기대하는 미술치료사의 업무와 개인적 삶의 균형이 어떤 모습을 하고 있는지 생각해 보는 것도 중요하다.

존재 가치 확인

미술치료를 통해 자신이 누군가에게 도움을 주는 존재라는 것을 확인하고, 이를 통해 삶의 가치를 찾기도 한다. 내담자와의 좋은 신뢰관계를 쌓은 것, 창작활동에 몰입하고 카타르시스를 느끼는 것, 자신의 재능을 나눌 수 있음에 감사하는 것 등 다양한 상황을 통해 살아있음을 느낀다고 말하기도 한다. 경제적 보상이 돌아오지 않는 미술치료 봉사활동을 하면서도 만족하는 분들이 주로 여기에 해당한다. 다른 직업보다 감사하다는 이야기를 많이 들을 것이고, 누군가가 변화한다면 그 결과에 대해서 보람차고 만족될 것도 예상된다. 미술을 통해 내담자와 소통하고, 이를 통해 마음을 함께 다룸 그 자체가 자신의 존재가치를 확인하게 만들어주는 것이다.

내담자 중에는 기대했던 바와 같이 잘 따라와 주고, 자신을 가치 있게 느끼게 해주는 사람도 있지만, 적극적으로 상담에 임하지 않는 비자발적 내담자도 많다. 상담 의지가 낮은 내담자도 미술치료사를 지치게 만든다. 일부 기관에서는 치료적 개입보다는 미술활동이나 놀이 수준의 프로그램 진행을 요구하기도 한다. 다른 요인들이 동기부여가 되지 않고 가치만을 추구할 때, 이런 상황이 반복되면 미술치료사는 소진될 수 있다.

존재 가치를 확인하고 싶은 욕구가 지나치게 강해질 경우, 내담자로부터 승인받고 싶은 욕구가 함께 발현될 수 있다. 상담사가 자신의 욕구를 충족시키기 위해 내담자의 문제를 해결하기보다, 자신을 인정받기 위한 방법을 찾게 된다. 가치 있는 사람이 되고 싶은 욕구는 오히려 내담자와의 감정적 벽을 만들기도 한다. 내담자에게 완벽한 이미지로 보이고 싶고, 실수 없는 사람처럼 여겨지며, 자신을 존경해 주기를 바라는 마음이 인간적인 모습을 감춰 버리는 것이다.

자신이 가진 인정의 욕구가 미술치료실에서 어떻게 작용될지 생각해 보기 위해 살면서 인정받았던 상황 중 기억이 나는 장면들을 떠올려 보는 것도 도움이 된다. 별로 떠오르지 않는다면 '감사합니다'라는 말을 들었던 상황을 생각해 보는 것도 방법이다. 그런 인정이 자신을 어떤 방식으로 성장시켰는지, 혹은 그 행동을 강화했는지도 떠오를 것이다. 어떤 사람들은 인정받은 기억이 많이 없어서 감사의 인사를 많이 듣는 직업을 선택하기도 한다.

자신이 무엇을 통해 살아있음을 느끼는지 확인해 보는 것도 좋다. '살아있음'을 느끼게 하는 것은 삶의 목표이자 지속해야 하는 부분이고, 이것이 직업을 통해 느껴질 수 있다면 직업적 만족도는 상당히 높아질 것이다. 미술치료를 공부하면서 기대되는 가치감이 자신의 가치들과 어떻게 맞닿아 있는지, 미술치료를 통해 스스로 가치감을 느끼기 위해 자신에게는 무엇이 충족되어야 하는지도 살펴보기를 권한다.

다양한 욕구 충족의 수단

미술치료 공부를 막 시작하는 사람들에게 미술치료에 입문하게 된 이유를 물을 경우, "이전부터 미술도 좋아했고 심리학도 좋아했어요. 그래서 그 중간 접점인 미술치료에 흥미를 가지게 되었어요."라는 대답을 자주 들을 수 있다. 자신이 공부하고 싶던 분야였기에 학문적 갈증을 채우고 싶은 욕구를 위해 미술치료 공부를 시작할 수 있다. 미대를 졸업했는데, 전업작가로서의 진로는 어렵다고 판단되었을 경우, 혹은 미술을 좋아했지만 제대로 공부할 여건이 되지 않았을 경우, 미술 분야에 머물고 싶다는 욕구를 위해 미술치료를 선택할 수도 있다. 또한 심리치료 분야 공부는 자신의 마음과 가치관, 성격 등에 대해 더 잘 알게 만들어 주기에 자기이해의 욕구를 충족하기 위해 미술치료를 공부할 수도 있다.

누군가를 좋은 방향으로 변화시키고 싶다는 욕구가 큰 사람도 있다. 이 욕구가 지나치게 발현되었을 때 메시아 증후군을 겪기도 한다. 메시아 증후군은 한 개인이 다른 사람에게 구세주가 될 것이라는 신념을 안은 마음상태를 의미한다. 또는 지금 자신이 공부하거나 일하는 분야(예를 들어, 심리치료, 사회복지, 미술교육, 교구 제작, 강연 등)와 접목하여 지금의 전문성을 키우고 싶은 욕구를 위해 미술치료를 공부할 수 있다. 다양한 욕구가 미술치료를 공부하도록 만들었을 것이다. 이런 욕구들은 미술치료를 지속하게 만드는 원동력이 될 수 있지만, 욕구에 지나치게 집착하게 되면, 상담의 질과 효과에 다양한 부정적 영향을 미칠 수 있기에 자신이 가진 어떤 욕구가 상담현장에서 부적절하게 사용될 수 있을지, 만날 수 있는 상황들을 몇 가지 생각해 보고 그 대처방법도 함께 준비하는 것도 방법이다.

평소에 누군가를 바꾸려는 시도를 자주 하는 편인지, 조언이나 충고를 하는 것을 즐기는 편인지도 확인해 보자. 누군가를 변화시키려는 욕구는 내담자에게도 적용될 가능성이 있다. 긍정적 방식의 변화가 아닌 미술치료사 자신을 위한 변화의 강요가 될 수도 있기 때문이다. 반대로 누군가에게 받았던 좋았던 도움의 기억을 떠올려 보는 것도 욕구탐색을 위해 추천한다.

상담자가 내담자를 좋은 방향으로 바꾸고자 하는 욕구에 지배당할 경우, 내담자에게 부적절한 조언을 할 수도 있다. 내담자에게 준비되지 않은 직면을 하게 할 수도 있고, 과도한 그림의 해석을 통해 권위자가 된 느낌을 받을 수도 있으며, 눈에 띄는 변화를 종용하게 될 수도 있다.

일부 미술치료사는 그럴싸한 결과물에 집착한다. 자신이 진행한 미술치료를 통해 영혼을 울리는 것만 같은 미술작품이 탄생하면 스스로를 유능하다 생각하는 것이다. 인터넷이나 책에서 보아왔던 감정적인 무언가가 폭발하거나 흘러내리는 듯한 작품을 보고 싶어서 내담자에게 창작 방향을 지시하거나 지나친 개입을 할 수도 있다. 결과물은 많은 것을 이야기해주지만 결코 미술치료사의 심미성을 충족시키기 위해 완성되어서는 안 된다.

준비한 프로그램을 내담자가 원치 않을 수도 있다. 오늘 어떤 프로그램을 진행할지는(자유화를 제외하고는) 미리 정해진다. 프로젝트성으로 진행되는 경우에는 적게는 1회기에서 길게는 1년간의 프로그램 계획서를 미리 작성하여 보고하기도 하고, 그렇지 않은 경우에는 내담자들에게 다음 주에 다룰 프로그램을 간단히 예고하기도 한다. 초보 미술치료사들은 실수를 줄이고자 미리 리허설을 해보기도 하고, 자신이 샘플작업을 만들어 가져가기도 한다. 그렇게 정성 들여 준비한 프로그램이 내담자에게 적합하지 않거나, 매체와 내담자가 상성이 좋지 않다 하더라도 준비한 시간과 수고로움이 생각나면 내담자의 불편함을 눈감을 수도 있다. 투자한 시간이 아깝다는 생각이 든다면 그것은 '매몰비용의 오류'이며, 내담자의 편의를 고려해 가능하다면 프로그램과 매체는 변경할 수 있어야 한다. 매몰비용의 오류는 미래에 발생할 효용이 크지 않음에도 불구하고 과거에 투자한 비용이 아까워서 하게 되는 일련의 행동들을 통칭하는 용어다.

3. 심리적 경계 유지

'친구 같은 미술치료사', '엄마 같은 미술치료사' 이런 말은 참 따듯하고 정겹게 느껴진다. 그런데 이 말은 친구 같으니까 서로 이름 부르고 밖에서 함께 쇼핑하고, 엄마 같으니까 모든 것을 마르지 않는 샘처럼 퍼붓는다는 의미가 아니다.

부모의 양육 태도를 다양한 매체에서 다루면서 '친구 같은 부모'가 좋은 부모의 모습인 것처럼 비춰지던 때가 있었다. 이 단어는 긍정의 의미를 담고 있지만 한편으로는 위험요소가 있다. 부모의 권위와 의무를 놓아버리기에 좋은 도피처가 될 수 있기 때문이다. 이때 부모님들께는 "어떤 친구가 되고 싶으신가요?"라고 물으며 구체적으로 부모상을 다시 잡기를 권했다. 어떤 친구는 나를 괴롭히고, 어떤 친구는 나에게 화를 내고, 어떤 친구는 나에게 거짓말을 한다.

미술치료사와 내담자의 관계 역시 분명한 경계가 필요하다. 이 경계의 설정에 오류를 범했을 때, 미술치료사는 이제 어떻게 해야 할지 모르는 곤란한 상황에 빠질 수 있다.

일반적으로 심리치료 도서에서 사용되는 심리적 경계(boundary)라는 말을 '저 사람을 경계해야 해'라고 말할 때 쓰이는 단어로 받아들이면 마치 내담자가 자신을 공격할 것 같으니 예의주시하라는 말처럼 느껴질 수 있다. 미술치료사와 내담자의 심리적 경계는 심리적 '선'이라는 말로 이해하면 더 쉬울 것이다. 미술치료사와 내담자 사이에서 중요한 것은 격식이 아니다. 그러나 격식이 지나치게 사라진 상담은 관계 형성에 있어서 상당한 문제가 될 수 있다.

호칭

필자가 20대 중반에 미술치료사로 일할 때 초등학교 5학년 아이를 내담자로 만났을 때였다. 아이는 필자를 보더니 "쌤 대학생이에요? 언니라고 불러도 돼요?"라고 물었다. 내담자가 상담자와 인간적으로 가까워지려는 욕구는 인정할 수 있으나, 한국문화에서의 호칭은 중요한 선의 역할을 한다. 아이에게 "언니라고 부르면서 선생님과 더 가까워지고 싶은 마음이 있나 보구나. 이렇게 부르면 어떤 부분이 너에게 좋을 것 같아?"라고 물으며 아이의 마음을 다루었지만 호칭을 바꾸지는 않도록 했다.

박사과정 수업 중 〈미학〉 수업을 들을 때였다. 담당 교수였던 데이비드 구삭 교수님께서 필자가 계속 '구삭 교수님(Professor Gussak)'이라고 부르자 수업시간에 "그냥 나를 데이브라고 불러도 돼. 다들 그렇게 부르잖아."라고 말한 적이 있었다. 교수님을 이름으로, 그것도 애칭으로 부르는 것은 한국 문화권에서 불가능에 가까운 일이었기에 나에게는 어려운 일이라고 설명했다. 교수님은 오히려 자신이 한국문화를 알지 못했음에 미안하다고 말하며, 한국에서는 그럼 미술치료사의 이름이 아니라 성을 부르는지에 대해 질문했다. 내담자는 미술치료사의 이름도, 성도 아닌 '선생님(teacher)'이라고 부른다는 말에 강의실에 있던 전체 학생들과 교수님이 모두 눈이 휘둥그레졌던 기억이 난다. 모두가 알다시피 영어권의 teacher와 우리가 쓰는 선생님의 의미는 다르다. 하나의 존칭이자 역할을 구분 짓는 의미다. 미술치료에서 수평적 파트너십을 유지하지만 미술치료를 이끌어가는 서비스 제공자로서의 '선생님'은 내담자와 미술치료사의 첫 번째 심리적 선을 만들어준다.

미술치료사가 내담자를 부를 때, 내담자의 이름 뒤에 '님'을 붙이는 것이 일반적이다. 특정 내담자의 이름을 기억하고 불러주는 것은 치료 현장에서 유대관계를 단단하게 만들어주는 역할을 한다. 특정 단어를 닉네임으로 설정한 경우에도 그 닉네임 뒤에 '님'을 붙여 그 사람의 고유성을 강조한다. 그렇기에 집단을 시작하면 맨 처음 이름이나 닉네임을 소개하여 서로에게 서로를 각인시킨다. 대형 워크숍을 제외하고, 집단원의 이름을 소개받았다면 어떤 방식으로든 그 사람의 이름을 기억하고 불러주는 것은 미술치료사의 의무다. 외어지지 않는다면 이름표를 만들 수도 있고, 어떤 기관에서는 미술치료사를 포함하여 모든 참여자에게 매번 명찰을 목에 걸도록 제공하기도 한다. 이름을 잊어 "이쪽 분께서는…"이라고 말하는 실수를 줄이기 위해서일 것이다.

내담자에게 "선생님께서도 그리신 그림 소개해 주시겠어요?"라고 말하며 호칭을 오용하는 실습생도 있다. 내담자의 이름을 까먹어서일 수도 있고, 일상적인 습관일 수도 있지만, 특별한 경우가 아니면 '서로' 선생님이라 부르는 모습은 조금 우스꽝스럽다. 일부 기관에서는 내담자가 일상적인 존경을 받을 기회가 많이 없다는 이유로 선생님이라는 호칭을 정해주기도 하는데(기초수급 대상자 등), 기관에서 설정한 특수한 경우가 아니라면 이 호칭은 피한다.

심리적 거리감 유지하기

내담자와 미술치료사의 심리적 선이 너무 밀착되었을 경우 그 경계를 넘나들기 쉽다. 어떤 미술치료사는 내담자를 지나치게 양육적으로 다루려 한다. 내담자에 대한 지나친 동정이 그 역할을 하기도 하고, 여기 아니면 온전히 수용받을 경험이 없다는 생각 때문이기도 하다. 어떤 미술치료사는 내담자가 분노하거나 자신을 미워하는 것을 피하기 위해 지나치게 친절하고 온화하다. 이럴 경우 상담은 피상적이 되고 중요한 이야기에 접근하기 어려워진다.

반면에 어떤 미술치료사는 권위를 위해 내담자와 인간적으로 가까워지는 것을 지나치게 회피하고, 미술치료사–내담자의 수직관계를 유지하려고 한다. 경계가 중요한 것은 미술치료사가 존경받기 위함이 아니라 내담자를 보호하기 위함인데, 문제는 어떻게 이 태도를 유지하느냐에 따라 내담자는 상처받기도 한다는 것이다. 지나친 거리감은 비자발적 내담자나 상담 의지가 낮은 내담자를 더 멀어지게 만들 수 있다. 내담자는 미술치료에 오기가 싫어지고, 미술치료사는 상담이 재미없다고 느껴질 것이다.

중립적 가치관 유지하기

<나의 상징물>

조언하기 좋아하는 미술치료사는 자신의 가치관을 내담자에게 쏟아붓는 실수를 하기도 한다. 〈나의 상징물〉을 만든 30대 초반 여성 내담자는 자신을 컬러 똥과 빨대로 표현했는데, '컬러 똥'은 겉으로는 멀쩡한 대학도 나오고 취업도 했지만 심리적으로 텅 비기만 한 예쁜 쓰레기 같은 자신의 모습이며, 빨대는 나이가 들었음에도 여전히 부모님의 등에 빨대를 꽂고 빨아먹고 있는 한심한 자신의 모습이라 설명했다. 이때 필요한 것은 내담자에게 결혼의 의미가 무엇인지를 확인하고, 독립할 수 있는 경제적 조건을 갖췄음에도 부모님과 함께 지내는 양가적 감정을 다루는 것이다. 그런데, 누군가는 이렇게 말하고 싶을 수도 있다. "에이~ 아니에요. 서른 초반이면 한참 젊죠. 그리고 뭐 요새 결혼이 필순가요? 인연은 언젠간 나타날 거예요." 이 문장에는 내담자의 마음이 아닌 미술치료사의 가치관이 덕지덕지 묻어있다. 심리적 선을 내담자 쪽으로 마구 밀고 들어가 버린 것이다.

역전이 주의하기

미술치료사가 내담자에게 공감하고 내담자를 최대한 이해하려 노력하는 것은 좋은 태도이나, 내담자에게 지나치게 동일시할 경우, 객관성을 잃고 중심을 잃어버릴 수 있다. 내담자에게서 자신을 발견하며 감정의 구분도 어려워지는 것이다.

일부 서적에서는 전이는 상담에 좋은 것이고, 역전이는 상담에 나쁜 것이라 적혀있다. 그러나 무조건적인 좋음과 나쁨은 없다. 전이가 지나칠 경우, 내담자는 상담자에게 지나치게 의존할 수도 있다. 그리고 상담자가 조절 가능한 일부 역전이는 내담자로 하여금 상담자가 진심으로 자신을 아낀다는 느낌을 받게 할 수도 있으며, 감정을 활용하여 내담자에게 진실되게 다가갈 수도 있다. 그러나 많은 전문가가 입을 모아 이야기하듯 역전이는 단점이 훨씬 많다. 감정이 왜곡되고 미술치료사가 내담자와의 심리적 선을 단숨에 넘어버리기도 한다. 순종적이고 헌신적인 내담자가 남편으로부터의 학대와 갈등을 이야기할 때, 그렇게 지내왔던 상담자의 어머니가 겹쳐보이면서 내담자를 답답해하고 짜증을 낼 수 있다. 정치색이 짙은 내담자가 북한에 대해 지나치게 불쾌한 발언을 할 때, 탈북민 아버지가 있는 미술치료사는 아버지 생각에 기분이 언짢아질 수도 있다. 이런 감정은 어찌 보면 자연스러운 것이고, 미술치료사가 성숙해진다 하더라도 여전히 비슷한 감정을 느낄 수 있다. 중요한 것은 이런 불편한 감정이 상담현장에서 어떤 역할을 하는지를 아는 것이다. 또한 내담자에게 불편한 감정이 느껴지는 것 역시 모두 역전이는 아니다. 미술치료사는 다양한 이유로 내담자에게 불편함을 느낄 것이고, 이 중 자신이 조절 가능한 부분과 조절 가능하지 않은 부분을 구분하는 것이 사실 더 중요하다. 내담자에게 늘 이야기하듯, 외부적인 부분은 우리의 권위 안에 없지만, 내부적인 부분은 우리의 권위 안에 있다. 미술치료사의 불편함이 자신 안에 있다고 판단된다면, 이제 다루는 것은 미술치료사 자신의 몫이 된다.

적절한 자기개방

미술치료사는 내담자의 경험을 정상적인 것으로 간주하기 위해, 시범을 보이기 위해, 상담 동맹 관계를 강화하기 위해, 현실을 알려주기 위해, 대안적 방법으로 생각하거나 행동하도록 돕기 위해 자기개방을 고려할 수 있다. 내담자들이 자신만의 문제라 생각하고 고민하고 있을 때, 상담자와 심리적 벽을 느끼고 있을 때 자기개방은 효율적이다. 또한 미술치료에서는 프로그램에 대한 이해를 돕기 위한 자기개방도 쉽게 찾아볼 수 있다.

<사전 작업한 작품으로 자기개방 중인 미술치료사>

〈청춘은 바로 지금〉 프로그램을 진행한 미술치료사는 청춘에 대한 개념을 어려워하는 내담자를 위해 자신이 먼저 생각한 청춘 작업물 공유하고 있다.

"사전에서는 청춘을 10대에서 20대에 걸친 시기라고 정의하고 있지만, 저는 지금 공부하는 분야에 대한 열정이 바로 청춘의 모습이라고 생각했습니다. 그래서 지금 대학원에서 미술치료를 배우며 고민하는 저의 모습을 이렇게 표현했어요. 나침반은….(중략)…"

이 프로그램에서는 청바지를 잘라서 패널에 작업한다는 다소 생소한 개념이 포함되었다. 이를 어렵게 생각하는 내담자들을 위해 자신이 청바지를 자르고 붙인 방법도 함께 설명하는 중이다.

미술치료사는 자기개방을 왜 하는지 목적을 잃으면 안 된다 지나친 자기개방은 내담자와의 심리적 선을 크게 넘어가 버릴 수 있다. 자신의 이야기를 꺼내다 보니 재미있고, 또 누군가가 경청해주니 짧게 말하려고 했는데 끝도 없이 본인 이야기를 하는 경우도 있다. 예전에 만났던 한 내담자는 과거 상담을 한번 받았던 적이 있었는데, 상담자가 30분 동안 본인 얘기만 해서 '내가 왜 내 돈 주고 저 사람 얘기를 듣고 있지?'라는 실망감이 있었다고 설명했다. 자기개방을 할 때 주제는 내담자의 경험으로부터 옮겨져서도 안 되고, 회기의 흐름을 방해하거나, 내담자에게 부담을 주거나, 상담 경계선이 불분명해지거나, 전문성을 해치는 자기개방도 지양해야 한다. 내담자가 자신의 이야기를 들으며 어떤 반응을 보이고, 어떻게 받아들이고 있는지 면밀히 살피면 상당 부분 해결될 부분이다.

내담자가 자기개방에 어떻게 반응하는지 관찰한다 해도 정보가 모두 수집되지 않을 수 있다. 이럴 경우, "제가 방금 제 이야기를 조금 꺼내 보았는데요, 들으시면서 어떤 생각이 드셨는지 궁금하네요."라고 물을 수도 있다. 적절한 자기개방은 내담자와 미술치료사의 관계에 긍정적 영향을 미칠 것이고, 미술치료 프로그램에 대한 이해도를 높이는 역할을 한다. 물론 자기개방이 상담의 필수사항은 아니며, 어떤 미술치료현장에서는 자기개방 없이 필요한 절차만 밟기도 하며, 교육자에 따라 자기개방의 정도를 모르겠으면 하지 않는 게 낫다고 설명하기도 한다. 필자도 이 말에 어느정도는 동의한다. 기준을 잘 모르겠으면 안하는게 나을 수도 있다. 그러나 미술치료사가 적절한 시기에 간결하게 자기개방을 하는 기술을 익히고 있다면 필요한 시기에 내담자와의 상담 관계를 적절한 선을 유지하면서 한 단계 견고히 만들 수 있을 것이다.

4. 슈퍼비전

미술치료사는 자신만의 도그마에 갇히지 않기 위해, 어려움을 만났을 때 해결하기 위해, 또는 더 나은 성장을 위해 슈퍼비전을 받게 된다. 슈퍼비전은 정신건강 서비스를 제공하는 전문가가 되기 위해 내담자의 치료과정과 자신의 가치관, 신념 등을 점검하고 검토하는 과정이다. 석사학위를 취득하기 위해서는 슈퍼비전 과정을 필연적으로 거치게 되지만, 졸업 이후에 현장에서 일하며 만난 어려운 내담자 혹은 다루기 어려운 자신의 감정은 개인적으로 신청한 슈퍼비전을 통해 자문을 구하게 된다. 석사학위나 박사학위가 있고, 현장에서 오랜 시간 일한 전문가도 슈퍼비전을 받는다. 슈퍼비전은 자신의 실력없음을 인정하는 시간이 아니라, 미술치료사의 전문성을 지속적으로 성장시키는 중요한 시간이다.

슈퍼비전의 역할

슈퍼비전을 받는 슈퍼바이지(supervisee)가 미술치료사로서 성장하고 발달하는 것이 슈퍼비전의 첫 번째 목표다. 그러나 그보다 더 중요한 것은 내담자의 복지다. 내담자의 복지보다 더 중요한 것은 현장에 없다. 슈퍼비전을 통해 슈퍼바이지는 자신을 검토할 수 있고, 검토된 내용들을 동료들과 공유하며 함께 성장할 수도 있다. 스스로 계속 점검하는 것은 독립된 전문가로서의 목표에 한 발짝 다가갈 수 있도록 역량을 강화해 줄 것이다(Haynes, Corey & Moulton, 2003).

슈퍼바이저는 슈퍼바이지에게 자문과 조언을 제공하는 역할을 하지만, 이 둘은 서로 지지적으로 관대한 관계를 형성한다. 대부분의 슈퍼바이지들은 슈퍼바이저의 말을 맹목적으로 수렴하고 적용하려는 태도를 보이지만, 슈퍼바이지가 현장에서 내담자를 직접 만나고 경험하는 시간을 슈퍼바이저가 동등하게 경험할 수 없음은 명백하다. 그렇기에 수평적 관계의 유지를 하는 것은 슈퍼바이저 스스로가 경각해야 할 부분이기도 하다.

슈퍼바이지가 정서적 혼란스러움, 역전이, 상담에서의 기술적 문제에 봉착했을 때, 슈퍼바이저는 슈퍼바이지가 이를 수용하고, 변화를 위해 움직이기 위한 전문적 개입을 해주어야 한다. 그러기 위해서는 슈퍼바이저는 임상 현장에서의 살아있는 경험을 지속해야 한다.

슈퍼비전의 윤리적 문제

슈퍼비전의 기본적인 틀은 정신건강 관련 분야의 슈퍼비전과 주로 유사한 양상을 보이지만, 미술치료에서의 매개체에 대한 다양한 개인적 철학은 슈퍼비전에 있어서 독특성을 지니게 된다. 슈퍼바이저의 개인적 미술치료철학이 미술매체 중심일 수도, 표현과 창작을 통한 승화일 수도, 분석적 접근과 정신역동일 수도 있다. 슈퍼바이저의 교육배경과 개인적 미술치료 경험이 만들어낸 미술치료 철학은 슈퍼바이저에게 개인화된 것이기에, 이러한 가치관을 슈퍼바이지에게 강요하고 있는 것은 아닌지 점검하는 것도 중요할 것이다. 또한 슈퍼바이지도 무조건적으로 수렴하기보다는 자신의 현장에 적용해가며 비판적 시각으로 그 내용을 적용해야 한다.

슈퍼비전에서 자주 다루어지는 문제점

슈퍼바이지들은 다양한 이유로 슈퍼바이저를 찾는다. 스스로 전문적이지 못하거나 윤리적이지 못하다고 느낄 때 내담자의 문제와 나의 삶의 문제가 맞닿을 때, 자신의 치료적 개입이 도움이 되지 않는다고 느낄 때, 내담자가 미워질 때 등 다양하다. 자격증을 취득하거나 대학원 과정을 밟은 후 반복되는 문제들을 느낀다면, 직업적 지속성과 전문성을 위해 슈퍼비전을 고려해 보아야 할 것이다. 다음은 슈퍼비전에서 주로 다루어지는 주제들의 예시다. 이곳에는 다양한 사례들을 함께 실었는데, 함께 읽어 나가며 각자의 생각을 정리해 보거나 동료들과 토론해 보는 것도 추천한다.

개인적 고통

미술치료사는 완벽한 사람이 아니며, 더욱이 개인의 심리교육을 통해 많은 문제점들이 해결된 미술치료사라 하더라도 살아가는 과정에서 지속적인 문제들이 발생한다. 그 문제들이 내담자와의 상담에 영향을 미치는 경우, 혹은 이렇게 불안정한 내가 누군가를 치료하는 것이 괜찮을까라고 생각하는 경우, 슈퍼바이지들은 슈퍼바이저를 찾는다.

사례

우울증에서 회복되는 과정에 있는 진화 씨는 미술치료를 받으며 회복된 경험을 다른 사람들과도 나누고 싶어 미술치료 공부를 시작했다. 그런데 내담자와 만나 임상실습을 하는 과정에서 '약을 많이 줄이긴 했지만, 여전히 우울증 약을 먹고 있는 내가 누굴 만나 치유할 자격이 되나?'라는 생각을 했다. 진화 씨는 이 마음을 어떻게 다루어야 할까.

사례

대학원 석사과정을 마치고 가정센터에서 일한 지 1년이 되어가는 은지 씨는 얼마 전, 어머니가 아버지의 폭력으로 인해 넘어지면서 한쪽 다리가 부러졌다는 소식을 들었고 이에 심하게 분노하고 있었다. 은지 씨가 만나고 있는 내담자는 남편의 폭력을 견디며 살아가고 있는 60대 초반의 여성 내담자였다. 은지 씨가 이 상담을 계속 하는 것은 괜찮을까.

고립된 미술치료사

미술치료를 공부하는 자격증 과정이나 대학원 과정 중에 있을 때에는 미술치료를 공부하는 다른 사람들과 계속 연결되어있는 상황에 놓이게 된다. 그러나 수업을 마치고 현장에 투입되면서 다른 미술치료사와 단절된 상태로 미술치료 회기 진행만 하는 미술치료사들도 많다.

사례

소극적이고 내향적인 성향의 미술치료사 은혜 씨는 미술치료사로 두 군데의 센터에서 근무 중이다. 한 곳은 토요일 오전 9시부터 오후 4시까지 중간에 점심시간을 제외하고 7세션을 진행하는 아동발달센터이고, 한 곳은 화, 수, 목 출근하여 예약된 환자들과 미술치료를 다루는 개인정신건강의학과 부설 심리치료센터에 소속된 미술치료실이다. 은혜 씨는 일주일에 약 22세션을 다루고 있는데, 기관에는 은혜 씨의 미술치료가 어떻게 진행되는지 살펴보는 사람도 없고, 자율적으로 출근을 하고 퇴근을 하며 미술치료를 매번 진행 중이다. 은혜 씨는 대학원과 자격증 과정에서, 그리고 책에서 배운 프로그램을 응용하여 계속 진행을 하는데 '내가 지금 잘 하고 있나?'라는 생각이 든다. 그러나 졸업 후 딱히 연락한 적도 없는 동기들에게 연락하기도 불편하고, 그렇다고 딱히 미술치료를 진행하는 데 있어서 불편하거나 내담자가 불만을 이야기하지도 않는다. 은혜 씨는 이 애매한 감정을 어떻게 다루어야 할까.

부재된 창작활동

미술치료를 공부하기 시작한 계기가 평소에 미술을 좋아해서일 수도 있고, 자신의 창작활동에 미술치료적 이론과 내용을 녹여내고 싶어서일 수도 있다. 이런 수련생들은 미술적 배경이 없는 수련생들보다 창작활동에 더 익숙하며 창작작업을 통해 다양한 심리적 해소를 경험했을 것이다. 미술치료사가 미술매체와 정서적 소통을 하는 경험은 내담자에게 그 힘을 설명할 수 있는 기반이 되기에 분명 지속되어야 한다. 그러나 자격증이나 기타 공부를 해야 하기에, 과제를 해야 하기에, 실습을 해야 하기에, 생계를 유지해야 하기에, 가족을 챙겨야 하기에, 체력이 없어서 등 다양한 이유로 점점 창작활동과 멀어지기도 한다.

사례

미술치료 대학원에 재학 중인 효정 씨는 입학 전까지 미대를 졸업 후 소수의 개인전과 다수의 그룹전에 참여하며 활발히 창작활동을 하던 작가였다. 그녀는 자신의 작품을 통해 느낀 치유적 경험을 다른 사람들에게 전달하려는 목적으로 대학원에 진학했다. 그러나 읽어야 할 페이퍼가 너무 많고, 일주일에 3과목의 과제도 벅찼으며, 평일 낮시간을 할애해야 하는 실습의 준비와 일지작성도 버거운 업무가 되고 있었다. 효정 씨는 개인작업을 그만둔 지 6개월 가까이 되고 있었다. 창작활동을 통한 개인적 성장에 매력을 느껴 시작한 미술치료였는데, 정작 효정 씨의 개인활동을 할 여유가 없었다. 지금과 같은 상황에서 효정 씨는 어떤 선택을 해야 할까.

재정적 문제

미술치료사를 직업으로 선택하려는 많은 사람들은 다른 사람들에게 도움이 되고 싶은 목적으로 미술치료를 시작한다. 그러나 사설기관에서 일할 경우, 내담자가 돈을 지불하고 미술치료에 참여하는 부담감이 생기며, 경제적 문제는 미술치료의 지속 여부를 결정하게 된다.

사례

청소년 우울증 문제를 주로 다루고 있는 미술치료실에서 근무하는 여정 씨는 5개월 전 자해와 우울증으로 의뢰되었던 고2 여학생 한 명이 갑자기 미술치료를 그만둔다는 연락을 받았다. 이유를 물으니, 아버지 사업에 문제가 생겨 1회에 6만 원의 미술치료 비용을 지불하기가 어렵다고 했다. 여정 씨는 내담자가 조금만 더 상담을 지속하면 지금의 문제로부터 회복될 수 있을 것이라 생각하여 안타까운 마음이 들었다. 여정 씨는 어떤 선택을 해야 할까.

사례

은아 씨는 가족상담 및 부부상담을 주로 하고 있는 미술치료센터에서 근무 중인 미술치료사이다. 어느 날 부부상담을 받던 아내가 경제적으로 부부상담비가 부담이 되어 지불이 어렵다는 이야기를 했다. 그러나 부부관계를 개선해서 다시 잘 살아보고 싶은 마음이 있기에 대신 자신이 운영하는 피부관리실의 이용권과 바꾸자는 제안을 했다. 부부 미술치료 1회 비용은 10만 원이지만, 피부관리 티켓은 15만 원짜리를 주겠다고 한다. 은아 씨 역시 피부관리에 관심은 있었으나 비용적 문제 때문에 가기를 망설이고 있는 상황이었고, 내담자 부부가 다시 회복되기를 바라는 마음도 있었다. 은아 씨는 어떤 선택을 해야 할까.

미술치료의 전문성

전문성을 나타낼 수 있는 지표는 다양하다. 미술치료사의 매체에 대한 능숙함, 내담자의 문제 발견, 프로그램의 운영, 치료적 개입과 상담기술 등이 이에 해당할 수 있다. 미술치료사로 일하면서 한계에 부딪히거나 내담자가 호전되지 않는다고 느껴지는 경우, 슈퍼바이지들은 슈퍼바이저를 찾는다.

사례

서울시의 한 가정지원센터에 소속된 민주 씨는 미술치료와 인지행동치료를 접목한 인지행동미술치료에 깊이 동의하고 있다. 가정지원센터에 오는 내담자들은 특정 이슈로 종합되는 것이 아니라, 일상 전반에 걸친 다양한 문제로 센터를 방문하며, 인지행동적 접근으로 많은 내담자들이 새로운 관점으로 자신의 신념을 수정해나갔다. 그런데 3주 전부터 다니기 시작한 한 내담자는 신념에 대한 접근을 하면 벽에 막힌 느낌이 들고, 논리적 대화에서 빙빙 도는 느낌을 받기 시작했다. 민주 씨는 인지행동치료적 접근이 이 내담자에게는 맞지 않을 수 있다는 생각을 하며 대학원 다니던 시절 쓰던 상담심리이론 전공책을 훑어보았다. 3주간 거의 진척 없는 상담을 한지라 민주 씨는 다음 상담이 다가오는 것이 불안하다. 민주 씨는 어떤 선택을 해야 할까.

가치관

미술치료사는 다양한 가치관을 이해하고 공부하여 내담자의 입장에서 이해하려는 노력을 해야 한다. 그러나 노력으로도 변하지 않는(그리고 변하고 싶지 않은) 가치관이 내담자의 가치관과 충돌할 때, 미술치료사는 혼란을 겪게 된다.

사례

다솔 씨는 청소년을 대상으로 하는 기관에서 일하는 독실한 기독교 신자이다. 그런데 고 2 여학생 한 명이 상담 도중 울음을 터뜨리며 자신이 임신한 것 같다고 이야기 했다. 다솔씨는 생명은 하나님의 주권 아래 있는 것이며, 태아를 인위적으로 낙태하는 행위는 살인과 같다고 생각하기에 낙태에는 반대하는 입장이다. 여학생은 아이를 지워야 하는 미안한 마음을 다루고 싶어 하였지만, 다솔 씨는 낙태는 안 된다는 생각이 머릿속에 가득했다. 다솔 씨는 어떤 선택을 해야 할까.

신체접촉

신체접촉에 대한 미술치료사들의 의견은 개인의 상담철학에 따라 조금씩 다르다. 내담자와 미술치료사의 모든 신체접촉을 금지하는 의견도 있지만, 필요한 순간의 접촉이 내담자와 미술치료사의 관계를 강력하게 만들어준다는 의견도 있다. 또한 매체를 다루는 방법을 알려주는 과정에서의 접촉이 불가피한 프로그램도 존재한다.

사례

명인 씨는 어머니와의 불안정 애착을 가지고 있는 중3 여학생과 상담 중이다. 내담자의 부모님은 초등학교 3학년 때 이혼했으며, 어머니는 이혼으로부터의 스트레스를 내담자에게 풀며 폭력과 폭언을 일삼았다. 내담자는 자신이 태어나지 않았으면 더 좋았을 것 같고, 아무도 자신을 원하지 않는다며 울먹이기 시작했다. 이후 내담자는 엉엉 울면서 "선생님 저 좀 안아주세요."라고 울부짖었다. 명인 씨는 그 누구도 따듯하게 안아주지 않은 아이가 안쓰럽다고 생각되었지만 신체접촉은 윤리적이지 않다는 이야기를 들었던 기억 때문에 망설이고 있었다. 명인 씨는 어떤 선택을 해야 할까.

비밀보장

내담자가 자신 혹은 타인에게 위협이 된다고 판단될 때, 위법행위를 할 때, 슈퍼비전을 위해 비밀보장의 원칙이 어긋난다는 것은 대부분의 미술치료사들이 숙지하고 있으며 내담자들도 이 사실은 대부분 알고 있다. 그러나 이러한 규정 이외에도 비밀보장에 대한 갈등문제는 존재한다.

사례

근영 씨는 가족지원센터에서 부부상담을 맡고 있는 미술치료사다. 부부가 함께 상담을 하고 아내와 남편이 개인상담을 주기적으로 하며 부부상담이 진행되고 있었다. 아내는 남편이 언젠가부터 정서적으로 거리감이 느껴졌고, 이를 극복하고 싶어서 상담에 신청했다고 밝혔다. 그런데 남편의 개인상담과정에서 남편이 자신이 동성애자인 것을 결혼 후에 알게 되었으며, 현재는 사랑하는 남자가 있다는 사실도 알게 되었다. 근영 씨는 부부관계를 회복하기 위해 노력하는 아내가 안쓰러웠다. 더 이상 회복 가능성이 없는 부부 상담을 계속 하는 것도 윤리적이지 않다는 생각도 들고, 남편의 사적인 정보를 아내에게 임의로 노출하는 것도 윤리적이지 않다는 생각이 들었다. 근영 씨는 어떤 선택을 해야 할까.

미술치료사의 내담자 경험

상담사가 되기 위해 내담자 경험을 필수적으로 포함시키는 학교도 있지만, 대부분의 교육과정에서 이는 권고사항으로 되어 있다. 교사가 되는 사람들은 십 수년간 학생의 역할을 한 후 교육자가 되지만, 상담자는 내담자의 위치를 거쳐 상담자가 되지 않는 경우가 더 많다. 그렇기에 내담자 경험이 부족한 사람이 상담자가 되는 것이 윤리적인지에 대해 의문을 가지는 사람도 많다.

사례

배정 씨는 미술대학을 졸업하고 미술학원에서 오래 일하면서 집단을 운영하는 것에는 나름 자신 있던 초보 미술치료사이다. 배정 씨는 준비한 프로그램을 숙지하고 순서에 맞춰 성실하게 진행했고 필요한 질문을 했다고 생각했으나 한 내담자로부터 "선생님은 저를 신경 쓰지 않는 것 같아요."라는 이야기를 듣게 되었다. 배정 씨는 다른 사람 앞에서 자신의 이야기를 깊이 있게 꺼내 본 경험이 없어서 내담자로 참여하는 것이 불편하다고 생각이 들어 경험을 쌓은 적이 없었다. 그리고 이것이 내담자 경험의 부재로부터 온 건이 아닌지 의문을 가지기 시작했다. 배정 씨는 어떤 선택을 해야 할까.

이중관계

이중관계는 대부분의 상담현장에서 지양해야 할 관계로 교육되고 있다. 이중관계란 상담자와 내담자라는 관계 외에 동시에 다른 관계가 존재함을 의미한다. 기존의 관계가 있는 상황에서 상담자-내담자 관계가 추가로 형성될 때, 또는 상담이 진행되고 있는 도중에 새로운 관계가 형성되는 것을 의미한다.

사례

자현 씨는 작은 미술치료 센터를 운영중이다. 40대의 한 여성 내담자를 3개월간 상담하고 있던 도중, 내담자가 근무하고 있는 중학교의 이름을 알게 되었고, 내담자가 이번 새 학기에 자현 씨 딸의 담임선생님을 맡게 되었다는 사실까지도 알게 되었다. 순간 자현 씨는 딸의 학교생활에 대해 궁금했지만, 꾹 참았다. 신경을 쓰지 않으려 해도 딸의 담임이라는 생각이 들자 자신이 말을 조심스럽게 필터링하고 있다는 것도 느껴졌다. 자현 씨는 어떤 선택을 해야 할까.

사례

민아 씨는 고등학교 시절부터 3살 아래의 성은 씨와 알고 지냈다. 성은 씨는 말수가 적고 친구가 많이 없었으며 일찍 어머니가 돌아가셔서 민아 씨에게 정신적으로 많이 의존을 하며 지냈고, 민아 씨도 그런 성은 씨의 말벗이 되어 주었다. 어느날 성은 씨의 아버지가 교통사고로 돌아가시면서 성은 씨에게 남은 가족은 아무도 없게 되었다. 성은 씨는 미술치료사로 일하는 민아 씨에게 상담을 받고 싶다고 말했지만 민아 씨는 친한 관계에서는 상담을 하지 않기에 다른 미술치료사를 소개해 주겠다고 했다. 그러나 성은 씨는 자신의 모든 것을 알고 있는 민아 씨가 아니라면 상담을 받고 싶지 않다고 했다. 사람과 소통하는 것이 다른 사람보다 쉽지 않은 성은 씨는 아버지의 죽음에 우울감과 죄책감을 심하게 느끼고 있었고, 식사도 제대로 하지 못해 건강이 상해가고 있었다. 성은 씨는 여전히 민아 씨에게만 상담을 받고 싶다는 말을 반복했다. 민아 씨는 어떤 선택을 해야 할까.

내담자의 선물

내담자에게서 계약된 금액의 상담료 이외의 금품을 수령하는 것은 상담윤리에서 금하고 있다. 그러나 내담자가 보이는 작은 성의까지도 모두 거절해야 하는가에 대해서는 상담사마다의 기준이 다르다.

사례

혜윤 씨는 성인을 주로 다루는 미술치료실에서 근무하는 미술치료사다. 하루는 내담자가 자신이 연말을 맞이하여 쿠키를 많이 구웠다며 혜윤 씨에게도 가져다주었다. 혜윤 씨는 고맙다는 말과 함께 그 쿠키를 받았다. 내담자는 연갈에 가족과 함께 필리핀에 여행을 다녀오면서 말린 망고를 한 통 선물로 혜윤 씨에게 주었다. 그리고 몇 주 후, 내담자는 연극티켓이 생겼는데 자신은 시간이 안 된다며 혜윤 씨에게 티켓을 주었다. 내담자는 혜윤 씨의 생일이 다가오자 혜윤씨가 좋아하는 스누피 피규어를 선물로 주었고, 기프티콘으로 케이크를 보냈다. 혜윤 씨의 행동은 윤리적인가.

오지 않는 내담자

내담자가 상담자와 만나 미술치료를 받는 것이 일반적인 상황이지만, 내담자가 자의로 상담을 그만두기도 하고, 상황이 악화되어 외출이 어려워지기도 한다. 보호자가 있을 경우, 보호자가 방문하여 상담을 받으며 어떻게 돌봐야 할지를 자문하기도 하고, 내담자의 악화와 함께 상담이 종료되기도 한다.

사례

연희 씨는 작은 미술치료실을 운영하고 있는 미술치료사다. 신경성 식욕부진증을 겪고 있던 내담자는 163cm에 30kg의 몸무게를 오갔고 약물치료와 미술치료를 병행하고 있었다. 내담자는 40대였고 내담자의 부모님은 70대였는데, 내담자의 부모님은 섭식장애에 대한 이해도가 낮았다. 지나친 영양부족으로 쓰러졌을 때는 38kg을 채우고 섭식병동에서 퇴원하였으나 체중은 쉽게 30kg 아래로 떨어졌다. 연희 씨는 내담자가 섭식증상을 앓는 것이 부모로부터 분리되지 않은 기형적인 애착형태와 관련이 있다고 생각했다.

내담자는 예전에 섭식장애를 겪었다가 회복한 연희 씨에게 동질감과 부러움을 느꼈고, 상담을 왔다 간 날은 하루 이틀 의지를 다지는 듯했지만 그 뒤는 다시 예전과 똑같이 돌아갔다. 내담자는 부모가 자신에게 애정과 관심을 주지 않을 상황에 대해 병적으로 염려했고, 밥을 먹지 않는 자신 때문에 쩔쩔매며 부모님이 모든 것을 맞춰주는 것은 내담자에게 만족감과 안심감을 주었다. 내담자는 부모를 미워하면서도 집착했는데, 어느 순간부터는 자신의 방에서 나오지도 않고 미술치료실에도 오지 않았다. 내담자의 어머니는 연희 씨와 주1회 부모상담을 시작했는데, 어머니는 아이가 큰일날까 두려워서 여전히 모든 것을 다 맞춰주며 내담자가 원하는 양육적 태도를 강화하고 있었고, 이에 따라 내담자의 건강은 더욱 악화되고 있었다. 연희 씨는 어머니에게 단호히 내담자의 요구에 모두 맞춰주지 말라고 하고 싶었지만 악화된 건강에 무슨 일이 생길까봐 두렵기도 했다. 내담자를 만나지 못하는 상황에서 연희 씨는 어떻게 해야 할까.

5. 미술치료사의 열정

일반적으로 상담을 시작한지 얼마 되지 않은 미술치료사들은 아주 열정적이다. 초반이기에 자신의 한계점을 잘 알지 못해 회기 수 조절이 되지 않기도 하고, 거리가 먼 기관이지만 채용되었다는 기쁨에 현실적으로 무리가 있는 거리에 출퇴근을 하기도 한다.

지나치게 큰 초기 열정

〈우리들의 나무〉는 수련 과정 중에 있던 미술치료사가 어린이집 아동을 위해 10명의 집단원을 위한 10장의 나무 몸통 그림을 아크릴로 그려 준비했던 모습이다. 무급에 재료비도 제공되지 않은 상황에서 수련생은 꽤 많은 시간을 할애했다. 〈감정 물고기〉 역시 무급으로 진행되었던 성인집단에서 수련생이 준비했던 프로그램이다. 캔버스에 아크릴로 바닷속 풍경을 미리 그려서 준비했고, 내담자가 자신의 감정을 표현한 물고기들을 캔버스 위에 배치하여 작품을 완성했다.

<우리들의 나무>

<감정 물고기>

미술치료를 공부하고 이제 막 임상현장에 투입된 지 몇 개월 되지 않은 초보 미술치료사들의 열정은 정말 대단하다. 몇 시간이고 시간을 내서 밑작업을 준비해 가고, 재료를 찾기 위해 다양한 완구거리와 재료상 등을 찾아다니기도 한다. 마땅히 칭찬받을 행동이나, 이 행동을 자신이 지속할 수 있는지, 혹은 이런 열정 때문에 지치지는 않을지 생각해봐야 한다는 것이다. 열정이 식지 않는다면 다행이지만 개인적인 경험과 가족 문제, 건강상의 문제 등 외부적인 요인들은 문제가 되지 않던 것들이 문제가 되게 만들기도 한다.

처음에는 내담자를 만나고 이론이 적용되는 것이 즐겁고, 또 그런 행동이 금전적인 보상으로 돌아오면 더 신이 난다. 이때의 열정은 내담자를 더 많이 연구하고, 내담자의 언어와 비언어적 표현에 대해 집중하고 고민하게 만든다. 주변의 모든 물건을 미술치료의 매체로 어떻게 쓸 수 있을까 고민하는 시기이기도 하다. 필자도 유급 미술치료사로 일하던 초기에 시간만 나면 카페에 앉아서 동료 미술치료사와 잡지에서 콜라주로 쓸 사진들을 잘랐다. 악기 사진을 구하려고 악기회사에도 찾아갔고, 가전제품 사진을 구하려고 전자상가에 갔던 기억도 난다. 몇 시간이고 잘라서 포스트잇 풀로 A4용지에 붙인 후 수십 장을 클리어파일에 담아 뇌성마비 복지관에 가져가서 아이들이 선택하도록 했다. 6개월에 접어들자 한 주에 만나야 하는 내담자 수도 많아지고 클리어 파일은 이제 어디 갔는지 모르는 상황이 됐다. 한 회기를 위해 밑 작업에 많은 시간을 투자하는 것은 실무 현장에서는 어렵다. 다만 이런 경험을 통해 내담자에게 더 효율적으로 접근하기 위한 방법들을 찾게 될 것이다.

실질적인 시간이 없어지기도 하지만 시간이 지나면서 열의도 함께 사라진다. 새로운 일은 익숙해지고, 주어진 시간 동안 미술치료실에서 주어진 업무를 수행하기만 하기도 한다. 작성해 놓은 일지는 회기 진행 전 적당히 훑어보거나 심지어 열어보지도 않는다. 수고를 덜기 위해 비슷한 프로그램을 적당히 응용해서 최대한 많이 돌리려는 시도를 하기도 한다. 회기당 얼마, 내담자와 만나는 시간은 돈으로만 환산된다.

미술치료사의 '처음' 기억하기

에벗 그레이브스 <종잣돈> 1910

에벗 그레이브스는 미국의 인상주의 화가로, 그가 그린 그림 〈종잣돈〉의 배경은 미국에서 2번째로 큰 지주회사이자 미국을 대표하는 은행 뱅크 오브 아메리카(Bank of America)가 설립된 지 6년째 되던 해에 그린 그림이다. 그림의 가운데에는 신혼부부 한 쌍이 은행을 방문하여 저축한 금액을 확인하며 즐거워하고 있는 모습이 그려져 있고, 그림의 뒤편에는 어느 정도 세월을 함께 보낸 노부부가 떨어져 앉아 있다. 같은 통장을 들고 있지만, 노부부의 시간은 많이 흘렀다. 노부부에게도 신혼부부와도 같았던 처음이 있었고, 통장을 보며 설레던 순간도 있었을 것이다. 그러나 여러번 반복된 시간이 쌓여 이제는 일상이 되었다. 모두의 시작점에는 원대한 목표와 꿈이 있었을 테지만, 시간이 지나면서 그런 열정은 사그라들기 마련이다.

뱅크 오브 아메리카는 처음 신생은행을 운영하며 잡았던 목표를 기억하기 위해 이 그림을 컬렉션에 구입했다. 미술치료사가 되기로 결심했던 순간들, 미술치료 교육을 처음 등록하고 들었던 첫 수업, 처음으로 만났던 내담자, 처음으로 유급으로 채용되었던 기관과 그때 만난 내담자, 처음으로 만난 시니어 내담자, 처음으로 써본 미술 매체 등. 미술치료사에게 기억해야 할 처음은 무수히도 많다. 시간이 지나면서 열의가 사라진다는 느낌을 받는다면, 그 처음의 목표와 감정을 다시 떠올려보는 것도 하나의 방법이다.

시야를 넓히려는 시도

임상을 시작하고 일하는 곳이 정해지면, 만나는 내담자군도 어느 정도 고정이 된다. 여러 기관을 나가는 것이 아니라면, 유사한 내담자군의 문제를 다루면서 비슷한 방식의 미술치료 접근을 사용하게 된다. 일부러 매번 다르게 하려고 노력할 필요는 없으나, 익숙함은 자신에게 편함으로 다가오고, 다른 방식의 상담모델에는 쉽게 손이 가지 않는다. 어느 순간에는 지금 다루는 내담자군에서 벗어난 내담자를 만나는 것이 버겁게(또는 귀찮게) 느껴질 수도 있고 피하려는 시도를 하기도 한다. 시야가 좁아져 버린 것이다. 이를 예방하기 위해서 다양한 워크숍, 세미나, 영상강의, 도서 등 여러 채널을 통해 자신의 상담관이 한곳에 머무르지 않게 도와야 한다. 물론 경력이 많이 쌓이고, 자신의 전문분야가 생긴 미술치료사는 고정된 기관에서 자신이 가장 잘하는 방식으로 특정 내담자군을 만날 수 있다. 여기서 이야기하는 것은 시작한 지 얼마 되지 않은 상황에서 가장 쉬운 방법만을 찾으려는 미술치료사의 경우다.

미술매체도 자신이 사용하기에 편한 매체가 분명히 있다. 잘 다루는 매체를 내담자에게 소개하면 내담자도 편하게 접근할 것이다. 그러나 내담자에게 더 도움이 되는 매체가 있음에도 귀찮음은 다른 매체에 손이 안 가게 만든다. 새로운 매체나 기법을 시도할 예정이라면 자신의 경력을 믿고 바로 내담자에게 적용하기보다는 회기 전에 먼저 매체를 직접 체험해 보고 해당 매체의 장단점을 파악하기를 권한다.

열정이 식더라도 지속 가능한 시스템

열정은 한 사람을 무언가에 끌리고 흥분하게 만드는 감정이다. 이 감정은 폭발적인 에너지를 만들어주기도 하고, 불가능해 보이는 것을 가능하게 만들기도 한다. 그러나 분명한 것은 처음에 가진 열정이 유지되는 일은 없고, 열정은 식기 마련이라는 것이다.

열정은 목표지향적인 경향이 있기에, 목표를 이루어도 열정은 식고, 이루어내지 못해도 열정은 식을 수 있다. 식어버린 열정을 좇아 일을 할 때 꾸준한 동기부여를 받기란 참 어렵다. 열정의 속성은 '식는다'는 것이고 열정이 이런저런 방식을 시도해 봐도 어느 지점 이상 상승하지 않는다면 아마 미술치료 전문 현장에서 1년 이상 꾸준히 일해왔을 것이라 생각된다. 이제부터 필요한 것은 시스템과 지구력이다. 열정이 없더라도 지속 가능한 나만의 미술치료 시스템이 필요하다는 것이다.

'나는 살을 뺄 거야'는 목표만 잡은 상태이지만 '나는 살을 빼기 위해 매일 30분씩 한강공원에서 뛰겠어.'는 간단하지만 시스템을 구축한 상태다. '열심히 살 빼야지!'의 상태는 열정이 식으면 아무것도 안 할 수 있지만, 30분간 한강공원 뛰기는 울며 겨자 먹기로라도 할 수 있다. 열정은 당장 눈앞의 피로감과 힘든 상황을 마비시켜 계속 할 수 있는 힘을 주는 존재다. 그러나 더 중요한 것은 지구력이다. 지구력은 피로감도 힘든 상황도 받아들인 상황에서 단기적인 1년이 아니라 10년, 20년 이 일을 지속할 수 있게 만드는 힘이다.

'좋은 미술치료사가 되겠어.'가 열정만 있는 목표라면, '내담자를 만나기 전 일지 리뷰 5분, 상담이 종료된 후 일지 10분, 다음 회기 프로그램 구체화 10분'은 시스템이 있는 목표라 할 수 있다. '미술치료사로 성장하기 위해 투자해야지'가 열정만 있는 목표라면, '일 년에 1회 학술대회와 미술치료 전시회에 참여하고, 1년에 슈퍼비전 1회 이상, 한 달에 1권 미술치료 관련 도서 탐독하기'는 시스템이 있는 목표다. 사람마다 투입 가능한 자원은 다르다. 내담자를 위해 쓸 수 있는 시간, 미술치료사로서의 성장을 위해 쓸 수 있는 돈과 시간은 모두 다르다. 자신의 열정이 사라졌다 하더라도 쓸 수 있는 것이 자신의 투입량이며, 이 투입량은 지구력을 가질 수 있는 기초가 된다. 미술치료가 막힐 때 도움받을 수 있는 피어비전, 슈퍼비전의 채널을 마련해 놓는 것도 시스템 구축을 위한 방법이다.

6. 미술치료사의 소진과 자기돌봄

미술치료사는 내담자를 이해하려는 노력 이외에, 자신이 지금 어떤 상황에 놓여 있는지 알기 위해서도 노력해야 한다. 미술치료사의 역할은 내담자가 지금의 상황을 이해하고 자신이 원하는 목적지를 향해 가도록 돕는 것이다. 그런데 미술치료사 스스로 지금 어디에 있는지, 어디로 가고 있는지를 놓쳐버리기도 한다. 때로는 자신에게 어떤 문제점이 발생했음을 눈치를 챘음에도, 인정하고 싶지 않아 아무런 변화를 시도하지 않는다.

자신이 무엇을 통해 채워지는지, 무엇을 통해 고갈되는지를 명확하게 인식하고, 채워짐을 위해 적극적으로 움직여야 한다. 전문지식이 부족하다면 공부해야 하고, 실무가 부족하다면 슈퍼비전이나 워크숍, 또는 기타 채널을 이용하고, 마음이 소진되고 있다면 자신이 심리적 에너지를 채울 수 있는 요소들을 발견해 채워줄 수 있다. 이를 통해 미술치료사는 감정적 안정감을 유지할 수 있을 것이다. 미술치료사의 소진은 내담자에게 영향을 미친다.

소진 요소 확인하기

개인적 소진

미술치료사가 미술치료실이나 내담자와 전혀 상관없는 개인적인 문제로 소진될 확률은 아주 높다. 공과 사를 명확하게 구별하던 미술치료사도 개인적 문제가 겹겹이 쌓이게 되면 무너질 수 있고 직업적 경계도 흐려질 수 있다. 예를 들어 한 미술치료사가 주식으로 큰돈을 잃어 기분이 나쁜 상황이 되었다고 가정해보자. 그로 인해 남편과 말싸움이 있었고 가정 내 분위기가 가라앉게 되었다. 몇 년간 번 돈을 친구 말을 듣고 투자한 자신에게 화가 나고, 투자를 부추긴 친구에게도 화가 난다. 그 누구도 만나고 싶지 않은 상황에서 상담이 예약되었고, 씻고 싶지도 않은데 겨우 씻고 출근을 했다. 이 미술치료사는 어떤 상담을 진행할 수 있을까.

개인적 스트레스는 미술치료사 자신과 내담자에게도 영향을 미치지만, 미술치료 업무에도 분명한 영향을 미칠 수 있다. 다음은 자신의 개인적 스트레스가 스스로에게,

그리고 직업적으로 어떤 영향을 미치는지 살펴보기 위한 질문 리스트이다.

✔ 나는 내가 가진 문제의 원인을 분류할 수 있는가?
✔ 나는 내가 가진 문제를 내담자의 문제처럼 객관화할 수 있는가?
✔ 나는 내 문제들을 해결하기 위해 어떤 조치를 취해왔는가?
✔ 내가 취할 수 있는 조치 중 내버려둔 것은 무엇이며, 그 이유는 무엇인가?
✔ 나는 내 스트레스 관리 전략 리스트에는 무엇이 있는가?
✔ 내가 사용했던 스트레스 관리 전략 중 가장 효과적이었던 것은 무엇인가?
✔ 내가 '하고 싶은 것'과 '해야 하는 것'을 구분해서 설명할 수 있는가?
✔ 스스로 스트레스를 받고 있다는 징후는 무엇을 통해 확인하는가?
✔ 내가 스트레스를 받을 때 내가 심리적/경제적/문제 해결적으로 도움받을 수 있는 사람은 누가 있는가?

미술치료 현장에서의 소진

앞서 설명했듯, 열정은 고통을 마비시키기에 초기 열정은 자신이 차후에 괴로울 요소들을 눈감게 만들어 버리기도 한다. 그래서 처음에는 눈감을 수 있는 일들이 나중에는 문제가 되기도 한다. 결국 미술치료는 하나의 서비스 업무를 보는 직업이고, 자신의 업무환경을 포함하여 함께 일하는 동료, 현실적인 조건 등은 미술치료사를 지치게 만든다. 업무 역량과 직업에 대한 확신 없음도 스트레스의 원인이다.

미술치료를 즐기지 못하는 미술치료사의 대부분은 '이게 도움이 될까?'라는 확신 없는 태도를 가진다. 누군가가 이게 얼마나 멋진 일인지 설명해도 스스로가 경험하지 못하고 느끼지 못하면 이걸 왜 하고 있는지 모른 채 경계 없이 미술활동을 하고 집에 돌아온다. 다음은 미술치료사로서의 자신의 역량과 한계, 그리고 소진된 상황에 대해 알아보기 위한 질문 리스트이다.

✔ 나 스스로 미술의 창작작업을 통한 치유의 경험에 대한 확신이 없지는 않은가?
✔ 내담자에게 안정감을 제공하는 미술치료사의 분위기, 말투, 언어를 사용했는가?

- ✔ 내담자에게 적합한 미술 매체를 제공했다고 확신하는가?
- ✔ 내담자가 미술치료 프로그램 디렉션을 듣고 이해하고 수행했는가, 혹은 다시 질문하거나 작업하기를 망설였는가?
- ✔ 내담자에게 도움이 될 것 같지만 내가 잘 다루지 못하는 미술매체를 외면하지는 않았는가?
- ✔ 내담자가 쓰는 미술재료가 아깝다는 생각을 한 적이 있는가?
- ✔ 상담이론과 미술치료 프로그램이 연결되지 않아 어려움을 겪고 있는가?
- ✔ 소속된 기관의 다른 전문가들로부터 소외당하거나 무시당하는 느낌이 드는가?
- ✔ 내가 다룰 수 있는 내담자보다 더 많은 내담자를 다루고 있지는 않은가?
- ✔ 출퇴근, 상담일지 작성 등 미술치료 이외의 업무로 인해 부담을 느끼고 있는가?
- ✔ 예상했던 것보다 경제적으로 만족스럽지 않은가?
- ✔ 다른 기관에서 일하는 미술치료사와 나의 환경을 지속적으로 비교하는가?

내담자를 통한 소진

미술치료는 사람 대 사람으로서 제공되는 서비스이기에 내담자는 미술치료사의 상담현장에서 가장 스트레스를 주는 존재가 될 수 있다. 현장에서 자주 만나는 유형 중 대표적으로 미술치료사를 지치게 만드는 불평자 유형이 있다. 어떤 충고나 조언을 받아내기 위해 끊임없이 도움을 요청하지만 주어진 어떤 것도 받아들이려 하지 않는 경우다.

제가 그림을 못 그리는 이유는

내담자: 사람을 그리고 싶은데, 오일 파스텔은 너무 굵어서 못 그리겠어요.
상담자: 색연필을 이용해서 그리시면 더 자세하게 묘사할 수 있어요.
내담자: 음… 색연필은 너무 색이 약해서 제가 원하는 걸 그려도 잘 안 보여요
상담자: 그럼 사인펜을 이용하면 굵기도 가늘고 진하게 나올 수 있을 것 같아요.
내담자: 사인펜은 뒤에가 다 비쳐서… 그런 느낌은 싫거든요.
상담자: 그럼 이 깎인 크레용은 어떨까요? 어느 정도 가늘면서도 진하고 비치지 않아요.

내담자: 크레용은 너무 애들 재료 같아서 쓰기가 좀 그런데…

당신의 조언을 실행할 수 없는 이유는

내담자A: 너무 우울해서 집에만 있으면 죽고 싶고…

내담자B: 그럼 친구와 약속을 잡아서 주 1회 정도는 밖에서 만나보는 건 어때요?

내담자A: 저 만날 친구가 없어요. 그래서 더 힘들어요.

내담자C: 함께할 누군가가 없더라도 무언가 새로운 것을 배워보는 것도 루틴의 전환에 도움이 될 수 있을 거 같아요.

내담자A: 저는 낯을 가려서 뭔가 배우려면 새로운 사람을 만나야 하는데 그게 더 스트레스예요. 그래서 뭘 하면 할수록 힘들어져요.

내담자D: 그럼 혼자서라도 할 수 있는 등산이나 산책이라도 가볍게 어떨까요?

내담자A: 제가 무릎이 안 좋아서 걸으면 힘들거든요.

효과가 있다면 비밀에 부칩니다

상담자: 지난 시간에 저희가 초인종 누르기 프로그램을 하면서 그렸던 긍정적 이미지를 불안한 기분이 들 때마다 집중해서 보는 과제를 내드렸어요. 시도는 해보셨을까요?

내담자: 네, 해봤는데 저는 이미지 봐봤자 별 변화도 없더라고요(실제로 효과적이었지만 알리지 않는다).

그 외에도 미술치료사는 다양한 내담자들의 행동과 말에 소진됨을 느낀다. 다음은 미술치료사들이 상담현장에서 내담자를 통해 스트레스를 받는 상황을 살펴보기 위한 질문 리스트이다. 자신에게 해당하는 것이 있는지, 그리고 그 상황이 자신의 개인적 생활과 상담 업무에 어느 정도 영향을 미치는지를 살펴보자.

✔ 내담자가 성의 없는 작업을 하거나, 작업을 거부하는가?

✔ 내담자가 자살의 의지를 표현하는가?

- ✔ 내담자가 미술치료에 참여하기 전보다 더 좋지 않은 기분으로 집에 돌아갔는가?
- ✔ 내담자가 나와의 상담이 불만족스러워 상담이 조기 종료되었는가?
- ✔ 특정 내담자가 불편하거나 밉다는 생각이 드는가?
- ✔ 특정 내담자에게 지나친 감정이입을 하고 있는가?
- ✔ 내담자의 문제를 내가 해결할 수 없을 것이라는 중압감이 드는가?
- ✔ 내담자가 분노나 짜증과 같은 부정적 감정을 내게 던지고 있는가?
- ✔ 특정 내담자에 대한 생각이 퇴근 후에도 나를 계속 따라다니는가?

소진된 미술치료사의 징후

미술치료사가 다양한 스트레스로 소진되었다고 느껴질 때, 쉽게 관찰되는 것은 내담자의 상담 주제나 내담자의 특성과 관계없이 비슷한 프로그램을 돌리고 있는 것이다. 한 내담자가 가고 나면 정리하고 다음 내담자에게 맞는 프르그램을 제공하는 것이 아니라 정리를 최소화할 수 있는 프로그램을 선택하거나 앞 프로그램과 같거나 비슷한 프로그램 및 재료를 그냥 사용한다. 정리가 필요하거나 준비가 길어지는 프로그램은 피한다. 내담자의 문제 해결과 주제를 고려하지 않고 편하게 운영하기 위한 방법을 선택한다.

인간은 변화가 극심한 스트레스 상황에 놓이면 변하지 않는 무언가에 집착한다. 내담자의 성장이나 변화 여부는 자신에게 스트레스를 주는 변동 여부이지만, 시급은 일정하다. 내담자 한 명의 상담을 진행했을 때 자신에게 주어지는 상담료를 계산하게 되고, 이 시간을 버티면 해당 비용을 받을 수 있을 것이라 생각한다. 상담이 지겨우니 60분을 쪼개 10분당 금액을 계산하고 시계를 보면서 돈을 벌었다고 만족한다. 상담료에 재료비가 포함될 경우, 지출을 줄이기 위해 최대한 추가 구매가 필요 없는 기본 재료 혹은 저렴한 재료만을 사용하기도 한다.

소진된 미술치료사는 내담자의 가치관과 자신의 가치관이 충돌하더라도 깊이 있게 다루지 않기를 선택하거나, 내담자에게 중요한 문제는 회피하거나 직면하지 않으면서, 내담자의 시간과 돈을 낭비하게 만들 수 있다. 이 상황이 나쁜 이유는 이런 행동이 내담자의 중요한 회복의 기회를 놓치게 만들수 있기 때문이다.

소진된 미술치료사는 상담 회기 바깥에 존재하는 개인적인 문제를 내담자에게까지 가져와서 상담의 질을 현저하게 낮출 수 있다. 다양한 개인적 문제는 예상치 못한 순간에 발생한다. 갑자기 남편의 숨겨두었던 대출을 알게 될 수도 있고, 아이의 건강이 악화될 수도 있고, 청소년기 자녀들이 사춘기에 접어들 수도 있다. 부모님이 큰 병에 걸려 급한 수술비가 필요할 수도 있고, 투자한 주식이 휴지 조각이 될 수도 있다. 이 외의 인생의 문제들은 무수히도 많다. 이 상태로 미술치료실에 들어간 초보 미술치료사가 내담자와 건강한 상담을 진행하는 것은 상당히 어려운 일이다. 이와 동시에 내담자와의 상담 회기가 자신에게 다시 영향을 미치게 되고, 단단하지 못한 벽은 한순간에 무너져 일과 일상의 경계가 무너질 수 있다. 또한 내담자와 상담사의 직업적 경계가 허물어지면서 내담자에게 도움이 되지 않는 상담을 지속할 수도 있다.

미술치료사의 자기 돌봄

내담자는 한 명이지만 돌봐야 할 사람은 두 명이다. 소방관이 불 속에 있는 쓰러진 사람을 구하러 불길 속으로 뛰어들 때, 소방관이 쓰러진 사람과 자신 두 사람을 모두 구해야 하는 것과 같다. 소방관 자신이 목숨을 잃을 위험도 존재하기 때문이며, 건강하게 오래 자신을 돌보아야 더 많은 사람들을 구할 수 있다.

미술치료사는 내담자에게 스스로 자신을 돌보는 방법을 찾도록 격려한다. 그런데 이 과정은 미술치료사 자신에게도 적용되어야 할 부분이다. 자신이 무엇을 통해 안전함을 느끼고, 무엇을 통해 소진된 부분이 채워지는지를 확인해야 한다는 것이다.

개인적으로 안녕하며 스스로를 보호하는 것은 직무 효율을 높이고 내담자를 돕기 위해 능력을 발휘할 수 있는 필수 사항이다. 그러니, 자신을 돌보는 것은 권고사항이 아니라 미술치료사의 업무이다.

개인적 자기돌봄

업무 이외에 자신이 어떤 만족감으로 삶을 살아가는지를 확인하고 채우는 것은 아주 중요하다. 개인적으로 만족감이 높은 미술치료사는 내담자의 상황을 오판하지 않고 도울 수 있다. 자신이 일뿐만 아니라 그 외의 영역에서 욕구가 충족되고 있는지, 만족감을 느끼고 있는지를 확인하고 부족하다면 채울 수 있도록 노력해야 할 것이다. 이를 위해서 자신이 무엇을 통해서 스스로 행복함을 느끼는지, 무엇을 해야 마음이 괜찮은지를 잘 알고 있어야 하며, 삶의 질을 높이기 위해 경제적으로 얼마까지, 시간은 얼마나 투자 가능한지도 알고 있어야 한다.

다음은 미술치료사 자신의 개인적 돌봄을 위해 추천하는 활동들이다.

✔ 지속적 미술창작 활동을 통한 치유적 힘의 경험
✔ 식사와 운동 조절을 통한 신체적 활력 관리
✔ 미술치료실과 집 이외의 공간에서의 새로운 경험
✔ 자신이 가치 있다고 생각하는 분야에서의 주기적 활동
✔ '즐겁다'고 느끼는 활동의 발견
✔ 친밀감을 느끼고 사적인 대화가 가능한 가족, 연인, 친구 등과의 정서적 교류
✔ 자신의 개인적 정서관리를 위한 심리치료 혹은 교육 워크숍의 참여

업무적 자기돌봄

미술치료사가 내담자와의 관계, 그리고 미술치료실에서의 근무에 만족하는 것은 상담의 질과 상당히 높은 관련이 있다. 많은 미술치료사들이 자신이 원하는 미술치료실의 환경에 대해 구체적으로 생각해 보지 않는다. 자신이 미술치료사로서 만족감 있게 근무하기 위해서 무엇이 반드시 필요한지를 알고 아는 도움이 된다. 다음은 미술치료사가 미술치료 현장에서의 만족감을 위해 할 수 있는 활동들이다.

✔ 자신이 즐겁게 진행하고 흥미롭게 참여할 수 있는 프로그램의 개발
✔ 내담자와의 갈등상황에서의 조율에 대한 규칙 정립
✔ 미술재료들의 깨끗하고 정돈된 정리
✔ 오래된 미술재료들의 교체와 새로운 미술재료의 연구
✔ 미술치료실의 인테리어, 소품 등의 정돈

- ✔ 출퇴근이 버겁지 않은 곳에서의 근무
- ✔ 함께 근무하는 동료들과의 긍정적 교류와 피드백
- ✔ 상담철학이 맞는 기관과의 계약
- ✔ 효율적인 서류작업을 할 수 있는 루틴 정립
- ✔ 워크숍, 세미나 등의 행사에 참여함으로써 미술치료사로서의 역량 강화

창작을 통한 자기돌봄

미술치료사는 다양한 취미와 대인관계를 통해 자신을 채울 수 있지만, 무엇보다도 미술창작 작업을 통해 자신이 표현되고 채워지는 경험을 지속적으로 하기를 권한다. 고통스러운 시간을 겪는 내담자에게 미술을 통해 자신을 들여다보고 표현하도록 하기 위해서는 미술치료사 자신이 창작작업을 통해 스스로의 감정을 들여다보고 다독이는 경험을 보유해야 한다.

<미술치료학회 정기 전시회 모습> 장소: 국민대학교 조형갤러리

여러 미술치료학회에서 정기적으로 미술치료사들의 전시회를 개최하고 지속적인 창작작업을 독려하는 것은 이와 같은 이유에서다.

시간이 없고, 바쁘고, 우선순위에서 밀린다는 이유로 창작작업은 미술치료사에게

서 멀어질 수 있다. 그러나 창작작업을 통해 성장한 개인의 경험이 내담자에게 좋은 서비스를 제공할 수 있는 밑거름이자 스스로를 회복할 수 있게 만드는 과정임을 기억했으면 한다.

<미술치료 석사 1학기 차 재학생의 '미술치료와 나'>

다음은 미술치료사에게 권하는 자기 표현의 주제들이다.

- ✔ 나를 행복하게 해주는 것
- ✔ 나를 채워주는 것과 나를 소진시키는 것
- ✔ 미술치료와 나
- ✔ 내가 지쳤을 때 안전하다고 느끼는 장소
- ✔ 내가 바라는 나의 미래 모습
- ✔ 내가 앞으로 나아가게 만드는 용기의 모습
- ✔ 스트레스를 받을 때 내가 사용할 수 있는 요소들
- ✔ 내가 생각하면 웃음이 나는 것
- ✔ 소중한 사람들, 고마운 사람들

✔ 미술치료를 하면서 성장한 나의 모습
✔ 미술치료실에서의 나와 퇴근 후의 나
✔ 내가 원하는 이상적인 세상의 모습
✔ 내가 미워하는 모습, 나의 그림자
✔ 내가 받았던 상처 위로해주기
✔ 10년 후 바라는 나의 모습
✔ 내가 원하는 목표를 가로막는 장해물
✔ 나를 숨 쉬게 하는 것

chapter 14. 명화와 미술치료

미술치료라는 단어를 처음 접한 사람이 "미술치료는 미술을 보면서 치료하는 건가요?"라고 질문한다면, 반은 맞고 반은 틀렸다는 대답이 맞을 것이다. 미술치료 현장에서 명화를 활용하는 것은 미술치료사에 따라 선호되기도 하고 전혀 사용되지 않기도 하기 때문이다. 그러나 내담자가 만들어낸 미술작품을 보며 치료적 접근을 하는 것이기에 이 부분은 맞다.

미술치료에서의 명화활용은 필수는 아니다. 그러나 명화의 감상이 가지는 가치를 알고, 명화 속 작가의 마음을 이해한 미술치료사가 적재적소에 명화를 활용할 수 있다면 내담자는 미술치료에 더 쉽게 몰입할 수 있을 것이고, 미술치료사는 회기를 더 잘 이끌어갈 수 있는 무기가 하나 더 생기는 것이다.

미술을 통해 자신을 돌보는 방법은 직접 작업을 함으로써 미술의 치유적 힘과 만나는 방법도 있지만, 작가의 작품을 통해 창작된 이미지가 주는 메시지와 소통하며 그 안에서 자신에게 의미있는 내용을 발견하는 것도 하나의 방법이다. 이 책에는 지면 관계상 6명의 작가와 각 작가의 주요 작품 2점씩만이 소개되고 있지만, 세상에 좋은 그림은 너무나도 많고, 작품에 담긴 목소리들은 섬세하게 내담자의 마음을 꺼낼 수 있는 가능성을 가진 존재다. 다양한 작품들과 만나면서, 자신이 만나는 내담자와 의미 있는 연결이 가능한 작품들을 정리해 나가는 작업은 미술치료사로서의 역량을 풍성하게 키워줄 것이다.

1. 치유적 미술 감상법

명화를 감상하고 그 감정을 나누는 것 자체가 치유적이라 보는 관점도 있다. 독일의 해석학에서 발전된 수용미학은 작가가 창작한 작품은 예술적(artistic)인 것이며 작품을 받아들이고 의미를 완성하는 과정은 미적(esthetic)인 것이라 설명한다. 수용자는 작품을 만남과 동시에 미적 체험을 하게 되는데, 수용자들은 자신의 미적 감수성을 바탕으로 잠재된 의미들에 개인적 관점으로 접근한다. 수용 미학의 창시자 중 한 명인 볼프강 이저는 작품은 객관적으로 존재하는 것이 아니라 불확정적인 것이며, 수용자가 이 틈을 채워 의미를 완성한다고 설명한다(Iser, 1960). 그의 주장에 따르면 내담자는 작품과 끊임없이 대화하고 소통하며, 작품의 의미를 찾아 창조적으로 완성해 나가는 존재다. 예술의 감상과 평가는 상호 대화의 과정이기에 예술 작품에 매복된 다의적 의미를 내담자는 창의적으로 받아들이고 해석한다.

미술비평 분야에서 미술작품을 바라보는 방식은 미국의 미술비평가 에드먼드 펠트만의 미술비평이론이 가장 대중적으로 사용되고 있다. 펠트만은 미술 비평을 서술(마음 열기)–분석(자세히 보기)–해석(작가의 마음 헤아리기)–판단(생각하고 판단하기)의 4단계로 나누었다(Feldman, 1970). 이 챕터에서는 미술비평이론과 수용적 미술감상방식을 융합한 미술치료에서의 치유적 미술 감상 4단계를 다음과 같이 제시한다.

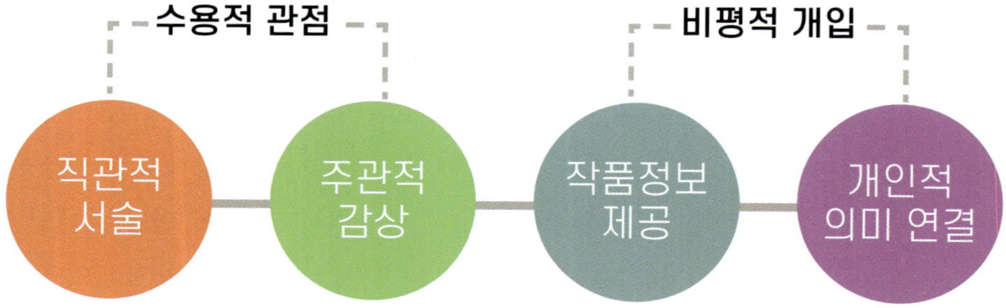

<미술치료에서의 치유적 미술감상 단계>

수용미학적 측면으로 접근할 때, 작품을 그린 작가, 작품에 담긴 스토리는 큰 역할을 하지 않을 수도 있다. 그래서 미술치료실에서 작품을 처음 보여줄 때, 처음부터

"자, 이 작품은 프랑스의 화가 세잔의 작품으로…"라며 작품을 설명하고 내담자에게 보여주지는 않는다. 작품은 먼저 내담자에게 제공되고, 이미지에서 무언가 발견하거나 감정을 느낀 내담자는 이 부분을 미술치료사와 먼저 공유하고 나눈다. 그 이후 내담자에게 작품에 대한 설명을 하고, 관련된 이슈에 대해 다루거나 창작 작업으로 진행한다. 뭉크의 작품 〈절규〉를 예로 들어 접근해보면 다음과 같다.

에드바르트 뭉크 <절규> 1893

1단계: 객관적 서술

미술작품에 대해 내담자가 눈에 보이는 대로, 주관적 감상 없이 설명하는 방식이다. 작품 안에 시각적으로 보이는 것을 먼저 받아들이는 방식이다.

- 이 그림을 본 적이 있나요? 10초 동안 보이는 것을 자세하게 관찰해주세요.
- 이 그림 안에서 '등장하는 것'과 '일어나는 것'을 찾아주세요. 등장하는 것은 눈에 보이는 모든 것(예: 가운데 머리카락이 없는 인물, 대각선의 다리, 뒤에 서 있는

두 명의 인물, 빨간 하늘, 움직이는 강물 등)이고, 일어나는 것은 지금 진행되고 있는 사건(하늘이 빨갛게 물들고 있다, 두 사람이 걸어오고 있다, 사람이 귀를 잡고 소리를 지르고 있다 등)입니다.

2단계: 주관적 감상

이 그림에서 드러나지 않는 것들을 추측하는 과정이다. 단순한 추측부터 내담자가 느끼는 감정적인 반응까지 포함된다. 다음은 주관적 감상을 위해 사용할 수 있는 질문들이다.

- 이 사람은 방금 전에 무슨 일이 있었을까요?
- 이 사람은 이후 어떻게 될까요?
- 이 사람은 왜 귀를 막고 있을까요?
- 앞에 있는 사람과 뒤에 있는 두 사람은 어떤 사이일까요?
- 뒤의 두 사람은 어떤 사이일까요?
- 여기는 어디일까요? 날씨는 어떨까요? 몇 시일까요?
- 다리는 무엇으로 만들어진 것일까요? 그렇게 생각한 이유가 있나요?
- 이 그림을 처음 보았을 때 느껴졌던 감정은 무엇이었나요?
- 이 그림을 보고 떠오른 어떤 상황이 있었나요?
- 이 그림 속 사람들은 내게 누구를 떠오르게 하나요?
- 이 그림은 나에게 불편한가요, 편한가요? 그 이유는 무엇인가요?
- 이 그림 속에서 바꾸고 싶은 부분이 있다면 어떤 부분일까요?
- 그림 속 인물이 어떤 말을 하고 있다면 무슨 내용일까요?

3단계: 작품 정보 제공

이제 내담자에게 작품에 대한 정보를 제공하는 시간이다. 미술치료실에서는 3, 4단계를 생략하기도 한다. 미술치료사가 작품에 대한 정보가 준비되지 않아서일 수도 있지만, 내담자가 자유롭게 투사할 수 있는 여유공간을 더 주기 위해서이기도 하다. 1, 2

단계가 수용적 접근이라면, 3, 4단계는 비평적 접근이며, 내담자가 가지고 있는 이슈에 임상적으로 접근할 수 있는 연결다리이기도 하다.

"뭉크는 노르웨이의 표현주의 작가입니다. 불안장애, 우울장애, 알코올 중독 등 다양한 정신질환을 앓고 있던 화가이고, 자신의 고통을 작품으로 남긴 것으로 유명합니다. 이 작품은 뭉크가 공황발작을 겪던 순간을 표현한 것입니다. 뭉크는 이 그림에 대해 다음과 같이 설명을 남깁니다. '나는 두 친구와 길을 걸었다. 태양이 지고 있으며, 나는 멜랑콜리의 기미를 느꼈다. 갑자기 하늘은 피 같은 레드로 변했다. 나는 멈추어, 길 난간에 기대었고 죽은 자처럼 피곤했다. 나는 블루 블랙의 피오르드와 도시를 넘어 피처럼 불타는 구름을 보았다. 친구들은 계속 걷고 있었고 나는 거기서 전율을 느끼며 서 있었다. 그때, 나는 자연을 꿰뚫은 큰 목소리의 절규를 느꼈다.' 뭉크는 이처럼 불안이라는 감정을 평생에 걸쳐 느꼈고, 결국 노력을 통해 불안장애를 극복하기도 했습니다. 이 작품은 뭉크가 아직 치료를 받기 전, 불안 감정이 자주 자신을 해치던 때에 그려졌습니다."

4단계: 개인적 의미 연결

이제 내담자가 작품의 의미를 듣고, 자신과 관련된 의미 있는 이야기들을 발견할 시간이다. 미술치료실에서 사용되는 작품은 무작위로 다뤄질 때도 물론 있지만, 주로 내담자의 주제와 관련된 작품이 선택된다. 그리고 작품에 드러난 이야기와 내담자의 삶이 만나 유의미한 이야기가 시작된다.

- 처음 이 그림을 보았을 때와, 〈절규〉의 이야기를 들은 후에 그림이 어떻게 달라져 보이나요?
- 내가 지금까지 살면서 가장 불안했던 때는 언제였나요? 만약 그 모습을 이미지로 나타낸다면 어떤 모습이 될까요?
- 내가 걱정하는 것들이 실제화된 가장 최악의 상황은 어떤 모습일까요?
- 내가 불안한 감정을 느꼈을 때, 나의 감정 회복에 무엇이 도움이 되었었나요?
- 평소 불안한 감정을 느낄 때, 나에게 위로가 되는 따듯한 무언가를 만들어 줄 수 있다면 무엇이 좋을까요?

2. 명화를 사용하는 이유

세상에는 수많은 그림이 있고, 빈 종이 위에 끄적인 낙서도 하나의 그림이 될 수 있다. 미술치료에서는 주로 명화를 사용하고 있다. 그러나 모두가 반드시 명화를 사용해야 하는 것은 아니다. 자신이 그린 그림을 공유하는 미술치료사도 있고, 다른 내담자의 그림(해당 내담자가 동의하였다는 전제하에)을 공유하기도 하고, 젊은 현대 미술가의 그림을 공유하기도 한다. 미술치료사가 자신의 작품이나 다른 내담자의 작품을 공유하는 것은 작가와 작품의 스토리에 대해 깊이 있게 알고 있기에 내담자와 나눌 수 있는 이야기가 많기 때문이다.

김소울 <color universe - 13> 2016

김효정 <Hug myself> 2023

작품 〈color universe-13〉은 애착에 대해 다루는 프로그램에 들어가기 전에 필자가 자주 사용하는 그림이다. 내담자들은 엄마 고양이로부터 떨어지지 않으려고 발버둥치는 아기 고양이, 엄마 고양이와 멀리 떨어져 버린 아기 고양이들의 고통을 공감한다. 그리고 이 중에서 자신과 어머니와의 관계와 가장 비슷해 보이는 고양이를 발견하고 그 이유를 찾아 나선다.

〈Hug myself〉는 미술치료 대학원생 중 한 명이 미술치료 전시회에 출품했던 작품으로, 깨어진 거울처럼 생긴 인물이 그림 속 인물을 안아주고 있는 모습이다. 깨진 거울 앞에 누군가가 서게 되면 자신의 모습이 거울 속에 비춰지게 되고, 그런 자신의 모습이 누군가를 안아주고 있는 모습을 통해 내담자들은 다양한 반응을 보인다.

> "깨어지고 망가진 나라고 하더라도 나 스스로를 안아줄 수 있었으면 좋겠어요."
> "내가 편안해질 수 있기 위해서는 결국 내가 나를 용서해야 하는 것 같아요."

〈Hug myself〉를 미술치료실에서 만난 내담자들은 거울 속 자신이 비친 모습을 사진으로 담아 가기도 했다.

반드시 명화가 아니더라도 다양한 그림들이 활용될 수 있다. 깊이 이해할 수 있고 내담자와 주요 이슈에 대해 다룰 수 있는 작품이 있다면 충분히 활용해도 좋다는 의미다. 그러나 명화를 주로 선택하는 이유는, 미술치료사의 개인작업이 내담자의 현재 이슈와 연결되지 않기도 하고, 현대 작가의 작품을 가까이 둘 기회가 없기 때문이기도 하다. 그리고 명화의 활용은 다양한 장점을 가진다. 일반적으로 미술치료에서 명화를 사용하는 이유는 다음과 같다.

친숙함

어디서 본 적이 있고, 들어본 적 있는 친숙함은 내담자들에게 편안함으로 다가갈 수 있다. 피카소, 고흐, 뭉크 등의 대중적인 작가를 활용하는 대표적인 이유다. 일부 성인 내담자들의 경우, 자신이 명화의 작가를 알고 있다는 것을 확인함으로써 프로그램에 더 긍정적으로 참여하는 모습을 보이기도 한다. 아이들의 경우에도 들어보았고 본 적 있는 작품을 만나면 순간적으로 몰입하고 즐거운 기분을 느끼게 된다.

이와 반대로 일부 미술치료 현장에서는 친숙함이 주는 선입견을 벗어나기 위해 완전히 낯선 작가의 작품을 사용하기도 한다. 혹은 유명한 작가의 덜 대중적인 작품을 공유함으로써 새로운 눈으로 바라보도록 하기도 한다.

에드바르트 뭉크 <귀가하는 노동자들> 1913

뭉크의 대표작은 〈절규〉이지만, 뭉크는 그 외에도 수많은 그림을 남긴 작가다. 〈귀가하는 노동자들〉은 뭉크의 숨은 걸작 중 하나로, 하루의 일을 끝마치고 집으로 돌아가는 노동자들의 모습을 담고 있다. 내담자들과 이 그림을 보고 노동자들이 집에 돌아가서 무엇을 할지, 무엇을 기대하는지에 대해 투사하기도 하고, 자신의 이야기를 꺼내기도 한다. 그리고 그림 속에서 자신은 누구와 가장 닮았는지, 떠오르는 사람이 있는지에 대해 함께 이야기한다. 집이라는 공간이 불편한 내담자의 경우, 귀가가 달갑지만은 않다. 일하는 공간, 일을 끝마치고 집으로 돌아가는 공간, 집이라는 공간, 그리고 일과 삶의 워라밸에 대해 다룰 때 좋은 작품이다.

작가의 생애와 스토리

명화의 작가로 알려진 작가들은 대부분 사망한 작가다. 그렇기에 사망 이후 작가의 삶에 대해 정리된 자료들이 풍부하여 검증된 자료를 내담자들에게 전달할 자료에 대한 접근성이 높다. 유명작가들의 경우 작가마다 단행본으로 대부분 출간되었으며, 작가에 대해 다룬 영화나 다큐멘터리 등 자료를 접하기가 쉽다. 간단한 구글링을 통해서도 작가에 대한 정보는 쉽게 접할 수 있다.

에드바르트 뭉크 <병실에서의 죽음> 1893

어머니, 누나, 여동생, 아버지, 남동생의 연속적인 죽음은 뭉크가 범불안장애, 공황장애, 우울장애, 수면장애, 알코올중독 등을 겪는 데 주요한 영향을 미쳤다. 〈병실에서의 죽음〉은 그중에서도 가장 뭉크에게 큰 고통의 기억인 누나의 죽음을 그린 것이다. 그러나 이런 고통을 자신의 노력을 통해 회복했다는 점은 내담자들에게 시사하는 바가 크다. 뭉크의 삶의 스토리는 가족의 이별, 혹은 인간관계 등의 외부적인 요인으로 인해 심리적 고통을 받고 있는 내담자들이 미술치료에 몰입하는데 도움을 주었다.

뭉크는 국내에서 〈뭉크 뭉크〉, 〈에드바르트 뭉크〉, 〈뭉크, 쉴레, 클림트〉, 〈뭉크, 추방된 영혼의 기록〉, 〈뭉크와 떠나는 미술관 여행〉 등 단독으로 다루어진 단행본이 수차례 출간되었고, 스웨덴에서는 〈Edvard Munch〉라는 제목으로 영화로 발표한 바 있다.

다른 작품과의 연계성

작가의 작품이 연대기순으로 정리가 되었기에 작가의 삶이 변화함에 따라 작품이 어떻게 변화하였는지를 확인할 수 있다. 고통스러운 시간을 보내던 뭉크는 더 나은 삶을 살기 위해 정신과 치료를 받기로 결심한다. 그리고 8개월간의 입원 치료 이후 1909년 퇴원한다. 이듬해 뭉크는 오슬로 대학교에서 벽화 11점을 의뢰받게 되는데, 이때 뭉크가 그렸던 대표작품이 〈태양〉이다.

에드바르트 뭉크 <태양> 1916

뭉크는 고통스러운 삶을 이겨내고자 하는 의지가 있었고, 치료를 통해 더 나아진 삶과 마주할 수 있었다. 뭉크의 스토리를 접했던 내담자들은 작품 〈태양〉에서 바다 위로 떠오르는 태양이 아닌 희망을 발견한다.

"뭉크처럼 힘든 삶을 살았던 사람이 이런 그림을 그릴 수 있다는 것이 놀라워요."
"나도 지금은 힘들지만 언젠가는 뭉크처럼 태양이 떠오르는 날을 만날 수 있지 않을까요?"
"제가 살아가는 데 있어서 태양과 같은 존재는…"

인생의 변화의 순간들에 그려낸 작가의 그림들을 내담자들의 삶과 연결하여 새로운 프로그램으로 다룰 수도 있다. 혹은 감상 이후 다음과 같은 질문을 할 수도 있다.

- 〈태양〉 속에 담겨있는 색을 모두 찾아보세요. 각각의 색은 나에게 어떤 의미인가요?
- 내가 힘든 시간을 만날 때 나의 불안을 벗어나게 해 주는 태양과 같은 존재는 무엇이 있나요?
- 지금의 어려움으로부터 벗어난 미래의 회복된 나의 모습은 어떤 모습일까요?

시대상의 반영

현재를 살아가는 시점에서는 지금이 시대의 흐름 속에서 어떤 의미를 가지는지 알기는 어렵다. 우리가 알게 되는 것은 그 시간이 지난 후 다시 그 시점을 되돌아보았을 때다. 역사 속 명화들은 그려진 시기가 존재하기에 현재의 시점에서 당시의 시대상을 들여다볼 수 있다.

뭉크의 작품은 1800년대 후반부터 1900년대 초반까지의 작품들로 이루어져 있다. 한 세기가 바뀌는 것은 1999년에서 2000년으로 넘어가는 시점에서도 인류에게 두려운 상황이었다. 과학이 어느 정도 발전한 시대였음에도 모든 컴퓨터가 멈출 것이라는 소문과 종말론을 비롯하여 다양한 세기말 공포가 전반에 퍼져있었다.

1800년대가 끝나가던 시절의 유럽은 제1차 세계대전이 일어나기 전까지 가장 아름다운 시기라 불리는 벨 에포크(Belle Époque) 시대였다. 시민혁명이나 참정권 확대 운동을 통해 민주주의가 점진적으로 발전하고 있었고, 당시 노동자의 비참한 삶과 잉여자본으로 인해 빈부격차는 심해지고 있었다. 제국주의가 절정에 달하면서 일본이 근대화를 시작하고 미국은 조용히 힘을 키워가고 있었다. 기술이 발전하면서 과학이 모든 문제를 해결할 것이라는 진보적 사상이 함께했고, 전화, 무선통신, 자가용, 비행기 등의 기술들도 발전해 나가던 시기였다. 이러한 발전과 함께 사회의 어두운 이면도 커져갔다. 유럽 역사상 가장 사창가가 번영했던 시기였고, 제국주의는 식민지를 합리화하며 같은 인류가 또 다른 인류를 노예로 삼는 것이 당연시되고 있었다. 이러한 사회상은 인류에게 '불안'이라는 감정을 심었고, 불안을 중심으로 확산된 미술사조 표현주의를 만들어냈다.

한 인간의 삶도 하나의 커다란 역사다. 어린아이들은 걸음마를 떼고, 유치원, 초등학교에 입학하며, 매년 새로운 학생들과 만나면서 중학교, 고등학교에 입학하게 된다. 19살에서 20살의 성인이 되고, 취업을 하고 결혼을 하는 등 인생의 커다란 변화 앞에서 설렘과 함께 두려움이 공존한다. 이런 감정들을 어떻게 다루어야 하는지 내담자의 삶의 영역과 연결 지어 창작작업으로 발전시킬 수 있다.

저작권

저작권은 저작물을 창작한 저작자의 권리를 보호하기 위한 법적인 규정이다. 저작물이란, 문학, 예술, 음악, 연극, 영상 등 다양한 형태의 창작물을 말하며 회화와 조각을 포함한 명화도 이에 해당한다.

저작권은 창작자가 저작물을 창작함으로써 자동으로 발생한다. 즉, 저작자는 별도의 등록 없이 저작물을 창작하는 순간부터 저작권을 보유하게 된다. 이러한 저작권은 미국을 포함하여 한국에서도 작가가 사망한 후 70년 동안 유효하다. 미술치료 프로그램 내에서 미술품 이미지를 활용하는 것은 교육적 목적에 해당하며 영리적 목적에 해당하지 않기에 저작권과 무관하게 사용 가능하다. 그러나 일부 기관은 미술치료 교구를 활용한 수익활동을 하기도 하며, 이미지가 인쇄되거나 교재에 포함되는 등의 방식은 저작권에 민감하게 작용될 수도 있다. 낭만주의, 인상주의, 표현주의 등의 작품은 대부분 저작권으로부터 자유로운 작품들이기에, 현대미술이 아닌 과거 명화가 선택되어지기도 한다.

3. 트라우마와 젠틸레스키

예상되는 내담자

승화의 개념에 대한 심리교육이 필요한 내담자, 자신의 감정과 상황을 직접적으로 다루기 어려워하는 트라우마를 겪는 내담자, 트라우마 사건에 더한 상담을 시작하기 어려워 하는 내담자 등.

젠틸레스키의 삶

젠틸레스키는 1593년 출생한 이탈리아의 바로크 화가로, 고전주의 화가 오라치오 젠틸레스키의 딸이다. 그림을 그리고 싶어 하는 딸에게 오라치오 젠틸레스키는 동료 화가 타시를 스승으로 소개시켜 주었는데, 타시의 화실에서 그림을 그리던 젠틸레스키는 스승에게 19살에 성폭행을 당하게 된다. 여성에 대한 성폭행으로 법정 공방이 진행되기 어렵던 17세기 초 로마, 영국의 궁정화가였던 오라치오 젠틸레스키는 소송을 제기했다. 법정에서는 그녀가 '숫처녀'였는지가 중요했고(처녀가 아닌 여성에게는 성폭행이 성립되지 않았음), 이를 위해 법정에서 부인과 검사를 받는 수치를 견뎌야 했다. 또한 그녀가 원해서 성관계를 한 것이 아닌지를 묻기 위해 손가락을 으스러뜨리는 고문 '시빌레'를 견뎌야 했고, 7개월이 지나서야 그녀는 피해자라고 인정받고 풀려났다. 그러나 후원자가 많았고, 성공했던 화가 타시는 사면되었고, 아무렇지 않게 활동을 이어나갔다. 아버지는 딸을 수치스럽게 여겨 무명의 화가와 결혼시켜 성을 바꾸도록 했다.

주요 개념: 트라우마

트라우마는 큰 상처를 뜻하는 라틴어 트라우마(Trauma)의 의미가 일부 변형된 것이다. 트라우마는 일상적으로 경험되지 않는 강한 정서적 충격이나 불안 상태로 이어지는 경험이 다루기 어려운 과도한 스트레스나 심리적 고통을 유발하고 생존에 대한 공포감까지 불러일으킬 수 있는 증상이다. 자연재해, 자동차나 비행기, 선박의 사고와 같은 재난이나 사고부터 성폭행 및 대인관계 문제와 같은 대상이 존재하는 트라우마까지 그 범위가 넓다. 트라우마는 강력한 정서적 기억과 관련된 것으로, 생생한 기억, 무관심, 불안 및 고통과 같은 다양한 증상을 초래할 수 있다. 이러한 증상은 일상적인 활동과 멀어지게 만들고, 대인관계를 어렵게 만든다.

〈수산나와 노인들〉

아르테미시아 젠틸레스키 <수산나와 노인들> 1610

〈수산나와 노인들〉은 젠틸레스키가 성폭행으로 타시를 고소하기 직전에 그린 그림이다. 수산나의 남편 요아킴이 집에 사람들을 초대하여 술자리를 가졌는데 그중 수산나의 미모에 반한 늙은 두 재판관이 수산나에게 흑심을 가지게 된다. 사람들이 거의 집에 가던 무렵, 술에 잔뜩 취한 두 재판관은 수산나에게 성관계를 요구했고, 만약 거절하면 '젊은 남자와 간통했다'고 남편에게 알리겠다고 협박했다. 당시 결혼한 여성의 간통은 사형이었지만 '겁탈 당하느니 죽음을 택하겠다'고 결심한 수산나는 노인들의 제안을 거절하고 법정으로 가게 된다. 법정은 죄 없는 수산나에게 사형을 선고했으나, 이때 성령이 어린 다니엘의 몸에 내려왔고, 다니엘이 진실을 밝혀 수산나가 누명을 벗게 된다.

미술사에서 옷을 벗은 여성이 등장하는 것은 어렵지 않게 찾아볼 수 있다. 그러나 여성이 남성을 불쾌해하고 있는 모습은 역사상 유래가 없었다. 다니엘서에서는 '늙은 두 재판관'으로 묘사되고 있는 장면이지만, 젠틸레스키의 그림 속 왼쪽 남성의 머리카락은 검은 색이다. 젠틸레스키를 성폭행한 스승 타시를 그린 것이다. 그리고 여성의 얼굴에는 젠틸레스키 자신의 자화상을 그려넣었다. 젠틸레스키는 타시가 자신에게 음흉하게 접근하는 것에 대해 불쾌하다는 것을 그림으로 표현한 것이다.

〈홀로페르네스의 목을 베는 유디트〉

아르테미시아 젠틸레스키 <홀로페르네스의 목을 베는 유디트> 1621

성폭행 사건 이후 젠틸레스키는 그림 속에서 살인하는 여성의 모습을 그린다. 그러나 그림의 내용은 모두 신화 속 이야기나 성경의 이야기 등에서 활용된다. 〈홀로페르네스의 목을 베는 유디트〉는 카라바조, 보티첼리, 렘브란트, 클림트 등 다양한 화가들의 손을 거쳐 탄생되었던 작품이다. 유디트는 구약성서에 등장하는 베투리아 마을의 아름다운 과부이다. 아시리아로부터 마을을 공격당했을 때, 유디트는 자신의 아름다움을 이용하여 적장 홀로페르네스에게 술을 먹여 취하게 만들고, 방심한 틈을 타서 적장의 머리를 벤 여성 영웅이다.

젠틸레스키는 유디트의 얼굴에는 자신의 자화상을, 홀로페르네스의 얼굴에는 타시의 초상화를 그렸다. 이 그림은 역사상 여성이 남성을 적극적으로 죽이는 최초의 그림으로 기록되었다. 젠틸레스키는 미술가협회에 등록된 최초의 여성이자, 공문서에 여성이 서명을 할 수 있도록 제도를 바꾼 인물이기도 하다.

함께 생각해 볼 이야기

- 젠틸레스키는 여성이 남성을 죽이고 있는 수십 장의 그림에 자신과 타시의 얼굴을 그려 넣었습니다. 이것은 젠틸레스키에게 어떤 의미였을까요?
- 내가 누군가를 그림 속에서 원하는 대로 벌할 수 있다면, 나는 누구를 어떻게 벌하고 싶나요?
- 성폭행범 타시에게는 실제적인 처벌이 가해지지 않았습니다. 젠틸레스키가 실질적으로 할 수 있는 일은 무엇이 있었을까요?
- 젠틸레스키가 나의 아주 가까운 친구라고 가정했을 때, 19살의 젠틸레스키에게 나는 어떤 말을 해줄 수 있을까요?

응용 가능한 프로그램

<당신이 나에게 했던 나쁜 말들>

<아팠던 그날의 마음에게>

① 내 안에 존재하는 미해결된 감정의 대상을 점토나 종이인형 등으로 만들고, 그 사람에게 하고 싶은 이야기나 행위를 안전한 공간에서 실행하기

② 자신에게 있었던 트라우마 사건의 감정을 이미지로 표현하고 감정과 소통하기

③ 도화지 가운데 나를 나타내는 이미지를 그리고, 인간관계를 마인드맵처럼 표현한 후, 나에게 피해를 주는 인간관계를 심리적으로 단절시키기

4. 자기대화와 반고흐

예상되는 내담자

자신의 삶을 사랑하지 못하는 내담자, 스스로에게 부정적 자기대화를 반복하는 내담자, 고통스러워하는 것이 자신의 삶과 어울린다고 생각하며 그 패턴 속에 갇혀 사는 내담자 등.

반 고흐의 삶

빈센트 반고흐가 태어나기 1년 전 고흐의 부모님은 아들을 낳고 빈센트 반고흐라 이름 붙였다. 그러나 첫째 아들은 태어나자마자 세상을 떠났다. 이 부부는 태어난 둘째 아들에게 똑같은 이름을 지어주고, 죽은 형의 무덤을 함께 다니며 "네가 형의 삶을 대신 사는 것이다."라는 이야기를 했다. 목사였던 아버지는 아들이 목사가 되기를 원했기에 그림을 그리려는 아들을 못마땅하게 생각했다. 그를 유일하게 인정해준 사람은 남동생 테오 반고흐였다. 동생 테오는 아버지가 경제적 지원을 형에게 해주지 않자 스스로 후원자가 되어 형을 돕는다. 아버지는 뇌졸중으로 사망하여 고흐의 제대로 된 작품도 보지 못했다. 고흐는 파리에서의 성공을 꿈꾸며 프랑스로 향했지만 인간관계가 쉽지 않았고, 아를로 떠나 그곳에서 자신과 함께 그림을 그릴 화가 공동체를 모집한다. 고흐와 관계가 좋지 않았던 작가들은 아무도 지원하지 않았다. 동생 테오는 형과 비슷하게 미대를 졸업하지 않았으며 뒤늦게 전업 작가에 도전한 작가 폴 고갱에게 매달 작품을 한 점씩 사주는 조건으로 함께 작업실을 쓸 것을 제안한다. 소심하고 집착적이었던 고흐와 대범하고 자기중심적이었던 고갱은 서로 의견충돌이 잦았는데 결국 이 둘은 크게 싸우게 되고 이 사건 때문에 1888년 12월 23일 고흐 스스로 귀를 자르는 사건이 일어난다. 이 사건 이후 고흐는 정신병원에 입원하게 되고, 1890년 7월 권총으로 스스로 목숨을 끊게 된다.

주요 개념: 자기대화

자기대화란 자신에게 말을 거는 행위로, 스스로를 이분화하여 대화하며 긍정적인 부분을 강화하기도, 부정적인 부분을 강화하기도 하는 전략이다. 한 개인은 다양한 방식으로 자아를 이분화한다. '나와의 약속', '나에게 주는 선물'과 같은 말은 스스로를 이분화하는 대표적인 모습이다.

어떤 사건을 마주했을 때 자기자신에게 하는 말은 다양하다. "또 이럴 줄 알았다."와 같이 스스로를 자책하는 말을 먼저 하기도 하고 "힘내서 잘 해보자."와 같이 자신을 응원하는 말을 하기도 한다. 어린 시절부터 부정적인 대화를 부모로부터 들은 아이들은 자라나면서 부정적 자기대화를 지속적으로 하며 부정사고를 강화한다. 어렸을 때 길을 가다가 넘어졌을 때, 부모님이 해 주었던 이야기는 대표적인 자기대화 양상을 만든다. "괜찮아?"라고 묻기도 하고, "그러게 서두르지 말라니까."라고 훈계하기도 하고, "일어나."라고 자립시키려는 태도를 보이기도 한다. 이런 이야기는 성인이 된 지금 어떤 사건을 만날 때마다 스스로에게 하는 자기대화와 닮아있다 어린 시절부터 형을 대신해서 살았고, 아버지가 원하는 방향으로 살지 못했던 고흐는 스스로가 다른 사람으로부터 사랑받지 못하는 가치없는 사람이라는 사고를 키워나갔고, 이로 인해 결국 자신에게 가장 폭력적인 방법을 선택했다.

〈별이 빛나는 밤〉

빈센트 반고흐 <별이 빛나는 밤> 1889

〈별이 빛나는 밤〉은 내담자들이 다양한 투사를 경험할 수 있는 작품이다. 작품 속 고요함을 발견하기도 하고, 혼란스러움과 불안함, 공허함과 우울을 발견하기도 한다. 고흐가 귀를 자르고 발작을 일으킨 후 죽기 전까지 고흐의 그림 속에 자주 등장하는 나무는 사이프러스 나무다. 〈별이 빛나는 밤〉의 왼편에 검게 구불거리는 나무가 사이프러스다. 꽃에 꽃말이 있듯 나무에도 나무말이 있다. 사이프러스 나무의 나무말은 '죽음'으로, 작품의 윗부분까지 가득 찬 사이프러스 나무는 죽음만이 하늘에 닿을 수 있는 유일한 방법임을 암시하고 있다. 고흐의 아버지가 바랐던 목사의 길을 회상하며 고흐는 마을 한가운데에 교회를 그렸다. 하늘에 조금이라도 가까이 다가가려는 마음으로 인간은 교회를 더 높이 지었다. 그러나 그런 노력을 비웃듯 하늘에 가장 가까이 닿아 있는 것은 죽음뿐이다.

〈해바라기〉

빈센트 반고흐 <해바라기> 1889

빈센트 반고흐는 동생 테오를 제외하고는 유대감 있는 유의미한 인간관계를 유지하지 못했다. 아버지는 아들이 실패했다고 생각했고, 고흐는 자신이 좋아했던 여성들과는 이어지지 못했으며, 의지하고 싶었던 동료 화가 고갱 역시 그를 떠났다. 고갱이 아를의 작업실에 합류하겠다는 이야기를 들었을 때, 고흐는 너무나 기뻐했다. 드디어 자신만의 공간에서 자신과 뜻이 맞는 예술가와 함께할 수 있다는 기대감 때문이다.

해바라기는 원래 고갱을 위해 그린 그림이었다. 남미에서 온 고갱이 해바라기가 없는 아를에서 해바라기를 보고 싶어 할 것이라 생각하여, "당신이 오기 전까지 해바라기 그림을 그려서 당신 방을 꾸며놓겠습니다."라고 편지를 쓴다. 실제로 고갱을 기다리며 그렸던 해바라기는 4점이다. 고흐에게 고갱은 기다림이자 설렘이었고, 이는 병적인 집착으로 이어지게 된다. 고갱은 고흐를 무시하고 가르치려 들었으며, 고흐는 늘 술에 취해 있었고, 다양한 인지 왜곡을 겪고 있었다. 1888년, 고흐의 지원군이었던 테오가 그에게 곧 결혼한다는 편지를 보냈고, 고갱 역시 그를 떠나겠다는 이야기를 남긴다. 이에 고흐는 다시 혼자가 될 것이라는 공포심에 발작 증세를 겪으며 스스로 귀를 자르게 된다.

고갱이 떠나간 이후에도 고흐는 7점의 해바라기를 더 그렸고, 고흐가 스스로의 목숨을 끊었다는 소식을 들은 고갱은 이후 고흐를 추모하는 마음으로 해바라기 연작을 작업한다.

함께 생각해 볼 이야기

- 어렸을 때 부모님은 나에게 어떤 대화를 해 왔었나요? 길 가다 넘어졌을 때, 다쳤을 때, 무언가 잘했을 때를 떠올려 주세요.
- 최근 나 스스로에게 해 주었던 긍정적 자기대화와 부정적 자기대화를 구분해서 적으면 어떤 이야기가 더 많을까요?
- 어린 시절의 고흐에게 해주고 싶은 이야기가 있다면 무엇을 전하고 싶나요?
- 고흐에게 가장 필요했던 것은 무엇이었을까요?
- 누군가를 기다리며, 생각하며 설레었던 기억은 언제였나요?
- 우리는 부모님의 기대에 따라 많이 살아가고 있습니다. 나는 어떤 기대감에 맞추려 노력했고, 어떤 부분은 따르기를 거절했나요? 그 이유는 무엇인가요?
- 자신을 한심한 아들로 기억하던 아버지가 돌아가시자 고흐는 큰 좌절을 느꼈습니다. 더 나아진 모습을 보여줄 기회가 없어졌기 때문입니다. 시기를 놓쳐 누군가에게 전하지 못했던 이야기가 있나요?

응용 가능한 프로그램

① 두 개의 사람 도안을 놓고, 나에게 해주는 긍정적 대화와 부정적 대화를 양쪽에 적은 후, 느끼는 나의 감정을 시각화하기

② 자신이 가지고 있는 두려움의 모습을 이미지로 나타내고 대상의 특성을 구체화하고 이름 붙이기

③ 긍정적 자기대화와 부정적 자기대화로 인한 감정을 백미와 흑미로 나타내고 긍정적 자기대화의 힘을 키우는 전략 세우기

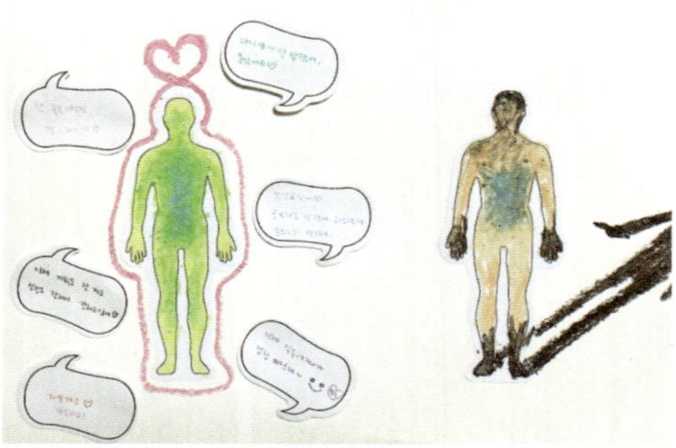

<자기대화와 나의 감정>

<긍정적 vs 부정적 자기대화>

5. 행복의 선택과 르누아르

예상되는 내담자

불행은 어쩔 수 없는 것이라는 높은 외적 통제위치를 가진 내담자, 감정은 피동적으로 느낄 수밖에 없는 존재라 생각하는 내담자, 삶의 변화가 불가능할 것이라 생각되는 내담자 등.

르누아르의 삶

오귀스트 르누아르는 가난한 노동자 집안의 일곱 자식 중 여섯 번째로 태어났다. 르누아르는 13살에 도자기 공방에서 그림을 그리며 소묘학교 야간학교를 다녔고, 생활비를 벌기 위해 부채나 장롱에 채색하는 일을 했다. 그리고 1862년 파리 국립고등미술학교(에콜 데 보자르)에 합격하게 된다. 젊은 시절 경제적으로 어려움을 겪던 르누아르는 클로드 모네와 함께 동료화가 바지유의 작업실에 얹혀살기도 했다.

르누아르는 일관된 주제와 대상을 그려왔는데, 사람들이 행복하게 도심에서 생활하는 모습, 파티에 참여하는 모습, 아름다운 숲속 풍경, 말이 뛰어노는 모습, 고양이를 안고 잠든 소녀 등 모두 '보았을 때 행복해지는' 그림들이다. 르누아르는 비록 경제적으로 어렵고, 작품은 팔리지 않더라도 행복만을 그림에 담으려 했다. '인생에는 비극적인 것이 많은데 그림까지 비극적일 필요는 없다.'고 생각한 그는 평생을 행복을 발견하고 전달한 작품만 제작했으며, 60대에는 '현존하는 프랑스 최고의 화가'라는 평을 듣게 된다.

주요 개념: 행복의 선택

현실치료이론은 인간이 세상을 인식하고 경험하는 방식에 초점을 맞춘다. 현실치료이론에 따르면, 모든 인간은 자신의 인식과 경험을 토대로 현실을 구성하고 그에 따라 자신의 행동을 선택한다. 따라서 행복과 불행은 선택 가능한 사항이며, 행복을 선택하기 위해 다음과 같은 방법들을 권하고 있다.

- 자신의 신념과 가치를 파악하고, 그것을 기반으로 삶의 목표를 설정한다.
- 자신의 인식과 경험을 통해 현실을 인식하고, 문제와 곤란한 상황을 해결하기 위한 적극적 태도를 유지한다.
- 자신의 감정을 인식하고, 적절한 대처 방법을 찾아 심리적 안정감을 유지한다.
- 자신의 인간관계를 향상시키기 위해 상호작용을 적극적으로 추구하고, 타인과의 연결성을 강화한다.
- 자신의 능력과 자원을 개발하고, 자기 결정과 행동의 책임을 갖는 자기 효능감을 유지한다.

이러한 방법들을 통해 인간은 자신의 인식과 경험에 기반하여 행복을 선택할 수 있으며, 이는 현실치료이론의 핵심적인 개념 중 하나인 '현실적 자기 결정'에 근거한다.

함께 생각해 볼 이야기

- 내가 일상에서 '편안하다'고 느끼는 시간, 장소, 대상을 알려주세요.
- 누군가 닮고 싶은 롤모델이 있다면 누구인가요? 그 사람의 어떤 모습이 내게 매력적이었나요?
- 내가 가지고 있는 강점은 무엇인가요? 나는 그 강점을 어떻게 활용하나요?
- 반대로 내가 가지고 있는 단점은 무엇인가요? 나는 그 단점을 어떻게 강점으로 변화시킬 수 있을까요?
- 지금 당장 행복한 상황이 아니더라도 행복한 감정을 떠올리고 집중하는 것은 내게 어떤 도움이 될까요?

응용 가능한 프로그램

<긍정보드>

<행복의 구성 요소들>

① 자신의 행복의 구성요소들 표현하기
② 지금의 불편함으로부터 벗어난 미래 모습 그리기
③ 자신에게 행복감을 주는 요소들과 문구들을 모아 긍정보드 만들기

6. 열등감과 로트렉

예상되는 내담자

자신의 외모나 능력 등으로 인해 자신감이 부족한 내담자, 경쟁적인 환경에서 열등감을 경험하는 내담자, 가정이나 사회적 환경 등으로 인해 차별이나 혐오를 경험하는 내담자, 인간관계에서 만족스러운 성과를 이루지 못하여 자존감이 낮아진 내담자, 일자리나 경제적인 지위 등에서 인정받지 못하여 열등감을 느끼는 내담자 등.

로트렉의 삶

로트렉은 19세기 후반 프랑스의 화가, 포스터 작가, 일러스트레이터였다. 그의 본명은 Henri Marie Raymond de Toulouse-Lautrec-Monfa로 1864년 프랑스 남부의 알비에서 귀족가의 일원으로 태어났다. 아버지와 어머니는 사촌지간이었는데 그 사이에서 태어난 로트렉은 선천적인 골격질환을 앓았다. 14살, 15살에 도랑에서 넘어지고, 의자에서 떨어지는 가벼운 사고로 하체가 더 이상 성장하지 않는 장애를 가지게 된다.

미술을 공부하게 된 로트렉은 파리 물랭루주에서 대부분의 시간을 보냈다. 물랭루주는 돈을 지불하기만 하면 매춘부, 상인, 지식인 등 모든 사람들이 함께 즐길 수 있는 곳이었고, 그의 장애는 문제가 되지 않는 곳이기도 했다. 로트렉은 특히 장애인, 성소수자, 직업적 소수자에 관심을 가지고 작품의 주제로 삼았는데, 장애인으로서 느낀 차별과 멸시에 반대하는 목소리를 작품 안에 남겼다.

주요 개념: 열등감

개인심리학의 창시자 아들러는 열등감을 개인의 삶에서 긍정적 역할을 하는 요소로 보고 있다. 열등감은 피해야 하거나 미워해야 하는 대상이 아니라, 성장을 위한 자원으로 활용할 수 있다는 것이 그의 주장이다.

열등감은 사회적, 경제적, 신체적 측면으로 나누어 살펴볼 수 있다. 먼저 자신이 다른 사람에 비해 낮은 지위에 있는 것처럼 느낄 수 있다(사회적 측면). 그리고 여유있게 살아가는 다른사람과 자신을 비교하고(경제적 측면), 남들에 비해 외모의 매력이 부족하다고 자책한다(신체적 측면). 이때 자신을 격려하고, 다른 사람과의 비교를 줄이고, 자신만의 유일한 능력과 가치를 인정하며 사회에서 자신의 역할을 찾아야 한다. 이를 통해 자신의 가치를 다시 발견하고 이를 토대로 건강한 미래를 계획하고 실행할 수 있다.

〈물랭루주에서〉

툴루즈 로트렉 <물랭루주에서> 1895

물랭루주는 파리 근교에 위치한 공연장으로, 화려한 연극, 춤, 음악 등 다양한 방식으로 물랭루주를 즐기는 사람들의 모습이 나타난다. 이 그림에서 로트렉은 관람객으로 하여금 자신을 찾도록 유도하고 있다. 많은 사람들이 가운데에 보이는 중절모를 쓴 남성을 먼저 고르지만, 실제로 로트렉은 그림의 뒤편에 키 큰 남자와 함께 걸어가고 있다. 옆의 남자가 키가 정말로 큰 것인지, 로트렉의 키가 140cm에서 멈췄기 때문에 상대적으로 크게 보이는지는 중요한 것이 아니다. 다만, 이곳에서만큼은 귀족 친척들 사이에서 장애인이라 손가락질받는 것도, 다른 사람들에게 이상한 시선으로 평가받지 않고 나 자신으로서 존재할 수 있다고 로트렉은 믿었다.

로트렉은 '내 다리가 10cm만 더 길었다면 나는 그림을 그리지 않았을 것이다.'라고 말하며 정적인 생활을 해야 했던 장애의 발병이 미술이라는 새토운 방식으로 삶을 변화시켜나갔음을 언급했다.

〈물랭루주 포스터〉

툴루즈 로트렉 <물랭루주 포스터> 1891

로트렉의 물랭루주 포스터는 그의 가장 유명한 작품 중 하나로 꼽히며, 혁신적인 포스터 디자인의 선구자로도 평가된다. 이 포스터는 1891년에 제작되었으며, 파리의 유명한 공연장인 물랭루주에서 열리는 공연을 홍보하기 위해 만들어졌다. 이 포스터는 당시 일반적으로 사용되던 노골적인 광고 방식과는 달리, 선명하고 대담한 색감과 특유의 흔들리는 라인으로 묘사된 인물들의 모습으로 주목을 끌었다.

로트렉이 활동하던 당시 포스터는 예술의 장르에 포함되지 않았다. 로트렉은 자신을 장애가 있다고 남자로서, 예술가로서 인정해 주지 않는 사람들의 시선을 포스터를 통해 다시 보게 되었다. 그는 자신이 예술혼을 담는다면 포스터가 단지 종이 인쇄물이 아니라 예술품이 될 수 있다는 것을 보여주려 했다.

이 포스터는 특히 파리에서 급부상한 무대 및 광고 예술의 대표적인 작품 중 하나로 꼽히며, 그 당시의 프랑스 문화와 예술사에 큰 영향을 미쳤다. 또한 이후의 포스터 디자인과 광고 디자인에도 큰 영향을 끼쳤으며, 현재까지도 디자인 분야에서의 영감과 모델로 자주 이용되고 있다.

함께 생각해 볼 이야기

- 포스터를 다루는 로트렉의 시선에서 무엇을 느낄 수 있었나요?
- 내가 신체적, 사회적, 경제적으로 열등감을 가지고 있는 요소 중, 내가 더 긍정적인 방향으로 활용할 수 있는 것은 어떤 것이 있을까요?
- 과거 나의 열등감이 있기에 성장했던 부분에는 어떤 것이 있나요?
- 나는 싫어하는 내 모습인데, 다른 누군가가 그 모습을 좋게 봐 주었던 기억이 있다면 어떤 부분인가요?
- 내가 가지고 있는 단점 중, 나의 장점을 이용해서 다른 방향으로 변화시켜 나갈 수 있는 부분에는 어떤 것이 있나요?

응용 가능한 프로그램

<열등감을 성장시킨 나>

<나의 열등감 그래프>

① 자신의 열등하다고 생각하는 요소에 자신이 강점이라 생각한 요소를 색모래로 채우며 각 요소들이 서로를 긍정적으로 보완해 나가는 방식 탐구하기

② 얼굴 도안이 그려진 도화지에 열등감을 경험하는 자신의 얼굴을 자유롭게 표현한 후 OHP 필름을 위에 올리고 새롭게 바라볼 수 있는 모습으로 추가작업하기

③ 도화지를 대문접기로 접은 후, 문의 안쪽에는 열등감을 긍정적으로 활용하는 자신의 모습을, 문의 밖에는 열등감을 성숙하게 성장시키는 자신의 모습을 표현하고 밀봉하기

7. 회복탄력성과 칼로

예상되는 내담자

정신 건강 문제를 겪고 있는 내담자(우울증, 불안 장애, 외상 후 스트레스 장애 등), 삶의 변화나 고충을 겪는 내담자(이직, 이혼, 가족 문제, 건강 문지 등), 직장이나 학교에서 스트레스를 느끼는 내담자(업무 부담이나 대인관계 등), 자녀를 둔 부모님들(자녀의 어려

움, 성장과정에서의 문제, 가족 간 갈등 등), 질병을 겪는 내담자(질병에 대한 스트레스와 불안, 치료 과정에서의 어려움 등) 등.

프리다 칼로의 삶

프리다 칼로는 멕시코의 화가로, 그녀의 생애는 매우 고통스럽고 비극적이었다. 프리다는 18세 때 버스 사고로 인해 철근이 질을 관통하고 오른쪽 다리가 11조각으로 부서지는 심각한 상처와 외상을 입었다. 이 사고는 그녀의 평생을 바꾸게 되는 사건이었는데, 그녀는 수십 번의 수술을 받고 끊임없는 통증과 복용한 진통제, 약물 등으로 인해 상당한 고통을 겪었다.

칼로는 1920년대 후반부터 화가로서의 작업을 시작했으며, 이때 멕시코의 사회주의 화가 디에고 리베라와 사랑에 빠져 결혼하게 된다. 그러나 세 번째 결혼이었던 리베라는 칼로에게 충실하지 않았고, 그림의 모델, 칼로의 친구와 여동생과도 불륜을 저지르고 결국 둘은 이혼한다. 그러나 리베라의 요청으로 재결합한 칼로는 무한한 용서와 포용을 보여주었고, 멕시코의 500페소 지폐에는 앞뒤로 리베라와 칼로가 실려있다.

프리다 칼로는 그녀의 삶을 통해 인간의 고통과 인권 문제를 소중히 여기고, 자신의 작품을 통해 이를 표현하였다. 그녀는 여성 예술가이자 인권 운동가로서 많은 사람들에게 영감을 주었으며, 그녀의 작품과 삶은 오늘날까지도 많은 이들에게 큰 관심을 받고 있다.

주요 개념: 회복 탄력성

회복 탄력성은 어려운 상황이나 역경에서 자신의 감정과 행동을 조절하며, 실패와 고통 등의 부정적인 경험을 극복하고 다시 일어날 수 있는 능력을 의미한다. 회복탄력성은 어려운 상황에서도 긍정적으로 생각하고, 문제를 해결할 수 있는 자신감과 능력을 가지며, 이로 인해 스트레스와 불안을 줄여준다. 또한 유연하고, 적응적이고, 긍정적인 인생 철학을 가질 수 있도록 돕는다.

인생은 언제나 어려움과 도전으로 가득 차 있기 때문에, 어려운 상황을 만나 마음이 부서져 쉽게 괴로움을 견딜 수 없는 상황이 일어날 수 있다. 회복탄력성은 실패나 고통 같은 부정적인 경험에도 불구하고 자신의 삶을 긍정적으로 바라볼 수 있고, 새로운 도전에 재빠르게 대처할 수 있도록 돕는다. 또한, 자신의 신체적, 정신적 건강을 유지할 수 있고, 스트레스와 불안을 줄이도록 돕는다.

〈헨리포드 병원〉

프리다 칼로 <헨리포드 병원> 1932

프리다 칼로의 작품 〈헨리포드 병원〉은 프리다 칼로가 1932년에 제작한 작품으로, 유산으로 아이를 잃은 슬픔을 담은 그림이다. 남편의 반복되는 외도에 칼르는 아이가 생긴다면 남편이 변할 수도 있다는 생각을 하게 된다. 그러나 과거 교통사고로 인해 건강하지 않았던 그녀의 몸은 임신을 견디지 못했고, 3번의 유산을 하게 된다. 〈헨리포드 병원〉은 유산 이후 고통스러웠던 시간을 담은 작품이다. 황무지에 홀로 쓸쓸하게 누워 유산으로 낭자한 피 위에 쓰러져 있는 자신의 모습이 브인다. 그녀는 탯줄을 부여잡고 있는데, 탯줄에 연결된 것들은 자신의 몸 안에 잠시 있던 아기 태아, 자신의 몸을 지탱해 주고 있는 의료기구들, 그리고 병원 입원동안 더디고 가지 않는 시간을 의미하는 달팽이가 있다. 보라색 꽃은 디에고가 선물한 꽃이지만 시들었다. 디에고에게 늘 기대했지만, 주로 실망스러웠던 둘 사이의 관계가 드러난다.

〈희망의 나무, 굳세어라〉

프리다 칼로 <희망의 나무, 굳세어라>

프리다 칼로의 작품 〈희망의 나무 굳세어라〉는 그녀가 사망하기 얼마 전, 반복되는 허리 수술의 실패로 인해 매우 고통스러운 시기에 그린 그림 중 하나다. 이 작품은 삶의 고통과 고난을 극복하려는 인간의 의지와 희망을 나타내고 있다.

작품의 왼쪽에는 18살, 교통사고를 당했던 운명의 희생자이던 어린 칼로가 그려져 있고 하늘에는 태양이 떠 있다. 그러나 오른쪽에는 운명을 이겨낸 영웅과도 같은 칼로가 그려져 있다. 들고 있는 깃발에는 '희망의 나무, 굳세어라'라고 적혀있다.

이 작품은 보는 이에게 용기와 힘을 주며, 어떤 어려움에 직면하더라도 희망을 잃지 않고 굳건하게 서서히 굴하지 않고 이겨나가자는 메시지를 전달한다. 프리다 칼로는 이 작품을 그리면서 자신의 삶에서 겪었던 고통과 어려움을 극복하고자 했던 마음을 담았다. 이 작품은 그녀의 의지와 열정을 나타내는 대표적인 작품 중 하나로 꼽히며, 많은 사람들에게 희망과 용기를 전달하고 있다.

함께 생각해 볼 이야기

- 내 인생이 더 이상 일어설 수 없을 정도로 절망적이라고 생각했던 때는 언제인가요?
- '힘들다'고 느낄 때, 내가 다시 일어서도록 도움을 준 것은 어떤 것이 었나요??
- 살아가면서 '저 사람은 이런 어려움을 겪으면서도 이겨낸 것이 참 대단해.'라고 느꼈던 사람은 누가 있나요?
- 프리다 칼로가 리베라와 재혼을 선택할 것에 대해서는 어떻게 생각하나요?
- 나의 인생에 있어서 중요한 가치의 우선순위는 어떻게 되나요?

응용 가능한 프로그램

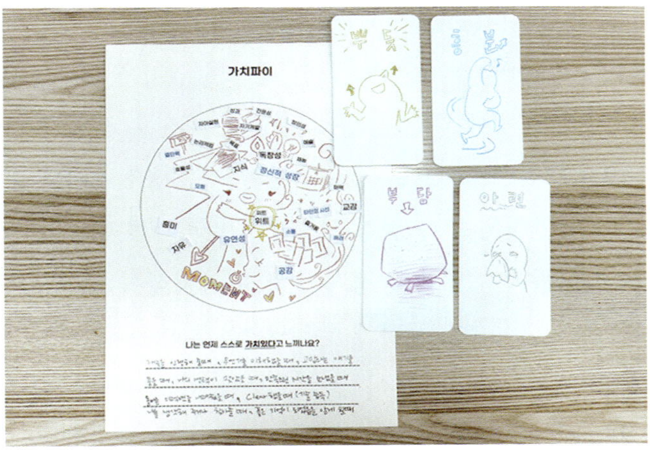

<가치파이>

<힘든 시간을 이겨낸 나에게>

① 과거 힘든 시간을 잘 이겨낸 자신을 상징적으로 만든 후, 응원의 편지 작성하기
② 원 안에 자신의 가치 중 중요한 가치의 우선순위에 따라 가치파이 그리기
③ 미래에 언젠가 또다시 어려움을 만나게 될 자신의 모습을 만든 후, 지금과 과거의 나의 모습과 소통하기

8. 인정 욕구와 세잔

예상되는 내담자

자신의 업적을 인정받지 못한 것에 대해 불만이 있는 내담자, 다른 사람들에 비해 자신의 능력이 낮다고 생각하는 내담자, 자신이 원하는 만큼의 인정과 찬사를 받지 못하는 것에 대해 불안을 느끼는 내담자, 타인의 인정과 칭찬에 대해 지나치게 의존하는 내담자, 자신의 노력과 성과에 대한 인정이 필요한 직장인 내담자 등.

폴 세잔의 삶

폴 세잔은 19세기 후반 프랑스의 미술가로, 광활한 풍경과 사람들의 일상생활을 현실적으로 그린 작품으로 유명하다. 세잔은 1839년 1월 19일 프로방스 지방의 부유한 부모의 아들로 태어났다. 그러나 그의 아버지는 예술에 대한 세잔의 열정을 이해하지 못하고, 그의 아들이 화가로서 성공하는 것에 대한 불신을 품었다. 세잔은 성공한 아버지로부터 인정받지 못했으며 미술대학 입시에도 수차례 낙방했고, 살롱전에서도 화단의 좋은 평가를 받지 못했다. 이런 환경은 그가 점차 사람들을 기피하게 만들었다. 결국 세잔은 자신을 지지해주는 사람들이 건네는 긍정적 말조차 왜곡하여 받아들였다. 대인관계에서 어려움을 겪은 세잔은 산속에 들어가 은둔생활을 하였는데, 사랑하는 여성과 만나 아들을 낳았음에도 당시 사회적 신분이 낮았던 모델출신이라 아버지로부터 무시당할 두려움에 소개조차 하지 못했다.

세잔은 피카소, 브라크 등 입체주의에 영향을 준 작가로 알려져 있지만, 그는 살아생전에 대중과 화단으로부터 그다지 인정받지 못했고 사망 후에야 현대미술의 아버지라는 명칭을 얻게 된다.

주요 개념: 인정 욕구

인정받는다는 것은 다른 사람들로부터 자신의 존재, 능력, 행동 등에 대해 긍정적인 반응을 받는 것을 의미한다. 인간은 자신이 인정받으면 더욱 자신감을 가지고, 보다 안정감을 느끼며, 보다 만족스러운 삶을 살 수 있다.

인정의 모습은 다양하다. 예를 들어, 칭찬, 격려, 인정의 말이나 표현, 성과에 대한 인정, 자신의 노력이 인정받는 것 등이 있다. 인정받는 감각은 자신감과 자아존중감을 높이고, 학습과 성장에 도움을 준다.

하지만 인정이 과도하게 중요시되면서 타인의 평가에 지나치게 의존하거나, 인정을 받지 못하면 과도한 스트레스나 불안감을 느끼는 등의 부정적인 영향도 있다. 따라서 인정받는 것은 중요하지만, 이것이 모든 것을 결정하는 것은 아니며, 자신의 가치와 삶의 방향에 대한 명확한 인식과 자신에게 충실한 행동이 더욱 중요하다.

인정의 부재는 슬픔 분노 등의 감정적인 문제, 자아존중감의 저하, 다른 사람들과의 관계에서 격리되는 사회적 부적응, 고립감 등의 문제를 야기할 수 있다.

〈레벤망〉

폴 세잔 <레벤망> 1866

화가가 되겠다는 세잔의 꿈을 반대했던 아버지는 막대한 재산이 있음에도 불구하고 생활비를 지원해 주지 않았다. 그때 세잔을 후원해 준 사람은 초등학교 때부터의 친구였던 문학가 에밀 졸라였다. 그러나 에밀 졸라가 소설 〈작품〉을 발표했을 때 이 둘은 결별하게 된다. 〈작품〉 속 주인공은 자신이 재능 없음을 깨닫고 자살하는 화가로 등장하는데, 세잔은 그것이 자신을 겨냥했다고 생각했기 때문이다. 세잔이 에밀졸라와 멀어지게 했던 마음 중에는 열등감과 비교의식도 있었다.

세잔의 아버지는 초등학교 때부터 화가와 글작가가 되고 싶어 하는 세잔과 에밀 졸라가 못마땅했다. 그러나 성인이 되고 나서 졸라가 사회적으로 인정받게 되자, 결국 '졸라는 재능이 있었고 너는 재능이 없다'고 이야기했다. 작품 〈레벤망〉 속 세잔의 아버지는 신문 레벤방을 읽고 있는데, 레벤망은 에밀 졸라가 칼럼을 기고하던 신문이었다. 실제로 세잔의 아버지가 레벤망을 구독하지는 않았지만, 아버지가 졸라를 인정했던 것처럼 자신도 인정받고 싶다는 소망이 담겨있다. 아버지의 머리 위에는 세잔이 그린 정물화가 그려져 있는데, 한 번도 자신의 그림을 집에 걸지 않은 아버지로부터 인정받고 싶은 마음이 드러난다.

〈사과가 있는 정물〉

폴 세잔 <사과와 오렌지> 1900

부재된 인정욕구는 다른 사람의 말을 곡해해서 듣는 인지 왜곡인 독심술을 키웠다. 다른 화가들이 세잔의 작품에 대해 칭찬하더라도 세잔은 '나를 동정해서 좋은 말을 하는 것이다.'라는 생각을 했고, 오히려 화를 내기도 했다. 먼저 성공한 친구 에밀 졸라는 세잔을 여러 예술가 모임에 데리고 갔지만, 세잔의 자격지심은 그를 사람들로부터 점점 멀어지게 만들었다.

사람들과의 만남에서 머릿속이 복잡했던 세잔은 사람들로부터 멀어지는 선택을 한다. 산속으로 들어가 사랑하는 사람만을 곁에 둔 채, 보이는 것을 그리고 또 그렸다. 그리고 가장 본질적인 것이 가장 아름다운 것이라는 것을 깨닫고, 구, 원기둥, 원뿔, 육면체 등으로 이루어진 세상의 법칙을 깨닫게 된다.

함께 생각해 볼 이야기

- 머릿속이 복잡할 때, 머리를 비우고 단순하게 만드는 나만의 방법이 있나요?
- 나는 누구의 인정을 받았을 때 가장 채워짐을 느끼나요?
- 내가 누군가에게 해 주었던 칭찬 중 기억에 남는 것은 무엇인가요?
- 나는 나 스스로를 얼마나 자주 칭찬하나요? 내가 최근에 내게 해주었던 칭찬은 어떤 것이 있나요?
- 내가 세상으로부터 단절되고 싶을 때, 안전하게 숨을 수 있는 나만의 공간은 어디인가요?
- 내가 지금까지 살면서 잘 했다고 생각하는 성취 리스트 5개는 무엇인가요?

응용 가능한 프로그램

<성취의 유리병>

<나를 위한 응원>

① 나 스스로에게 응원의 편지를 적고, 개인적 의미를 담은 성취유리병 만들기

② 지금까지의 성취 리스트가 꽃과 열매로 열리는 성취 화분 만들기

③ 나를 지지해 주는 긍정적 메시지를 적고 서로에게 공유하기

Chapter 15. 특수대상과 미술치료

특수대상 미술치료는 인지적 측면이나 지적 측면 등에서 특수한 어려움을 겪는 내담자를 위한 미술치료를 의미한다. 언어기반 상담에서는 대상에서 일반적으로 제외되는 내담자군으로, 미술치료를 통한 별도 요소 충족이 목표가 된다. 인지적 오류를 개선해가는 언어적 의사소통이 어려운 내담자의 경우, 미술치료의 목표가 재활이나 감각통합, 눈과 손의 협응 능력 향상 등, 언어기반 상담에서는 다루지 않는 영역으로 설정되기도 한다.

미술치료에서의 특수대상은 다양할 수 있으나, 이 책에서는 지적장애, 자폐스펙트럼 장애, ADHD, 뇌성마비, 치매노인을 대상으로 하는 미술치료만을 소개한다. 책에 수록된 증상에 대한 정의는 APA의 DSM에 기준하여 작성되었다.

1. 지적장애 아동

미술치료는 인간이 시각적인 자극을 이용하여 자신의 감정을 표현하고 치유하는 방법으로 오랜 역사를 가지고 있다. 장애아동을 위한 미술치료 역시 이러한 전통의 연장선상에 있다. 발달장애는 정의를 넓게 보면, 기질적으로 지능, 언어, 사회성, 운동, 감각 등의 발달이 늦거나 왜곡되어 나타나는 장애를 총칭한다. 그렇기에 지적장애, 자폐스펙트럼 장애, 뇌성마비 모두 발달장애에 속한다. 장애아동을 위한 미술치료는 20세기 초부터 시작되었다. 1900년대 초반에는 발달장애를 가진 아동들이 그림을 그리고 색칠을 하며 프로그램에 참여했다. 그러나 이들의 작업은 단순히 놀이나 활동으로 치부되었다(Brooke, 2009).

1940년대, 장애아동을 대상으로 미국에서 미술치료가 시도된다. 미술치료사들은 미술치료가 예술적인 창조력과 치료의 장점을 결합하여 장애아동의 정서적인 문제를 해결할 수 있다고 주장했다(Anderson, 1992). 1970년대부터는 학계에서도 관심을 가지기 시작했고, 1980년대에는 전문적인 분야로 인정받기 시작했다. 이때부터 장애아동 미술치료는 장애아동들의 문제를 다루는 데 있어서 유용한 대안적 치료법으로 인식된다. 현재에 이르러서는 발달장애 아동 미술치료가 점차 세분화되어 발전하고 있으며, 아이들의 인지, 정서, 사회 발달을 지원하는 데 큰 역할을 하고 있다.

지적장애의 정의

대한민국 「장애인 등에 대한 특수교육법」에 따르면 지적장애를 지닌 특수교육 대상자는 "지적 기능과 적응 행동상의 어려움이 함께 존재하여 교육적 성취에 어려움이 있는 사람"으로 정의된다. DSM-4에서 Mental Retarded(MR)라는 단어를 사용하며 과거에는 정신지체로 표기했지만, DSM-5부터 Intellectual disabilities(ID)로 명칭이 변경되며 지적장애로 사용되고 있다.

지적장애는 후천적 요인으로 인해 발병하기도 하지만, 일반적으로 발달시기에 시작된다. 지적 기능(추론, 문제 해결, 계획, 추상적 사고, 판단, 학업, 경험 학습 등)과 적응 영역(다양한 환경에서의 의사소통, 사회적 참여, 독립적 생활 등) 양측에 결함이 있는 상태를 의미한다. 지적장애는 심각도 수준에 따라 경도, 중등도, 고도, 최고도로 나뉜다.

지적장애 아동과 미술치료 시 주의사항

비자발적 참여와 소극성

지적장애 아동은 자신의 능력에 대한 자신감이 부족할 수 있다. 그렇기에 일부 아이들은 무관심하거나 소극적일 수 있으며, 미술치료사는 이들을 자극하고 참여하도록 유도하는 방법을 찾아야 한다. 이를 위해서는 아이들이 이해할 수 있는 단계별 지시, 흥미 있는 매체, 참여를 유도하기 위해 영감을 줄 수 있는 작품이나 이미지를 제공할 수 있다. 아동들이 어렵지 않게 참여할 수 있는 매체와 프로그램에 대한 고민도 필요하다.

시각적 자원의 활용

미술치료 시간에 아이들이 이해하기 쉬운 이미지나 작품을 제공하는 것은 도움이 된다. 또한, 아이들이 자신의 작업물을 직접 볼 수 있도록 전시하는 공간이나 붙일 수 있는 화이트보드 등을 활용하여 자신감을 키울 수 있도록 돕는 것도 추천한다.

집단의 크기

발달장애 아동을 위한 집단 미술치료를 진행할 때 한 명의 미술치료사가 운영 가능한 집단은 4–5명이다. 그 이상의 집단원이 함께할 때는 보조강사가 필요하다. 작은 그룹에서 작업하면 아이들이 서로 도움을 주고받을 수 있으며, 관심을 끌어 높은 참여도를 유지할 수 있다.

만약 한 기관에서 10명의 지적장애 아동 미술치료를 의뢰할 경우, 아이들이 집중할 수 있는 시간과 기능 수준에 따라 두 개의 그룹으로 나누어 30분씩 두 개 그룹을 진행하는 것도 방법이다. 기능 수준이 현저히 낮은 아이는 별도로 분리해서 집단의 프로그램과 다른 매체를 제공할 수도 있다.

안전

비장애 아동을 대상으로 하는 미술치료에서도 안전을 고려하겠지만, 지적장애 아동에게는 더 큰 주의가 필요하다. 미술 재료의 선택과 사용 방법, 그리고 작업 공간의 안전에 대해서도 고려해야 한다. 미술재료를 먹을 수도 있고, 미술재료들이 공격적 도구로 사용될 수도 있다. 또한 지적장애 아동들은 일부 작업물에 더 많은 시간을 소요하거나 아주 짧게 끝낼 수 있기에, 작업시간과 추가 작업에 대한 계획도 면밀히 세우는 것이 좋다.

지적장애 아동을 위한 미술치료

미술 활동 중심

<미술활동 중심 미술치료>

미술치료사가 다양한 미술 재료와 도구를 제공하여 아동이 자유롭게 미술 작품을 만들도록 돕는다. 예를 들어, 색칠, 그림 그리기, 모양 붙이기, 종이 자르기, 클레이 작업 등이 포함될 수 있다. 아동은 자신의 창의성과 미술적인 자아 표현 능력을 향상시키며, 미술적인 경험을 통해 자신을 발견하고 인식할 수 있다.

감정표현 및 인식

<나와 주변 사람>

<최근에 자주 꾼 꿈>

미술치료사는 아동의 작품을 통해 감정을 읽어주고 이를 토대로 아동이 감정을 이

해하고 관리하는 방법을 함께 탐구한다. 예를 들어, 아동이 그림에 표현한 감정에 대해 이야기를 나누거나, 감정 표현을 돕는 특정 미술 기술을 사용할 수 있다.

인지능력 향상

<꽃잎과 꽃병 연결하기>

아동의 인지능력 향상을 위해 미술치료가 활용될 수 있다. 예를 들어, 아동이 미술작품을 만들 때 주어진 주제에 따라 순서를 정리하거나, 다양한 재료를 사용하며 자발적인 선택을 통해 자기결정능력을 키울 수 있다. 특정 매체를 순서에 따라 연결하거나 공간적 재구성도 가능하다. 매체의 조작은 아동의 인지 능력과 문제 해결 능력 향상에 도움을 준다.

소통 및 사회적 기술 향상

<집단화>

소통 및 사회적 기술 향상을 위해 미술이 활용될 수 있다. 예를 들어, 큰 도화지에 하나의 공동작품을 완성하거나, 짝을 이루어 작품을 통한 의사소통을 할 수 있다. 또한, 집단원의 그림을 연결하여 스토리텔링을 구성하거나 서로의 움직임과 이미지를 모방하는 작업을 진행할 수도 있다. 미술치료 활동은 다양한 상황, 특히 공동작업에서의 소통과 사회적 상호작용을 적극 활용하도록 돕는다.

성취감 향상

<점토작업을 통한 내적 통제위치 강화를 위한 미술치료>

자신의 창의성과 예술적인 능력을 발휘하고 작품을 완성하는 과정은 자아강화를 돕는다. 작품을 완성하고, 전시하고, 긍정적 지지를 받는 과정은 자신의 가치를 인식하게 만들고 자존감 향상을 돕는다. 또한 미술치료를 통해 아동이 미술 작품을 만들고 성공적으로 완성하는 과정에서 여러 번의 성공적인 경험이 축적될 수 있다. 작품이 완성될 때마다 자신의 노력과 결과물을 인정받음으로써 성취감을 느낄 수 있다.

2. 자폐스펙트럼 장애 아동

자폐스펙트럼 장애의 정의

대한민국 「장애인 등에 대한 특수교육법」에 따르면 자폐성 장애를 지닌 특수교육대상자는 “사회적 상호작용과 의사소통에 결함이 있고, 제한적이고 반복적인 관심과 활동을 보임으로써 교육적 성취 및 일상생활 적응에 도움이 필요한 사람”으로 정의된다.

과거에는 아스퍼거, 레트, 소아기 붕괴성 장애 등을 독립된 장애로 보았지만, DSM-5부터는 이들이 동일한 연속선상에서 자폐 상태의 심각도나 지능 및 심리 사회적 발달의 정도에 따라 발현되는 임상 양상에 차이가 있다고 보아 자폐 스펙트럼 장애로 개정되었다. 다양한 분야에 걸쳐 사회적 의사소통 및 상호작용(대화, 흥미나 감정 공유, 눈 마주침, 표정, 놀이 등)에 어려움을 겪으며, 제한적이고 반복적인 행동(상동 운동, 물건 사용, 단어사용, 정렬, 반향어)과 흥미(동일성에 대한 고집, 융통성 없음, 매일 같은 음식 먹기 등)가 특징적이다. 감각 정보에 대해 과잉 또는 과소 반응을 하는 특징을 가지기도 한다. 자폐스펙트럼 장애는 심각도 수준에 따라 1단계에서 3단계로 구분된다.

자폐스펙트럼 아동과 미술치료 시 주의사항

예민한 감각에 대한 이해

자폐 아동들은 시각, 청각, 촉각 등의 감각이 예민하여, 감각적 자극에 대해 과민하게 반응할 수 있다. 따라서 미술치료를 진행할 때는 강한 냄새(접착제, 고무 냄새 등), 불규칙한 소리(박스테이프 뜯는 소리, 풍선 터지는 소리 등), 혹은 강한 빛(반짝이거나 갑자기 켜지는 LED 제품 등) 등이 발생하는 물질을 사용하지 않도록 주의한다.

스타킹을 신은 다리 촉감을 좋아하는 아동도 있으며, 특정 패턴의 천에 집착적인 관심을 보이기도 한다. 뿐만 아니라 사람의 몸에서 나는 냄새에 큰 흥미를 보이는 경우, 교사나 상담사의 손, 몸 등의 냄새를 맡으려는 시도도 할 수 있다.

안정적인 환경 조성

자폐 아동들은 불안정한 상황에서 쉽게 불안해하거나 불안정해질 수 있다. 따라서 회기를 진행할 때는 안정적인 환경을 조성해야 하며, 아이들이 안전하고 편안한 상태에서 미술 활동을 즐길 수 있도록 돕는 것이 중요하다.

가능하면 미술치료에 참여하는 교실은 고정되어야 하며, 착석하는 자리, 미술치료실의 규칙보드 위치 등도 매 회기마다 동일한 것이 좋다.

예술적 경험을 통한 감각의 확장

자폐 아동들은 새로운 재료에 대한 거부감이 있고, 자신이 경험했던 감각들 위주로 재경험하려는 의지가 강하다. 감각작업을 통해 아이들이 경험하는 세계를 변화시킬 수 있기에 재료의 감각 경험을 순차적으로 확장함으로써 아동이 경험하는 세계를 확장시켜줄 필요가 있다.

자폐스펙트럼 장애 아동을 위한 미술치료

감정 조절 능력 개발

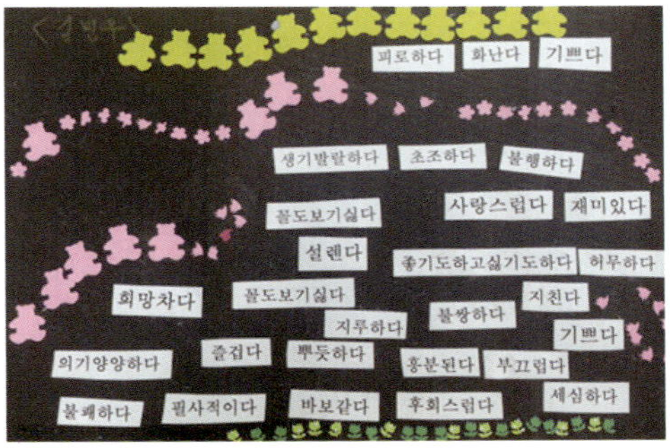

<내가 사용하는 감정들>

<좋아하는 감정, 싫어하는 감정>

미술치료는 자폐아동이 미술을 통해 자신의 감정을 표현하고, 미술작품을 통해 감정을 외부로 표출하고 처리하는 방법을 배우도록 돕는다. 미슬치료는 아이들의 경직된 감정 인식, 표현, 조절, 처리 등의 능력을 키워주는 데 도움을 줄 수 있다(Tubbs, 2008).

사회적 상호작용 능력 향상

<종이가면 역할극>

<칸을 나누어 함께 칠하기>

미술을 통해 다양한 주제와 소재에 대해 대화하고, 그림을 그리는 과정은 다른 사람들과 협력하고 공유하는 경험을 강화한다. 미술치료를 통해 아동은 사회적 상호작용 능력을 키우고, 다양한 소통과 협력을 필요로 하는 사회적 상황에서의 능동적 참여를 경험을 할 수 있다. 또한 자신의 생각과 감정을 표현하고, 다른 사람들과의 소통을 통해 사회적 관계를 발전시킬 수 있다(D'Amico & Lalonde, 2017).

창의적 사고 및 문제 해결 능력 향상

<금과 은이 나오는 방망이를 휘두르기>

<다양한 각도로 풍선에 붙이기>

미술작품은 자유로운 상상력을 발휘하고, 다양한 아이디어를 시도하며, 문제를 해결하는 과정에서 창의적인 사고를 발전시키도록 돕는다. 이를 통해 아동들은 더 다양한 방식으로 문제를 해결하고, 창의적인 사고력을 발휘할 수 있는 능력을 기를 수 있다.

자기존중감과 성취감 향상

<다양한 방식으로 완성된 작품들>

미술작품을 통해 자신의 능력과 역량을 발휘하고, 자신만의 작품을 완성하는 성취감을 느낄 수 있다. 미술치료는 자기 존중감을 높이고 긍정적 성취경험을 쌓도록 돕는다.

3. 뇌성마비 아동

뇌성마비의 정의

뇌성마비는 뇌 손상으로 인해 발생하는 운동 및 인지 장애로, 일상적인 생활에 큰 영향을 미치는 질환이다. 뇌성마비는 선천적 원인과 후천적 원인이 있는데, 선천적 원인으로는 풍진 감염, 산모와 태아의 RH 부적합, 조산, 임신 중 영양 부족 등이 있으며, 후천적 원인으로는 교통사고, 낙상, 아동 학대 등에 의한 뇌손상 등이 있다.

뇌성마비 아동 미술치료

운동 기능 개선

<초2 뇌성마비 아동의 코일링 작업>

<초5 뇌성마비 아동의 김밥 만들기>

뇌성마비 아동들은 운동 기능에 어려움을 겪는 경우가 많다. 미술치료는 근육 운동을 촉진하고, 손 눈의 연동, 손의 세밀한 움직임, 손의 힘 등의 운동 기능을 향상시킨다. 미술 활동을 통해 다양한 도구와 재료를 사용하고 창의적인 작업을 수행하면서, 아동들은 손과 팔의 근육을 사용하고 움직임을 연습하게 된다.

특정 근육의 경직을 완화하기 위해 보톡스 시술을 받는 아동의 경우, 자신에게 불편한 쪽은 잘 사용하지 않으려 한다. 이때 미술치료사는 아동이 양손을 모두 사용하여 작업할 수 있는 프로그램을 구성하는 것이 좋다. 점토작업은 대표적으로 아동들의 양손근육을 강화할 수 있는 방식이다(서울시립 뇌성마비복지관의 경우, 지하에 가마와 물레가 포함된 도예작업실이 있다).

인지 기능 향상

<공간지각 능력이 손상된 아동을 위한 인지 기능향상 프로그램>

뇌성마비 아동을 위한 미술치료는 시각적 지각, 공간 인지, 상상력, 집중력 등의 인지 기능을 향상시킬 수 있다(Chong, Mackey, Stott & Broadbent, 2012). 예를 들어, 색상, 형태, 크기 등의 시각적인 특성을 인지하고 다양한 미술 작업을 통해 창의적인 작품을 만들어 내는 과정은 시각적 지각 능력 향상에 도움이 된다.

감정 조절 및 사회적 기술 향상

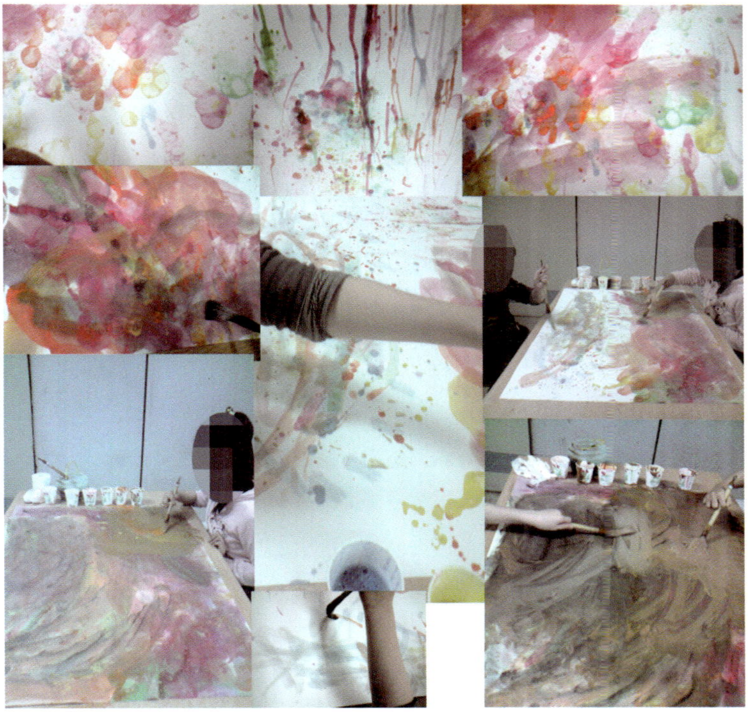

<뇌성마비 아동들의 짝그림>

미술치료는 뇌성마비 아동이 자기 표현 능력을 키우고, 감정을 인식하고 조절하는 데 도움이 된다(Miller & Bachrach, 2006). 특히, 인지적인 기능에는 장애가 없고 신체적인 장애만 가지고 있는 아동의 경우, 또래관계에 있어서 부정적 정서를 경험하는 경우가 많다.

미술작업은 자유로운 감정의 표현, 나만의 작품을 만들어가는 성취감, 다양한 감정 조절 능력 향상 등 다양한 도움을 준다. 집단미술치료 작업은 다양한 소통 및 협력 기술을 향상시키고 사회적 상호작용과 소통 능력에 도움이 된다. 집단 내에서 다양한 미술 작업을 수행하고 서로의 작품을 공유하며 소통하고 협력하는 과정에서, 사회적 기술 향상에 도움을 받을 수도 있다.

감각적 체험 강화

<물감을 이용한 핑거 페인팅 및 데칼코마니>

일부 뇌성마비 아동들은 감각적인 체험에 대한 이해와 능력이 제한적인 경우이다. 미술치료는 다양한 감각적 체험을 돕는다. 손으로 물감을 섞고, 붓으로 그림을 그리며, 다양한 미술 재료를 만져보는 등의 활동은 감각적인 체험을 강화하고, 감각적 통합 능력을 향상한다.

4. ADHD 아동

주의력결핍 과잉행동장애(ADHD) 아동을 대상으로 한 미술치료는 상대적으로 최근에 발전된 치료 방법이다. 1970년에는 DSM-3에서 주의력 결핍장애(ADD)로 불렸으나, 1987년에 ADHD라는 용어로 정립되었다. 이전에는 ADHD를 치료하기 위해 약물 요법이나 행동치료 등 만이 사용되었다. 1980년대에 들어서면서부터 미술치료가 아동들의 정서적, 신체적, 인지적 발달에 큰 도움을 줄 수 있다는 것이 증명됨에 따라 ADHD 치료에 대한 미술치료도 계속해서 발전해 왔다.

최근에는 미술치료를 사용하여 ADHD 증상을 완화하는 데 필요한 기술과 전략을 가르치는 교육 프로그램도 개발되고 있다. 이러한 프로그램은 ADHD 아동들의 학업적 성취도 향상에 도움을 줄 수 있다. 주의해야 할 것은, ADHD 증상은 미술치료만으로 개선되지 않으며, 증상 그 자체를 다루는 것은 약물이다. 미술치료가 충동성 및 주의력 결핍 개선에 유의미한 효과를 보이는 것은 맞으나, 더 큰 맥락에서 미술치료는 아동의 사회성 및 자존감 저하, 우울 및 불안 감정, 부모와 아이의 관계 회복 등의 문제를 위해 활용된다.

ADHD의 정의

ADHD는 기능 또는 발달을 저해하는 지속적인 부주의(학업, 과제, 경청, 수행, 활동 체계화, 분실, 산만함, 망각 등), 과잉행동과 충동성(가만히 있지 못함, 자리 이탈, 뛰거나 기어오르기, 조용하지 못함, 수다스러움, 다른 사람의 말 가로챔, 대기의 어려움, 타인의 활동 방해 등)의 증상을 가진 상태를 의미한다.

ADHD 아동과 미술치료 시 주의사항

적절한 재료의 사용

ADHD 아동은 충동성이 높으므로 단단하고 통제가 높은 재료를 사용한다는 것이 기본적인 접근방식이지만, 이것이 모두에게 적용되는 것은 아니다. 자극에 민감한 아동의 경우, 과민한 반응을 완화하기 위해 차분하고 부드러운 점토가 좋은 재료로 사용될 수도 있다.

활동 지속 시간 조절 및 진행 상황 관찰

ADHD 아동은 일반적으로 집중력이 부족하기 때문에 긴 시간 동안 미술치료 활동에 집중하기를 어려워한다. 미술치료를 시행하는 동안 아동의 진행 상황을 관찰하고, 그에 맞게 활동을 조절해주는 것이 중요하다. 예를 들어, 집중력이 떨어질 때는 활동을 바꾸거나, 아동이 좋아하는 재료나 주제를 활용하여 참여도를 높일 수 있다.

확실한 목표의 공유

미술치료를 시행하기 전에 목표를 설정하고, 이를 아동에게 명확하게 설명하는 것이 좋다. 목표를 설정하면 아동이 보다 명확한 방향성을 가지고 참여할 수 있고, 자신의 발전 상황을 더 쉽게 인지할 수 있다. 또한 아동이 자제력을 발휘할 수 있도록 보상물(예: 20분간 작업하며 잘 착석했을 시 간식주기)을 적절히 사용하는 것도 방법이다.

ADHD 아동을 위한 미술치료

감정 표현 및 조절

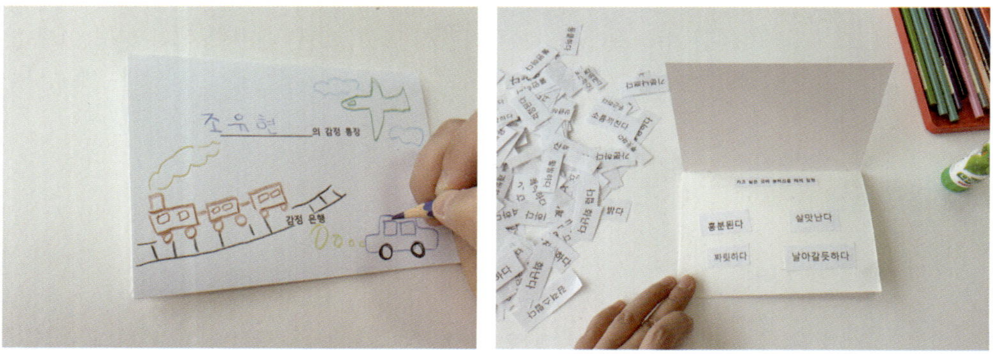

<저축과 인출이 가능한 감정 통장 만들기>

충동적이거나 조절하기 어려운 감정들에 대해서 미술치료실에서 다룰 수도 있으나, 아이들이 일상에서 겪는 감정이 더 중요한 이슈가 되기도 한다. 예를 들어, 아이들은 자주 실수를 하고, 지적을 받는 등의 이유로 자존감이 낮은 경우도 많고, 사람들이 자신을 미워할 것이라는 생각도 자주 한다. 그렇기에 ADHD 아동의 감정 다툼에서 겉으로 드러나는 감정뿐만이 아니라 보여지지 않은 감정을 다루는 것도 주요한 목표가 된다. 충동적이거나 조절하기 어려운 감정들에 대해서 미술치료실에서도 다룰 수 있다.

집중력과 주의력 향상

<집중력 향상을 위한 모자이크 작업>

아동의 수준에 맞는 적절한 재료는 집중력 향상에 도움을 줄 수 있다. 예를 들어, 모자이크 작업의 경우, 작은 조각들을 조합하여 큰 작품을 만들어 내는 과정이 수반된다. 이 과정은 아동이 세부사항에 주의를 기울이고 각 조각을 배치하는 행위에 집중하도록 한다. 또한 모자이크 작업에는 색을 선택하고, 찢고, 붙이는 순차적인 단계가 포함된다. 각 단계를 차례로 수행하고 완료해야 하기에 작업을 조직화하고 유지하는 능력을 향상할 수 있다.

자기 개념과 자아 존중감 강화

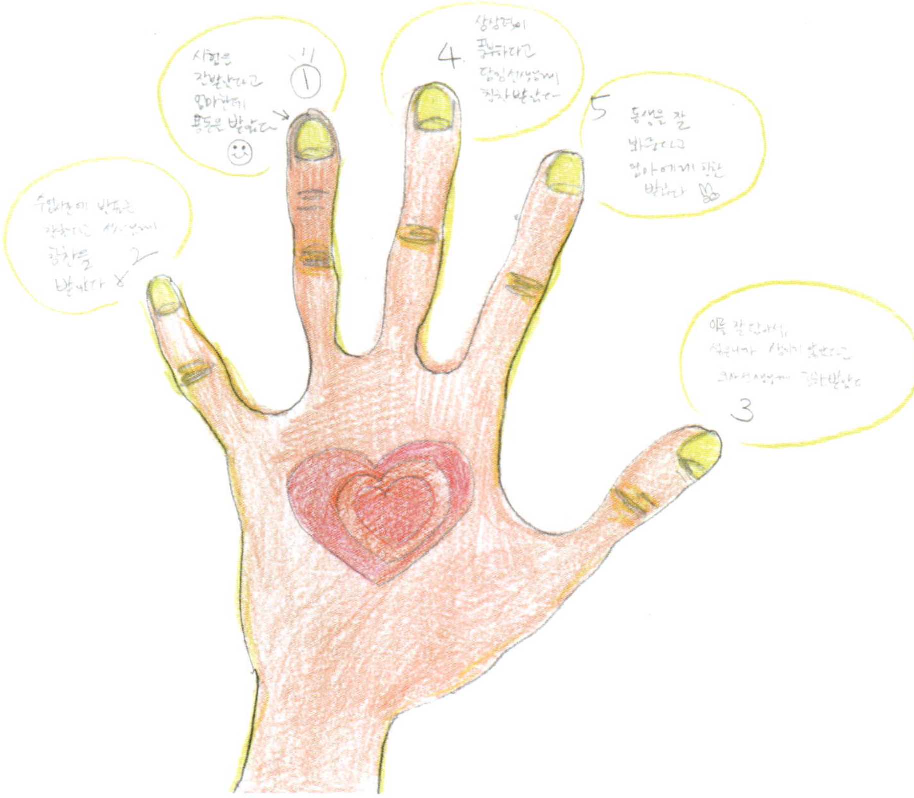

<5가지 칭찬받은 이야기>

아이들은 그림을 통해 자신의 이야기를 표현하고 자신에 대한 긍정적인 부분들을 찾아낼 수 있다. 예를 들어, 칭찬받은 경험에 대한 공유는 긍정적인 자아개념을 형성하고 유지하는 데에 도움이 되며, 이를 통해 자신의 능력과 노력에 대한 긍정적인 믿음을 심게 된다. 자신에 대한 긍정적인 감정들은 자기효능감을 상승시켜, 자신의 성장 가능성에 믿음을 실어준다.

인지적 능력 향상

<내 하루의 4컷 만화 속 비합리적 신념 찾기>

미술치료를 통해 자신을 표현하는 과정에서 아동은 자기 관찰과 비판적 사고를 통해 자신의 작업을 분석하고 개선하는 능력을 키울 수 있다. 미술작업은 아이들의 감정, 경험, 아이디어를 시각적으로 표현하도록 유도하며, 이러한 과정은 아이들의 인지 능력을 향상시키고 문제해결 능력을 강화하도록 돕는다.

스트레스 감소 및 안정감 제공

<엄마에게 느껴지는 감정>

감정을 시각적으로 표현하고 처리하는 것은 스트레스를 감소시키고 감정의 정화를 경험하게 만든다. 흥미로운 미술치료 작업은 몰입할 수 있게 만들고 이 과정에서 외부의 스트레스로부터 잠시 벗어나는 경험을 하기도 한다. 또한 미술치료 회기 내에서 표현하는 감정과 이야기들은 어떠한 비난도 없이 수용되기에 정서적 안정감을 경험할 수 있다.

5. 치매 노인

치매의 정의

치매는 정상적으로 생활해오던 사람이 다양한 원인으로 인해 후천적으로 뇌기능이 손상되면서 인지기능(기억력, 언어 능력, 시공간 파악 능력, 판단력 및 추상적 사고력 등)의 저하를 보이고 일상생활 능력에 지장이 있는 상태를 의미한다. 이로 인해 다양한 심리적 증상(망상, 공격성, 불안, 무감동, 분노 등)이 야기된다.

치매노인과 미술치료 시 주의사항

기억력 저하

치매 환자는 과거의 사건이나 인물에 대한 기억력이 저하된다. 또한 현재의 일상생활에서도 기억력이 저하되어 일상생활에 필요한 정보를 잊을 수 있다. 치매 요양병원의 경우, 중증 치매환자들이 많기에 미술치료를 진행한 후 한 주 뒤에 찾아갔을 때 미술치료사를 기억하지 못할 가능성이 높으며, 자신이 작업한 결과물을 기억하지 못하기도 한다. 또한 기억의 소실은 내담자가 거짓말을 하는 것처럼 비쳐질 수도 있기에, 오해하지 않도록 주의한다.

내담자가 지난 작업을 기억하지 못할 때, 미술치료사는 집단의 흐름을 이끌어가기 위해 내담자의 지난 회기 작품을 보여주며 설명을 이어나갈 수 있다. 내담자들이 미술치료사를 기억하지는 못해도 자신이 만든 작품은 기억하기도 한다.

판단력 및 의사결정 능력 저하

치매 환자는 판단력이 저하되어 일상생활에서 간단한 결정조차도 어려워할 수 있다. 예를 들어, 물감을 사용할 때 일반적으로 붓을 사용할 것이라 기대하지만 손가락으로 바로 물감을 만질 수도 있고, 상세한 재료사용법에 대한 설명이 부재할 경우, 작업을 시작하지 못할 수도 있다. 재료 선택지가 많을 경우, 무엇을 선택해야 하는지 혼란스러워할 수도 있다.

추상적 사고 능력 저하

일부 치매환자는 추상적 사고의 어려움을 겪기도 한다. 추상적 사고의 어려움을 겪을 경우, 계산하기, 순서대로 맞추기, 도덕적 판단하기, 타인의 감정 이해하기, 문제해결 하기 등에서 전반적인 어려움을 겪는다. 추상적 사고의 저하는 상상과 심상화를 통한 감정과 생각의 시각화를 어렵게 만든다.

언어 및 인지능력 저하

치매 환자는 말하는 것을 어려워하거나 전혀 언어를 구사하지 못할 수도 있다. 또는 대화는 가능하나 대화를 구조적으로 이해하는 것에 어려움을 겪기도 한다.

치매 환자는 인지적 능력이 전반적으로 저하되는 모습을 보이기에 미술치료 프로그램의 디렉션을 명확하게 제시했다 하더라도 목적이나 주제를 이해하지 못할 수 있다. 또한 지시에 대한 이해가 어렵기 때문에 어떤 도구를 사용해야 하는지, 어떤 색상을 선택해야 하는지 등을 이해하지 못할 수 있다. 인지능력의 저하는 공간지각 능력에도 영향을 미치기에, 시각적 공간을 이해하기 어려워하고, 그림의 비율이나 크기, 배치에 있어서 논리가 배제되기도 한다.

감정 조절 능력 저하

치매 환자는 감정을 조절하는 능력이 저하되어 자신의 감정을 정확하게 표현하거나 전달하는 데 어려움을 겪을 수 있다. 또한 감정의 변동이 자주 나타나 미술작업 중 급격한 감정변화로 인해 작업이 중단될 수도 있다. 때로는 과격한 행동을 하거나 과민하게 반응할 수 있으며, 공격적인 태도를 보이기도 하지만 반대로 무기력한 모습을 보일 수도 있다. 감정적으로 불안정한 상태에서는 미술작업에 집중하기 어려울 수 있고, 완성에 큰 의미를 두지 않고 도중 작업을 포기하는 경우도 있다.

내담자에게 상대적으로 더 익숙한 매체를 고민하고, 시력이 저하된 내담자들을 위해서는 선명하게 발색되는 매체나, 검은 도화지 및 사포 위에서의 오일 파스텔 작업 등을 고려해볼 수 있다.

치매노인을 위한 미술치료의 목표

인지 기능 향상

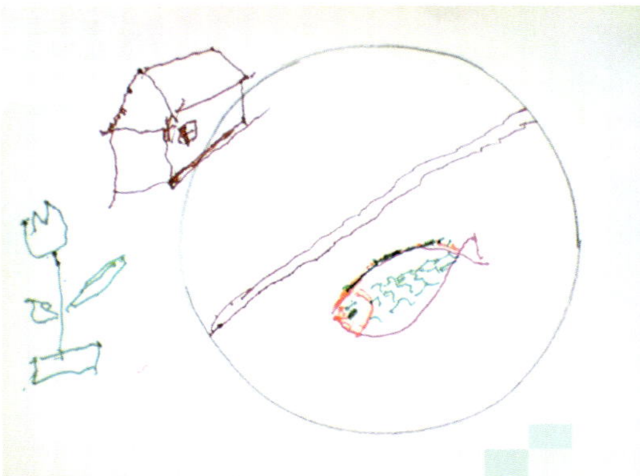

<어린 시절 내가 살았던 동네>

<가장 행복했던 순간>

미술치료는 인지 기능 향상에 도움을 줄 수 있다. 미술 작업은 시각, 인지, 기억, 문제 해결 등 다양한 인지 기능을 자극하고 활성화한다.

과제복잡성이 낮은 간단하고 구체적인 작업을 제시하는 것이 좋으며, 간단한 주제를 선택하고 작업을 진행할 시에 필요한 지시사항을 명확하게 설명한다. '어린 시절 살았던 동네 그리기', '가족 사진 액자 만들기'와 같은 명료한 주제가 좋다.

인지능력이 감소한 노인과의 미술작업 중 소통을 돕기 위해 시각적인 지시물, 이미지, 간단한 그림 등을 이용하는 것도 추천한다. 시각적 공간인지능력과 자기표현의 과정, 기억력과 연관된 강화는 노인들의 자아정체성을 유지하며 인지적 측면을 활성화하도록 돕는다.

감정 조절 및 자아 존중

<나이가 들어 간다는 것>

<자화상>

미술작업을 통해 치매노인들은 안전하게 자신의 감정을 표현하고 해소할 수 있다. 감정을 시각화하고 정리하는 작업은 스트레스를 완화하고 정서적 안정감을 느낄 수 있게 하며, 미술치료의 참여과정에서 받는 긍정적인 피드백은 자기가치감을 강화할 수 있다.

소통과 사회적 상호작용 촉진

<함께 하나의 그림 그리기>

<함께 먹을 명절 음식 만들기>

치매노인을 위한 미술치료가 대부분 집단으로 진행되는 이유는 미술치료과정에서 노인들이 함께 소통하고 사회적 상호작용을 촉진하는 것이 프로그램의 주요한 목표가 될 수 있기 때문이다. 미술 작업을 통해 노인들은 자신의 이야기를 작품으로 표현하며, 그 작품을 통해 다양한 주제에 대해 다른 사람들과 소통하고 공유할 수 있다. 많은 기관에서 미술치료 프로그램이 종료된 후 자조집단을 만들어 소통할 수 있는 기회를 제공하는데, 자신의 상황과 감정을 실시간으로 나눌 수 있는 소속 집단은 노인들에게 심리적 안정감을 제공한다.

자아존중감 향상

<나만의 하바리움>

그림 따라 그리기

많은 치매노인들이 낮은 자존감을 형성하고 있다. 미술치료는 노인들이 자신만의 창작물을 만들고 이를 다른 사람과 공유함으로써 자아존중감을 강화하도록 돕는다. 자신만의 작품을 창작하고 완성함으로써 자존감을 높이고, 자신의 창의성과 능력을 인정받는 경험을 통해 자신의 가치에 대해 강화하는 시간을 가질 수 있다.

많은 기관들에서 치매노인 미술치료를 의뢰할 때 결과물이 어느 정도 만족스러울 수 있는 미술치료를 진행하기를 희망한다. 미술치료 자체는 아름다운 결과물을 만드는 활동이 아닌 것은 맞지만, 치매노인의 경우 자신이 만든 결과물을 가족에게 자랑하기도 하고, 동료들과 나누기도 하며 스스로가 여전히 가치 있는 사람이라는 감각을 위해 쉽게 어느 정도 수준의 결과가 나올 수 있는 재료를 준비하는 것도 좋다.

신체적 기능 향상

잡곡 만다라

색지 엮기

미술치료는 노인들의 신체적 기능 향상에도 도움을 줄 수 있다. 미술 작업은 손-눈-뇌 간의 연결을 활성화시키고, 손의 근육 운동을 촉진시킨다. 노인들은 붓, 색연필, 점토 등 다양한 미술 재료를 다루며 손과 손가락의 미세한 움켜쥠, 눌림, 움켜 풀림 등을 연습하면서 손의 미세한 운동 능력을 향상시킬 수 있다.

참고문헌

김소울(2018). 인공지능(AI)의 창작물과 미술가의 창작물에서 나타나는 심미적 요소에 관한 식별연구. 기초조형학연구, 19(4), 41-53.

김소울(2019). 자활사업 참여자의 내적통제위치 상승을 위한 점토중심 미술치료 프로그램의 효과연구. 예술심리치료연구, 13(4), 335-357.

김소울 & 오유경(2018). 창의융합 인재로 키우는 하버드 생각루틴. 한울림.

박선영(2011). 경계선 성격장애 미혼여성의 부적응도식 완화와 이성관계 만족도 향상을 위한 미술치료 사례연구: Young의 경계선 성격장애 심리도식치료 이론을 중심으로. 석사학위 청구논문, 건국대학교 디자인대학원.

市橋秀夫(1971),「慢性分裂病者の存在様式と絵画表現」,『芸術療法』第3巻, 53-59頁.

Adler, A.(1964). *Problems of neurosis*. Harper Torchbooks.

Adler, A.(1964). *The Individual Psychology of Alfred Adler*. H. L. Ansbacher and R. R.

Allice, A.(1957). *How To Live with a Neurotic*. Crown Publishers.

Allice, A.(1962). *Reason and Emotion in Psychotherapy*. Lyle Stuart.

American Psychiatric Association(2022). *DSM-5-TR*. Amer Psychiatric Pub In.

Anderson, F.(1992). *Art for all the children: Approaches to art therapy for children with disabilities*. Charles C. Thomas.

Arnheim, R.(1969). *Art and Visual Perception: a Psychology of the Creative Eye*. University of California(K-agin, The Influence of Structure in Painting on Verbal and Graphic Self-Expression of Retarded Youth).

Austin, J.L.(1962). *How to do things with words*. OUP.

Bahm, A. J.(1972). Is a universal science of aesthetics possible? *Journal of Aesthetics and Art Criticism, 31*(1), 3-7.

Bandura, A., Ross, D., & Ross, S. A.(1961). Transmission of aggression through imitation of aggressive models. *The Journal of Abnormal and Social Psychology, 63*(3), 575 – 582

Baron, N.S.(1984). Speech, Sight, and Signs: The Role of Iconicity in Language and Art, *Semiotica, 52*(3). 187–211.

Barthes, R.(1964) Éléments de sémiologie, *Communications 4*, 40–51.

Berleant, A.(1992). *The Aesthetics of Environment*. Temple University Press.

Beck, A.T.(1975). *Cognitive therapy and the emotional disorders*. International Universities Press.

Brodsky, S. L.(2011). *Therapy With Coerced and Reluctant Clients*. American Psychological Association

Brooke, S. L.(2009). *The use of creative therapies with autism spectrum disorders*. (p. 379). Charles C Thomas Publisher, LTD.

Buber, M.(1958). *Ich und du*. (표재명 역). 문예출판사

Buck, J. N.(1948). The H–T–P test. *Journal of Clinical Psychology, 4*, 151 – 159.

Buck, J.N. & Hammer, E.F.(1969). *Advances in the house-tree-person technique;: Variations and applications*. Western Psychological Services.

Burks, A. W.(1949). Icon, Index, and Symbol. *Philosophy and Phenomenological Research, 9*(4), 673 – 689.

Burns, R. C.(1987). *Kinetic-house-tree-person drawings (K-H-T-P): An interpretative manual*. Brunner/Mazel.

Burns, R. C.(1990). *A Guide to Family-centered Circle Drawings(F-C-C-D) with Symbol Probes and Visual Free Association*. Brunner/Mazel.

Burns, R. C. & Kaufman, S. H.(1970). *Kinetic family drawings (K-F-D): An introduction to understanding children through kinetic drawings*. Brunner/Mazel.

Campbell, J. & Moyers, B.(1988). *The Power of Myth*. Doubleday.

Carl, J.(1959). *The Archetypes and the Collective Unconscious*, Collected Works, Volume 9, Part 1. Princeton University Press.

Carlson, M. J.(2006). Family Structure, Father Involvement, and Adolescent Behavioral Outcomes. *Journal of Marriage and Family, 68*(1), 137 – 154.

Carol, T.(1993). *Misdiagnosing the Mind*. Simon & Schuster.

Chaitin, G. D.(1988). Lacan and the Object of Semiotics. *SubStance, 17*(3), 37 – 55.

Chong, J., Mackey, A. H., Stott, N. S., & Broadbent, E.(2012). *Walking drawings and walkingability in children with cerebral palsy*. Health Psychology.

Cobley, P.(1997). *Introducing: Semiotics*. Icon Books Ltd.

Corey, G.(2017). *Theory and Practice of Counseling and Psychotherapy*. Cengage Learning.

Corey, G., Corey, M. S. & Callanan, P.(1997). *Issues and Etheics in the Heloping Professions*. Brokks/

Cole Pub.

Curtis, E.(2022). *Art Therapy Activities for Children*. Rockridge Press.

Dissanayake, E.(2012). *Art and Intimacy: How the Arts Began*. University of Washington Press.

D'Amico, M. & Lalonde, C.(2017). The Effectiveness of Art Therapy for Teaching Social Skills to Children With Autism Spectrum Disorder. *Art Therapy 34*(4), 176−182.

Eco, U.(1976). *A Theory of Semiotics*. Indiana University Press.

Eco, U.(1998). *La struttura assente: introduzione alla ricerca semiologica*. Bompiani.

Ellis, A.(2004). *Rational emotive behavior therapy: It works for me--it can work for you*. Prometheus Books.

Fonagy, P., & Target, M.(1997). Attachment and reflective function: Their role in self−organization. *Development and Psychopathology, 9*, 679 − 700.

Freud, S.(1895). *Studien über Hysterie*. Leipzig und Wien.

Freud, S.(1900). *Die Traumdeutung*. Leipzig und Wien.

Freud, S.(1900), *The Interpretation of Dreams*. In J. Strachey.

Freud, S.(1916). *Vorlesungen zur Einführung in die Psychoanalyse*. Erster Teil. Hugo Heller & Cie.

Freud, S.(1978) *Introductory lectures in Psychoanalysis Vol.1*. Penguin Books.

Gardner, H.(1995). Creativity: new views from psychology and education. *RSA Journal, 143*(5459), 33 − 42.

Gay, V. P.(1992). *Freud on Sublimation: Reconsiderations*. State University of New York Press.

Glasser, W.(1965). *Reality Therapy: A New Approach to Psychiatry*. Harper & Row.

Glasser, W.(1989). *Control Theory in the Practice of Reality*. Harper Collins.

Gombrich, E.H.(1995). *The Story of Art*. Phaidon Press.

Habib, H.A. & Ali, U.(2015). Efficacy of Art Therapy in the Reduction of Impulsive Behaviors of Children with ADHD Co−Morbid Intellectual Disability. *Pakistan Journal of Psychology, 46*(2). Retrieved from https://www.pjpku.com/index.php/pjp/ article/view/72

Hammer, E. F.(1958). *The Clinical Application of Projective Drawings*. Charles C Thomas.

Hans, P.(1922). *Bildnerei der Geisteskranken*. Springer

Haynes, R., Corey, G. & Moulton, P.(2002). *Clinical Supervision in the Helping Professions: A Practical Guide*. Brooks/Cole Pub.

Hayes, S. C., Strosahl, K. D. & Wilson, K. G.(2016). *Acceptance and Commitment Therapy: The Process and Practice of Mindful Change*. The Guilford Press.

Hill, D.(2008). *Body of the Truth-Leveraging what consumers can't or won't say*. Wiley.

Hinz, L.D.(2009). *Expressive Therapies Continuum*. Routledge.

Hjelmslev, L.(1969). *Prolegomena to a Theory of Language* (J. Francis, Trans.). The niversity of Wisconsin Press.

Hoopes, M.(1991). *Peirce on Signs: Writings on Semiotic by Charles Sanders Peirce*. The University of North Carolina Press.

Janson, H.W. & Janson, A.F.(1961). *History of Art*. Thames and Hudson.

Janson, H. W. & Janson, A. F.(2004). *History of Art: The Western Tradition*. Pearson Education.

Jung, C.(1916). *Psychology of the Unconscious: A Study of the Transformations and Symbolisms of the Libido*. Routledge.

Jung, G.(1961). *Memories, Dreams, Reflections*. Pantheon Books.

Kagin, S. L., & Lusebrink, V. B.(1978). The expressive therapies continuum. *Art Psychotherapy, 5*(4), 171 – 180.

Kaiser, D. H.(1996). Indications of attachment theory in a drawing task. *The Arts in Psychotherapy, 23*(4), 333 – 340.

Keel, J. S.(1963). Research Review: The History of Art Education. *Studies in Art Education, 4*(2), 45 – 51.

Klein M.(1946). Notes on some schizoid mechanisms, *The international journal of psycho-analysis, 27*. 99–110.

Kramer, E.(1958). *Art therapy in a children's community: A study of the function of art therapy in the treatment program of Wiltwyck School for Boys*. Charles C Thomas Publisher.

Kramer, E.(2000). *Art as Therapy*. Jessica Kingsley Publishers.

Kramer, E.(2016). Sublimation and Art Therapy. In J.A. Rubin(Ed.), *Approach to Art Therapy: Theory and Technique* (pp. 87–100). Routledge.

Landgarten, H.B.(1987). *Family Art Psychotherapy: A Clinical Guide and Casebook*. Psychology Press.

Lio, M.(1978). Le dit et le vu. *Communications, 29*. 57–69.

Locke, J.(1689). *An Essay Concering Human Understanding*. Thomas Basset.

Loewald, H. W.(1988). *Sublimation: Inquiries into Theoretical Psychoanalysis*. Yale University Press.

Lowenfeld, B. & Brittain, W. L.(1982). *Creative and mental growth*. Macmillan.

Lowenfelt, V.(1954). *Your Child and His Art: a Guide for Parents*. MacMillan Publishing Company.

Lusebrink, V. B.(1990). *Imagery and visual expression in therapy*. Plenum Press.

Lusebrink, V.B., Kristine, M., & Dzilna–Šilova, I.(2013). The Expressive THerapies Continuum(ETC): Interdisciplinary bases of the ETC. *International Journal of Art Therapy. 18*(2), 75–85.

Malchiodi, Cathy(2007). *The art therapy sourcebook*. McGraw–Hill.

Miller, F., & Bachrach, S. J.(2006). *Cerebral palsy: A complete guide for caregiving*. (2 ed., p.496). Baltimore, MD: The John Hopkines University Press.

Moon, B. L. & Nolan, E. G.(2019). *Ethical Issues in Art Therapy*. Charles C Thomas Pub.

Moon, C.H.(Ed).(2010). *Materials & Media in Art Therapy: Critical Understandings of Diverse Artistic*

Vocabularies. Routledge.

Naumburg, M.(1928). *The child and the world: Dialogues in modern education*. Harcourt, Brace.

Naumberg, M.(1958) *Dynamically Oriented Art Therapy*. Magnolia Street Publishers.

Naville, A.(1901). *Nouvelle classification des sciences, etude philosophique*. Alcan.

Panofsky, E.(1972). *Studies In Iconology: Humanistic Themes In The Art Of The Renaissance*. Harper & Row.

Perls, F.(1973). *The Gestalt Approach and Eye Witness to Therapy*. Bantam Books.

Perls, F. S.(1969). *Gestalt Therapy Verbatim, Bantam psychology*, Real People Press.

Piaget, J. and Inhelder, B.(1969) *The Psychology of the Child*. Basic Books.

Pierce, C.S.(1931–1935). Collected Papers, Cambridge, Harvard University Press.

Richards, B.(1980). *William Morris*. Routledge.

Rifkin, J.(2009). *The Empathic Civilization: The Race to Global Consciousness in a World in Crisis*. Tarcher-Perigee.

Ripa, C.(1604). *Iconologia, overo descrittione di diverse imagini*. Lepido Facii.

Rogers, Carl.(1942). *Counseling and Psychotherapy: Newer Concepts in Practice*. Houghton Mifflin Company.

Rogers, Carl.(1951). *Client-Centered Therapy: Its Current Practice, Implications and Theory*. Constable.

Rogers C. R.(1957). The necessary and sufficient conditions of therapeutic personality change. *Journal of Consulting Psychology, 21*, 95–103.

Rubin, J. A.(1999). *Art Therapy: An Introduction*. Psychology Press.

Rubin, Judith A.(2010). *Introduction to art therapy: Sources and resources*. Routledge.

Saunders, R. J.(1961). The Contributions of Viktor Lowenfeld to Art Education Part II: Creative and Mental Growth. *Studies in Art Education, 2*(2), 7 – 13.

Saussure, F.(1916). *Ecrits de linguistique générale*. Payot.

Strauss, A., Corbin, J.(1998). *Basics of Qualitative Research: Second Edition: Techniques of Procedures for Developing Grounded Theory(2nd ed.)*. Sage Publications, Inc.

Tubbs, J.(2008). *Creative therapy for children with autism, add, and asperger's: using artistic creativity to reach, teach, and touch our children*. Square One Publishers.

Ulman, E.(1961). Art Therapy: Problems of Definition. *Bulletin of Art Therapy. 1*(2). 10–20.

Ulman, E.(1980). *Art Therapy Viewpoints*. Schocken Books.

Valerie Smitheman–Brown & Robin R Church.(1996) Mandala Drawing: Facilitating Creative Growth in Children with ADD or ADHD. *Art Therapy, 13*(4), 252–260.

Wolf–Andreas, L., Waugh, L.R. & Redeker, G.(1997). *Discourse and perspective in cognitive linguistics*.

John Benjamins Publishing Company.

Wong, P. T. P.(2005). Existential and humanistic theories. In J. C. Thomas, & D. L. Segal (eds.), *Comprehensive handbook of personality and psychopathology* (pp. 192–211). Wiley.

Worringer, W.(1907). *Abstraktion und Einfühlung*, Auflage.

Wubbolding, R.E.(2000). *Reality Therapy For the 21st Centry*. Routledge.

Wubbolding, R. E.(2011). *Reality therapy*. American Psychological Association.

Yalom, I. D.(1931). *Existential psychotherapy*. Basic Books.

Yongchuqn, B. & Wei, Z.(2020). Identifying the tacit entrepreneurial opportunity of latent customer needs in an emerging economy: The effects of experiential market learning versus vicarious market learning. *Special Issue: Emerging Market Entrepreneurship, 14*(3), 444–469.

Zur, Ofer.(2009). Power in Psychotherapy and Counseling: Exploring the "inherent power differential" and related myths about therapists' omnipotence and clients' vulnerability. *Independent Practitioner. 29,* 160–164.

찾아보기

ㄱ

ㄴ

ㄷ

ㄹ

ㅁ

ㅂ

ㅅ

ㅇ

ㅈ

저자 소개

김소울

홍익대학교에서 미술을 전공하고 가천의과학대학교에서 미술치료 석사학위를 받았다. 미국 플로리다주립대학교에서 한국인 최초로 미국미술치료학 박사학위를 취득했고, 현재는 국민대학교 디자인대학원에서 미술치료 전공 겸임교수로 재직 중이다. 평소 사람이 살아가는 데 있어서 가장 중요한 것은 마음임을 강조해 왔다. 같은 상황에서도 다른 감정과 행동을 선택하도록 하는 것, 그것이 마음의 역할이기 때문이다. 그간 출간한 저서에서도 『아이마음을 보는 아이그림』, 『마음챙김 미술관』, 『오늘도 행복하기 위해 그림을 본다』, 『미술이 어떻게 마음을 다루는가』, 『그림으로 그리는 마음일기장』 등 마음과 미술을 접목시킨 주제를 주로 다뤄왔다. 플로리다마음연구소를 운영하고 있으며, 심리미술 강연을 통해 많은 사람들에게 그림의 치유하는 힘을 알리고 있다.

soulkim@floridamaum.com

미술치료학개론

2024년 3월 25일 1판 1쇄 인쇄
2024년 3월 30일 1판 1쇄 발행

지은이: 김 소 울
발행인: 한 정 주
발행처: 교육과학사

경기도 파주시 광인사길 71
전화:(031) 955-6956~8 팩스:(031) 955-6037
Home-page: www.kyoyookbook.co.kr / E-mail: kyoyook@chol.com
등록: 1970년 5월 18일 제2-73호

정가 32,000원

ISBN 978-89-254-1875-9

Printed in Korea.